U0529580

中东经典译丛

丛书主编　韩志斌

缺席者的历史
以色列十个遗失的部落

兹维·本-多·贝尼特
Zvi Ben-Dor Benite 著

蒋真 李小娟 译

The Ten Lost Tribes
A World History

生活·讀書·新知 三联书店

Simplified Chinese Copyright © 2024 by SDX Joint Publishing Company.
All Rights Reserved.
本作品简体中文版权由生活·读书·新知三联书店所有。
未经许可，不得翻印。

图书在版编目（CIP）数据

缺席者的历史：以色列十个遗失的部落 /（美）兹维·本-多·贝尼特著；蒋真等译. —北京：生活·读书·新知三联书店，2024.1
（中东经典译丛）
ISBN 978-7-108-07711-0

Ⅰ.①缺…　Ⅱ.①兹…②蒋…　Ⅲ.①以色列-历史　Ⅳ.①K382

中国国家版本馆 CIP 数据核字（2023）第 169453 号

Copyright © as per OUP original
THE TEN LOST TRIBES：A World History was originally published in English in 2009. This translation is published by arrangement with Oxford University Press. SDX Joint Publishing Company Ltd. is solely responsible for this translation from the original work and Oxford University Press shall have no liability for any errors, omissions or inaccuracies or ambiguities in such translation or for any losses caused by reliance thereon.

责任编辑	成　华
封面设计	刘　俊
出版发行	生活·讀書·新知 三联书店
	（北京市东城区美术馆东街22号）
邮　　编	100010
印　　刷	江苏苏中印刷有限公司
排　　版	南京前锦排版服务有限公司
版　　次	2024年1月第1版
	2024年1月第1次印刷
开　　本	880毫米×1230毫米　1/32　印张 14.5
字　　数	312千字
定　　价	78.00元

译丛总序
韩志斌

"中东经典译丛"是以西北大学中东研究所韩志斌教授为首席专家的国家社科基金重大项目"中东部落社会通史研究"(项目号:15ZDB062)的中期成果,计划翻译英文、阿拉伯文、波斯文、土耳其文等经典名著几十部,每年2—3部,宁缺毋滥,确保出版精品。

中东地区的基本特征是整体地区性形态与结构的发展史。一区多样、同区异国、常区时变这三种一与多、同与异和常与变的文明互动因素是组成该地区历史基本面貌的总结。凡属中东古今之大事,都要依据历史连续性原则,进行梳理、连缀和扩展,使之组成点、线、面相统一的历史演进轨迹,将之汇总于这一地区历史和现实中连续不断的文明创造,把看似孤立的历史事件联结于地区的整体历史,给予历史事件在文明交往链条上以确定的位置,客观反映中东历史发展的原貌。

中东地区对于我国的对外战略和对外开放具有重要价值,特别是在"一带一路"倡议的背景下,中国与中东国家关系近年来得到全面发展，合作涉及能源、基础设施、工业、科技、卫生、农业等多种领域。可以说，中东是中国国家利益的攸关地区之一。另一方面，中东地区的国际热点问题频发。如伊朗问题、巴以问题、叙利亚问题、阿富汗问题、利比亚问题等都对地区和国际局势产生重要影响。中国需要对相关事件做出及时和准确的反应。因此，中国学者急需对中东的历史与现状进行全面系统的深入研究，以便为国家的中东政策和中国与中东合作的发展服务。近年来，我国在对外交往中强调不同文明的对话和交流互鉴。中东是人类文明的重要发祥地，同时也是不同宗教、不同文明的交融之地。因此，对于国外中东经典的系统译介有助于把握中东文明的发展脉络，为进一步深入研究中东文明，构建中国在中东史研究的话语体系提供帮助。

　　这里重点强调一下中东部落的重要性。人类学家卡尔·萨尔兹曼指出，历史上曾经有两种方式统治着中东：部落的自治和君王的中央集权制。前者是这个地区的特色，也是理解该地区社会深层结构的关键锁钥。绝大多数中东国家都起源于部落社会。虽然现在各国均有各自的社会组织形式和政治制度，但有一个共同特征则是：这些国家长期存在着部落组织。可以说，部落是中东社会的典型特征，不了解中东部落社会就难以解读中东的深层社会结构。因此，对中东部落社会的深入剖析是理解中东所有问题的基础。2010年以来，阿拉伯国家经历了几十年未有之大变局，维系这些国家多年的统治模式面临前所未有的挑战。此次变局引起阿拉伯强权体制国家（突尼斯、埃及、利比亚、也门、叙利亚）的"连锁崩溃"，阿拉伯国家陷入剧烈动荡之中。阿拉伯大变局引发国内外学术界的高度关注，学者们从各个视角深刻反思这场政治变局发生的原委。大都认为，阿拉伯大变局的发生是内外因综合作用的结果，内因是这些国家政治发展的衰朽（特别是威权主义、家族政治以及老人政治），经济发展停滞不前以及网络新媒体的传导等，外因则是欧美国家的干预与美国"大中东民主化"的余波，甚至考虑到气候变迁的影响等。应当说，学者们的上述探讨从不同层面揭示了这场大变局的某些原因，但"冰冻三尺，非一日之寒"，国内外学术界忽视了引发大变局的一个深层次原因，那就是困扰阿拉伯国家至今的部落问题。在2010年肇始的阿拉伯变局中，部落问题成为推动变局产生、发展与高潮的重要因素之一，至今仍在产生影响，如利比亚、也门等国。目前的利比亚乱局是部落武装混战的结果，也门的胡塞武装也是从部落起义发展起来的，至今搅得中东周天寒彻的"伊斯兰国"也与部落有着千丝万缕的联系。这也是本译丛关涉部落著作较多的深层原因。

"中东经典译丛"设立的初衷有三点：一是从世界史领域来说，中东史是世界史研究的薄弱领域，需要对国外经典名著的深入理解；二是中东史研究虽然取得了一些进展，但对国外学者经典作品的了解仍然不足；三是中东国家涵盖了丝绸之路经济带沿线的主要国家，了解国外经典名著对我国推进"一带一路"合作有镜鉴作用。

西北大学中东研究所长期致力于中东和阿拉伯国家历史与国际关系的研究。陆续完成《二十世纪中东史》和《阿拉伯国家史》两部全国研究生教学用书，以及13卷本《中东国家通史》和独卷本《中东史》，涉及断代史、地区史、国别史和通史，并出版有其他专题史著作。这些著作在国内学术界赢得好评，先后获教育部和陕西省人文社科优秀成果一、二等奖多项。8卷本的《非洲阿拉伯国家通史研究》是国家社科基金重大项目结项成果，即将在商务印书馆出版，完成了"大中东通史"学术体系、话语体系的构建。本套译丛是西北大学中东研究所中东研究系列的拓展和补充。

如果说，目前已有的中东通史、中东地区史、中东国别史、中东断代史、中东专题史是宏论中东帝国王朝、民族国家、政治精英、宗教民族、思想文化、军事外交的兴衰史，那么"中东经典译丛"则是看西方学者、阿拉伯学者、波斯学者和土耳其学者如何细说中东底层大众生活状况的流变史，描述中东社会基层组织与结构的跃迁史，剖析中东部落与国家相互影响的互动史，其目的是全面反映国外学者如何讲述中东社会历史发展的原貌，体现国外学者对该地区历史研究的独特观点、研究水准及其学术价值。

是为"中东经典译丛"总序。

目 录

1　序言
　　十个遗失的部落及其所在地

1　音译注释

1　鸣谢

1　第一章
　　亚述人的贡礼

35　第二章
　　一个位于阿扎罗兹和桑巴提安的封闭国家

77　第三章
　　骗子和旅行

119　第四章
　　"一群强大的以色列人"

151　第五章
　　和谐世界

195	第六章
	以色列的希望

238	结论：寻找遗失的十个部落

278	注释
322	参考文献
385	索引
407	译后记

序言：
十个遗失的部落及其所在地

阿维格多·谢安是一个多产的作家、历史学家和教育家，他在退休后开始了一生中最伟大的旅行，即跟随十个遗失部落的脚步。这个旅程在随后的《走进桑巴提安》(*El' Ever ha-Sambatyon*) 一书中达到顶峰，该书的前半部分是关于部落的历史，后半部分则是谢安的旅行记。正如他所说：

> 我那年 8 岁（1940 年），传统犹太学校的老师用颤抖的声音告诉我们被驱逐的十个部落是流便（Reuben）、西缅（Shimon）、西布伦（Zebulun）、以萨迦（Yissachar）、但（Dan）、迦得（Gad）、亚设（Asher）、拿弗他利（Naphtali）、以法莲（Ephraim）和玛拿西（Manasseh）——这些部落的民众遭到了亚述诸王及其残暴士兵的流放。他描述了他们在漫游中穿过可怕的河流桑巴提安，最后消失在阴森恐怖的群山后面。他还向我们讲述了那个伟大

> 的国家以及那里自由的生活。他们的军队指挥官警觉而敏捷,佩剑闪亮夺目,他们的军团在军旗后面排成整齐的纵队。

这些年幼的学生有四分之一来自罗马尼亚的科马罗夫犹太社区,他们"屏住呼吸",认真地听着老师的话。终于,有一个学生大声喊道:"我们为什么不派信使,去告诉他们我们的苦难呢?"

"事实上,我们的族人从一开始就派了信使去寻找那些遗失的部落,"老师严肃地说道,"这些信使穿越高山和荒漠,最后他们也消失了。"

当天,谢安和他的两个年轻朋友,莫伊舍勒和雷比勒,开始寻找遗失的十个部落。他们断定附近的德涅斯特河（Dniester River）其实就是桑巴提安河（Sambatyon River）。他们准备离开科马罗夫,但从未越过犹太聚居区的边界,一只站在边界的大黑狗把他们吓坏了,他们不得不返回家去。[1]

仅过了一年,1941年9月,科马罗夫的犹太人就踏上了他们可怕的旅程。纳粹入侵苏联后,罗马尼亚军队将科马罗夫的犹太人放逐到德涅斯特河沿岸地区,这里是一个可怕的、充满着死亡气息的占领区。[2] 谢安回忆起他的朋友莫伊舍勒是多么希望罗马尼亚的士兵能征服古代亚述帝国的军队,因为亚述帝国的军队残忍地驱逐了十个部落。后来,这个男孩变得越来越疯狂,他逃离了衣衫褴褛的远行者队伍,跑到德涅斯特河边——也就是"桑巴提安"。和一年前一样,莫伊舍勒想要寻求十个部落的帮助,他想象着这十个部落就在河的对岸。他始终没有找到它们，一个士兵在河边杀害了他。谢安后来得知，他的另外一个朋友雷比勒也被罗马尼亚士兵杀害，他被淹死在了德涅斯特河中。至于谢安在这场可怕的旅程和战争中的经历，他未曾提及。多年后，谢安写道："我记得世世代代都在寻找部落的那些梦想家和幻想家。也记得莫伊舍勒和雷比勒，他们去寻找十个遗失的部落，但直到他们死去也未能找到。"[3] 事实上，这些都是关于千年来的伟大愿景和梦想的有力记忆。

你们手中拿着的这本书是关于使者、幻想家和梦想家的故事，几个世纪以来，他们通过学术和旅行、科学和宗教的手段寻找遗失的部落。《十个遗失的部落》尤其关心这样一个推断，即过去2000年来十个遗失部落的确切身份和位置。被亚述帝国流放的以色列王国后裔"现在"都是谁？他们在哪里？十个遗失部落的问题一开始是由一个地理问题引发的。阿道夫·纽鲍尔（1831—1907）是一位早期部落研究者，他将搜集到的有关遗失部落的文献简单地命名为"十个部落在哪里？"。[4]

为什么这么多不同背景的人，长时间不知疲倦地寻找十个遗失的部落？答案既简单又深刻：因为它们遗失了。本书的中心论点之一是，在西方的历史意识中，以十个部落为代表的遗失，是迄今仍"活着"的最突出、最古老的已知遗失的实例之一。这是因为它在本质上是全球性的——与世界的空间、时间和人类维度密切相关。这十个部落的民众并不仅仅是在家园被毁后消失的一个随机性的群体。他们是永久的流亡者，是"以色列民族"身上残缺的肢体，犹太人和基督徒都同样失去了他们。这个问题的历史——提出它的多重背景和框架，以及给出的多重答案共同构成了一幅世界地图和一部世界历史。部落一直是定义世界的一个标志，展现着在世界历史的任何特定时刻已知的、有人居住的世界。在这方面，本书是一部关于缺席者和遗失者的历史——当他们被表达为"遗失"时，就变成了"现在"。

这十个部落以趋同的方式迷失在世界中，与"世界"一词的三个含义相对应：世界作为"人类世界"、世界作为地球的物理表面、世界作为暂时性存在（如在"世界末日"中的论述）。[5] 我们将会看到，十个部落从世界上的空间、时间和人类三个维度上被移除的独特方式，是定位地球上十个部落的各种尝试的主要推动力之一。

这种特殊的遗失状态符合十个部落的主要特征。它们被描述为超人或"非人类"，位于地球边缘或其边界之外（物理边界之外），与时间、世界的终结有关。这三重特征使得十个部落的遗失是如此的与众不同和丰富多彩。这是本书作为一部关于十个遗失部落的"世界历史"的首要和主要原因。

纵观历史和现在，那些提出这个问题的人构成了一个庞大，但绝不是同质的群体。谢安深知自己是众多探索者链条上的一环。著名的犹太旅行家图德拉的便雅悯（12世纪）认为，他差一点就在亚洲某个地方发现了这些部落。17世纪，耶稣会传教士、学者迭戈·安德烈森·罗恰（1607—1688）"确定"这些部落在南美洲。[6] 爱尔兰贵族爱德华·金斯堡勋爵（1795—1837）为在前哥伦布时代的墨西哥艺术作品中寻找遗失的部落而破了产。他死于都柏林的债务人监狱，享年42岁，但他的热情为我们留下了九卷本的中美洲艺术抄本。[7] 苏格兰传教士尼古拉斯·麦克劳德（在1868—1889年享有盛名）在日本和韩国花费几十年的时间寻找真正的以色列人后裔。他将日本历史写成了日本诸岛上十个部落的历史。[8]欧洲贵族亚历山大·博福特·格里马尔迪（1839—?）认为有一些部落后裔在苏格兰，并成为苏格兰的皇室。[9]牧师兼学者查尔斯·福斯特（1871年去世）将古亚述、巴比伦和波斯的纪念碑作为识别遗失部落在亚洲的关键证据。[10]约瑟夫·沃尔夫（1795—1862）是一个来自巴伐利亚犹太教拉比的儿子，他是一位周游世界的英国传教士，也是一位有名的东方通。他花费了几十年在中亚探险，寻找遗失的部落。在高加索遭受奴役后，他曾赤身裸体走了900公里穿越中亚寻找部落。[11]1888年，沃尔夫之子亨利·德拉蒙德·沃尔夫爵士被任命为英国驻德黑兰代表，他组织了多次寻找部落的探险。许多伦敦人每人捐赠了10英镑用来资助这位年轻的沃尔夫进行探险活动，这表明在英国维多利亚时代，人们对寻找遗失部落有极大热情。他向帕默斯顿勋爵（1784—1865）索要10英镑捐款时，帕默斯顿宣称："如果你能（简单地）使剩下的两个部落也遗失，我会给你100英镑！"[12]帕默斯顿的回答产生了一种以尖刻的机智而闻名的帕默斯顿主义（palmerstonism）。

帕默斯顿勋爵对部落搜寻者的鄙视，本身就反映了这一现象在他那个时代引发的狂热。在大西洋彼岸，波士顿的拉比于齐耶尔·哈加说服美国总统威廉·麦金利（1843—1901）允许他跟随美国军队前往中国镇压义和团运动，以便他在那里寻找部落。[13]在欧洲大陆，政治家、学者和神职人员都在思考着遗失部落的下落。德国外交官、东方学家弗里德里希·罗森（1865—1935）就是其中一个例子，他曾在中东、非洲和东亚旅行，提出了以色列遗失的部落和一些其他的遗失部落之间发生冲突的可能性。[14]

这些旅行者，以及本书中讨论的许多人，既非在文化真空中漫游，也非不智。2000年来，不同教派的犹太教徒和基督徒，还包括一些穆斯林，都以部落为参照，将历史发展与他们的流放和回归联系起来。神职人员、神学家和传教士以及《圣经》和《古兰经》的评论者都关心一个简单的问题：十个遗失的部落在哪里？古代历史学家弗莱维厄斯·约瑟夫斯（37—约100）对遗失部落的下落进行过类似的推测。从近代早期开始，地理学家、制图学家、人种学家、语言学家，以及最近的遗传学家和自然科学家加入了不断壮大的、寻找遗失部落的学者和找寻者的队伍。[15] 他们共同创造了一座由十个部落的"知识"组成的令人印象深刻的大厦，其中的信息、知识和"事实"交织在一起，这些信息可以在人类学、神话学甚至科幻文学中找到。美国国会图书馆专门为遗失部落的相关书籍划分出一个相当大的特殊类别。你可以在书架上找到很多关于它们的书籍，这些书籍的旁边是关于撒玛利亚人（Samaritans）的书，撒玛利亚人是一个现存的族群，根据其传统，他们的起源可以追溯到据说是亚述帝国征服以色列王国之后，被放逐到巴勒斯坦的民族。

正在进行的关于十个部落位置的辩论和猜测，以及对它们的积极寻找是本书的核心。矛盾的是，本书讲述的是一个不存在的地方的历史，一个被指定为部落家园的虚构出来的地方。这里或许因成为某一特定群体的家，而成为一段有意义的地方的历史。因此，本书或多或少是按照时间顺序写作的，故事从地球表面的一个地方跳跃到另一个地方,跟随十个部落的出现。世界地理知识的变化、转移和扩张使这些部落从一个地方迁移到另一个地方。随着世界地理位置的变化,部落的搜寻者们对部落的位置进行了不断地调整、更新和日益"科学"的推测。新地形一经发现,在探索者的计算中,这些部落就被重新安置到相应的地方,这是一个不断将地球自然地理与十个部落的故事相适应的过程。

对部落位置的猜测一直与科学、地理知识密切相关,部落探寻者——旅行家和学者都借鉴了科学和相关地理知识,而人们对部落的寻找反过来也对科学和地理知识做出了贡献。新的地理发现激发了新的推测和进一步的调整。人们可以把这种地理对话想象成世界地图上传播的文字述说,它们有时促进地理扩张,有时又从地理扩张中获益。这一正在进行的进程以某种方式构成了世界的历史,这一历史不是以其中的内容为基础,而是以应该包含的内容为基础。

寻找遗失部落历史的另一个关键的组成部分是世界各地不同种族群体被认定为部落后裔的大量案例。早在1903年,多产的英国犹太学者阿尔伯特·海姆森(1875—1954)就宣称:"没有哪个种族能逃脱可能是十个部落的荣誉或怀疑。"[16] 今天,一个多世纪后的今天,世界各地的各种群体,从日本的西布伦人,到美国的各种非裔美国人群体,再到拉丁美洲的土著民族,都声称自己是其中一个或所有这些部落的后裔。[17] 他们宣称十个部落的后裔还存在于西班牙、葡萄牙,尤其是在英帝国的扩张中扮演了重要的角色。

至少有三个王室家族——英格兰、苏格兰和日本——被说成是十个部落的王室后裔。[18] 一些人开始相信十大部落是人类中最杰出的种族——"耶和华的选民"。[19] 在近代早期,关于各种群体中的十个遗失部落身份的政治宣言就已经出现了,将这些从真实到幻想中的人按照字母 A 到 Z 的顺序排列开来。他们是:阿富汗人〔包括普什图人(Pashtuns)和法斯人(Phathans)〕、亚美尼亚人(Armenians)、柏柏尔人(Berbers)、凯尔特人(Celts)、因纽特人(Eskimos)、爱沙尼亚人(Estonians)、芬兰人(Finns)、伊博斯人(Ibos)、赖波斯人(Laps)、兰巴斯人(Lembas)、玛雅人、北美土著人、斯基泰人(Scythians)、鞑靼人(Tartars)和祖鲁人(Zulus),他们中已经有很多部落声称是遗失部落的后裔。在早期,诸如古代景教徒〔又称基督教聂斯托利派(Christian Nestorians)〕和中世纪穆斯林的阿尔摩哈德这样的宗教运动或团体都和这十个部落的故事相关。他们的主张被现代摩门教所吸收。[20] 总之,用一位现代观察家的话来说,"部落的痕迹到处都是"![21]

多年来,来自世界各地声称是十个遗失部落的各类群体的历史和故事一直是专业人士和业余学者研究谈论的热门话题。十个遗失部落的故事"通过殖民者和传教者在重构土著人历史的努力中被重新唤起,这也成为继续寻找十个遗失部落后裔的基础"。[22] 也就是说,十个部落的故事在殖民地"交界处"的融合、碰撞、交往中呈现出不同的特色,该区域指的是"殖民地的交界处,地理和历史上被分离的人相互接触的空间"。这十个部落在某种程度上也出现在一些"自我民族学表达"的例子中——"在这些例子中,殖民地民众通过殖民者的文字来表达自己的文化"。[23]

这些观察留下了一个问题,即十个部落的故事为什么如此强大和遍及全球。虽然他们可能正在努力进行部落定位,但他们没有解释这些努力是如何开始以及为什么开始的。正如海姆森所说,"能证明他们命运的证据完全缺失,使得无数的理论无据可依"。实际上,他说:"从(十个部落)被囚禁开始,他们似乎已经从人类的知识中消失了,从那一天起,失落部落的神秘几乎成了吸引和迷惑不同种族和不同信仰的学生的磁石。"[24] 然而,这种完全缺乏证据的问题是如何建立起如此庞大的相关知识大厦的?关于遗失和知识之间的关系是本书关注的中心问题。

十个部落的历史介绍:预言
补充历史

社会学家斯坦福·莱曼观察到,"以色列的十个部落已经从传统的或现有的历史编纂学模式中消失了"[25]。这一观点是激励本书的一个核心挑战。事实上,第一本专门记录部落历史的综合性书籍是在近代早期才出现的,而且完全取材于《圣经》。1683年,莱顿的神学教授赫尔曼·维吉斯(1636—1708),出版了《以色列遗失的十个部落》。[26] 他是一位改革派希伯来神学家。[27] 维吉斯虽不是探讨遗失部落的第一人,但他是第一个系统地探讨他所认为的部落历史的人,他的方法源于通过对神学和《圣经》的阅读而来的神学理论。

维吉斯煞费苦心地解释他的研究结构,尤其当提到了他的研究方法时。他解释说,部落的历史可以分为四个阶段:部落的存在、部落的消失、部落现今在某地的存在和部落的回归。无论问题源是犹太教徒还是基督教徒，抑或是宗教或世俗的，这个关于遗失和回归的框架是可行的。维吉斯对犹太人的历史分期是：

1. 部落在遭到驱逐和流放前的历史
2. 巴比伦之囚期间的犹太人
3. 犹太人回到锡安山之后和第二圣殿期间
4. 他们和以色列其余的人一同回归的时间以及他们的回归[28]

值得注意的是，维吉斯的历史分期只有一部分和部落实际的历史相一致，也就是第一部分——驱逐和流放前的历史。第二和第三部分的历史分期与部落历史上的"此时"相对应，而关于这一段历史，我们没有确凿的资料，因此，我们对这一时期部落相关的历史一无所知，而且这个时期还没有结束。部落的最后一段分期和预言相一致，与部落预定的未来相对应。这段历史的分期被大多数部落搜寻者所认同，即十个部落的"历史"中有四分之三是不可见的历史，因为我们缺乏相关的证据。

维吉斯很清楚，他所描述的大多数的部落历史都缺乏证据，他只是依赖于《旧约》和《新约》中对十个部落的预言或转瞬即逝的暗示。部落的历史由两个相应的层次组成，即"历史"（在《圣经》语境中）和预言。[29] 这两层都享有与"真相"相同的地位，而其中任何一层的缺失都会使这段历史不完整。这一论点对于理解人们寻找遗失部落所依赖的神学平台是至关重要的。历史和预言之间的联系产生了一种张力,这种张力为本书所讲述的故事提供了养分。

《圣经》叙事汇编是部落故事背后的历史核心,并且有序展开。这个主要来源于《列王纪上》和《列王纪下》的故事,是十个部落的追寻者普遍认为的历史真理。当然,近两个世纪对《圣经》的探索和对《圣经》考古学的争议告诉我们,如果《圣经》叙事没有按照历史编年的顺序叙述过去发生的历史,那么,我们将一无所获。对于我们这里所关注的《圣经》叙事的例子,被《圣经》学者认为完全是虚构的,至少第一部分中关于十个部落的历史(《列王纪上》讲述了大卫王创立的统一王国,传到其孙辈的时候被一分为二的故事)是虚构的。第二部分是在《列王纪下》中发现的,它涵盖了两个王国的历史和以色列人被放逐的历史,这部分内容通常被认为是经过了多次修改并且还有篡改的成分。不过,就本书而言,我们有必要遵循《圣经》的叙述,因为它讲述了历史故事。就像各类搜寻者所理解的那样,这就是遗失部落的真相。

起初,在以色列的土地上,大卫王和所罗门王统治着一个统一的王国。这里是十二个部落共同的家园,他们是第三代族长雅各的后裔。所罗门在位时,国运亨通,太平了许多年。然而,随着所罗门逐渐年老,他娶了很多外国女人,并崇拜她们的神。他又在耶路撒冷为这些神筑坛,并靠近自己为耶和华所筑的神殿。于是神发怒并差遣他的使者示罗人亚希雅去见以法莲支派中的一个"大能的勇士",即尼八(Nebat)之子耶罗波安(Jeroboam)。他将带领以法莲人离开王国,王国被撕成两半。

据《圣经》记载，耶罗波安在离开耶路撒冷的途中遇见了亚希雅，亚希雅将自己的新衣撕成十二片，对耶罗波安说："你可以拿十片。耶和华以色列的神如此说：我必将国从所罗门手里夺回，将十个支派赐给你。"亚希雅解释说，只将犹大部落留给大卫的族人，"我因仆人大卫和我在以色列众支派中所选择的耶路撒冷城的缘故，仍给所罗门留一个支派"。先知很快又重复了这句话，说到神要分裂大卫统一王国的计划："我必从他儿子的手里将国夺回，以十个支派赐给你。"（《列王纪上》11：30—36）

这个预言是《圣经》叙事中第一次提到"十个部落"，它是被杜撰出来的，《旧约》和《新约》里面都没有出现过这个术语。但在这里，它在几节经文中出现了两次。耶和华从以法莲支派中拣选一人，做十个支派的首领。以法莲和玛拿西是雅各失去的爱子约瑟的儿子，他们得到了族长临终前的祝福。和犹大一样，他们属于"受祝福的部落"。但是，当他们都接受祝福的时候，雅各做了一个很明显的戏剧性的动作，他交叉着双臂，将右手（表示更大的祝福）放在了他最小的孙子——以法莲的头上。

亚希雅的预言很快就变成了现实。所罗门的儿子和继承者罗波安缺乏其祖父和父亲的聪明才智。他的统治暴虐而愚昧，在部落中实行残酷的统治，分裂和骚动充斥着整个王国。在耶和华的应许下，耶罗波安领导起义，带领以法莲支派脱离了大卫的联合王国，在圣地的北部建立了一个独立的国家。其他九个支派也跟随他而去，因而以法莲人建立了新的以色列国，这也是十个支派的家。伟大的以色列联合王国已不复存在。取而代之的是较小的以色列和犹大。新的以色列王国控制着从耶路撒冷以北几公里处到黎巴嫩山区的大片土地。在南方，大卫之家只剩下两个部落，犹大和它更小的邻居便雅悯，但建有圣殿的耶路撒冷仍然是所有十二个部落的文化和宗教中心。

但故事并没有就此结束。耶罗波安担心新国家的部落会借朝圣的机会回到犹大的统治下，于是决定在其统治境内建立一个新的崇拜中心。《圣经》告诉我们，他"铸造了两个金牛犊"，对众民说："以色列人哪，你们上耶路撒冷实在是难。这就是领你们出埃及地的神。"（《列王纪上》12：28）耶罗波安在政治和文化上的精明被证明是一个严重的错误，带来了永久性的恶果。崇拜两个牛犊是十个部落民众的"原罪"，这个罪恶从未离开他们。维吉斯将这一情节称为"部落与耶和华之家的分裂"[30]。

耶和华对此大怒，许诺不但要摧毁耶罗波安的家，还要摧毁他建立的国。同样借示罗人亚希雅带去另一个可怕的预言："耶和华必击打以色列人，使他们摇动，像水中的芦苇一般；又将他们从耶和华赐给他们列祖的美地上拔出来，分散在大河那边；因为他们做木偶，惹耶和华发怒。"（《列王纪上》14：15）这种从圣地被放逐的故事也许是对传说中的被逐出伊甸园故事的再塑，这对于之后部落位置的构想十分关键。这个故事可以理解为，十个部落被逐出文明世界。

在亚希雅的预言之后，以色列王国陷入了200年的政治动荡之中，最终以毁灭告终。耶罗波安家族首先倒台，在这之后，王国经历了许多朝代的兴衰。没有一个国王将令上帝如此愤怒的金牛犊移走，相反，他们开始崇拜更多的外族的神，该国继续遭受长期的政治动荡。当先知以赛亚所钟爱的"神之杖"——亚述帝国征服以色列并放逐它的人民时,以色列的末日终于来临。《圣经》叙事中简单地提到了它:"何西阿第九年,亚述王攻取了撒玛利亚,将以色列人掳到亚述,把他们安置在哈腊与歌散的哈博河边,并米底亚人的城邑。"(《列王纪下》17:6)

《列王纪下》的作者迫不及待地提醒读者,为什么这一切都发生了,那是因为以色列人得罪了耶和华,并离弃了他。"所以,耶和华向以色列人发大怒,从自己的面前赶出了他们,只剩下犹大一个支派。"(《列王纪下》17:18)这一情节对放逐和随后的情况做了简短的描述:"以至耶和华从自己的面前赶出他们,正如借着他的仆人众先知所说的。这样,以色列人从本地被掳到亚述,直到今日。"(《列王纪下》17:23)

1898年,美国主日学校联合会(American Sunday-School Union)制作了一册"小人课"("Little People's Lesson")的卡片,清晰地描绘了这个可怕的场景。这些卡片的背面有9个相关的要点,供孩子们学习。清单上的第9项问道:"上帝是如何惩罚他们的?"答案是:"从他的面前赶出。"如何书写"从上帝的面前赶出"的历史,是许多参与这项研究的人一直在苦苦思索的问题。

幻想和奇幻文学

对遗失部落的迷恋与表面上非虚构的学术研究一起,催生了大量虚构文学和民间故事。在这类文学作品中,部落民众以不同的方式出现，最常见的是谢安的老师所描述的那种令人敬畏的战士。特别受欢迎的主题来自几个世纪以来对部落的描述，即部落民是一群具有非凡身体比例的超人，拥有不可思议的能力。这一主题很大程度上要归功于那些世界末日和千禧年的文献，这些文献将部落民描绘成伴随着弥赛亚的归来或反基督者的到来而出现的一群伟大的战士。近代早期，内科医生约翰·弗洛耶（1649—1734）对他们的角色进行了解释，系统地阐述了"十个部落最终的回归"，在回归前后还伴随着另外一些事情，如"世界的燃烧，以及身体的复活"。[31]

谢安在孩童时期听过的故事，展现了几个世纪以来人们想象中十个部落的主要特征：好斗、强大、随时准备出现或被发现，永不回归，与源于中世纪的世界末日和救世主幻想密切相关。[32] 这种谣言并非犹太人所独有，基督徒和穆斯林也存在类似的言论。随着时间的推移，许多被认为是部落后裔的人也相信这一点。

在 20 世纪早期，十个部落的故事还存在于印第安纳·琼斯的冒险小说中。又如西姆哈·雅各维奇和埃利奥特·哈尔彭拍摄的电影《寻找遗失的部落》（*Quest for the Lost Tribes*），这是他们职业生涯中第一次拍摄的关于寻找耶稣之墓的影片。[33] 另外一些例子虽然不是本书所关注的重点，但也具有启发性。例如，马克·李拍摄的影片《遗失的部落，1998》（*1998 The Lost Tribe*），讲的是一支由救援工作者、人类学家、"黑人萨满"和美国记者组成的探险队在当代饱受战争摧残的非洲寻找部落，途中经历了各种各样的冒险和不幸的故事。[34] 索姆托·苏撒尔提库在其 1988 年出版的科学小说《阿奎里亚德：新世界的阿奎拉》(Aquiliad : Aquila in the New World) 中虚构了一个罗曼帝国,这个国家得益于蒸汽动力的发明而在全球扩张。小说中的罗曼人来到美国,在那里他们经历了一系列麻烦的遭遇——大脚怪、外星人、时间旅行者,当然,还有十个遗失的部落。[35]

这一类文学题材起源于19世纪。在某些情况下,十个部落促进了乌托邦式的社会或宗教秩序的出现。1901年,来自肯塔基的天主教神父托马斯·麦克格雷迪,写了一部以"新以色列"为背景的历史乌托邦小说,这是一个由十个部落建立的"穿越北极"的王国,它们是在耶罗波安的暴政下取得独立的。[36] 另外一部关于"北极"的小说——出版于1903年的《北极之旅》(Trip to the North Pole),讲述了1879年4月16日从旧金山出发的一艘船迷失了方向,最后船员们发现自己来到了北极,他们发现了一个神秘的王国,那里有十个部落,这些部落"被送到亚洲的西北部,从那里又被送到北方的国家"。马纳修斯国王的年轻遗孀(明显暗示《圣经》中的玛拿西)统治着国家,她的丈夫被邪恶的船长萨那克瑞鲍斯(暗指公元前701年围困耶路撒冷的亚述王辛那赫里布)谋杀了。故事中最主要的英雄人物和叙述者是船上年轻的侍者乔·B. 洛萨尔。见此场景,洛萨尔立即意识到,这些人有可能就是那十个遗失的部落的人,他对这些人的判断主要来源于《圣经》。"我参照了《圣经》,如果这些人不是以色列的十个部落的民众,但根据所有《圣经》读物和其他信息,我至少应该称他们为十个部落的后裔。"[37] 故事的结尾是,洛萨尔不仅学习了希伯来语,并且坚定了他的基督教信仰。他对其主人身份的认定来自《圣经》知识,他的主人也被证明是一个善良、杰出和正义的基督徒。

并不是只有虚构的人物洛萨尔走上了冒险和灵魂救赎之路。该书的作者，盐湖城的奥特·朱利叶斯·斯旺森·林德罗夫（生于1852年）是一位摩门教徒，他告诉了我们这个故事的来源，当他去拜访一个"北欧"的村庄时，遇见了一个垂死的人，在他生命的最后一刻，这个人给了他洛萨尔的笔记。[38] 因此，这个寓言式的故事同时以小说和真实故事的形式呈现出来，充满了遗失的部落可能还在那里、等待被重新发现的暗示。

围绕着"遗失部落"的主题，犹太人的经外传说产生了大量的故事和民间传说。其中一个例子是19世纪著名的虚构旅行家本雅明三世，他旅行去了一个"位于黑暗群山之外的那些遥远的岛屿"，那里被认为是部落所在之地。一个突尼斯的犹太民间故事，讲述了"一个商人兼学者"的犹太人从葡萄牙到印度的途中遭遇海难，之后被一群"几乎赤裸的黑色皮肤的人"俘获的故事。经过"三天的漂流"后，他被冲到了一个陌生岛屿上。这个岛上的居民手持弓箭，举止很奇怪，长得"几乎和黑人一样"。这个被抛弃的犹太人确信"这些食人族要吃了他"，于是，他开始大声地念《施玛篇》——犹太人祈祷文核心部分的开场白。在听到他的祷告后，岛上的人都围了上来和他一起祷告。令人惊喜的是，这些人被证明属于十个部落中的其中两个。之后，他们聚集在犹太会堂，恳求当地的国王，是时候让迷失的部落从躲藏的地方出来，拯救自己的犹太同胞了。国王披着祈祷披巾，向耶和华祷告，寻求答案，最终，他哭着说："救赎的时刻还没有到来。"

另一个故事讲的是一个犹太人，他的山羊在每个安息日晚上都神秘地消失在树林里。一个周末，他跟踪山羊，发现它钻进了村子旁边的"森林深处"。突然，他看见一个"十分高大的男人……像歌利亚一样高大……向他走来"。至此，我们已经知道了故事的结尾：果然，经过了一段时间的恐惧后，这个巨人被证明是"十个部落的后裔"，巨人称赞了这个犹太人如此"正义"，以至于可以完成几乎不可能完成的任务。巨人说："我们就是十个部落的后裔，这里就是桑巴提安河那边。"巨人邀请这个犹太人和"十个部落的人"一起度过安息日。安息日罢后，"巨人将他扔到空中"，这个犹太人发现自己立刻就穿越了那条河，他忠诚的山羊正等着把他领回家。类似的故事也存在于穆斯林的传说中，讲述了在前往阿拉伯半岛的途中发现了十个部落。在这里，部落被描述为前往麦加朝觐路上的穆斯林的保护者。[39]

　　虽然，不同的故事传说对部落特征的描述各有不同，但在这些故事中，它们都是令人难以捉摸的。这些部落的人民既遥远又亲密，只有最勇敢、最聪明的人才能找到他们，一旦找到，就会发现他们一直就居住在人们的周围。同样矛盾的是，对他们形象的描述，看似熟悉却又陌生。他们全身赤裸、手持弓箭，却裹着头巾在犹太会堂里祈祷。他们住在北极，与世隔绝了几千年。这里谈论的部分当然是有关民族、种族和宗教的纯洁性的问题。失落的部落坚持这样一个承诺，虽然我们这些寻求者可能会堕落，可能会远离我们真正伟大的起源，但与世隔绝的部落仍然是纯洁的。

　　与数千年来沮丧、徒劳和诱人的寻找遗失部落的背景相反的是，当代美国犹太诗人查纳·布洛克试图让部落搜寻者冷静下来，他将冷水泼在部落所在地点的神秘性上，并暗示这只是我们自己的幻想，也许是时候让迷失的部落彻底消失了。"十个遗失的部落到底怎么了/他们不再神秘/他们工作、结婚、越来越小/开始变得像当地人一样/在一个荒无人烟的地方/很快你将再也找不到他们。"[40]

十个部落是地球上的一个神学漏洞

神学有其"遗失的以色列部落"，历史有其"遗失的艺术"，爱荷华州约翰逊县有其遗失的记录，历史学家也在沉思1859至1861年间约翰逊县的财政记录是如何莫名消失的。[41] 在这个句子中，遗失的部落和"神学"这个词语之间联系起来似乎有些奇怪，但其中有很多事实。十个遗失部落的神秘魅力来源于它们的永恒之泉，也即它们的神学意义及其所产生的神学焦虑。[42] 它们的缺席对犹太人和基督徒都有（不同的）重要意义，其神学意义是多方面的。[43]

任何关于部落的讨论和它们所激发的探索必须以《圣经》叙述为基础，如提供部落历史的《圣经》故事以及与之相关的预言。从教义信条的实践、根据上帝的语言解释和塑造现实的工具来说，神学引导探索并塑造这些部落。部落的力量是一种不可理解之物，就像丢失的"神剑"，它坚信《圣经》叙事的权威性，也相信《圣经》是部落故事的原始文本。

《圣经》的叙述不仅描述了"当它发生时"的部落历史，还描绘了遗失部落的现在和未来，解读了关于这些部落的各种《圣经》预言。此外，《圣经》权威在寻找部落的历史中扮演着重要的角色。几个世纪以来,《圣经》被视为十个部落故事真实性的证据,在这里讨论的相关《圣经》预言的正确性都是毋庸置疑的。对许多人来说,即使在今天,这也是毫无疑问的。遗失的十个部落的神学典故被视为证据,而《圣经》为其提供了"事实",十个部落主义弥合了宗教和世俗领域之间的假想鸿沟。几个世纪以来,对于十个部落的讨论是神学上的,但人们同时也试图从科学和事实的角度来探讨。

同样,遗失感也根植于故事的历史核心。十个部落曾出现在《圣经》的叙述中,但后来却完全消失了。这个故事从一个民族被撕成两半开始,生动地回响在亚希雅撕裂长袍的声音中。随后,一部分人被放逐到了其他地方。这些碎片怎样才能被重新组合起来?贯穿整个故事的遗失感与其说来自部落的终结,还不如说来自它们的继续存在,但却是无法触及的存在。因此,这才是故事中最真实、最痛苦的遗失,这不为人知的失踪部落的历史,正在一个遥远又亲近但未被发现的地方展开。就像以色列和犹大后裔的历史在不断展现,遗失部落的未知历史也在静悄悄地随之出现。人们如果要探寻那段历史,就必须跨越那条河,就是把那些平行的历史分隔开的那条河。

犹大人的境况只比他们的北方同胞稍好一点。在公元前586年的"巴比伦之囚"中,他们也遭到了流放。然而,犹大流亡者并没有从《圣经》中消失。但我们从来没有听说过这十个部落被放逐后的消息,在《圣经》的叙述中,犹大人在巴比伦被囚禁时期的历史是清晰明了的。从这个意义上说,巴比伦之囚凸显了那些早期流亡者的消失。他们去了哪里,他们的故事后来怎样了?

与毁灭和流放的背景不同，预言为我们提供了某种程度上的慰藉。无论是对那些在巴比伦流亡期间被放逐的人，还是对那些早期被流放的人，他们都被许诺将得到解救。《圣经》中的先知们告诫人们要为他们的罪孽负责，但同时也向他们许诺了在未来某一天的回归。所有伟大的先知——以赛亚、耶利米、以西结都曾许诺结束流放。他们强调，上帝不会忘记任何一个被流放的人。[44]

例如，先知耶利米在《耶利米书》（31：8）中宣称："我必将他们从北方领来，从地极招聚。"在这里，我们找到了林德罗夫北极故事的灵感来源。《以西结书》（37：15—22）详细地描述了耶和华怎样将犹大和以法莲重新联合在一起。耶和华说："我要将以色列人从他们所到的各国收取，又从四围聚集他们，引导他们归回本地。我要使他们在那地，在以色列山上成为一国，有一王做他们众民的王。他们不再分为二国，决不再分为二国。"最著名的是，先知以赛亚说："当那日，必大发角声，在亚述地将要灭亡的，并在埃及地被赶散的，都要来，他们就在耶路撒冷圣山上敬拜耶和华。"（《以赛亚书》27：13）

在这里，以赛亚创造了一个构想，这已经成为十个部落寻求的中心。就像希伯来语写的那样，"遗失在亚述"。詹姆斯国王时代译本的作者把希伯来语的遗失（ovdim）翻译为"即将灭亡"，暗示着即将毁灭，这是"遗失"一词的另外一种含义。然而，通行的拉丁文《圣经》保留"遗失"的地理维度，即消失在亚述地。当谈到这一点时，11世纪伟大的《圣经》评论家莱西写道，"因为他们分散在桑巴提安河以外的遥远地区，他（以赛亚）将他们称为遗失（ovdim）"。因此，以赛亚对"遗失"

(ovdim)的理解，逐渐成为主流，"遗失"同时也暗示了过去和现在的状态，并提供了一个持续的状态，即遗失的部落仍然在遗失，但继续存在，因此詹姆斯国王的译文是"即将灭亡"而不是"已经灭亡"。这些部落经历了两次遗失——第一次是作为一个集体从以色列被撕裂，第二次是作为一个群体在流亡的旷野中迷失。

然而，缺席只是在遗失之上的又一层遗失。更重要的是，回归的许诺还没有实现。在这里，关键的问题是把过去的历史变成预言。先知们也描述了未来的景象，他们告诉我们，在将来的某个时候，代表所有十二个部落的一群人将如何在耶路撒冷敬拜耶和华。这个未来的时刻将标志着十个部落从以色列土地上被撕裂的终结。

神奇的是，在公元前6世纪的最后几十年里，在犹大王国沦陷后不久，被流放的人确实返回了耶路撒冷去建造耶和华的圣殿。然而，回归的人都是被掳到巴比伦去的犹大支派和便雅悯支派。其余十个部落并未回归。《以斯拉记》告诉我们，"于是，犹大和便雅悯的族长、祭司、利未人，就是一切被神激动他心的人，都起来，要上耶路撒冷去建造耶和华的殿"（《以斯拉记》1：5）。其余的十个部落并没有加入巴比伦之囚后犹太人回归故地和重建圣殿的浪潮中。正如一个19世纪的部落迷所说的那样，"从巴比伦回归的犹太人（《历代志下》36：21—23和《撒迦利亚书》7：5），《圣经》的记载明确强调，巴比伦之囚后犹太人回归了家园，但并不包括十个部落"。[45]

这是十个部落第三次没有回归，也是最严重的一次遗失。正如一位拉比在一个多世纪前所说，它打开了"一个无法愈合的巨大伤口"。[46] 随着另外两个部落的回归,剩下的十个部落的遗失似乎更明显了。这位拉比并不孤单。19 世纪早期的部落学者芭芭拉·西蒙在一本关于遗失部落的基督教神学书的边页上,发现了一个学生的匿名涂鸦:"犹大回来了,但以法莲在哪里?/那走失的雅各的十支族人在哪里?/他们漂泊在遥远的沙漠和广阔的旷野中/没有家园,无处歇脚/这就是被束缚的囚徒无望的厄运吗?/他们找不到避难的去处,只有寂静的坟墓。"[47]

这里充满了明显的遗失感,就像一个家庭在寻找失散已久的亲人。即使只是坟墓里的一具尸体都比什么也找不到要强,因为我们根本不知道什么事情会最终降临到他们身上。让追寻者痛苦的是,这些部落仍然在外部的某地迷失、徘徊和未知。

为了理解部落没有回归所造成的空缺,人们必须认识到回归的许诺是巴比伦之囚的主要遗产。以色列的尤瓦尔评论说,几个世纪前的巴比伦之囚在犹太人和基督徒的历史意识中占有核心地位。[48] 他令人信服地指出,这就促成了人们将犹太人的分散看作被流放的产物,特别是罗马人流放犹太人的影响。我们知道,公元 70 年后,提图斯占领了耶路撒冷,摧毁了第二圣殿,但并没有大规模的放逐发生。此外,我们还知道,在该地区被罗马人征服和破坏之前,就有大量的犹太社区存在于该地区之外。简言之,即使在古代,犹太人的分散也与一系列因素有关,其中没有一个与流放明显有关。然而,正如尤瓦尔所说的那样,随着罗马人的到来,犹太人失去独立和神殿被毁的创伤被统称为第三个"事件",这是一场大规模的"流放"。尤瓦尔向我们展示了这个过程是如何在神庙被毁后的几个世纪里发生的，以及如何在中世纪被完成的。他将这种流亡叙事的出现作为《圣经》巴比伦篇章中的典型例子，将此作为一个框架推断后来的犹太历史。《圣经》将巴比伦之囚等一系列事件描述为毁灭、流放和回归，并叠加在罗马人征服的情节上。后来，人们将其称为模式的重演。

同样的，虽然目的不同、方式也不同，但基督教神学也同样把犹太人和圣殿的遗失变成了一个流放的故事。在奥古斯丁之后，基督教神学认为"流放就是流散，并不是政权的遗失，而是对耶稣受难的惩罚"。[49] 就像尤瓦尔所得出的结论那样，将巴比伦之囚的历史事件叠放在罗马的故事里面，这是几个世纪以来基督教徒和犹太人回归传统理念的基础。"历史上，基督徒和犹太人有一个共同的观念——那就是建立一个公正和被世人所理解的犹太人回归锡安山的概念。"[50] 公元70年，当罗马帝国占领了耶路撒冷，犹太人再次走上流放之路，犹太人结束了巴比伦之囚，但又开始了罗马治下的流放。因此，"将第二圣殿的被毁作为一段新流放的开始，让犹太人回归他们历史上的弥赛亚时代成为可能"[51]。巴比伦之囚之后，遗失部落的故事通过几种方式被转变了。第一个是巴比伦之囚后的回归，增加了十个部落并未回归的事实，进一步加强了与它们相关的遗失感。与此同时，回归的神话使得十个部落完全回归的问题变得更加紧迫。犹太人回归锡安山的理想一旦完成，其余的以色列后裔，即十个部落的回归又如何呢？在所有的部落都回归之前，以色列人的回归还不算完整。从三段论的角度来说，如果部落注定在某一天回归，也就意味着这些人此刻正在地球上的某个地方。这个基本的逻辑被《圣经》经文的标准解释所证明，它告诉我们部落"直到今日"仍处于它们的流放之地(《列王纪下》17：23)。根据这一解释,这个短语指的并不是当时写作的某个特定时刻,而是被阅读的时刻,这意味着一种并未完全遗失的持续状态。

就像我们所接触到的故事和民间传说一样,《列王纪下》对于遗失的部落有着模棱两可的暗示,迷失遥远而又亲近、难以触摸但又清晰可见。它们的存在和遗失的事实同样重要。亚当·卢瑟福坚持认为,"世界上最大的帝国"——英国实际上就是由十个部落组成的。他在1934年写道:"以色列和犹大部落的最终统一,在《圣经》中被反复预言过的,比如,《耶利米书》3：18,31：27—31;《以西结书》37：15—23。但是,如果以色列不存在或无法辨认,那么,以色列和犹大怎能重新统一?""辨认"和"寻找"在卢瑟福看来是相似的。但更重要的是,否认部落的存在无异于亵渎神灵。他解释说:"以上的预言……不仅没有实现,而且无法实现,因为以法莲部落的'消失'被证明是由信仰不忠引起的。"卢瑟福指出:"著名的异教徒托马斯·潘恩和大卫·休谟就是这类人。"[52] 潘恩确实与著名的律师兼政治家伊莱亚斯·布迪诺特以及犹太神学家大卫·列维(1742—1801)就部落的存在展开了辩论。[53] 在所谓的理性时代,部落被用来以理性和科学的方式证明《圣经》的真理性。对于遥远的历史事件,如摩西在西奈山下颁布律法,它们不可能被证明或找到其科学证据。然而,我们可以通过发现遗失的部落来验证《圣经》的正确性。根据现代理性科学设定的因素,十个部落的故事是可以被证明的。这使它们成为当时辩论的一个非常诱人的话题,这也使得人们对它们的搜寻更加狂热。

于是，人们对十个部落的具体定位就产生了各种各样的担忧，不太确定的是它们遗失的时间和历史范围。这些已经出现在了预言、弥赛亚和末世的描述中，它预示了遗失部落将在一个可怕的或美妙的未来时刻回归。正如我们所见，十个部落属于弥赛亚时代的范畴，所有的先知都把它们的回归和世界末日的迹象融合在一起。如果关于十个部落的核心问题一直是：它们在哪里？那么，关于弥赛亚时代的核心问题就是：回归将在什么时候发生？无数的思想家已经着手回答这个问题。

将十个部落融入弥赛亚或者世界末日的叙事中，融合了空间框架和时间框架。部落的发现和随后的回归被认为是一个可以期待的预言，它将地理、空间、历史和时间结合在一起。此外，部落的世界性特征，如声称它们在地球的某个地方与我们同在，这在弥赛亚或末日模式中创造了一种漏洞，这个漏洞暗示它们在弥赛亚时代有可能早就与我们同在。进入弥赛亚时代就像找到迷失的部落一样容易。所要做的就是去寻找遗失的部落并把那些人带回家，相比找到弥赛亚并把他带回来，这似乎是可以完成的任务。卢瑟福焦虑地说："如果以色列不存在或无法确定，那么，两者怎能重新统一？"问题的正面是："如果以色列和犹大重新统一，先知弥赛亚时代怎么可能不到来呢？"

对失落的十个部落的持久迷恋与摩西·伊德尔等人所说的"自然救赎"（natural redemption）有关，也就是说，救赎不是发生在之前或者之后，而是发生在历史之中。[54] 那个男人的迷失山羊将他带到了遗失部落的故事、小说中那艘迷失了方向的驶向了北极的船、索姆托的罗曼帝国和征服世界的船等，所有人都在考虑时空中出现波澜的可能性，在地图上神奇的迈一步将会突然、瞬间、意外地找到十个遗失的部落。故事的地理维度使救赎变得触手可及，用伊德尔的话说就是"自然的"救赎。尤其是部落的这种遗失感，激发了许多旅行者去寻找它们。正是这一点使得"十个部落"的主题与现代性和理性相契合，而不是被它们所削弱。例如，随着现代航天技术的出现，人类在太空中飞跃的可能性越来越大，新一轮寻找"十个部落"的热潮爆发了，正如其他时代的发展和发现所推动的那样。这也是遗失部落的神话所提供的自然救赎的叙事维度，使它一直延续到今天，编织成不止一个当代国家的叙事。

因此，十个部落的遗失感衍生了一种尖锐的神学焦虑，这种焦虑正是来自这个漏洞。斯坦福·莱曼恰当地将遗失的部落描述为一个"存在主义的争议和认识论的难题"[55]。然而，与其他先知或弥赛亚难题不同的是，这个难题的解决并不需要深奥的实践，而是刚好相反。因此，神学上的探索往往变成了政治上的探索。正如历史学家阿姆农·拉兹·克拉科慈金所指出的那样，在现代对流放概念的解释中，无论在犹太人还是在基督教的圈子里，都经常会产生政治神学或基于神学的政治。[56]十个部落的流亡故事虽然并不总是那么引人入胜，但它们是英国、美国和以色列神学政治不可或缺的一个特征。

历史和遗失，遗失的历史

神学焦虑是本书所述历史的一个主要方面，另一个方面是遗失本身。一言以蔽之，遗失感就是知道某物不复存在的体验。历史学家如何书写一个遗失实体的历史，这种遗失是经验的还是主观的？

例如，苏马提·拉马斯瓦米在其开创性的研究《遗失的利莫里亚》(*The Lost Land of Lemuria*) 中认为，遗失是"一种知识"。[57] 利莫里亚被宣称是一块"曾经存在过，但现在已经不复存在的土地"，位于印度洋的某处。[58] 利莫里亚在整个现代时期，尤其从 19 世纪以来，一直是人们关注的焦点。正如亚特兰蒂斯据说在旧石器时代的某个时候消失了。很久以前，利莫里亚以一种模糊但明显是灾难性的方式突然消失在海浪之下。利莫里亚一直存在于泰米尔神话中，但在现代，随着一群搜索者开始寻找它的踪迹，人们对它重新产生了兴趣。正如拉马斯瓦米说的那样，科学家、绘图家、地理学家、历史学家和神秘主义者以及个人，这些人可以被简单地理解为浪漫主义学者、印度人和英国人，他们加入了不断增加的搜寻利莫里亚的队伍，探索它与人类起源的关系，以及它在世界历史和地理学上的意义。拉马斯瓦米称这些努力为"遗失的劳动"（Labors of Loss），"那些戒律实践、解释行为和叙事方式被宣称在某种程度上已经遗失，只有通过现代的知识体系才能'发现'，而发现和命名的行为本身构成了最初的遗失"。[59] "遗失的劳动"产生知识，该书提供了一段关于遗失部落所产生知识的历史，这种知识进一步滋养了遗失的感觉,这是一个关于十个部落"遗失的劳动"的研究。正如拉马斯瓦米指出的那样,关注"失落情感的丰富结构及其生产潜力",让我们能够"不急于将其归结为一种病态"。[60]

对十个部落的搜寻除了激起人们的愤怒和病态情绪之外,没有激起任何东西。它们的遗失与其他遗失有相同的基本特征:利莫里亚、亚特兰蒂斯、俄斐王国、埃尔多拉多、圣杯、外星人、约翰长老、挪亚方舟、遗失的约柜,甚至还有爱荷华州约翰逊县遗失的记录。这些通常被当作传奇、神话或"高尚的谎言"而不予理会,因为对它们的关注被大家默认为病态,充其量也只是一种茶余饭后的消遣。

十个遗失部落的故事长期以来都被看作是这样一种存在。艾伦·戈德比1930年的里程碑式研究《遗失部落的神话:对重写希伯来历史的建议》(*The Lost Tribes a Myth：Suggestions towards Rewriting Hebrew History*),该研究对民族学研究提出了质疑,尤其是后者认为一个或另一个族群是遗失部落的说法。戈德比长达800页的著作驳斥了各种民族学家和人类学家声称在地球的各个角落发现了遗失的部落,或者在某些民族的习俗中发现了犹太教仪式的痕迹。考古学家罗伯特·沃科普在1962年出版的《遗失的部落和沉没的大陆:美洲印第安人研究中的神话与方法》(*Lost Tribes & Sunken Continents：Myth and Method in the Study of American Indians*)中声称,"江湖骗子、乡巴佬和学者们(大多数)都有共同的……态度和性格特点,这使他们成为一个群体,拥有某种身份……正是这些理论吸引了人们的想象力和热情,正是这些人痴迷于神秘主义和宗教解释"。[61] 然而,部落的彻底分散往往会使围绕着它们的"遗失的劳动"的历史凸显出来。在某种程度上,沃科普和戈德比实际上已经为这一研究铺平了道路,他们试图寻找学术研究与让前辈们烦恼的"遗失的劳动"之间的交汇点。

十个遗失部落的地理神学

> 假设一个广阔的大陆、一个新的世界最近被发现了,就在米底亚的东北方,到那里需要一年半的时间,在那里居住着一群纯洁的一神论者。
>
> ——芭芭拉·西蒙《以色列的希望》(1829)

十个遗失的部落在哪里?神学和地理学之间有着很强的互补关系。神学上的考量构成了部落迷失但可寻找的条件。流放的地方很难找是真的——它是地球上的某个地方,在一个真实的、被封锁的地理环境中。这些部落被发现的可能性在《圣经》预言中有所体现。先知们将部落置于人类无法触及的地方,但并非完全超出我们的控制——毕竟,我们的《圣经》说,总有一天,他们会回来。即使说这些部落超出了我们所能触及的范围,这也是一种定位它们的方式。

可定位的特性是双重的,一方面,有可能通过物理搜索找到部落,如探险、航海和旅行;另一方面,也有可能通过研究、推理和侦察来确定它们的位置,如把它们放到地图上。部落的可定位性标志着神学和地理知识的交汇点,广义上可以称为宗教和科学思维模式的结合。其中最基本的途径就是对《圣经》原始文本中具体的位置进行识别和映射。例如,19世纪的部落主义者想知道《列王纪下》(17:6)中提到的"歌散"在哪里?它会是恒河(Ganges)吗?这条河的位置,以及它隐约相似的名字,都会起到不同的作用。最近,歌散被一些研究者认定为伏尔加河。[62] 类似的,根据"分散在列国中"(《约珥书》3:2)和其他各处的预言,他们煞费苦心地试图将某个特定的群体确定为十个部落。更复杂的是他们试图根据先知预言定位"众海岛"。它们是加那利群岛(Canaries)吗?是不列颠群岛(British Isles)吗?是来自罗马尼亚的谢安认为遗失的部落有可能在"黑暗群山"后面和桑巴提安河的对岸。各种各样的推断不断出现,一个接着一个的山脉和河流被提出来,后来又因为缺少证据而被否定。

这些传说中的地方值得关注,不仅因为它们是人们冒险和旅行奇幻故事的背景,还因为它们的地理位置。拉马斯瓦米的关键术语"传说中的地理",是"想象力和吸引人思考过程"的产物,是关于一些实际并不存在的地方,很明显在十个遗失部落的位置定位中起到了作用。[63] 虽然遗失的利莫里亚是一个没有人见过,也永远不会被人们看到的地方,但遗失部落的位置定义却是相反的:它们在神学上被定义为可以被找到。遗失部落假设的位置被搜寻者看作真实的存在,而且它们的地理位置一直存在于传说与文学作品中。在对遗失部落的持久探索中,神学和地理学相互联系、相互影响,并产生融会两者的知识。这种地理神学是对想象、经验和预言的调和,是在神学上映射部落位置的产物。对遗失部落的搜寻是一种从神学角度来思考地理问题的实践。

克里斯托弗·哥伦布的《预言书》(*Book of Prophecies*)是一本《圣经》预言集，是哥伦布在其第三和第四次远洋期间对《圣经》预言的批注。这本书的编辑罗伯托·卢斯科尼评论说，哥伦布具有浓厚的"末世意识"，他试图寻找"一个历史和神学的背景，以定位其地理发现"。[64]这一原则同样也适用于其他一些知识。哥伦布"试图将他的地理发现定位在历史和神学的背景下"，哥伦布站在神学的角度来思考地理学。地理神学为在很长一段时间内探索遗失部落的努力提供了一种机制。我们将看到，直到近代早期，人们几乎完全是将部落定位在地球上一个固定但不可到达的地点。在这个过程中，所有"桑巴提安以外"的、看不见的地方都有可能是部落的定居地。人们对地理位置的想象和地点的营造都在发挥作用，但也并不是简单的幻想，严肃的神学思考在起作用。

在近代早期，由于世界地理学在本体论和认识论上的不稳定，地理神学并没有消失。然而，在寻找部落的过程中，它确实获得了新的意义并有了新的工具。在地理大发现时代，发现部落的可能性变得越来越真实。现代性的崛起及其所有标志性特征——科学、理性思维、技术、导航功能——日益促进了人们对部落的搜寻，其技术被用于寻找部落、分析它们在全球的分布，并为部落的回归铺平了道路。

宗教学者米尔恰·伊利亚德提出了一个著名的观点——"对于宗教人士而言，空间并不是同质的；它经历过中断，也中断在其中；它的某些部分在性质上与其他部分不同"。[65]地理神学是一个平行空间，由此产生的地形也非均质。但其目的不是将空间转换成特定的神圣空间，相反，它的目的是根据神学的思考来解释空间（而不是时间）的事件。

遗失部落的流放，罗马统治下剩余部落的流放，移民、迁移、地形的变化，尤其是新土地的发现——所有这些空间事件创造了一个不平衡的地形，只有部落的回归才能使地形变得平坦。弥赛亚的降临，耶稣再次返回人间——末日事件——将通过对十个遗失部落的寻找，被带入一个现世的空间。

本书运用的地理神学属于地理学家约翰·K. 怀特所谓的"地理知识学"的范畴，这是一种"远远超出科学地理知识核心领域的知识，也超出了地理学家们系统化的地理知识范畴"。[66] 这为人类创造性地思考地理、神学或宗教打开了大门。当然，我不是第一个注意到这一点的人，正如一位作家所说："古代和现代一样，神学和地理往往是密切相关的研究，因为它们在人类好奇心产生的关键时刻相遇。"[67] 这种关系已经在伊曼努尔·康德"神学地理学"的概念中被提出，即"宗教在地球上的分布"。[68] 康德在谈到地理的各种定义时，用这一术语来描述不同地理背景下的不同宗教。[69] 关于这十个部落的地理人种学调查的一个重要方面是对土著人的宗教习俗的细致研究，研究者试图将其追溯到"以色列人的来源"。这十个遗失部落的地理位置是经过几个世纪的讨论才确定的，它也与"神圣地理学"的实践密切相关，这是一种近代早期的、以《圣经》为基础的复古主义，并最终让位于科学地理学。神圣地理学也是"一种以《圣经》为基础的全球地理"。[70]

然而，在寻找部落的过程中救赎被加密，它将这里呈现的地理神学与康德的神学地理学以及神圣地理学区分开来。"神圣地理学"包含了这一弥赛亚许诺的要素，但神学地理学却没有。例如，神圣地理学家对人间天堂的位置非常感兴趣。但正如1630年一位神圣地理学家承认的那样，"知道人间天堂的位置并不是获得救赎的必要条件"。[71] 与此形成鲜明对比的是，无论在精神上还是在政治上，知道这十个部落的所在地可以说是获得救赎的必要条件。这并不是说找到部落就足以得救，而是找到部落蕴含着救赎的可能性。这是救赎的标志和先决条件之一。

值得一提的是，一些人无数次试图把英国确定为《以赛亚书》中提到的"众海岛"的尝试并不是一项神圣地理学的实践。英国与遗失部落的积极认同是地理神学的一个明确例子，因为它与潜在的救赎相联系，反过来又为政治神学提供了基础，证明帝国扩张的合理性。在寻找遗失部落救赎承诺的驱动下，个人的追寻不亚于国家和帝国的追寻。当于齐耶尔·哈加寻求麦金利的许可前往中国时，他带着"灵魂的……渴望"与"十个部落的众子"缔结"新约"，[72] 他很热衷于自己的地理神学。哈加、正义的犹太人和他的山羊、大英帝国——都不仅仅是为了寻找部落，更是为了寻找（或带来）救赎。莫伊舍勒急切地渴望跨越桑巴提安河或者德涅斯特河，并呼吁部落拯救科马罗夫犹太人的悲剧，就是最鲜明的例子。

神学对旅行和地理的抽象思考起到一定的指导作用。在其有关弥赛亚的作品《以色列的永生》中，布拉格的拉比犹大·洛（即马哈拉尔，约1525—1609）将地理学作为思考十个部落时最重要的参考：

序言：十个遗失的部落及其所在地

> 有人说非犹太教徒的博学者绘制出了地球上每一个有人类居住的地方。他们说他们的地图没有遗漏地球上的任何一个地方，他们知道地球上的每一个地方，不存在十个部落居住的地方。然而，这是缺乏证据的，他们满嘴胡言，因为地球上极有可能存在着一个不为他们所知的地方，因为山脉等因素的阻隔，使十个部落失去了与文明社会的联系。直到最近，他们才在这里发现了一个以前他们并不知道的、被称为"新世界"的地方。因此，正如他们不知道这个新世界一样，他们也可能不知道其他的世界。[73]

在急速变动的世界地理和越来越不稳定的神圣地理学的环境下，这是不容置疑的逻辑。如果一个全新的世界可以被发现，那为何一个被山脉或者河流阻隔的全新的小地方不能被发现？面对一个与《圣经》描述截然不同的世界新地理，马哈拉尔是乐观的。在他看来，让人无法接受的并不是我们熟知的世界与我们想象的不一样，而是这个新绘制的世界地图上没有遗失部落的容身之处。很明显，马哈拉尔对他那个时代的地理发现了如指掌，充分了解它们所代表的新的科学证据。[74] 他断然而愤怒地反驳的是，这种新的地图可能会导致人们抛弃部落存在的观念。对十个部落的怀疑等同于对整个弥赛亚愿景的不确定。这种逻辑至今仍适用于一些顽固分子。也许，一些人现在会认为，这些部落生活在一个我们尚未发现的真实世界里，在一个不同的星球上，或者在一个遥远的星系中。

27　　马哈拉尔的结论不仅合乎逻辑，在某种程度上，它也被证明是正确的。从他的时代开始，一些新的、更小的世界被发现了。然而，在更深层次上，马哈拉尔的愿望，像文学作品中很常见的那样，就是要从制图者手中拯救十个遗失的部落并确定其位置。这复制了《圣经》中第一次描述的部落被流放的情况：立即将他们掳走，安置在一个遥远的地方。根据马哈拉尔的逻辑，作为部落存在的最不容置疑的证据就是它们遗失的事实。它们的隐藏是它们将被发现的承诺的基础。因此，部落不断地后退到地平线之外，就在我们无法控制的地方。马哈拉尔有效地使部落免受任何进一步的威胁：如果整个世界被重绘谁在乎呢？另一个新世界总能被发现，科学事实总能被改写，地图总是可以被重新绘制。在这里，马哈拉尔揭示了地理神学的活力和它容纳更大空间变化以及非同质空间的无限能力。事实上，这种持续的活力和容纳所有新证据的无限能力，可以说是神学与时间事件接触的最一致的特征。

　　马哈拉尔坚持另外的世界将被发现的观点，使人回想起历史学家阿莫斯·费肯斯坦的观察，他认为末世论倾向于"无限期地推迟历史的终结，直到未来"，以避免因未能预测"第一次（对犹太人）或第二次（对基督徒）"而造成的"尴尬"。[75] 马哈拉尔不仅无限期地把历史上的某一个时刻推迟到未来，更重要的是将揭示世界地理进程中的某一个时刻推迟到未来。

作为世界历史的十个遗失部落

在1652年,神学家托马斯·索罗古德写道,遗失的部落是"一个迷失在世界上的民族"。这标志着部落的位置第一次被如此明确地指定在了"世界"上。毕竟,世界是典型的"世俗"和"尘世"的空间。然而,与此同时,这个世界也是最超凡脱俗的民族——遗失部落的家园。在《心之岛:人类想象是如何创造了大西洋世界》(*In Islands of Mind: How the Human Imagination Created the Atlantic World*)一书中,约翰·吉利斯专门用了一个篇章"失落的世界"来探讨人们对"神秘岛屿"的永恒追求,这是一个关于大西洋及其他地方的历史主题。"尽管世界现在已经被详细地描述",但这项探索仍在继续。[76] 对吉利斯来说,这种永恒的追求证明了"心灵之岛不仅仅是一种被动的沉思,而且是行动的动力,也是历史的原动力"。[77] 同样,利莫里亚的例子显示了地理上不可见的事物的力量和活力,一个逃避"真实和可见事物"主导权的主题。[78] 这些作品为书写世界历史提供了一种新的方式。它们认为,缺席的事物对于我们理解可见的和当前的世界至关重要。

阿里夫·迪尔利克指出:"世界历史作为一种历史学类型的一个根本问题是无法界定其边界的。"[79] 世界的边界太模糊了,遗失本身至少在两个方面成为世界历史研究的有效工具。首先是遗失的事实,或者说空间的缺失,因为它不是真实可见的,所以很容易超越界限。这个概念的第二个效用是基于一个矛盾的事实,即它是对实际的、物理的、可见的世界的反向指示物。它可以被看作对现实世界的互补。

这就引出了世界历史固有的第二个空间问题——不是定义世界内部的空间,而是把握和定义世界本身,这个世界所包含的内容是任何历史或历史学家都无法达到的。从整个世界的角度来看,这个世界的参照点是什么?难道它不是这个世界的对应物——一个遗失的世界?"遗失世界"的历史通过提供"不知来自何处的视角"帮助我们更充分地"制造"世界历史,[80] 就像一开始不知从何处审视这个世界一样[81]。他们提供了一种方法来了解已知世界是如何通过对已知但不存在的世界(这里是指十个遗失的部落)的详细分析来展现自我。

在十个遗失部落的例子中,它包含了拉马斯瓦米和吉利斯所描述的地理与神话上的遗失,是一个既代表了人类群体又代表地理的概念。族群的发现、重建和回归被认为是至关重要的,它是把世界变得完整的道路上的决定性步骤。在这里,它不仅仅是一个地理话题,如一个失落的岛屿或大陆,它也是一个人类的景观——关于种族、民族和人类起源。探索十个遗失部落的努力,最终表现为对世界本身、地理和人性、边界、极限和终点的猜测。事实上,在长达几个世纪的寻找遗失部落的过程中,涉及的基本单位始终是整个世界。在寻找部落的过程中所涉及的地理神学,总是把世界作为它的"终极参照系"。它的规模总是全球性的这种模式是经典的世界历史模式。虽然把整个世界作为"终极参照系",[82] 但十个遗失部落的搜寻者,就像世界史学家本人一样,从来没有一次真正地将搜寻范围涵盖整个世界。他们往往只关注世界范围内的某一个点，这就是世界历史同十个部落主义一个相似的特征。《十个遗失的部落》一书也像它描述的搜寻者一样，将世界作为它的"终极参照系"，但本书只是一部关于世界部分地区的历史。

本书以世界为"终极参照系"，从十个部落故事的关键地点——古代以色列和亚述、犹大和巴比伦、犹地亚和巴勒斯坦——向外扩散，随着十个部落知识谱系的产生，范围不断扩大。罗马和地中海、葡萄牙、西班牙、荷兰、英国，最后是美国和以色列，依次成为部落寻找中的潜在主题。本书根据部落搜寻者的文字记载，不断重新调整部落被定位的位置，展现部落本身难以解释、永不消退的特性。本书追踪了世界不同地区出现的十个部落的知识，因此，这一顺序反映了（主要是西方）对政治和文化中心概念的理解的转变。随着每一个地点依次成为全球知识传播的新中心，它们也依次成为新一轮对十个部落推测、调查和研究的中心。尽管本书涉及不同的时代，但该研究是按照时间顺序进行的，从公元前8世纪一群人被放逐出以色列王国的首都开始，一直到最近另一群人被"遣送"回同一个地方结束。

音译注释

因本书是为不同的读者和学者群体准备的，并且借鉴了各种语言资源，所以我尽力简化了非拉丁语言音译的复杂性。有一些引用是阿卡德单词的音译，比如符号 š（代表闪米特字母 shin），为了简化，我用 sh 来代替它（比如 Aššur 用 Ashur 来代替）。书中的日文和中文遵循平文式罗马字和拼音音译系统的惯例。更重要的是，对于阿拉伯语和希伯来语，我只保留了 ayn/ayin 以及 alif/alef 的区别。对于《圣经》里的名字，我使用熟悉的音译，因此，流便（Reuben）而非卢温尼（Re'uven）、西布伦（Zebulun）而非西武伦（Zevulun）、以萨迦（Issachar）而非以萨斯迦（Issaschar）。在许多情况下，近代早期的英语、西班牙语和意大利语文本都包含着一些在今天看起来非传统的拼写（比如将"near"写成"neer"），我在写作中将它们原封不动地保留了下来。我试着尽可能地在保留原有的语言风格的基础上去表达某些短语和术语，使它们看起来不那么难以理解。在许多情况下，原始语言出现在尾注中。

鸣 谢

本书的写作灵感来源于2004年夏我与阿夫纳·本·扎肯和大卫·迈尔斯的两次谈话。在此，我对他们表示感谢。流亡研究中心的尤金·谢泼德一直认为，关于流亡的写作主题是一个不错的想法。因此，我要感谢他对我的鼓励和支持。此外，还有图德·帕菲特教授，虽然我们从未谋面，但他对以色列十个遗失部落方面的知识使我钦佩，他认为探寻遗失的历史事物是可能的，而且是一个激动人心的冒险。我还得到了杰瑞·本特利的鼓励，他主要从事世界历史方面的研究，2005年1月，在美国历史协会的年会上，杰瑞耐心地陪我度过了一段时间。一直以来，这都是我写作灵感的源头之一。我在纽约大学的朋友乔安娜·韦利·科恩也让我受益良多。她是清史研究领域的资深专家，也是一位对我帮助很多的挚友，她曾不厌其烦地听我关于以色列十个遗失部落历史的长篇大论。通过和卢克·弗莱明的多次交流，我对十个遗失部落某些问题的认识愈加清晰。我的好友杰伊·弗曼在两年的时间里一直保持着对本书的兴趣，这对我来说也是一种特殊的支持。在此，我感谢他们所有人的热情支持。

世界史的写作需要作者了解很多方面的知识，就我而言，我找到了志同道合的同事。我很幸运能偶尔听到并接受很多人的建议，他们是吉尔·阿尼德加、尼古拉·迪·科斯莫、西蒙·帕尔波拉、阿盖·拉姆和埃尔哈南·赖纳。埃尔哈南总是知道可以在哪里找到最难找的材料，他帮助我找到了一些罕见的文献，并且帮助我翻译了一些关键性的意第绪语（Yiddish）。我在纽约大学历史系的同事库斯提斯·莫里瑞斯和扬尼·库斯尼斯帮助我理解了一些特殊的希腊词语。纽约大学人文科学系的主任爱德华·沙利文花了好几个小时来帮助我了解16世纪西班牙的历史。此外，我还要感谢阿姆农·拉兹·克拉科慈金，他的体贴关怀、无比的慷慨和持续的支持对我帮助非常大。对我而言，阿姆农的品性真正体现了儒家思想，尤其是当他说"一个学者对朋友应该既真诚又热情"的时候。

2006年春，我在纽约大学雷马克研究所工作后开始写作。我非常感谢该研究所主任托尼·于特教授，感谢他的支持和友谊。该研究所的成员，尤其是珍妮弗·任对本书在印制过程中所遇到的技术问题提供了许多帮助，此外，主任助理雅伊尔·凯斯勒对本书提出了许多意见，我对她深表感谢。

我还要感谢尼兰德里卡制图学中心的马塞尔博士和德博拉·冯·登·布罗克，感谢他们允许我使用亚伯拉罕·奥特柳斯的地图。他们还为我提供了该地图的高质量扫描件。此外，我还要感谢罗尔夫·斯坦因，他为我提供了塞巴斯蒂安·明斯特尔的木刻版亚洲地图。剑桥大学出版社的版权和授权事务助理亚当·希施贝格允许我复制了一幅亚述和巴比伦帝国的地图。

好友伊加尔·尼泽瑞帮助我准备了这些照片，并且总是乐意帮我找一些我接触不到的书籍。

英国牛津大学出版社的克里斯托弗·惠勒从一开始就支持本书的写作，并好心地帮我与纽约报社的编辑辛西娅·里德取得联系，里德对我帮助良多，最重要的是她非常耐心和善解人意。我对她在关键时刻所给予的支持深表感激。此外，出版社的编辑助理贾斯汀·塔克特和我多次通信，他可谓是幽默和效率的典范。我还要感谢牛津大学为我的书稿征集的评审者：他们提出了重要的修改意见，同样重要的是他们给予我很大的鼓励。

如果没有家人的支持，我也不可能完成此书的写作。我尤其要感谢我的嫂子梅朵·本-多，感谢我的女儿苏菲亚、露露和科拉帮我让本书变得更好，因为她们让我不要"总是"思考本书，从而不得不沉淀思想。我的终生挚友凯瑟琳给予我的支持和爱是我难以用自己的语言来表达的，在此，我想引用鲁米的诗歌来表达我的感谢，"我们相爱：这正是生活中有如此多美好恩赐的原因"。

就像其他研究十个遗失部落的当代学者一样，我总是对十个遗失的部落魂牵梦绕。我个人与长期研究的这个问题并未产生关联。但是在我的写作过程当中，我时刻知道我与亚述帝国的首都尼尼微是联系在一起的，这个帝国曾流放了以色列的十个部落。50年前，伊拉克城市摩苏尔（尼尼微古城遗址）的犹太社区被连根拔起。此后，亚述古都的形象往往混合着现代城市所留下的印记。在以色列的摩苏尔社区杂志《明哈特·阿舒尔》（*Minhat Ashur*，亚述人的赞礼）上，许多长者用美妙的阿拉伯语写作、发表回忆录和诗歌。我是向往着摩苏尔长大的，不久之前，摩苏尔还是穆斯林、基督徒和犹太人共同的家园，这里也是我父母出生和长大的地方。摩苏尔同样也是我的祖父母沙逊·加扎勒和米丽娅姆·宾特·沙姆拉相遇并生活的地方。我将此书献给他们。

第一章

亚述人的贡礼

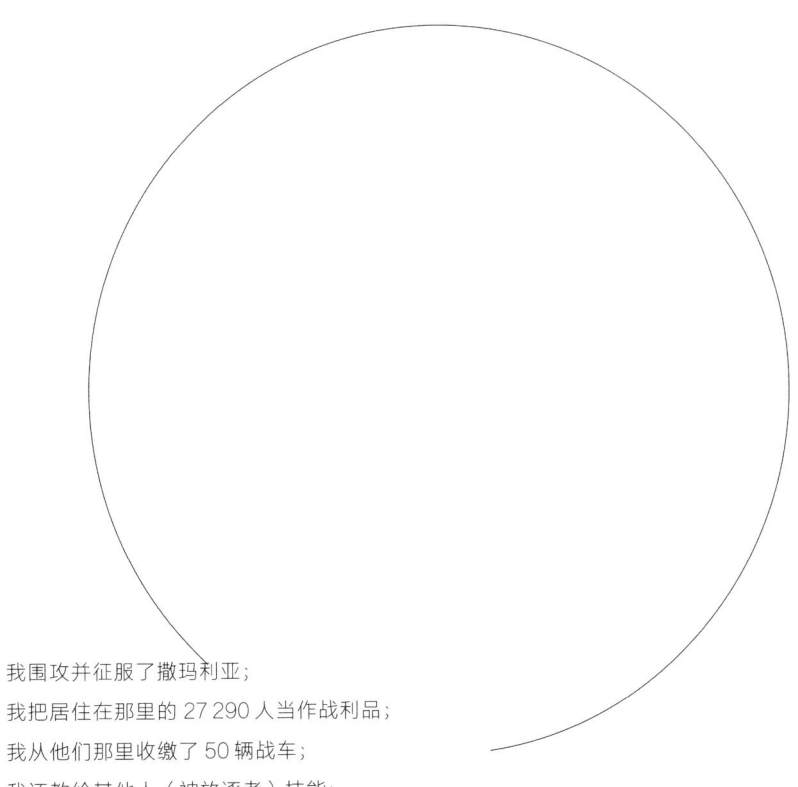

我围攻并征服了撒玛利亚;
我把居住在那里的 27 290 人当作战利品;
我从他们那里收缴了 50 辆战车;
我还教给其他人(被放逐者)技能;
我派我的总督来管理他们,
一如之前的王,我向他们征收(相同的)贡品。

——亚述国王萨尔贡二世,引自杨格《放逐以色列人》

第一章 亚述人的贡礼

亚述国王萨尔贡二世（前721—前705年在位）总结了他对存在了近两个世纪的以色列王国的成功征战。[1] 萨尔贡并不是第一个与以色列交战的亚述统治者，但他成功地征服了以色列首都撒玛利亚，驱逐了许多居民，其余的人被带到了亚述的另一个省。[2] 该事件是亚述历史发展鼎盛时期的标志之一。到了公元前8世纪末，亚述帝国已然成了世界强国。"这是一个巨大的国家，拥有古代近东地区迄今所知最大的、最复杂的政治结构。"[3] 亚述对撒玛利亚的占领和毁灭无疑是一个值得铭记的时刻。当代学者用一种残酷而简洁的语言总结道："一切都结束了。两个风雨交加的世纪以灾难而终结。"[4] 本章讨论了以色列王国被摧毁及一些臣民被放逐的背景和情况，这是随后几千年搜寻他们原始文本的依据。更重要的是，它展现了这些失败和遗失是如何在《圣经》叙事中被神化和被描述的。

十个部落故事与传统的最初背景是亚述帝国以及由此而来的

奥伊库梅内（oikoumene，意为世界新秩序）。正是在这样的背景下，这些部落被驱逐出境，它们的遗失也被写进了这个奥伊库梅内里。从《圣经》的角度来看，亚述人的征服和统治的故事是最有力的，以色列王国的命运由此被封印、解释和书写。这段历史有两种基本形式：第一种是由具体的战争和放逐事件构成，第二种则为他们披上了《圣经》化的外衣。《圣经》作者的意识形态或神学议程，通过记录和解释事件的方式暴露出来。走进那取之不尽用之不竭的《圣经》源头，我将把我的讨论主要限制在《列王纪下》《何西阿书》《阿摩司书》和《以赛亚书》中。这些文本设定了十个部落故事的参数和与之相关的预言，因为它们被后来的《圣经》文本——如《历代志》《耶利米书》和《以西结书》——以及后来的研究者所参照。学术界一致认为这四本书的写作时间与公元前8世纪晚期的历史事件最为接近。

我的目的与其说重构一个历史事实，不如说确定从过去的事件发展为流亡和遗失故事的几个关键时刻，可以说这是探索"遗失部落"的最初阶段。这些并不是某个历史阶段的时刻，但它们在传递给后来的读者时，确定并概述了十个遗失部落故事的核心组成部分和参数。《圣经》的叙述与其说是过去事件的年表，不如说是随着环境的变化而在无穷无尽的解释中使用的活生生的蓝图。但是请记住，在本书所讨论的大部分历史中，这种区别并没有什么意义，因为当时几乎没有人对各种形式的叙述的历史性提出质疑。

亚述人的放逐

萨尔贡与以色列王国的战争是几十年以来亚述及其邻国爆

发的一系列战役中的其中一个。第一位在地中海东岸精彩亮相的亚述统治者是提格拉特·帕拉沙尔三世（前745—前727年在位），这标志着亚述历史上一个新时代的开始。他对帝国的西部邻国发动了好几次战役。[5] 伴随着早期亚述人的进攻，一个巴勒斯坦北部相对繁荣的王国以色列进入了长期动荡的时期。它起初成为不断扩张的亚述帝国的附庸国，但很快就因为大量领土被占领而直接纳入亚述的统治。在随后的一次进攻中，提格拉特·帕拉沙尔三世的继任者撒缦以色五世（前727—前722年在位），直接围攻以色列首都撒玛利亚，但之后不久他就去世了，因此这场战役也被迫终止。虽然《圣经》叙事中描述了撒缦以色五世战役中发生的大量放逐事件（《列王纪下》17：1—6），但目前尚不清楚是否属实。[6] 第三次也是最后一次重击发生在公元前720年，撒缦以色五世的继任者萨尔贡二世征服并结束了以色列王国的统治。[7]

帕拉沙尔三世在公元前733—前732年发动的战役，摧毁了亚兰大马士革，并且吞并了以色列部分的领土，他写道："我将比特·哈米拉（以色列）的土地……和它的辅助者（军队）……以及它的所有臣民，一起纳入了亚述帝国的领土，我杀了他们的国王比加，我任命何西阿为他们的王。我从他们那里得到了10塔兰特金子，10塔兰特银子，连同他们的产业一起都被我带到了亚述。"[8]

以色列在这次战争中勉强幸存下来，它曾与其北部劲敌亚兰大马士革结盟对抗亚述帝国，但很快整个亚兰大马士革都被亚述帝国吞并了。在《列王纪下》（16：9）中，我们得知亚兰王利汛被处死，他是哈撒家族的最后一位国王，大马士革的民众被放逐到了一个叫作"吉珥"的地方。[9] 许多亚述铭文提到提格拉特·帕拉沙尔三世对该事件的评述,他夸耀说,"我为亚述占领了整个亚兰大马士革"。[10]

这位彻底摧毁了以色列的亚述国王萨尔贡二世也同样夸耀自己的胜利。然而,幸运的是,比起他的那些先辈们,他的成功在碑文里得到了详细记载而且被很好地保存了下来。但是,比起上述故事,另一个记载萨尔贡针对撒玛利亚战争的碑文的故事显得更为完整:

> 撒玛利亚的居民们曾与我为敌,不臣服于亚述,不向亚述进贡,又与我争战;我将在神力的帮助下来打他们;
>
> 我核算共有 27 280 人被俘,连同他们的战车和他们的神;
>
> 我用掠夺来的 200 辆战车组编成我的王室军队;
>
> 我把他们中其余的人安置在了亚述中部;
>
> 我使撒玛利亚的人口比之前更多;
>
> 我把被征服地的民众带到我的国家;
>
> 我任命我的臣子作为他们的总督,
>
> 并且把他们当作亚述人一样看待。[11]

在早期的例子中,《圣经》叙事提供了一个相似的记载:亚述国王放逐了撒玛利亚人,把他们安置在了亚述,并带来了其他人"代替以色列人"(《列王纪下》17:6,23—24)。不久,他们就被同化了。以色列人第一次被放逐发生在提格拉特·帕拉沙尔三世时期，第二次是在萨尔贡二世时期，两次大的放逐后紧跟着是第三次针对以色列的大战役。然而，十分明显的是，亚述人的征服并没有完全使以色列人口减少。每次都有成千上万的人被放逐，但绝不是全部的以色列人都被"掳去"。据学者估计，那个时期整个巴勒斯坦地区大约有40万人，其中绝大多数人定居在以色列王国。[12] 从亚述碑文的精确数字来看，这些放逐对总体人口的影响并不是太大。事实上，在以色列被摧毁后，亚述其他三位国王——辛那赫里布（前705—前681年在位）、以撒哈顿（前681—前669年在位）、亚述巴尼拔（前669—前627年在位）——也曾放逐巴勒斯坦的居民，尽管规模不大，但却造成了深远的影响。无论人数多少，很明显，放逐对人们心理造成的影响是长期的。正如一位学者所说："可以确定的是，这两位国王的政策对后世产生了重要影响。"[13]

《圣经》的作者们对这种强制移民的形式非常熟悉。它一再改变着该区域的人口结构。这些人口不仅有来自巴勒斯坦被驱逐的人，还有来自被迫移民到这片土地上的人。众所周知，《圣经》叙事告诉我们，在撒玛利亚遭受最终的毁灭后，亚述王"从巴比伦、古他、亚瓦、哈马和西法瓦音迁移人来安置在撒玛利亚，代替以色列人；他们就得了撒玛利亚，住在其中"。（《列王纪下》17：24）这些记录中有一些与亚述萨尔贡的叙述相同，阐述了在新征服的亚述领土内不同文化群体间的交流和互相影响："来自四境的人，他们是山地和平原的居民，他们有着不同的语言和表达形式，众神之光、万王之王、我的主啊，我曾奉亚述的命令，用我强大的权杖把他们掳去，使他们的语言合而为一。"[14]

残酷的萨尔贡还叙述了另外一次对巴勒斯坦居民的放逐，其中包含对来自帝国最遥远的南部边境的人的放逐："我战胜的部落有塞姆德、伊巴迪、马西曼尼和哈亚帕，以及遥远的居住在沙漠里的阿拉伯人……我把他们迁移到撒玛利亚，让他们居住在此。"此外，在公元前716年，萨尔贡还带来了另一群"来自东方国家"的人。[15]此外，《以斯得拉记》中叙述了更多的亚述人被驱逐到巴勒斯坦的情况，其中有两个相关的群体声称他们是曾经被以撒哈顿和亚述巴尼拔带到巴勒斯坦的人。在后一个例子中，有一群人明确地认定自己就是"底拿人、亚法萨提迦人、他毗拉人、亚法撒人、亚基维人、巴比伦人、苏珊迦人、底亥人、以拦人和尊大的亚斯那巴（又称亚述巴尼拔）所迁移、安置在撒玛利亚城，并大河西一带地方的人"（《以斯得拉记》4：2，9—10）。

一位著名的《圣经》历史学家总结说，这些放逐和战争的整体影响是相当大的，"众多人口……在整个帝国的疆域里，迁入新居后"有效地"改变着巴勒斯坦的人口结构"。[16]但是，据推算这些放逐不会导致北部王国人口的完全减少。另一项研究得出结论，"大多数北方人并没有被放逐"。[17]许多群体很可能还留在原地。很多人南迁到耶路撒冷。以色列人遭受驱逐和流放的故事，是围绕着该地区更广泛的人口流动的故事。作为以色列人关于遗失和承诺救赎的叙述的一部分，《圣经》的描述夸大了驱逐的总数，而亚述人的资料则试图通过强调他们能够通过驱逐和迁入多种人口造成的全面破坏来强化他们国王的统治。两种方式的叙述形式，都有着清晰的意识形态和神学的动机，以此来扩大放逐的影响范围。

显然，巴勒斯坦及其邻近的区域并不是唯一受到亚述放逐影响的地方。自公元前9世纪以来，在亚述的世界里，大规模的驱逐在被征服地区频繁发生，并且是一个相对深入的话题。虽然驱逐出境肯定不是一项连贯的帝国政策，但它是亚述帝国扩张和霸权的一个重要工具，几个世纪以来一直在使用，目的是为一个积极扩张的帝国不断变化的利益服务。提格拉特·帕拉沙尔被誉为"将较高土地上的人与较低土地上的人进行交换"的国王。[18] 很明显，他把放逐当作一种用来惩罚被征服民众的有效工具，明确地规划其领土的人口结构，这是为了维持新占领地区的和平与稳定。重建在很大程度上取决于人口的再分布。正如提格拉特·帕拉沙尔在另一处亚述碑文中所解释的那样，"我重建了尼库尔及其周边地区（作为亚述的城市）。我把那些被我征服的人安置在异域"。[19] 这一时期亚述所记录的是关于大批人口被放逐后重新定居的事情。

《圣经》中有一段典型的叙述，描述了亚述人在驱逐政策和帝国稳定之间看到的联系，其中包括公元前701年对耶路撒冷的围攻。据《列王纪下》记载，在围攻白热化阶段，辛那赫里布国王的首席执行官拉伯沙基站在正对着耶路撒冷城墙的一个斜坡上，给被围困的耶路撒冷人做了一段戏剧性的演讲。这位亚述官员试图去说服被围困的人，告诫他们抵抗是徒劳的，并解释了投降的好处：

> 因亚述王如此说：你们要与我和好，出来投降我，各人就可以吃自己葡萄树和无花果树的果子，喝自己井里的水。等我来领你们到一

> 个地方与你们本地一样,就是有五谷和新酒之地,有粮食和葡萄园之地,有橄榄树和蜂蜜之地,好使你们存活,不至于死。(《列王纪下》18:31—32)

我们应该假设这段经文代表了一个理想化的、经过大量编辑的演讲版本,如果它的确曾经存在的话。然而,即使是这样的叙述也清楚地表明,《圣经》的作者对驱逐出境的理解,不可避免地与亚述人的征服联系在一起。驱逐和重新安置也被视为,或至少被认为是通过鼓励文化变革和相互作用来促进帝国同质性的一种方式。正如萨尔贡所说,在把撒玛利亚人驱逐到亚述后,他"把他们当作亚述人一样看待"。同样地,对于被他带到撒玛利亚的说着许多不同语言的人,他"使他们的语言合而为一"。这些措施能否成功地实现文化同质性的目标是值得怀疑的。《圣经》叙事讨论了在以色列人遭放逐后那些被亚述人带到撒玛利亚的人,这些人后来被称为撒玛利亚人,他们的特点在后来的文学作品和基督教福音书中显得异常突出。他们到达撒玛利亚后,刚开始每个团体都继续信奉自己的宗教,"不敬拜耶和华"。根据《圣经》记载,这种做法让地方神很不高兴,"所以耶和华派狮子去捕食他们"。亚述王知道这件事后,就吩咐说:"叫从撒玛利亚所掳来的祭司回去一个,使他住在那里,将那地之神的规矩指教那些民。"被驱逐到撒玛利亚的人短暂地学会了如何敬拜当地的神,但最终"各族之人各为自己创造神像"。(《列王纪下》17:24—33)

虽然重点是要确立以色列神在该地区至高无上的地位,但其具体细节为理解亚述放逐政策提供了重要线索。亚述国王被描绘为参与了被驱逐者的文化生活,甚至为了增加稳定而干涉他们的文化生活。亚述国王文化工程的部分成功是很有意义的。(未来的)撒玛利亚人学习了新的方法,但也坚持他们的旧传统。《圣经》中关于这种混杂的知识后来成为检验被放逐的以色列人的试金石。一个主要的观点认为,他们(遗失的部落后裔)就像被带到撒玛利亚的民族一样,很可能采用了所在地新的文化方式,但也可能保留了对早期以色列传统的记忆。

虽然我们有充分的理由对亚述帝国文化工程的成功提出质疑,但很明显,亚述国王渴望在其领土内有尽可能多的人"被当作亚述人"。争论的焦点是帝国的人口、经济和政治需求,被当作亚述人并不意味着"成为"亚述人,而主要指的是作为亚述人所要承担的义务。在铭文中重复出现的一句话是"像亚述人一样劳动"。[20] 被算作亚述人也要服兵役。正如许多学者所描述的那样,驱逐是一种有用的方式,它让亚述的军队——成为一支"真正的多国部队"![21]

虽然这个故事告诉我们该地区的外来民身上发生了什么,但它给被放逐的以色列人最终的命运留下了一个巨大的问题。他们去了哪里?他们被带到了哪里?被放逐者的最终命运是什么?他们是否像新的撒玛利亚人一样继续保持他们最初的崇拜?零散的证据只能提供部分答案。《圣经》资料告诉我们,亚述国王将以色列人"掳到亚述,把他们安置在哈腊与歌散的哈博河边,并米底亚人的城邑"(《列王纪下》17:6),这些地方都在亚述境内。"米底亚人的城邑"坐落在帝国东部,远离帝国最初的边界,直到公元前716年之后才完全并入亚述。许多被驱逐者也有可能定居在亚述高级官员、祭司和贵族的农田里。[22] 我们知道，他们中的许多人拥有娴熟的战争技能，并将享有"优先或至少合理的"，甚至"良好的待遇"。[23]

来自该地区的考古和文献证据表明，许多被驱逐者并非完全分散，而是在主要城市成群定居。他们被允许拥有自己的财产、可以结婚，以及经营他们自己的生意——这是对拉伯沙基所承诺的"五谷和新酒之地"的半实现状态。[24] 然而，许多人被驱逐出境仅仅是一种惩罚，他们的经历是"艰苦和勉强维持生计的"。[25] 但"追溯他们融入亚述文化的过程"还是可能的。[26]

总的来说，在这个充满一系列令人眼花缭乱的强迫人口迁徙的历史时期，以色列人遭放逐的故事根本就不是一个特例。从历史的角度来看，以色列人被驱逐只是此类事件的其中之一，当然，肯定不是一个关于整个民族被放逐和消失的事件。没有人真正遗失，也没有人被送到地球的尽头。像其他国家的主人一样，以色列人——或者更确切地说是他们中的一部分人——从一个地区被转移到另一个地区，这是一个更广泛的帝国政治计划的一部分。

亚述的奥伊库梅内和地球边缘

以色列人被放逐的地理背景，以及人们对放逐的理解和记录，将这个故事塑造成了一个不可改变的流放故事。这个故事通过亚述帝国的宣传，已经深深地嵌入亚述的地理、意识形态和历史编纂中。

通信和宣传是为亚述帝国战争机器服务的重要工具。帝国的统治者有效地运用这些工具，使他们的统治范围比实际的还要广泛。亚述是最早运用这些工具的帝国之一。《圣经》作者所反馈的世界，以及得到很大程度上扩展的世界，其实就是亚述所宣传的那个世界，在这个世界里，亚述的统治有着至高无上的地位是毋庸置疑的，这个概念在创建它的帝国灭亡后，仍然持续了很长时间。实际上，帝国的这种宣传误导了很多学者。早期学者认为亚述帝国拥有有效的行政控制手段，但自20世纪后期以来，这种观点发生了重大的变化。通过研究发现，亚述帝国的统治并不像它自己所宣传的那样有效。[27] 然而，当代学者大多都同意其宣传工作的有效性，数千年来，它成功地传达了一种对亚述统治过于乐观的看法。亚述人对世界统治地位的要求"通过标题、称谓、短语、宣言和赞美诗等公开而清晰地表达出来"。[28] 最著名的是，亚述统治者利用视觉艺术和建造巨大的纪念碑来传递帝国的信息。[29] 亚述帝国的意识形态作为帝国内部和外部的标准，是为了让所有居民都能听到、看到和注意到。亚述人的宣传和帝国的传播所创造的世界比其实际的政治和军事范围更大更广。亚述的宣传塑造了其疆域内的民众对于不断扩张的地理边界的想象，创造了一个比所知的世界更为宏大的帝国的印象。

亚述人的宣传创造了一个丰富的资料宝库，包括其编年史、摘要和王室铭文。其中，有些是在它们描述的事件发生前后产生的，另一些则是在事件发生几年后创作的。亚述的统治者竖立起石碑，标明战争的地点，颂扬胜利，并阐述战争的后果。[30] 这些丰富的资料，许多是在19世纪才被发现的，使得当代的亚述学者为我们提供了一个可以被称为"亚述意识形态"

的合理草图。[31] 亚述统治者为了令他们的战争和征服合理化，付出了很多的努力。当然，亚述战争被神圣化了，但也有更多的理论是以世俗方式来证明其合理性的。[32] 21 世纪的读者可能对帝国统治者有权发动"先发制人的战争"的说法很熟悉。正如今天一样，在这种情况下，亚述的敌人往往被描述为侵略者，或者至少是潜在的侵略者。[33] 同样，亚述的战争通常被认为是在其他国家主权控制的地区"恢复秩序"和"维持和平"的唯一手段。[34]

公元前 8 世纪成为世界历史上的第一个"伟大世纪"，要归功于亚述人。[35] 亚述帝国是第一个具有宽广疆域和多样文化的真正的奥伊库梅内。这个世界覆盖了从波斯湾到北非东部的整个新月沃土。它东临扎格罗斯山脉，西临地中海东部，北至达托罗斯山脉。它的南部边缘包括"西边的埃及和东边的以拦，甚至征服了周围的游牧民族——沙漠中的阿拉伯人和高原上的米底亚人"。[36] 在某种程度上，亚述帝国沿着它的南部边界一直延续到了阿拉比亚和努比亚地区。

受帝国经济崛起的极大影响，腓尼基贸易网的加入也给亚述边界地区带来了一系列地中海领土。[37] 亚述人奥伊库梅内的边界并不是帝国本身的具体边界，而是亚述人所宣传的外部世界的边界以及世界对他们所知的边界。简言之，亚述人心中世界的边界就是他们所宣传的边界。实际上，亚述帝国的宣传描绘和创造了这个世界。亚述诸王对这片领土有一个清晰的愿景，他们通过抽象的术语"宇宙"和物理标记（"四境"）将亚述人的王国概念化，这些标记将它与其他较小的领土分开。亚述王是"宇宙万物之王"，同时也是"四境之王"。他是"四境的牧者"和"万国之王"。[38] 我们被一再地提醒，亚述帝国永远在扩张当中，[39] 对亚述的称赞总是强调这一点。在一块石碑上，提格拉特·帕拉沙尔以"亚述之王、苏美尔和阿卡德之王、四境之王、人类的放牧者……帝国边界扩张者"的形象出现。[40]

著名的国王亚述巴尼拔因"亚述帝国领土的扩张者"而闻名于世。[41] 亚述巴尼拔的统治标志着亚述帝国的鼎盛时期，他是"一位强有力的君主，他将征服范围从底格里斯河的河岸扩展到黎巴嫩山以及阿穆鲁之地的大海"。[42] 提格拉特·帕拉沙尔宫殿的一处铭文上将他称作"伟大的国王、强大的国王、宇宙之王、亚述之王、巴比伦之王、苏美尔和阿卡德之王、四境之王"。

铭文中反复出现的主题是亚述王国包罗万象的范围及其统治者在领土上的变革性影响。提格拉特·帕拉沙尔被誉为"勇敢的战士"，"像洪水一样横扫各个国家"。在亚述帝国东方的领土伊朗发现的一处碑文上刻着"我是亚述王提格拉特·帕拉沙尔，我曾从东到西亲自攻取列国"。[43]

"宇宙"和"四境"这些词语在亚述的扩张过程中反复出现，这些词语的运用只为了体现帝国统治的疆域。一个表示世界的霸权，另一个表示世界的宗主权。[44] 这种区分很重要，因为亚述人在不同程度上掌握着权力和对大片领土的控制，这些领土可以归为几个类别：省、附属国、缓冲国和敌人。用考古学家布拉德利·帕克的话说，"直接吞并并不是建立亚述统治的唯一方法"[45]。"宇宙"一词的总称是"宇宙之王"统治下的王国，与之相伴的是"世界四境"一词，即广阔、有限和具体的空间，虽然不属于亚述人领域的物理范围，但抽象地处于亚述人的统治之下。

因此,对于驱逐以色列人的理解是在一个已经明确具有地理意义的复杂框架下进行的。实际上,以色列人可能被流放到后来成为帝国领土核心的地区。然而,在随后的记忆中,他们保留了其地理根源,认为部落的边界超越了被认为是十个部落消失的地方,就像亚述的国王一直在他们的头脑里所想象的边界那样,因而十个部落确实在地球某个地方真实存在的承诺为神话传说提供了力量。在每一次的扩张中,首先是亚述人帝国的扩张,后来是整个人类地理知识的扩张,失踪的部落永远停留在遥远的不可知的地平线后面。

公元前七八世纪亚述的宣传机器,不断地强调帝国疆域的辽阔。土地的扩张,统治者对其超乎想象的控制力,不间断提到的边界、标记和疆域,都构成了最初以色列被放逐的故事的一部分。《圣经》对失落部落的描述如果不是大量借用了同样的宣传手法有意为之,那就是在亚述人宣传其军队和国王的荣耀时,定义并推广了各种空间概念。尽管亚述人提出所有国家最终都将成为他们帝国的一部分,但他们强加给各地区一种概念,即世界是被划分为不同政治的空间。"包括所有统治者在内的四境之王"有一个特别雄心勃勃的头衔。[46]

这些不同的空间概念对《圣经》的文本产生了巨大的影响。以赛亚、耶利米、以西结都是在亚述帝国的阴影下进行创作的,他们都是亚述或巴比伦帝国活动的敏锐观察者。[47] 在这方面最著名的是以赛亚的"对各国的神谕"(《以赛亚书》13,14:1—23),反映了当时的"国际"背景。[48]《约拿书》极好地描述了人们是如何在亚述奥伊库梅内的边界内生活的,以及帝国是如何被感知和构建的。该书的中心是帝国的首都尼尼微,从以色列作家的角度来看,这是约拿旅行的目的地。据传说,亚米太的儿子约拿是一位先知,根据《圣经》记载,他生活在耶罗波安二世时期(前788—前747年在位)。一天,约拿奉神的命,要往"尼尼微大城"去,告诉那里的居民,因"他们的罪恶",他们的城市将被毁灭。(《约拿书》1:1—2)起初,约拿抗拒神,躲在船上逃避神。当暴风雨威胁要把船上的乘客扔到海里的时候,约拿告诉人们他才是耶和华愤怒的原因,要求将他抛下船去,挽救其他的人。人们照做了,一会儿海就平静了,约拿被一条大鱼吞掉,在它肚子里待了三天之后,又被吐到旱地上。从那以后,约拿决定完成耶和华给他的任务,前往尼尼微警告那些罪恶的居民,耶和华即将对他们的惩罚,即"四十日内尼尼微必倾覆了!",这个预言有两层含义,虽然约拿故事的关注点是尼尼微的居民,在大的范围来说,这也是一个有关亚述帝国的预言。在希伯来语里,"倾覆"(overthrown)的字面意思是"颠倒过来",可以将它理解为一个文字游戏,暗指这座城市居民的最终忏悔。

在约拿的故事当中,一个陌生的先知来到尼尼微,宣布这个城市将被倾覆,对此,这里的居民们没有争论。令人难以置信的是,他们"把这警告放在心上"(《约拿书》3:5)。约拿的预言是即将到来的忏悔,暗示着肉体的毁灭,以及迫在眉睫的帝国崩溃。但是,《约拿书》中的故事也与帝国的现实相关。我们记得,约拿在按照命令说出预言之前,先逃走了。约拿从远离亚述人首都的地方出发,然后不可阻挡地来到亚述人的首都,这反映了当代人对亚述帝国的辽阔和多样性的看法,以及故事的地理背景。

起初，约拿极力逃避他的使命，他逃到约帕的港口，搭乘了一艘"去他施的船"。一些学者认为他施位于西班牙南部，而另一些学者则认为他施仅仅是一个传说中的地方。然而，所有的人都认为，在逻辑上来讲，他施应该在尼尼微的反方向上，可能在地中海的某个地方。船上的景象反映出亚述帝国文化的多样性特点。当耶和华降下风暴时，"各人哀求自己的神"，约拿也被要求这样做。当人们的祈求不起作用的时候，众人问约拿："你以何事为业？你从哪里来？你是哪一国人？属哪一族人？"他回答说："我是希伯来人。"（《约拿书》1：7—9）这里出现了对众多"民族"的辨别。

《约拿书》描述了亚述帝国社会的多样性，并且告诉我们如何看待往返首都的距离。同时，它通过隐喻的方式，表达了帝国不可避免的影响力。尼尼微被描述为"一个三天才可穿越的巨大城市"，有12万居民。尼尼微的大小和距离都是一个已知的参照物，在今天的语境中，它就是"城市"的意思。约拿的先知之旅在不知不觉中强烈地表达了以色列人对地理和距离的认知在多大程度上是直接从亚述人那里获得的。这个尼尼微地图上的东地中海世界基本上就是亚述人的帝国范围。

尼尼微也和十个部落的流放关系密切。《圣经次经·托比传》成书于大约公元前2世纪，讲述了一位正义的部落后裔托比的故事，他来自十个部落，住在尼尼微，经历过亚述帝国的流放。[49] 在19世纪，当现代考古学家开始挖掘这座城市的时候，学者们一直在附近寻找十个部落存在的证据。[50] 在这座城市里，第一批现代西方观察者发现了"带走十个部落的人的真面目"。[51] 现代考古学家的发现为古代历史文献提供了新的线索，并为讨论遗失部落的命运提供了科学依据，提出尼尼微是俘虏最初被流放后"分散"到他处的地方。[52]

《约拿书》里的地理环境反映出亚述帝国的范围，《以赛亚书》则回应了帝国强大的宣传力量。以赛亚是一位热情的、无可挑剔的亚述帝国的宣传者，他对亚述帝国军队理想化的观念，直接来源于亚述帝国的自我宣传。亚述的军队"其中没有疲倦的，绊跌的；没有打盹的，睡觉的；腰带并不放松，鞋带也不折断"（《以赛亚书》5：27）。[53] 以赛亚的话反映了"亚述故意向外部世界露出恐怖面具"的影响。[54] 因此，难怪以赛亚宣告说："亚述是我怒气的棍，手中拿着我恼恨的杖。"（《以赛亚书》10：5）

以赛亚描述亚述人的军队像刀一般从地极而来："神必发嘶声叫他们从地极急速奔来。"（《以赛亚书》5：26）"那时，主必用大河外（beyond the river）赁的剃头刀，就是亚述王，剃去头发和脚上的毛，并要剃净胡须。"（《以赛亚书》7：20）亚述军队的剃刀形象回应了布拉德利·帕克的发现，"亚述军队直线行进，从一个目的地到另一个目的地"，[55] 这让人想起了划界和重新分配的词汇。在以赛亚的预言中，亚述的军队为神服务，划出了从波斯湾（"亚述"）到埃及的奥伊库梅内的轮廓。"地极"一词在以赛亚的预言中反复出现。[56] 帕克指出，亚述的边界都有重兵把守，亚述的邻国都知道这一点。[57] 在亚述语源中，边界或领土、领域一词与希伯来语"tehum"同源，意思是"栅栏""领土""边界"，它在亚述文献中出现了300多次。涉及"侵犯"本领土的短语至少出现了15次。[58] 在《以赛亚书》中，这些边境要塞可能就是地极，耶和华将从那里召集他的军队进行报复。

这条边界线具有许多帝国边界的特征，它不是"一条笔直的线，而是一个透水地带或连续体，通常有100公里深"。根据亚述人的空间地理概念，它穿越了一大片土地，有许多亚述的邻国。《以赛亚书》中的"地极"和"地之四境"，并不仅仅是对亚述人措辞的模仿，还反映了马克·汉密尔顿所称"双向互动"的亚述交流特征。[59]以赛亚甚至没有抄袭他所害怕的帝国的地理术语和概念框架。对于想要成为帝国臣民的以赛亚来说，从他的角度来看，亚述人的军队总是站在地球的边缘，它的使命就是要扩大它们。在《圣经》文本中，亚述人在塑造和开拓地理上的中心作用进一步强调了帝王角色和耶和华本身作用的结合。就像亚述的统治者要"扩大亚述的边界"一样，耶和华也是如此："耶和华啊，你增添国民……你得了荣耀，又扩张地的四境。"（《以赛亚书》26：15）[60]

以赛亚的地理术语和象征性不是神学的隐喻，也不是用来荣耀耶和华的空洞装饰品。在亚述语境中，它们是具体的、有意义的术语，指的是地理边界和帝国边界。因此，帝国的宣传与希伯来语预言的地理维度紧密相连——希伯来语预言是环境的一个重要组成部分，在这个环境中，遗失部落的故事被塑造出来，并在后来被详细阐述。

从驱逐到流放：犹大人和以色列人

公元前8世纪中叶到公元前6世纪早期是一个快速变化和

过渡的时期。犹大王国在亚述和巴比伦两大帝国的影响下不断发展壮大，而后者最终摧毁了它。南部的埃及王国和北部的美索不达米亚帝国之间的权力博弈不断地影响着犹大王国。这个人口稀少、物质匮乏的南方王国诞生在公元前10世纪，见证了它的姊妹国也是对手的以色列王国如何被亚述帝国摧毁。

公元前701年，犹大王国在经历亚述的多次进攻以及萨尔贡的继承者辛那赫里布发动的围攻耶路撒冷的军事行动中幸存了下来。亚述君主萨尔贡二世去世后，亚述帝国呈现衰落迹象，犹大人受此鼓舞，且在埃及的支持下，试图挑战这个世界帝国。之后，辛那赫里布发动报复战争围攻他们，给犹大留下了亚述帝国依然强大的深刻影响。实际上，以赛亚看到了亚述军队"从地极涌来"。[61] 在一次神秘的军事挫折之后，亚述人奇迹般地饶过了这个王国。[62] 后来，随着亚述权力的衰落和帝国从该地区的撤退，犹大王国得以上升到具有某种区域意义的地位。它的人口变得更密集和集中，在军事上也更加强大。这一变化得益于埃及和衰落的亚述之间地区力量的博弈的暂时改变，以及其北方强大的邻国以色列王国的消亡。[63]

因此，犹大王国得以像它所期望和梦想的那样继续扩张和发展自己的力量。多数的扩张是为了夺取曾经属于北方邻国的土地，以及巩固大卫家族对新旧领土的统治。在这些政治努力的同时，它还试图围绕着耶和华神的崇拜巩固民族宗教的统治。在约西亚国王（前639—前609年在位）的统治下，这一长达几个世纪的转变达到顶峰。在此期间，犹大向北扩张，吞并了曾经属于以色列王国的领土，这里也曾是十个部落的家园。约西亚是一位极具魅力和活力的领导人，很可能是受弥赛亚动机的影响，他领导了"伟大的改革",这场申命(Deuteronomistic)运动的胜利是在耶路撒冷的神庙中坚持一神信仰和暴力反对其他信仰及其崇拜场所的结果,这标志着宗教改革的开始。据《列王纪下》记载,在耶路撒冷的圣殿中发现了一本遗失的书,即《申命记》,该书可能是构建新信仰的蓝图。[64] 这些发展给以色列人的世界观带来了更深刻的定位,伴随着亚述的宣传首先指出的遥远的世界边界,出现了一种非常坚定的感觉,即认为耶路撒冷是最终的中心,是人们最终转向的地方。

然而,犹大王国的野心在经历两次大的打击后,最终被残忍地撕碎了。一次是公元前609年埃及法老尼科二世(前610—前595年在位)在美吉多杀死了约西亚国王。[65] 随着约西亚的不幸早逝,犹大王国经历一系列无能国王的统治,直到公元前586年被巴比伦人摧毁,伴随着摧毁而来的是被放逐的命运。但在这些灾难发生之前的几十年里,犹大人为以色列民族的历史绘制了蓝图,其中包括王国及其命运的故事。很明显,故事的大部分都是在这段时间写的。[66]

在这里,我们终于接近了十个部落本身。犹大人的流放和救赎,与亚述的宣传一起,为后来《圣经》叙事中故事的重构提供了一个重要的参照。随着公元前589年新的帝国巴比伦人的统治,犹大精英们发现自己像北方的十个部落一样被放逐了。在巴比伦的流放例子中,目的地是巴比伦本身。继亚述人之后,巴比伦人成为美索不达米亚最重要的力量,在打败埃及后开始统治整个地区。一旦失去强国在背后的支持,犹大就注定灭亡。公元前597年,巴比伦国王尼布甲尼撒二世围攻耶路撒冷,俘虏了犹大的国王约雅斤,将他虏到了巴比伦。最后一击发生在公元前586年,巴比伦军队重返耶路撒冷,洗劫了这里,烧毁了圣殿,把犹大精英作为囚徒流放到巴比伦。神奇的是,这些被流放的人很快就回到了故地:在几十年的时间里,他们获准返回,神殿也得以修复。《以斯得拉记》告诉我们,巴比伦流放在一个新的帝国力量来到的时候终止了,那就是波斯帝国,公元前518年,它打败了巴比伦帝国,允许被流放的人返回他们的故土,重建他们的神庙。[67]

《申命记》的历史、《圣经》的主要历史叙述就是在这一时期书写的。一个王国被一分为二(犹大和以色列)的历史,接着是它的北方部分以色列的消失,成为所有《圣经》中的事件和随后发生的事件的更大背景。当然,以色列历史的写作,并没有因为耶路撒冷被摧毁而停止。当一些犹大人返回故乡并建立了一个新的政权时,这种写作仍在继续。在这一流放和回归的背景下,故事的基础轮廓进一步清晰。

借马里奥·利韦拉尼的语言来表达就是,随着《圣经》将历史事件转化为具有神学意义的事件,"地方历史"被转化为"普世价值"的表达,而"琐碎事件"则经历了"重大的再阐述"。[68] 故事的重要因素就是将部落的流放作为神的惩罚,它们的遗失以及关于它们回归的承诺,被写进巴比伦摧毁犹大国之前的十个遗失部落的原始文本里。当犹大人被放逐者放回犹大时,以色列人却没有返回,十个部落的最终的遗失就发生了。

主流观点认为,《列王纪》是在第一个犹大王国的最后几十年写成的,很可能是在约西亚改革时期。在20世纪和21世纪研究《圣经》时代的学者中,有许多人认为,这段历史是为约西亚统治下的犹大王国的意识形态和政治计划服务的,他们质疑大卫王朝联合王国的历史意义。从这个观点来看,犹大人在亚述人撤退后扩张并接管北方领土的计划,并加强一神崇拜,是史学研究的主要内容。[69] 这个命题和许多质疑《圣经》故事历史真实性的其他命题引起了激烈的争论。[70] 直到现代,《圣经》中关于十个部落及其命运的叙述一直被视为历史事实。虽然该故事的某些内容已经被证实了,例如亚述帝国的放逐。但问题是,十个部落的流放故事是如何被转变成一个完整的、关于一个民族的流亡故事的?

人们普遍认为,《圣经》的作者采用了现存的编年史写法,其中包括收集以色列和犹大历史的数据和信息。因此,《圣经》中关于亚述战役和随后的放逐的叙述始于提格拉特·帕拉沙尔三世发动的战争。根据《列王纪下》(15∶29),我们知道了提格拉特·帕拉沙尔"来夺了以云、亚伯伯玛迦,亚挪、基低斯、夏琐、基列、加利利和拿弗他利全地,将这些地方的居民都掳到亚述去了"。[71]

因此,以色列王国的领土和人口锐减。根据《圣经》叙事,亚述的惩罚并未被后继的以色列统治者所铭记。大马士革可怕的命运也是如此,在这一时期,国王被处死,国家被摧毁,人民在国王何细亚(前732—前724/前722年在位)时期被亚述放逐,很显然,是因为他们参与了与埃及人密谋反对亚述帝国统治的行动。在第一次放逐发生后的几十年里,撒缦以色及其继承者加强了对以色列人的控制,他们"发现何细亚背叛,差人去见埃及王梭,不照往年所行的与亚述王进贡"(《列王纪下》17∶4)。在这一点上,《圣经》叙事省略了亚述王国,并且没有提及萨尔贡的名字,只是告诉我们亚述王围攻何西阿王,并且将其囚禁:"亚述王上来攻击以色列遍地,上到撒玛利亚,围困三年。何细亚第九年,亚述王攻取了撒玛利亚,将以色列人掳到亚述,把他们安置在哈腊与歌散的哈博河边,并米底亚人的城邑。"(《列王纪下》17:5-6)

萨尔贡对这一系列事件的吹嘘,是令人不寒而栗的。《圣经》的叙述似乎相当准确地呼应了这一点。这两种说法之间唯一的实质性区别是,《圣经》的来源提供了以色列人被驱逐到的实际地点。这些地方不是凭空捏造的,学者们已经确定了几乎所有这些地方都是亚述帝国的真实地点,或者是在亚述本土,或者是在亚述东部边界米底亚人的城邑。[72]

虽然这些地名是真实存在的,但人们并不清楚这些地方是否为被放逐的以色列人实际定居的地方。这不是《圣经》作者们所关心的问题,他们最关心的是以色列的流亡和承诺的回归。虽然后来的解释者会把这作为他们的主要关注点,但在《圣经》创作时代,部落的位置似乎具有偶然性。

乍看起来,《列王纪下》第17章关于犹太人被驱逐的故事与亚述文献所描述的非常相似,即这种惩罚仅限于最近被征服地区的人民。但是,仔细阅读后就会发现,只有撒玛利亚地区的人与其周边地区的人被驱逐的观点(正如萨尔贡铭文所言)与整个以色列被驱逐的暗示是不相符合的,这种驱逐是对以色列人的最后一击。希伯来原文将撒玛利亚的沦陷作为一个例子,总结了全体以色列人的命运:亚述国王"攻取了撒玛利亚,将以色列人掳到亚述"(《列王纪下》17:6)。所有的《圣经》译本都通过公认的拉丁文《圣经》强调这种完全的"转变"。第三次放逐是十个部落被流放的故事的背景,即撒玛利亚的放逐。

《列王纪下》的作者提供了一份简短的总结，阐明了观点。他对犹大人传递了一个警告信息，他总结道："这是因以色列人得罪那领他们出埃及地的神……又行恶事惹动耶和华的怒气。且侍奉偶像，就是耶和华警戒他们不可行的。"（《列王纪下》17：7—12）以色列人所犯的罪不胜枚举，不断地追溯到他们的"原罪"——那就是耶罗波安为了与耶路撒冷抗衡，而建造的偶像崇拜场所。以色列人"保留着"耶罗波安的罪，"以致耶和华从自己面前赶出他们……这样，以色列人从本地被掳到亚述，直到今日"（《列王纪下》17：23）。

将放逐解释为一种单独的、神的惩罚行为导致的流放，在下一章将被详细阐述。在这一章中，辛那赫里布发动的另一场战役是关注的重点。撒玛利亚被毁仅20年后，犹大人就迎来了亚述的军队。《圣经》作者将此作为开端，讲述了以色列人命运的故事：以色列人被掳到亚述的"哈腊与歌散的哈博河边，并米底亚人的城邑。都因他们不听从耶和华他们神的话，违背他的约"（《列王纪下》18：9—12）。前几章的所有内容都被压缩成一个简单的故事：以色列人犯了罪，被流放了。以色列作为亚述的附属国的复杂历史，与各种战役和放逐的历史不再相关。在这里，耶和华是放逐的代理人，罪名是亵渎神灵。帝国的扩张和以色列人被迫迁移变成了有关犯罪、神的惩罚以及流放的叙述。

这两个故事的结局强调了这一背景是对犹太教徒的一个教训。虽然亚述人发动的战争是放逐发生的主要原因，但在耶路撒冷城外戏剧性的决战后，这次行动神秘地中止了（《列王纪下》18：13—37，19：1—37）。《圣经》的作者将正义的犹大人描述为罪恶的以色列人的对手。尽管犹大国王希西家（前727—前698年在位）愚蠢而近乎灾难性地误判了政治环境，但其他的事他做对了。他听从了耶和华的先知以赛亚的话，犹大人都悔改并活着看到，在他们北方兄弟受惩罚之后仅20年，"耶和华的使者"在一夜之间击杀了所有的亚述士兵。犹大人得救了，至少他们暂时不会遭受流放。[73] 在另外一方，以色列人却不听劝诫，他们现在消失了。

北方先知阿摩司和何西阿的预言以及南部先知以赛亚的预言，进一步肯定了《圣经》所描述的作为惩罚的放逐，他们的预言在以色列陷落之后，在犹大陷落之前。[74] 这些预言被断定起源于事实发生之前，它们认为流放是以色列人不可避免的最终命运。何西阿（约前760—前720）将以色列比作娼妓，在耶罗波安二世统治时期，他向以色列人发出警告，一再敦促他们悔改并预言，"他们必不得住耶和华的地；以法莲却要归回埃及，必在亚述吃不洁净的食物"（《何西阿书》9：3）。与何西阿同时代的犹大人阿摩司也曾在北方王国预言了亚述的驱逐："耶罗波安必被刀杀，以色列民定被掳去离开本地。"（《阿摩司书》7：11，17）

以赛亚、何西阿和阿摩司说明了神的惩罚如何将以色列人的驱逐转变成整个民族的流放。他们是第一次将神谕写下来的人。因此，他们在将以色列的流亡转变为一种历史范例方面发挥了巨大的影响。[75] 他们详细阐述了《列王纪下》中出现的流放的概念，并将实际历史的核心，即零散的流放叙事，转变为虚构的以色列人的犯罪史和包罗万象的神罚史。几次小规模的亚述人驱逐的世俗历史，通过以赛亚的"神之杖"转变成大规模的强制移民。所以，当亚述王出于军事和政治目的考量而驱逐一些以色列人时，《圣经》故事的犹太作者却因为自己的神学和意识形态原因"流放"了整个以色列王国。

51 **遗失： 大流散中的流散社区以色列**

将放逐重新定义为神的惩罚是十个遗失部落故事发展的一个关键组成部分，它对流放地的重新定义改变了后来《圣经》研究的视角。正如我们所见，《列王纪下》提到了特定的地区，并自信地断言这些部落仍然"在那里，直到今日"。然而，准确地说，正是部落的遗失才开启了跨越海洋和大陆的无限解释和猜测之门。

这些部落是如何以几个偏远的亚述省份为起点，变得如此迷失的，[76] 以至于后来的搜寻者似乎有理由怀疑它们遗失在美洲、东亚、赫布里底群岛或南太平洋？答案仍然隐藏在《圣经》作者处理并改变了的故事的框架中。与《列王纪下》中所描述的一般地点不同，后来的先知书处理了这个故事，用更抽象、更有价值的术语描述了流放的地点。先知们的职责就是让这些部落遗失，正如他们曾经让部落流放一样。在先知预言中，流放本身是很奇特的，流放的地点也很奇特。正如先知所述，流放的程度非常彻底，手段超凡脱俗，以至于流放的地点本身呈现出神秘性。与此同时，耶路撒冷日益巩固，成为所有以色列宗教活动的最佳场所，这使得其他地点变得模糊和无足轻重。随着这些部落遗失的地点变得模糊，它们有朝一日必须返回的地方却变得清晰可见，耶路撒冷成为以色列人传统的试金石，成为神学世界观的鲜明定位。几个世纪过去了，随着各个部落消失在新发现的地平线上，耶路撒冷仍然是固定不变的，就像那些部落用来导航的北极星和吸引它们回归的磁石一样。遗失的部落变成了大流散的故事，耶路撒冷变成了它们的家园。

在流散问题上，定位是一个关键因素。[77] 以色列人遭流放的地点不仅仅代表着他们自己。他们的重构实际上是重新定位与家乡和犹大人的关系。正如犹大人的流散一样，以色列人的位置也被重新定义。更复杂的是，犹大人也在与自己的流放和流散抗争，而他们从巴比伦被遣返回来也只是部分地解决了问题。

流散的以色列人被无休止地重新定位，因为他们作为一个沉默的流散社群被写进了《圣经》，这与犹大人的流散形成鲜明对比。在公元前586年巴比伦流放之前，犹大人就拥有一个流散社群高兰城，它形成于公元前7至公元前6世纪之间，由一系列小型的犹大人难民和士兵的社区组成，这些社区分布在埃及的不同地区（尼罗河三角洲、上埃及和努比亚）。耶路撒冷被毁后，更多的犹大人在埃及建立了避难所。[78] 最终，巴比伦帝国变成耶路撒冷流放者的家园，第一次发生在公元前597年国王约雅斤被掳的时候，第二次发生在公元前586年耶路撒冷遭受最后一次毁灭的时候。

犹大流散社区和以色列移民社区之间的根本差别在于：犹大社群是真实存在的。与申命派历史属于同一时期，犹大人的下落和处境也被写进了《圣经》叙事中。犹大人流亡的环境、经历和背景构成了《圣经》本身的重要部分，《耶利米书》的大部分，《以西结书》的整个部分和《以赛亚书》的后半部分，以及许多后来的先知故事,都是散居在外的犹大人写的,是他们历史的一部分。[79] 散居在外的人也同仍在这片土地上的人保持着联系。例如在耶路撒冷被摧毁之前、期间和之后都有预言的耶利米,他与埃及和美索不达米亚的流散社区都有联系。《以斯得拉记》和《尼希米记》以及很多更小的先知书都证明,在回归耶路撒冷和建立第二圣殿之后,犹大流散社区与犹大新建社区之间的联系和活动加强了,甚至被亚述人放逐到巴勒斯坦的非以色列人也被记录在《圣经》叙事中。与该背景相反的是,被放逐的以色列人显得异常安静。从这个意义上来说,他们不但是从"以色列地"被流放,而且是从《圣经》中被流放,因为在真实的流放事件发生之后,我们在《圣经》中看不到任何关于以色列流散的信息。

爱德华·海因(1825—1891)是引用《圣经》经文来"证明"英国人是遗失部落的系列书作者,他在书的开头就谈到了以色列部落的这种沉默,他对"遗失的部落最后一次被听到的时间"进行了讨论。[80] 1884年,牧师埃利泽·巴辛(一位犹太裔俄罗斯基督徒)讲述了这两个流散社区的不同:"耶和华为了他的智慧目的,将两者分开,并将他们隔离了近3 000年:大多数时候以色列人都不为人们所知……但是犹大人却被人们所知。"[81] 因此,文本中出现了两种不同的流散社区。第一种是看得见的、听得见的,第二种是看不见的、听不见的——一个遗失的流散社区。

以色列流散社区的不可知首先在于它的地理维度。从《列王纪下》到先知书,以色列流散社区迁移到了一个隐秘的地方。《列王纪下》中放逐发生的年代和先知书中的年代明显不同。虽然《列王纪下》中涉及很多具体的地点，但先知书中对以色列人流放地点的叙述却趋于模糊和笼统。就好像先知们自己也在迷惑，他们的同胞到底去了哪里。甚至在巴比伦流放之前，先知阿摩司和何西阿就传递了类似的感觉。阿摩司写道"掳到大马士革以外"（《阿摩司书》5：27）。何西阿提出，在经历流放之后部落被融合和消失是有可能的，"以色列被吞吃"（《何西阿书》8：8），并且以色列人必漂流在列国中（《何西阿书》9：17）。以赛亚在他关于末日最著名的预言结尾说：

> 当那日，主必二次伸手救回自己百姓中所余剩的，就是在亚述、埃及、巴忒罗、古实、以拦、示拿、哈马，并众海岛所剩下的。他必……招回以色列被赶散的人，又从地之四境聚集分散的犹大人。（《以赛亚书》11：11—12）

流放位置的可能性似乎是无限的。遗失的部落可能永远在向东的"大马士革以外"。它们也可能会被其他国家同化并"吞吃"，在列国中无休止地漂泊。或者它们可能被分散到了世界各地。

以赛亚描述了两种遭流放的人并清晰地描述了他们之间的不同。一种是犹大人，另一种是以色列人。犹大人的放逐是地理学上的、"现世的"，他们呼吁"埃及、巴忒罗和古实"的犹大人聚集在一起。而被放逐的以色列人则被抛入了一个更广阔、定义更模糊的世界。[82]

以赛亚模仿亚述帝国叙事的象征和修辞方式，将以色列人的流亡在他的文本中变成神的命令,而不是帝国政策的结果,这才是关键所在。标准的亚述叙事模式列出了具体王朝(苏美尔和阿卡德),也包括真实的地名或地理标志("众海岛"),并以"地之四境"作为总结。以赛亚完全采用了这一方法:他首次列出了犹大世界的两大强国(埃及和亚述),然后列出了实际地名,最后以"地之四境"作为结束。

已知的、具体的地点和一般的、抽象的、未知的地点之间的紧张关系,反映出以赛亚所熟知的两个社群的地理:已知和未知、亲近和遥远。犹大排在第一位,以色列排在第二位:"当那日,必大发角声,在亚述地将要灭亡的,并在埃及地被赶散的,都要来,他们就在耶路撒冷圣山上敬拜耶和华。"(《以赛亚书》27:12—13)

犹大人被"分散"到一个熟悉的、附近的地方——埃及;以色列则被"遗失"在一个延伸到地球尽头的帝国的边缘。以赛亚对两个不同的流散人群的描述一直保留到现在。犹大人是分散在世界各地的犹太人,他们是可辨认的、分散的。以色列人——遗失的部落——消失了,一起隐藏起来了。以赛亚的提法,强调了耶路撒冷作为弥赛亚周期性活动的卓越的地理中心,即最后的团聚将使犹大人和以色列人一同回到耶路撒冷。如果《列王纪下》是关于部落存在的原始文本,那么《以赛亚书》则是关于部落遗失的唯一原本。

对以色列王国灭亡的历史事件的预言,为所有关于十个部落的下落和身份的推测奠定了神学基础。这种神学在很大程度上是犹大人的教育工具:放逐被合成一个单一的事件、一种神的惩罚和流放,最终将伴随着救世主的许诺而回归。

先知的讨论以亚述帝国的话语为出发点,将一个关于亚述军事征服和领土扩张的故事,转化为在耶和华的意愿下展现弥赛亚历史的以色列故事。在先知文学中,神学和地理学是相辅相成的。

自先知起,这些部落尊崇《托拉》,《申命记》将犹太人的历史描述成一个关于犯罪流放、惩罚、救赎的历史,并宣布:"耶和华在怒气、愤怒和大恼恨中将他们从本地拔出来,扔在别的地上,像今日一样。"(《申命记》29:28)正如我们将要看到的,虽然没有提到,但这一节经文与十个部落的联系紧密,因为经文中明确暗示他们的命运"像今日一样"。因此,这是回答十个部落命运问题的最高权威,因为作为耶和华直接话语的《托拉》,是他在西奈山上交给摩西的。这些部落从政治流放到救世主流放的转变就此完成。

但是,另外一个关键的转变隐藏在《申命记》中。以赛亚的话语"遗失在亚述的土地上",在这里以"另一片土地"的形式出现。从《申命记》的字面意思来理解,十个部落一旦在亚述遗失,就意味着会出现在另一片土地上。此刻,十个部落处于遗失的、缺席的状态,居住在"另一片土地"上。那么,"另一片土地"究竟是什么、在哪里,已经成了一个大范围的、可进行持续推测的问题。

第二章

一个位于阿扎罗兹和桑巴提安的封闭国家

我的确听说过
那些黑人犹太人,他们古老的信条
和传说,以斯得拉说
十个部落在阿扎罗兹
向东,一直向东,就在那里。

——赫尔曼·梅尔维尔,来自克拉雷尔的"押顿":
《诗歌与圣地朝觐》(1876)

第二章 一个位于阿扎罗兹和桑巴提安的封闭国家

《圣经》之后的遗失

在消失几个世纪后,十个遗失的部落传达出了一个有力的信号,它们被封存在一位先知的梦境中。表面上,这位先知就是以斯得拉,他是《圣经》时代最后一位伟大的先知,他的梦境被记录在《次经·以斯得拉书》中。在《以斯得拉书》中,我们读到有关十个部落以及"他们穿越阿扎罗兹的遥远旅行"。这本"以斯得拉梦境"之书,或者《以斯得拉书》,是一位巴勒斯坦犹太人用希伯来语或者阿拉米语写成,成书大约在公元1世纪末,也就是罗马人摧毁圣殿之后不久。最初的版本已经遗失,但是《以斯得拉书》被翻译成希腊语、拉丁语、亚美尼亚语、科普特语、埃塞俄比亚语和格鲁吉亚语。[1] 之后形成的一系列的文本,即所谓的《次经》是《圣经》类书籍,但是并不包含在希伯来语《圣经》权威经典之中。它们中的很多书都被重新改编过,部分书籍受到基督教会的保护,有些人物也被封为圣徒,因此仍然是关于十个部落的重要信息源。《以斯得拉书》与其他的"后《圣经》"文本齐名,例如《新约》和拉比文集,文中包含了对《圣经》中的部落故事的进一步阐述。

这些文本的遗产产生了"十个部落"这一专用词,以及它在希腊语和拉丁语中的对应词(dekaphylon, decem tribubus),它既是一个社会实体,也是关于一个民族和一些流亡者的神学类别。但是,在整个希伯来语权威《圣经》中,"十个部落"的术语在同一情景下仅仅出现过两次,但在后《圣经》时代的文学中,它出现的频率是惊人的。一个有关以色列群体遗失传说的雏形出现于《圣经》时期,但世人所熟知的"遗失的部落"或者"十个部落"的出现则是在后《圣经》时代,在这之后,"十个部落"成为一个具有明确概念的实体,即"以色列人",此外,他们还在世界地理上有了自己的地方,成为世界历史中的一个角色。这些转变与罗马时期犹太人作为一个民族的出现有关。

十个部落之所以能成为一个民族的关键因素是犹太人作为一个群体的出现,这个群体被一种强烈的流散状态所定义。[2] 如果犹太人群体,在某种意义上还没有被如此明确地定义为散居海外的流散社区,那么他们就不可能将这些部落构建成"遗失的部落"。已知的、遗失的犹太人指的是散居在外的犹太人,这使得犹太人在表达部落的不可知和完全遗失时变得有力且有意义。十个部落成为最终遗失的流散人群。用伟大的古代犹太历史学家弗莱维厄斯·约瑟夫斯的话来说,"在亚洲和欧洲,只

第二章　一个位于阿扎罗兹和桑巴提安的封闭国家

有两个部落受罗马人的统治,而在幼发拉底河的另一端,还有十个部落,数量庞大,无法用数字来估计"。[3]

约瑟夫斯对以色列民族的地理定位(亚洲、欧洲和幼发拉底河的另一边)被嵌入一个更大的世界地理中,即希腊-罗马世界,这个世界最早由亚述帝国创造出来,这是之后将十个部落构建成一个已知的、激励人心故事的关键。约瑟夫斯时代,世界变得更大了:希腊-罗马建立了世界新秩序。所谓的后《圣经》时代,广义上可以定义为从第二圣殿晚期到罗马时代,以及后流放时代。在这个时代,十个部落被构建为一个整体。它开始于希腊征服巴勒斯坦时期,结束于阿拉伯征服之后不久。[4] 从一开始,以色列十二个部落的故事,以及其中遗失的十个部落,就被完整地记录了下来,融入了所有的《圣经》典籍当中。在这一时期的最后阶段,大约在公元 7 世纪和 8 世纪,十个部落和弥赛亚的降临融合在了一起。

该故事的基础源于《列王纪下》,很大程度上是通过七十士译本而得以普及,该译本是创作于公元前 3 世纪至前 1 世纪希伯来语《圣经》的希腊译本。[5] 早期,十二个(或十个)部落也出现在另外的一些希腊文本中,尤其是在弗莱维厄斯·约瑟夫斯的作品和一些《圣经》"次经"文本中。[6]《新约》提到了"以色列的十二个部落"使得十二个部落中十个部落已经遗失的概念为人熟知,并为它们后来成为西方基督教文化和地理想象的一个关键部分奠定了基础。[7]

随着遗失部落故事的扩散,它们成为整个"以色列"所缺失的部分。十个部落的"知识"在多种背景下产生,记录在各类后《圣经》时代的"犹太人"和"基督徒"之间复杂的对话当中。[8] 早期,"次经"穿着《圣经》类书籍及其相关文本的外衣,在创造关于十个遗失部落的新知识上发挥了重要作用。《托比传》中的故事讲了公正的托比在经历流放之后生活在尼尼微的故事,可能成书于公元前 2 世纪期间,属于最早的次经类书籍之一。十个部落的故事已经成为那些住在犹地亚的人想象中的一个重要主题。这类次经类书籍似乎想告诉我们,《圣经》权威文本所做的不是关于十个部落的命运,如它们在哪里?发生了什么事?而是传递与十个部落相关的、深刻的遗失感,将它们作为其余两个部落的镜子:"你已经看到这些人对我(耶和华)所做的一切,这两个部落所犯的罪要比被掳走的十个部落的罪更大吗?从前的部落在其国王的威逼下犯罪,但这两个部落却逼迫他们的国王犯罪。"(《次经·巴录二书》1:1—3)

作者文字的背后隐藏着一些早期的悲剧:第二圣殿被罗马人摧毁、第二个犹大政权的遗失、一种新的流放感,使人回想起巴比伦流放的那段历史。以色列的尤瓦尔指出,《巴录二书》是早期具有这一倾向的例子,它试图将公元 70 年的事件与巴比伦的流放联系起来。此外,《巴录二书》还将圣殿被毁和十个部落的流放相联系。该书成书于公元 2 世纪初,自称是由"文士尼利亚的儿子"巴录创作于公元前 6 世纪早期。巴录是一位《圣经》人物,与先知耶利米及其助手的关系密切。[9]

《巴录二书》里充满了警告、训诫,以及末日和毁灭的应许,这在那个时期的文学作品中很常见。然而,我们所关注的是该书第 78 章 1 到 2 节中一封写给遗失部落的信:"这是尼利亚之子巴录写给九支派半的人的信……:'愿恩惠和平安归与你们。'我的弟兄,我常常感念造我的主的恩情……我清楚知道:

我们十二支派岂不是受着同一的囚禁，正如我们来自同一的父。"

实际上，这封信是想告诉遗失部落的民众，自他们失踪后以色列人遭遇的不幸。这也是为了表达对他们的思念，提到十二个部落是血肉相连的。作者为巴录安慰他自己和部落，说耶和华"永远不会忘记或抛弃他们，而是用极大的仁慈，把那些被分散的人重新聚集在一起"。他写道，"对于你们所受的苦难，我们倍感痛苦，因为我们也经历了这些"。对遗失的叙述不仅是针对遗失部落的叙述，也成了对整个以色列的叙述。同样重要的是，巴录将先知耶利米和《圣经》文本联系起来，并写了一封致部落的书信。正如我们看到的，在公元前586年被驱逐前，耶利米与埃及和巴比伦的流散社区之间有接触：他给他们写信。然而，他并没有在第三次流放早期与十个部落取得联系。他们没有给人写信，也没有人写信给他们。

耶利米是被耶和华赋予超自然能力的先知，他和所有的流散群体保持联系，但并不包括流放到亚述地区的群体。他的助手巴录完成了这项任务：在《巴录二书》中，我们终于发现了失踪的书信，这封信是耶利米忠诚的助手写给遗失部落的。这封"新发现"的书信重新在遥远的流散社区和耶路撒冷之间建立起关系。耶路撒冷被罗马人摧毁的背景造成了一种遗失感，促使人们渴望与遗失的部落对话。回忆遗失的部落为表达神殿和政治自治的失去提供了话语。与遗失的部落重新建立联系的承诺，与更直接的救赎具有同样的效果。给十个部落传递书信的主题将反复出现，贯穿于它们久远的历史传说。[10]

阿扎罗兹:"另一片土地"的形成

《以斯得拉书》即《伪以斯得拉书》,比《巴录二书》走得更远,解决了一个更大的谜团。赫尔曼·梅尔维尔在其诗文中声称,阿扎罗兹这个词,最初是在《以斯得拉书》中被杜撰出来的,成为指引人们寻找部落无处不在的密码。阿拉斯泰尔·汉密尔顿指出,这在文艺复兴和启蒙运动时期的英国是真实的,当时的英国人对寻找"遗失部落情绪高涨"。[11] 在十个部落故事的神学和地理学维度中,《以斯得拉书》占有决定性因素。尽管它所包含的梦境最终被《圣经》权威经典否决了,但是《以斯得拉书》对部落故事至关重要,它为后《圣经》时代十个遗失部落的故事是怎样被构想出来的,以及它所引发的问题和故事的构建方式提供了重要的线索。在这一点上,《以斯得拉书》与《以赛亚书》相反,它第一次宣布了部落遗失的事实以及寻找它们的意向。虽然以赛亚提到"末世"的救赎,包括"遗失在亚述的人"的集会,但以斯得拉以更具体的方式讲述了部落的人民将如何回归,并解释了他们"现在"的处境。十个部落的集会和他们的回归是以斯得拉神奇末日梦境的顶点。[12]

以斯得拉的梦境处于后《圣经》时期关于十个部落问题辩论的交叉点上。它们利用《圣经》的历史和地理,直接或间接地预示未来的犹太拉比和基督徒对该问题的讨论。[13] 到以斯得拉时代,救世主思想和救赎观念已经在古代近东地区得到普及。[14] 这里再一次将十个遗失的部落作为弥赛亚世界梦境中关键的叙述。此后,十个部落就与弥赛亚、天启和末世论的异象联系在一起。一个为大众所熟悉的"十个部落"的形象是：它们是由一支强大的、由超人组成的军队，与反基督者一同归来。这一形象在中世纪的欧洲社会广为流传，但它的根源在古代时期。[15] 以斯得拉的地理学并不是关于地图和物理世界的精确或不精确描述的问题。历史学家詹姆斯·罗姆强调："对于古希腊人和罗马人来说，地理是一个文学流派，而不是自然科学的分支。"罗姆解释说，这种类型的地理学"应该被看作是一种叙述，而不仅仅是一种描述"。[16] 为了接近《以斯得拉书》和先前的文本，我们需要寻找地理学的知识，显而易见，部落的遗失秘密就隐藏在这里面。

以斯得拉在梦中看见一个人"从海里来"，飞在地上，口中喷出风，与许多敌人战斗。[17] 那个人消灭前来攻击他的敌人之后"召集起另外一大群热爱和平的人"：

> 这些人就是以色列的十个部落，他们是何细亚王年间被囚禁的人。亚述王撒缦以色俘虏了他们，把他们流放到幼发拉底河以东的异乡（另一片土地）。但十个部落决定离开这个异教徒众多的国家，在这个国家他们不能遵守自己的律法。他们去了一个少有人居住的遥远的地方，在那里他们可以遵守自己的律法。当他们被迫修造横渡幼发拉底河的艰难通道时，至高无上的耶和华向他们显现了神迹，阻住了水流，直到他们全都渡过河去。穿过阿扎罗兹地区的漫长旅程一共用了一年半的时间。从那以后，他

> 62 们就一直居住在那里。现在，到了末日，他们将返回家乡。耶和华将再次阻住流水以使他们能渡过河去。(《以斯得拉书》13：40—47)

即使粗略地阅读也会发现，《以斯得拉书》所引用的是《列王纪下》的核心故事，即撒缦以色王的流放。[18] 他还明确地提到了《申命记》的经文，预言流放的部落去了"另一片土地"。首次引用的时候重复了《申命记》的经文（29：28）还提到一个未被命名的土地，一个"另外"的土地——希伯来语的表达是阿雷茨·阿扎罗兹。这仅仅是一片不同于以色列的土地。相对于已知的流放地点（"巴比伦之河""埃及"），它是未知的。回忆一下，《申命记》通过强调他们新的居住地是完全匿名来表达部落的遗失。然而，以斯得拉通过希伯来语阿雷茨·阿扎罗兹来给这个地方命名。《申命记》中的"另一片土地"，以前只定义一个未知的地方，现在变成了一个真实而具体的地方，一个"叫作阿扎罗兹的地方"。

这是一个犹太流放者和堕落者之间对话的例子：剩下两个部落的犹太人犯了罪，又丢失了他们的圣殿；十个部落是虔诚的信徒。犹太人的家园被占领，犹太人被奴役，被分散在已知的世界；十个部落迁移到帝国势力范围之外，超越了可知的世界，在耶和华的保护下生活。犹太人的流放是关于罪与罚的流放，十个部落的流亡是一种保护他们纯洁和力量的自愿流放。

虽然这个地方被命名为阿扎罗兹，但我们无法找到它。以斯得拉通过解释这些部落是怎样"被遗失"在亚述，从而揭示了在他们被逐出以色列后的关键日子里发生了什么。这些部落被放逐后，决定忏悔，抛弃他们罪恶的行径。他们并没有遵从外邦人的风俗习惯，而是决定与世隔绝，按照西奈山的神圣律法生活。因此他们开始了又一次的迁移，这次是人们自愿的迁移，他们要去一个远离他们首次流放之后居住过的异教国家。仁慈的主领他们到另一个地方，那里以前从来没有人类居住过，他们可以生活在没有外部干扰的环境中。几千年后，约瑟夫·阿米蒂奇·罗宾逊（1858—1933），这位性格古怪的《圣经》学者和牧师，将这个地方称为"人间天堂"。[19] 当这些部落离以色列和人类越来越远的时候，耶和华"施行奇迹"，打开了"幼发拉底河狭窄的通道"，阻止河水的流动，并带领这些遗失的部落来到他们自愿流放的土地——阿扎罗兹。

从神学的角度来看，阿扎罗兹当然是一个隐喻，一个虚构而纯洁的地方，和我们世俗而肮脏的世界并列。然而，同时，它作为一个真实的位置，可以通过熟悉和已知的地理标记找到。这个词本身就是希伯来语"另一片土地"的错误翻译。[20] 以斯得拉坚持将"另一片土地"变成一个现实存在的地方，这在相当长的一段时间里掩盖了误译的可能性。"阿扎罗兹"不应该被当作一个简单的错误，也不是误译或者误写，抑或是对阿雷茨·阿扎罗兹简单的断章取义。几个世纪以来，人们试图确定阿扎罗兹的位置，在地图上精确定位，以及理解这个名字的含义，只强调了它假定的真实性。

阿扎罗兹仅是误译的可能性在19世纪末期才被提出，威廉·奥尔迪斯·莱特（1831—1914），一位杰出的英国文献学家、《圣经》经注学家以及莎士比亚研究者，他说："我们次经里的阿扎罗兹，难道不是那个'另一片土地'？仅是愚蠢的翻译者的错误吗？"他总结道："诗文第 47 节的阿扎罗兹其实就是诗文第 40 节的'另一片土地'。"[21]

与此同时，人们对阿扎罗兹的寻找延续了数千年。以斯得拉所说的故事是对迁徙、流放和地理想象力的叙述。在阿扎罗兹，这个关于遗失和流放的历史环境，作为宇宙叙事的一部分，在回归和救赎中找到了意义。对许多人来说，阿扎罗兹仍然是一个真正的地理位置，后来出现在了地理故事和地图上。阿扎罗兹是一个令人惊讶的、人为创造的例子。例如，据维吉斯推测，"阿扎罗兹"很可能来自希伯来词语"'Ir She'erit"（表示"幸存者之城"），或来自"Har Sharet"（表示"牧师之山"）。[22]

与我们所熟悉的犹太人在巴比伦或埃及的流放不同，在很大程度上，阿扎罗兹是一个陌生和不同寻常的"另一片土地"。它是另外的地方，同时也是一个别的地方。无人居住，远离人类，同时地理位置也不偏远，正如我们所知道的，步行到那儿需要花一年半的时间，现在看来这并不太远。但是，要实现这一目标将是一个遥不可及的愿望。毕竟，是耶和华自己领导了这次旅行，为了穿越地理和地形上的阻碍，他还显示了神迹。显然，要想让这些部落回归，还需要一段同样不可思议的旅程。以斯得拉告诉我们，耶和华"阻住了河水"（该河流的名字遗失了，但未必是幼发拉底河），所以部落才能"再次穿越"。犹大人被流放到已知的地点，没有被不可逾越的地理屏障从以色列的土地上分离。阻止他们回归的机制是由耶和华作为惩罚而创造出来的一系列不利的政治神学背景。另一方面，遗失部落的迁移与其说是惩罚，不如说是奖赏，找到这些人仅仅是地理上的障碍。他们被放逐的状态已经成为他们纯洁的象征。

第二章 一个位于阿扎罗兹和桑巴提安的封闭国家

总之,以斯得拉在谈到部落"遗失在亚述"时似乎正在为以赛亚留下的问题寻找答案。部落为何遗失了?人们去了哪里?他们是怎样到那里的?为什么自从那以后,我们没有听到过他们的任何消息?为什么我们不能像和其他的流放者一样与他们交流?以斯得拉似乎也在回应何西阿所说的以色列已经被"周围的民族吞吃",在同化过程中消失的断言。在《以斯得拉书》里,遗失的部落避免了这样的命运,他们迁移到遥远的地方,虔诚地遵循耶和华的律法。

在面对同化以及传统丧失这一问题时,以斯得拉赋予了部落遗失新的意义。以斯得拉认为部落仍是遗失的,但并不是以一个分散的群体融入广阔的领土或遥远的帝国。在这里,他们被限制在人类世界之外的一个地方:一个封闭的国家。

然而,为了定义一个封闭而又与世隔绝的国家,你首先需要有一个合适的"世界"概念。也就是说,将某人封锁在外部,则需要对内部有清晰的定义。1932年,安德鲁·安德森在其缜密的哲学著作《亚历山大之门》中,将遗失的十个部落称为"封闭的国家"之一,而这个国家正是被这位伟大的征服者关到了世界之外——"奥伊库梅内"的外部。安德森记录了与"歌革和玛各(《圣经》中反对基督的巨人首领)以及其他一些外部国家,比如所谓的以色列遗失的十个部落"有关的资料。[23] 该研究在遗失部落这一问题上"占据权威地位超过60年之久",至今仍是独一无二的。[24]

安德森将已知世界定义为"奥伊库梅内,即具有普世价值的文明世界",亚历山大之门标志着它的极限。奥伊库梅内作为一个"新的观念"是由"希腊的亚历山大征服了的近东地区联盟"所创造的希腊化风格的典型。亚历山大不仅是这一"新世界"的"创造者",而且最终成为"保护其文明和边疆不受外来蛮族侵犯的守护神"。因此,亚历山大给世界帝国赋予了一种全新的、更宽广的、更深刻的概念,并且为过去的巴比伦、埃及和波斯提供了新的含义。"由尤利乌斯·恺撒和奥古斯都·恺撒所创立的罗马帝国,实现了亚历山大的政治理想。"[25] 在世界历史的术语中,亚历山大的新世界是一条巨大的河流,它之前的世界帝国亚述、巴比伦和波斯作为支流汇入其中。

这个世界的边缘严格来讲与人类的居住地密切相连,而不一定与地球的物理边界相连。历史学家詹姆斯·罗姆指出,从希罗多德开始,无明确定义的荷马世界边缘在消失,对世界边界的谈论成为希腊罗马学者们的主题。对于希罗多德而言,奥伊库梅内就是"一个内部和外部的空间,并非基于陆地和海洋之间的物理边界……而是建立在人类居住的地区,因而有迹可循"。[26] 希罗多德引入了"埃沙提埃"(eschatiai,意为"最遥远的地方")这一概念。这些陆地"围绕着其余的世界,将它们封锁在这个区域内部"。[27] 埃沙提埃虽然"与已知世界相连,但它们也与已知世界不同,就像一幅画的框架与画布不同一样"。[28] 希罗多德描述的遥远土地上没有人类居住,就像阿扎罗兹一样,这里没有人会阻止十个部落遵守西奈山的律法。

同样重要的是,部落被封闭的地区是作为一个特殊的"国家"存在。在以斯得拉的观点中,他们是迁徙者、流浪者和无家可归的人。世界成为共享家园即奥伊库梅内,使得阿奥库斯(a-oikas,第欧根尼对"无家可归者"的表述)得以被定位在一个具体的地方。小塞涅卡(约公元前 4—公元 65)观察到,在他的世界，"大多数的居民都是迁移而来的人"，在这里面，"整个部落和民族都改变了他们的居住地"。[29]

《以斯得拉书》的作者是塞涅卡的同时代人，是一个在经历公元70年大毁灭之后居住在巴勒斯坦的犹太人，他认为十个部落从奥伊库梅内被移除了。如果像塞涅卡所写的那样，有那么多"部落和民族已经改变了他们的居住地"，十个部落也是如此，但当所有的人都分散了——当然，犹太人也是如此，十个部落却仍然是独立和完整的。

以斯得拉是如何失去部落的？

按照时间顺序，《以斯得拉记》是《圣经》故事的最后一章，讲述了以色列人后裔的历史，这段时间从犹大人自巴比伦回归耶路撒冷以及建造了第二圣殿开始。[30] 该书开始的时间正好是《历代志下》结束的时间，也是波斯帝国的统治者居鲁士大帝（约前559—前530年在位）戏剧性地颁布回归诏书的时间，此时正值波斯帝国鼎盛阶段，帝国势力从中亚向东延伸到埃及，向西延伸到小亚细亚。居鲁士征服了世界，打败了巴比伦人，下令允许犹大人返回耶路撒冷。以斯得拉从一开始就宣称，这些都是耶和华的功劳，是为了应验对犹大人回归（现波斯行省耶胡德）的许诺。这次返回的标志是将在耶路撒冷建造一座圣殿：

> 波斯王居鲁士元年，耶和华为要应验借着耶利米之口所说的话，就激动波斯王居鲁士的心，使他下诏通告全国说：波斯王居鲁士如此说，耶和华天上的神，已将天下万国赐给我，

> 又嘱咐我在犹大的耶路撒冷为他建造殿宇。
> (《以斯得拉记》1：1—2)[31]

《圣经》的作者们很明显注意到了外部的环境，他们在写作以斯得拉故事的时候也加以回应。

像他的亚述和巴比伦前辈一样，居鲁士也留下了一座纪念碑，即居鲁士圆柱，他宣称，波斯王是"世界之王、伟大之王、合法之王、巴比伦之王、苏美尔和阿卡德之王、四境之王"。[32]犹大被流放者被允许回归耶路撒冷，这并没有违背波斯帝国对被征服民族的政策。波斯人鼓励高度的文化自治，有意培养当地忠诚的精英。此外，公元前525年冈比西斯入侵埃及后，在巴勒斯坦有一个受犹太精英统治、忠诚于波斯王廷的省份是波斯人的迫切需要。[33]

《以斯得拉记》告诉我们，流亡者最初在回归的过程中遇到了一些麻烦。就此而论，这个新建立的省区在社会和政治上都不稳定。作为回应，阿塔薛西斯一世（前465—前424/前423年在位）任命有着高贵犹太血统的文士以斯得拉，让他去领导另外一次更大的回归耶路撒冷的浪潮并管理它。[34]

带领人们回归应许之地的这个人形象很清晰：在犹太传统中，以斯得拉就是一个新摩西。[35]《以斯得拉记》中将他描述为"一位通晓摩西律法的文士"，他"定志考究遵行耶和华的律法，又将律例典章教训以色列人"（《以斯得拉记》7：6，10）。作为回归者的首领，他的旅行被描述为"出埃及"。正如《出埃及记》一样，他在耶和华的直接帮助下完成了这次旅程。在回归的路上，我们甚至发现了一条在红海的渡口处的大河。但不同的是，摩西带领了十二个部落走出埃及，而以斯得拉仅带着两个部落——犹大和便雅悯从巴比伦走出（《以斯得拉记》2：1）。"犹大和便雅悯众人"聚集在耶路撒冷，听他的劝诫。（《以斯得拉记》10：9）摩西劝诫了十二个部落的民众，但以斯得拉却痛苦地错过了其中的十个。在戏剧性的回归故事背后，隐藏着一个未解之谜：其他的那十个部落去了哪里，为什么它们没有回归？

在以斯得拉回到犹大之后的一段时间里，这样的问题变得无处不在。在《以赛亚书》的希腊译本中，我们可以看出这些部落强烈的遗失感。正如我们所看到的，在最初的希伯来语文本中记录的十个部落"遗失"了。而七十士译本对这个词的翻译很不一样——在这里，按照字面意思，十个部落是"被遗留下来的人"。这种误译只有在理解《以斯得拉记》中描述回归的时候才有意义，此后，那些其余的部落显得更加凄凉。这为耶路撒冷的便雅悯和犹大带来了另外一个背景。之前，十个部落从以色列集体中遗失，现在，它们又在另一个特定的地方耶路撒冷遗失了。巴比伦流亡的结束，使亚述的流亡得以继续，并以更尖锐的笔触使其定位更加清晰。

尽管《以斯得拉记》中呈现出对亚述人放逐的强烈恐惧，但是该书并未说明第二个摩西为何遗留了其他的十个部落。书中唯恐将亚述人的放逐和十个部落的记忆丢失，所以包含了大量相关的更久远事件的参考文献和典故。在书里有一个频繁被提及的叫作"河那边"的地方，这里曾经一度是亚述的核心区域，现在是波斯的一个省。对于波斯人而言，"河那边"可能只是地理或行政单位，但对于犹太读者来说，它提醒我们，在亚述时代,这里是最初重新安置十个部落流放者的地方。

此外,耶胡德回归社区的领导人卷入了与当地群体不断的冲突中,《圣经》作者称这些群体是"犹大和便雅悯的敌人"。这些人自称是早先被"亚述王以撒哈顿"带到犹大的被流放者(《以斯得拉记》4:2)。他们给波斯皇帝写了一封诉状,记录在《以斯得拉记》中。书中提到了几个民族的名字,并将这些民族划分为"和尊大的亚述巴尼拔所迁移的,安置在撒玛利亚城,并大河西一带地方的人等"。在其他地方,这些群体自称是"从河那边被带到河这边的人"。(《以斯得拉记》4:10)背景很清楚:亚述的被放逐者。我们要提醒读者的是,亚述人洗劫了撒玛利亚之后,他们又在那里安置了其他民族。与此同时,撒玛利亚被放逐者的出现不仅使我们想起了遗失的以色列人,而且进一步推动了对他们下落的追寻。如果从河那边被带来的人仍然在撒玛利亚,那么,从河的这一边被流放到那里的被放逐者身上到底发生了什么?

因为整个叙述是以"神的旨意"的形式呈现的,以斯得拉留给我们的问题带有神学的含义。波斯人崛起成为世界霸主让人感到震惊和敬畏。他们的帝国庞大无比,比之前任何一个都要大得多。在巴比伦人摧毁耶路撒冷后,它的戏剧性崛起只持续了70年——两到三代人的时间而已。被围困、摧毁和放逐的记忆在犹大人的脑海中挥之不去,被囚禁和惩罚的记忆也历历在目。对于犹大人而言,波斯帝国的政策,引起了巴比伦政策的逆转和耶路撒冷的恢复,这一定被看作是神的旨意。神若做了这些先知们所应许的事,那十个部落为何还不归来?神的应许难道只能实现部分吗?这个难题还有一个地理维度。如果居鲁士确实征服了"整个地球",正如他在《以斯得拉记》中所宣称的那样,那么根据这一事实,这十个部落一定也在他的统治之下。因此,他允许犹大人回归的法令也一定适用于他们,消息也应该传到了他们的所在地。

波斯国王统治整个世界的观点在《圣经》和后《圣经》的资料中都有很好的记载。在《以斯帖记》中,波斯国王亚哈随鲁(通常被认为是阿塔薛西斯二世,约前436—前358)统治着一个"从印度直到埃塞俄比亚(古实)由127个省"组成的帝国(《以斯帖记》1∶1,8∶9)。[36] 需要注意的是"从印度直到埃塞俄比亚"这种说法,它在《塔木德》中有一个启发性的解释,这可以追溯到尼哈德的什穆埃尔(约165—257,一名来自巴比伦的伟大犹太数学家和天文学家)和他的好友拉夫(约175—247)的评论,两人一致认为该说法意味着波斯帝国从"世界边缘的一端延伸到另一端"。尽管他们在波斯帝国的地理位置上存在争议,但有一点是一致的:印度和埃塞俄比亚代表了世界的两个边缘,"背靠背彼此相邻"。[37]

将埃塞俄比亚作为世界尽头的概念与荷马对此的概念一样古老,对他们来说,埃塞俄比亚人是埃沙提埃安德隆("最遥远的人")。[38] 这个概念是在希罗多德叙述波斯王冈比西斯征服埃及时固定下来的,冈比西斯建立起一个以埃塞俄比亚为边界的帝国。[39] 几世纪后,对于罗马老普林尼(23—79)来说,埃塞俄比亚人几乎是一个奇迹。他惊呼道:"谁会在见到埃塞俄比亚人之前真的相信他们的存在哪!"[40] 另一方面,亚历山大的征服使得印度成为世界另一端的边缘。这个想法通过希腊地理学家斯特拉波(约公元前65—公元24)和老普林尼进一步提出。[41] 在古代晚期,《以斯得拉记》中的波斯人确实统治了整个世界,他们的帝国延伸到了世界的边缘。

这种看法并非完全错误。为了统治整个世界,波斯人使用了一种陆地通信系统,覆盖了当时已知世界的"四境","从萨狄斯(位于小亚细亚)一直到印度"。它从东南部的印度河流域延伸到南部埃及和帝国西南角的也门,从索格底亚那延伸到西部小亚细亚的北方边陲。[42] 在《以斯得拉记》中,我们发现波斯宫廷和耶胡德省之间至少有六次交流。众所周知,《以斯帖记》详细叙述了这个交流过程,并且描述了一项允许屠杀犹大人的法令是如何传达到帝国的"127个省"的,"从印度直到埃塞俄比亚(古实)……用各省的文字、各族的方言书写谕旨"(《以斯帖记》8:9)。授权犹大人抵抗和屠杀异教徒的法令也同样以更快的速度传达到了每一个地方,至少我们读到的是这样的。[43] 那么,居鲁士的法令有可能没有传达到十个部落吗?表面上,法令应该能够传达到,就像它能传达到世界上的所有边缘一样。

因此,后《圣经》时代——也就是以斯得拉职业生涯结束后的时代——继承了一系列令人困扰的十个部落的问题。约瑟夫斯,一个与以斯得拉几乎同时代的人,这个冒牌以斯得拉所做之事似乎与以斯得拉直接相关。当以斯得拉接到波斯帝国的命令时,约瑟夫斯说:

> 他将一份副本寄给了居住在米底亚的同胞。当这些犹太人明白国王对神是何等的虔诚、以斯得拉是何等的慈爱时,他们都非常高兴。他们中的许多人带着财物来到巴比伦,非常渴望

> 回家，回归耶路撒冷。但以色列的主体民族仍然留在那个亚洲和欧洲，只有两个部落臣服于罗马人。直到现在，这十个部落仍在幼发拉底河以外，是一个庞大的群体，难以用数字来估计。[44]

"在幼发拉底河之外"和"直到现在"这两句话清楚地表明，约瑟夫斯不仅引用了与《以斯得拉记》有关的资料，而且还引用了与十个部落有关的《圣经》资料。约瑟夫斯似乎对这十个部落的结局感到困惑，但他回避这个问题。他像以斯得拉一样安慰自己说，在幼发拉底河之外的十个部落组成了一个庞大的群体。[45]

虽然以斯得拉和约瑟夫斯都没有回答十个部落的问题，但冒牌的以斯得拉即使不是先知，也是一位有远见卓识的人，他通过对《圣经》故事的重新阐述而做到了这一点。可以肯定的是，回答这些问题并不是以斯得拉梦境背后唯一的推动力，也不是文士以斯得拉的功劳。但这不是偶然的，对十个部落故事的第一次重要的重新阐述归功于第一次流散后回归的部分以色列人。在这里，根据第一次巴比伦的摧毁和流放的模板，重构罗马对第二圣殿的破坏的趋势是至关重要的。[46] 透过巴比伦流放的视角来解读公元 70 年的创伤，会让我们看到早期的创伤——十个部落的流亡。在罗马人摧毁第二圣殿之后，以斯得拉模仿以赛亚和耶利米的"安慰预言"，将十个部落连接到更大的救赎和恢复的梦境上。[47]

阿扎罗兹之旅读起来像是另一次出埃及记。更妙的是，它是一个反向的出埃及记：就像耶和华带领以色列人出走埃及去往希望之地以色列一样，现在他带着十个部落去往流亡之地，那里也是一个乐园。书中不仅用耶和华"阻断河道"，这个原始时期以色列人出走埃及、穿越红海和约旦河的一个戏剧性典故。[48] 它也有力地引用了《以赛亚书》中的描述，直接提到"就是从亚述剩下回来的百姓"（《以赛亚书》11：15—16）。在以赛亚的梦境中，神"在河上"挥动他的手，"将大河分为七条"。这里，在《以斯得拉书》中，我们看到了另一个以赛亚预言的新篇幅：

> 耶和华必使埃及海汊枯干，抡手用暴热的风将大河分为七条，令人过去不至湿脚。为主剩余的百姓，就是从亚述剩下回来的，必有一条大道，如当日以色列从埃及地上来一样。（《以斯得拉书》11：15—16）

以斯得拉的梦境概述了十个部落的几个新特征。用"直到现在"来肯定他们的存在，而且强化他们回归的许诺。然后解释了为什么他们没有在波斯时代和文士以斯得拉一起回来，揭示了他们已经迁移到更远的地方，进入了阿扎罗兹这片"从来没有人居住过"的陌生的土地。最终，我们了解到有一条河流淌在无人居住的阿扎罗兹和有人居住的世界之间。很明显，这条河是人类无法渡过的——事实上，只有耶和华阻断它，十个部落的民众才能通过它到达阿扎罗兹。届时，耶和华会再一次阻断这条河流并允许他们回归。同时，阿扎罗兹就是希罗多德所说的埃沙提埃——最遥远的地方。而十个部落就成了希腊人所说的埃沙提埃安德隆——最遥远的人,如埃塞俄比亚人一样。也许这就是耶和华在《阿摩司书》(9:7)中说的"以色列人哪,我岂不看你们如埃塞俄比亚人(古实人)吗?"的含义。

一个无形的流放之地

以斯得拉通过构建部落的存在并断言他们即将回归,解决了在文士以斯得拉带领下只有部分人回归锡安所引发的问题。这些解决方案标志着关于十个部落的讨论高潮,这段时间始于以斯得拉写作时期,并在随后的几个世纪中延续下来。

这里的基本观点是,十个部落已经从他们最初的流放之地离开,远离亚述人的世界。在 5 世纪的拉丁语版《以赛亚书》译本中"迷失在亚述"的人,就是那些从亚述大地上消失的人。同样,伟大的教会作家苏尔皮修·塞维鲁(约 360—420)在他的《神圣历史》(Sacred History)一书中写道:"十个部落早在之前就被分散到了帕提亚人、米底亚人、印度人和埃塞俄比亚人当中,他们永远不会回到他们自己的国家,他们至今还被野蛮民族统治着。"[49] 请注意,塞维鲁是如何把印度人和埃塞俄比亚人——也就是希腊罗马世界的东部和南部边界——添加到更符合《圣经》的帕提亚人和米底亚人身上的。

在基督教诗人康芒迪安纳斯的作品中,发现了一种对以斯得拉的明显回应,他重述了耶和华如何"隐藏"了十个部落,把他们"隐藏在波斯的一条河流(后面)"的故事。[50] 康芒迪安纳斯将十个部落与世界末日的幻想联系在一起不过是基督教有关以斯得拉末日著作的一个早期的例子。犹太拉比传统的出现，以及在圣殿被摧毁后对流亡和返回问题的持续斗争中，十个遗失部落的问题成为一个复杂的问题。

犹太教圣贤就像他们引用《塔木德》和《米德拉什》那样，痴迷于重述有关十个部落的问题和故事。就像《以斯得拉书》的作者一样，圣贤们也对以斯得拉时期部分部落回归所产生的问题进行了争论。他们在特定的背景下详细讨论了回归的问题，重新定义了犹太人的流散和在罗马人摧毁圣殿后回归的概念。这又提出了一个问题，为什么十个部落没有和文士以斯得拉一起回来，这也改变了他们最初对流放的概念。这些担忧与弥赛亚时代所承诺的犹太人全面回归的问题密切相关。如果罗马人统治下的流亡要以巴比伦人的流放为参数框架，那么它最终肯定会以同样的方式结束——在胜利的、神圣的领导下回归。

如果在此后的几个世纪中，在基督教背景下，人们对部落的探寻聚焦于部落的位置，因为拉比传统的核心问题与流放本身的概念有关，地点就不那么有趣了。《塔木德》式处理是相当字面化的，《塔木德》文献辨认出《列王纪下》中的两个地名——"哈腊就是哈尔文、哈博是哈达卜、歌散河是金扎克河、米底亚城是哈马丹及其周边地区，虽然有人说……它是纳哈万德及其周围地区"。[51] 人们可能会认为，提及这些地方会引发人们对居住在这些地方的种族群体及其可能与十个部落的关系的讨论。但在《塔木德》中，我们并没有看到这样的地方。《列王纪下》中提到的地方对圣人来说几乎是无足轻重的。拉比们似乎知道歌散的下落和其他以色列人被放逐的地方，但就像之前的先知一样，他们更感兴趣的是从十个部落被放逐的事实中吸取教训。

在《塔木德》里的一个例子中，拉比们所建立的两个故事的维度与《以斯得拉书》中的内容相似：第一次放逐后十个部落迁移到更远的地方，他们的流放地点就在世界的边缘。在巴比伦的一篇《革马拉》（更古老的《密西拿》拉比注释）中，我们看到拉比们在讨论与各种放逐有关的亚述诸王的名字。拉比们讨论了公元前701年发生在耶路撒冷城外的戏剧性事件，当时拉伯沙基要求该城的人民投降，并向耶路撒冷人承诺，将带他们去一个"和他们之地一样的地方"（《列王纪下》18：32）。"拉夫和什穆埃尔：据说他（拉伯沙基）是一个聪明的国王，因为如果像他说的那样将耶路撒冷人带到一个比他们的地方更好的去处，他们会认为他是一个骗子。另一种说法认为，他是个傻瓜，耶路撒冷人去一个比不上自己的地方，又有什么用呢？"就像《革马拉》式讨论中常见的那样，这里有一个关于流放部落的题外话：

> 以色列十个部落被流放到了哪里？马·萨特拉认为他们被流放到了阿非利加，R. 哈尼娜认为他们被流放到了萨鲁格山。但以色列的十个部落亵渎了以色列地，因为他们到苏斯城时说这里就像自己的土地一样。他们到了以利明城时说这像我们的以利明城（耶路撒冷）。当他们到达第二个苏斯城的时候，他们说那地方比他们自己的地方好得多。[52]

很明显，这篇文章的主旨是侮辱十个部落，通过揭露他们的另一个罪恶：诽谤圣地，暗示其他地方可以与圣地相媲美。但它展示了被迫移民的旅程：沿途有以利明和苏斯（都在伊朗南部）、非洲，还有萨鲁格山脉，从表面上来看这些地方是部落的最终目的地，而且都是真实存在的地方。

对"阿非利加"和"萨鲁格"需要展开一些思考。阿道夫·纽鲍尔在他的《〈塔木德〉的地理》（*Geography of the Talmud*）中把阿非利加定义为罗马的一个省，首都在迦太基，或者是一连串从埃塞俄比亚到今天北非的国家。无论何种情况，它都标志着罗马世界的南部边界。萨鲁格山脉的位置尚不清楚。许多近代早期的和近代的旅行者认为，它们可能就是伊朗东北部的厄尔布尔士山，位于里海东南，是波斯帝国的东北边界。这条几乎全是高山积雪的山脉，长 900 公里，宽 300 公里，从西边的亚美尼亚边界一直延伸到东边的土库曼斯坦和阿富汗边界，它听起来像是《塔木德》中所说的"雪山"。厄尔布尔士山脉就其无法逾越的屏障地形而言，是十个部落居住的最佳选地。此地也是琐罗亚斯德教的神话传说中一位救世主般的人物比索坦的居所。[53] 此外，根据一些中世纪的基督教传说，安德森所描述的歌革和玛各之门也位于该地的某处。[54] 无论如何，我们都可以假设这个地名是世界的边界，与阿非利加一样，它的位置和身份是毋庸置疑的。我们再一次看到了对希腊-罗马世界边缘的回应，那里是遗失部落的所在地。值得注意的是，尽管圣贤们讨论了实际的地理位置，但他们并未讨论一个更为重要的问题——遗失的十个部落到底发生了什么？对此，他们各执一词。

第二章 一个位于阿扎罗兹和桑巴提安的封闭国家

神学上关于流放意义的讨论最终创造了一个新的流放之地，就像以斯得拉所做的那样。很明显，这是《密西拿》中发现的最早关于部落的辩论之一。伟大的圣贤拉比阿奇瓦（约50—135）在他对《利未记》（26：38）的评论里非常清楚地陈述了《塔木德》中有关十个部落的问题："你们要在列邦中灭亡（遗失）。"阿奇瓦说这一段"指的是被流放到米底亚的部落（十个部落）"。[55] 这里的讨论是关于希伯来语阿瓦德的意义：难道它意味着"灭亡"（正如阿奇瓦认为的那样），或意味着"流放"？或者像纽鲍尔所说它是"回归的希望"？[56]

古老的《密西拿》中提及十个部落的民众是"在未来的世界中占有一席之地的人"，该章节以一个充满希望的断言开始，"所有以色列人在未来的世界中占有一席之地"，但是，接下来讨论的实际上并非如此：

> 正如《申命记》（29：28）所说的那样，遭流放的十个部落，必不归回："耶和华把他们扔在别地，像今日一样。"就像那天不会回来一样，他们将来也不会回来。（拉比阿奇瓦所说）另一方面，R. 埃利泽说：因为这一天通常意味着天空变得乌云密布，然后又重新明亮起来，所以十个部落现在在黑暗里，未来将会照亮它们。[57]

更大范围的讨论提及了各种类型的民族，这些人被"统治""隐藏"和"吞吃"，他们没有到达他们的目的地，以各种离奇的方式从这个世界上消失了。讨论始于"洪水的产生",随后是"所多玛人""沙漠里的以色列人后裔""可拉会众",最终结束于十个部落。可拉会众在沙漠中漂泊时反抗摩西,因此"大地隐藏了他们",那是耶和华的惩罚。然而,为了使事情复杂化,《圣经》文本隐晦地说"可拉的众子没有死亡",而是在别的地方(《民数记》26:11)。《圣经》经文中的矛盾表达呼吁拉比的干预:可拉人的命运如何?可拉人暗讽《密西拿》,因此他们"不会繁衍生息",就好像他们此刻仍然被困在地下一样。

将十个部落包含在一堆值得怀疑的事件中,这表明至少在拉比研究的早期阶段,回归问题是不同拉比学者激烈争论的话题。它还表明,十个部落民众的流放位置与我们所熟悉的犹太部落并不完全一致,他们的消失在某种程度上是有迹可循的。然而,与此同时,《密西拿》却把他们和其他"消失的民族"合并在一起,从而加强了他们在地球上的特殊地位。只有到那时,他们才会最终从流放中回归,而不是完全消失,再也不会回来了。

后来的犹太教学者不愿意放弃十个部落,并且同意埃利泽的说法,他们被流放了,而不是永远消失了。这个立场成了传统。拉比耶胡达·哈纳西是公元3世纪早期《密西拿》的编撰者,他在阿奇瓦死后不久就不得不做出裁决:十个部落将会在世界上占有一席之地,并且它们将会回来,就像在《以赛亚书》(27:13)里读到的那样:"那些遗失在亚述土地的人将回归。"[58] 简言之,这个问题尚不明确。但对部落更温和的观点占主导地位。

尽管以赛亚关于"遗失在亚述"回归的预言再次被证实,

但圣贤们为何还要一再重复关于部落是否会回归的辩论？如果在这一点上真的存在不确定性，那么圣贤们不确定的是什么呢？看来，这些《塔木德》圣贤似乎在争论一些其他的事——不是部落是否在流亡，而是他们处于何种流亡状态。

一旦他们认为部落处于流放状态（相对于他们的消失），拉比圣贤们就必须面对这个问题，即揭开流放的秘密，部落流放是隐形的但仍是可以被看到的。《米德拉什》比较了这两种流放："拉比耶胡达·本·西蒙说：犹大和便雅悯这两个部落没有被流放到十个部落曾经被流放过的地方，十个部落徘徊并流亡在桑巴提安河那边，但犹大和便雅悯被分散到了所有的土地上。"[59] 这两次不同流放有着不同的地理位置。其中一次流放者被分散在世界各地（"遍及所有的土地"），另外一次则是秘密进行的，但显然集中在"河那边"的一个地方（可能暗示以斯得拉的提法）。十个部落被隐藏的本质被埃利泽尔暗示过，在他提及这些部落时说道，"他们现在处于黑暗之中"。有关隐蔽或隐藏的流放概念频繁地出现在一些其他的《米德拉什》和《塔木德》的段落中。例如，巴勒斯坦《塔木德》的一篇早期文章详细讨论了这个概念：

> 拉比贝里恰和拉比海尔博以拉比塞缪尔·本·纳曼的名义说，以色列的十个部落被分成三支流放了：一支在桑巴提安的另一边，另一支在安条克的达夫尼，第三支派被降临在他们身上的云彩所覆盖。像他们一样，流便、迦得，一半的玛拿西部落流亡在三个地方，正如《以西结书》（23：31）所记载的那样"你行了你姐

> 姐所走的路"。到他们回归时,他们将会从这三个流亡之地归来,这个意味着什么?正如《以赛亚书》(49:9)中说给桑巴提安另一边的人的话是"你对那被捆绑的人说:出来吧!";说给那些被云彩覆盖的人的话是"对那在黑暗里的人说:显露吧!";说给那些被流放到安条克的达夫尼的人的话是"他们在路上必得饮食,在一切净光的高处必有食物"。[60]

随着具体被流放的部落流便、迦得和一半的玛拿西部落被提出,三次被流放的概念将这段经文和《列王纪下》亚述入侵后驱逐以色列人的详细描述联系在了一起。圣贤们复原了被放逐的琐碎细节,正如我们所看到的,这些琐碎的细节已经被先知以赛亚、阿摩司和何西阿重新改造成一个大的流放。另一方面,本文引用的拉比将流放分为三种类型,并用预言来支持这一说法。

每次流放都代表着一种不同的隐藏状态——被囚禁、在黑暗中、被一片云彩覆盖。9世纪早期的《米德拉什》解释说:"三次流放中,部落被划分为三部分,一支去了桑巴提安,一支被流放到了桑巴提安之外的地方,第三支去了靠近利比拉的达夫尼,并且在那里被吞噬了。"[61] 这是对先知阐述的又一次重新阐述,在这种情况下,在《何西阿书》(8:8)中描述的"以色列被吞吃了",关于被迫移民的故事变成了一个关于距离、地点和同化的故事。关于三次流放主题的变体在《塔木德》和《米德拉什》文本中多次出现,这种情况一直持续到公元12世纪。在大多数情况下，熟悉的地方会重复出现，但在某些情况下新的地方会被添加进来。

另一种古老的《米德拉什》《大耶利米哀歌》(Lamentations Rabbah)，论述了三种类型的流放，并说，"他们所有的人都听从耶和华的命令"。[62] 这似乎将三种流放变成了一个单一的事件，是一种回到预言的尝试。12世纪后的《米德拉什》《民数记》提到三次流放，但将其中一次标记为"那些在黑暗群山之外的人"。[63]

贯穿这些讨论的主线是十个部落的流放在本质上是隐藏的、不可见的，与其余的两个部落的流放相反。看不见的部落在地下，在黑暗的群山之外，或在黑暗之中。它们在河的对岸，或是被吞没，或是被云所覆盖。以赛亚关于"被捆绑者"的预言提醒我们，遗失的部落就是被亚述王"俘虏"的部落。然而，他们的囚禁并不是犹太人在后流放时期普遍经历的那种简单的囚禁，而是一种无形的囚禁。耶和华亲自吩咐这些被掳走的人"显露吧！"

因此，就像《圣经》中所描述的听不见一样，《塔木德》中记载的不可见性成为十个部落流亡的另一个特征。的确，不可见性已成为这些部落最主要的特征，因为在《塔木德》文学中，十个部落的流放被重新构思，它不是一个特定的犹太人的流放，也不是各种流亡群体的流放。与此同时，《塔木德》和《米德拉什》中关于这一主题的对话和辩论，代表了另一种更为复杂的对以斯得拉梦境的流放模式的重新阐述，这种模式产生于解决罗马人统治下犹太人流放这一新兴概念所带来的新问题。

桑巴提安：何者？何地？

"桑巴提安"这个词是"安息日"希腊化变体，与十个部落一同出现的频率十分惊人。在犹太民间传说和想象中，就像阿维格多·谢安力证的那样，桑巴提安其实扮演着阿扎罗兹的角色，这个地方必定会被找到、发现和跨越。在某种程度上，幼发拉底河不仅仅是它自身，它还偷偷溜进以斯得拉的梦境中，摇身一变，简单地表达为"河"。

同样清楚的是，约瑟夫斯所描述的"幼发拉底河的那边"并不是指实际的幼发拉底河本身，而是指一个比河那边实际地形更大、更宽广的领域。就像十个部落的流放地变得愈加遥远一样，最初将其分隔开来的文字标记也有了更复杂的意义。桑巴提安变成了《以斯得拉书》中所提到的河流，当十个部落越过这条河的时候，神使它停止，当他们回来的时候，神要把它分成七条河道。桑巴提安标志着世界的边缘。纽鲍尔恰如其分地评论道："这条河本身就像十个部落的存在一样神秘。我们自己来确认该河流将是浪费时间。"[64] 但是，桑巴提安就像阿扎罗兹一样，引起了永无止境的猜测：从长江到亚马孙河，几乎地球上的每一条河，在某种程度上都被认为是真正的桑巴提安。

桑巴提安有时以河流的形式出现，有时只是作为地名出现。同样，关于十个部落的流放，它的作用也有一些含糊不清的地方。在一些表述中，我们看到这些部落被放逐到桑巴提安的"那边"。而在另外一些表述中，我们看到这些部落被流放到了桑巴提安。第三种表述指出，一部分人被流放到了桑巴提安的

第二章　一个位于阿扎罗兹和桑巴提安的封闭国家

"那边",而另一部分人则被流放到了桑巴提安。桑巴提安这个地方多次出现在拉比的作品中,桑巴提安不仅是将十个部落和人类世界分开的河流,更是流放他们的地方。拉比文集尤其是后来的《米德拉什》明确说明,桑巴提安是一个被隐藏和隔离以及受保护的地方。这不仅适用于第一批"被允许"进入桑巴提安的"遗失"部落,也适用于所有处于被隐藏和受保护状态的人。

公元 7 世纪的阿拉米语《塔古姆》(希伯来语《圣经》意译本)中的伪约拿单(Pseudo-Jonathan)将桑巴提安看作耶和华派遣的另外一些特殊的人的居所,这些人是摩西之子拜奈伊·摩西的后代。它涉及《出埃及记》中的一段情节,当神对以色列人极为愤怒之时,他应许要把摩西的后裔组成一个"伟大的国家"。但《出埃及记》并未告诉我们,耶和华是否遵守了这个诺言,因此,《塔古姆》涉及这一点,并用耶和华的口吻告诉我们,当犹大人初次被流放到巴比伦,拜奈伊·摩西确实迁移到了另外的地方:"我将从巴比伦的河流中将他们带出,把他们安置在桑巴提安的那边,他们与众不同,地球上没有人可以像他们一样完美。"[65] 穿过桑巴提安意味着被隐藏,但也意味着他们与地球上所有的居民变得不同。

同样,《米德拉什》中关于"十次放逐"的描述认为,所有以色列人的流放是十次不同的流放,并将其归为同一个主题。它讲述了一些利未人的故事,他们因为不想在巴比伦演奏音乐而割下自己的手指。利未人因失了圣殿,甚是忧伤,又惧怕被迫在新的流放地歌唱。利未人在以色列人中是一个特殊的群体,因为他们没有参与过崇拜金牛犊的罪。根据桑巴提安的资料,这些人迁移到桑巴提安后确实被隐藏起来了:"耶和华看到他们不想唱歌,就将他们掩藏在了桑巴提安。"[66]

桑巴提安同样也生活着另外一些独特的犹太人群体,即耶胡纳达维·本·瑞卡威的后裔瑞卡比特人。他们是摩西的亲属,因信仰虔诚,拒绝在(第一)圣殿饮酒,受到先知耶利米的赞扬。因此,他们还得到了耶和华的应许,许诺巴比伦可怕的流放不会殃及他们,他们也不会被耶和华从地上拔出。(《耶利米书》35)《塔木德》和《米德拉什》甚至宣布,神与瑞卡比特人立的约,胜过和大卫家族立的约。他们最终都消失在了桑巴提安。[67]

如果早期的拉比文集将该河流作为封锁十个部落的屏障,之后的拉比文集则明确将其说成是一个"容器",即耶和华首选的、用于保护各类人和掩藏优秀民族的地方。因此,幼发拉底河经历了一些重要的改变,从一个无关紧要的地方变成了一个特定的河流,在早期分裂中,一些人在一个隐藏和受保护的国家里生存了下来。

桑巴提安名称的来源与安息日有关。桑巴提安因其神秘的特征而闻名:它流向不同的方向,周期性地变化,关于它奇妙的传说非常古老并传播广泛。老普林尼在其著作《自然史》(*Naturalis Historia*)中写道:"在犹地亚有一条河流,每逢安息日它就会干涸。"[68] 在这里,普林尼无意中给这条河起了个名字,叫"安息日河"("Rivus Sabbatis"),"安息日河"指的是这条河的性质,而非它的实际名字。但是,在老普林尼写作《自然史》之前,关于一条拥有神秘力量且不断变化的河流的概念,不知何故与犹太人连接在了一起。约瑟夫斯在其作品《犹太人的战争》(Wars of the Jews)中,变换了老普林尼对事物的排列顺序,他描述了一条河流,在一周之中,前六天停息,到了第七天才涌出。他将"安息日河"("Sabbatic River")定位在安条克而非犹地亚,他说,泰特斯·弗莱维厄斯在去镇压犹太人大起义时经过了叙利亚:

> (他)向前走的时候看到一条河流,觉得它值得载入史册,它位于阿尔西阿和拉法尼亚之间,属于阿格里帕王国的领土。在某种程度上,它的水流情况非常奇特;正如我们看到的那样,当它流淌的时候,水流很强,水量也足,然后在接下来的六天时间里减少流动,直到它的河床变干涸;六天过后,到了第七天的时候,它又会像从前一样流淌;也有人观察到,它的径流保持着原来的状态;这就是他们为什么叫它安息日之河的缘由,这一名字源于犹太人神圣的第七天即安息日的称谓。[69]

无论是在犹地亚还是安条克,这一安息日之河的前身都与遗失的十个部落无关。老普林尼和约瑟夫斯的作品中未曾提到该河流和十个部落的关系,也未将河流定位在地极。就像《以斯得拉书》中将幼发拉底河说成了桑巴提安那样,安息日之河是在经历转变之后才和十个部落有了关系。

这种关系是怎样发生的?一个早期的《塔木德》故事记录了"邪恶的图努斯·鲁弗斯"和拉比阿奇瓦之间一段关于安息

日的对话。鲁弗斯问："谁告诉你今天是安息日的?"作为回应,阿奇瓦提供了三个证据:"让安息日河来证明它;让巴利·奥博(亡灵巫师)来证明它;让你父亲的坟墓在安息日停止供香来证明它。"[70] 这段对话来源于《塔木德》里著名的拉比和图努斯·鲁弗斯(罗马哈德良统治下的犹地亚总督,117—138年在位)之间对话的一部分内容。这些对话据说发生在公元132至135年巴尔·科赫巴起义后,暴虐的鲁弗斯判处拉比阿奇瓦死刑的时候,他们围绕一个中心问题展开对话,即谁的法律最高,耶和华的抑或帝国的?[71] 在这个例子中,鲁弗斯说,国王决定时间,决定一周的天数。拉比阿奇瓦认为,耶和华才是时间的制定者,并提供了证据。

与老普林尼和约瑟夫斯一样,阿奇瓦也提到了桑巴提安河与十个部落没有关系。他认为这十个部落完全遗失和消亡了。这进一步证明了在这段对话发生的时期,传说中的河流与十个部落之间还不存在关联。很明显,这条河是在与一个罗马统治者的虚构对话中被提及的,这表明,在这个时期桑巴提安不是独属于犹太人的文化,而是犹太人和罗马人共有的文化。

有关土星、安息日和罗马时期的犹太人之间联系的证据非常多而且很有名。土星是第七颗行星(如果包括太阳和月亮的话),也是希腊-罗马的神,很自然地被认为掌管着安息日,第七天或者是星期六。[72] 塔西佗(56—117)是土星和犹太人关系的忠实信徒,他曾有一个著名的推测:"犹太人每七天休息一次……是敬畏土星这个第七个也是最高的天体。"[73] 这个逻辑很简单——如果土星掌管或者至少与安息日有关,那么它很可能与安息日河桑巴提安有关系。毕竟,从罗马人的观点来看,

第二章 一个位于阿扎罗兹和桑巴提安的封闭国家

这条河的名字就是土星。

老普林尼和约瑟夫斯对河流的描述有相似之处,就像图努斯·鲁弗斯和拉比阿奇瓦之间的对话,他们表达了一个共同的观点:关于这条河流的描述在某种程度上存在着犹太-罗马文化的交流。将安息日河变成桑巴提安可能是穿着犹太文化外衣的希腊-罗马神话传说,这条河流里面封存着十个部落吗?土星的传说也许能解释安息日河流的这种改变,这条河流在表面上由土星掌管,而实际上它的名字与十个部落和其他群体的地方交融在一起。

当然,并不是所有罗马土星传说的特点都被复制在了拉比文集中。但是,其中一些传说从一开始就被融入十个部落故事的创造背景中。在希腊-罗马的神话传说中,贪得无厌的土星(克洛诺斯)一个又一个地吞掉了他的孩子。这一故事看似非常可怕,但是,他的孩子在其肚子里完好地生存着。这个希腊-罗马神话传说到了犹太人的版本里,则变成了耶和华将摩西后裔、利未人后裔以及雅各后裔安置在桑巴提安的故事。再次,我们回想一下何西阿的妙语,"以色列被周围的国家吞吃了",这种潜在的同化——被转变成了被吞并但是保持完好无损的故事。虽然我们可能还在争论十个部落是否为优等民族,但《米德拉什》已经将这些进入桑巴提安的群体和优等民族的概念联系在了一起。维吉尔(前70—前19)有这样的诗文:"公正即刻回归/在土星的领域,从天空的高处降落/更有价值的种族。"[74]

在罗马版本中,土星扮演着比希腊版本更积极的角色,这代表了一个"黄金时代",一个"土星——克洛诺斯掌管下的幸福时代的光辉画面"。西西里的狄奥多罗斯（逝于公元前 21 年后）说，土星使"他的臣民们从野蛮的生活方式转变为文明的生活方式"。[75] 虽然《米德拉什》没有提及十个部落经历了类似的改变，但以斯得拉的梦境（再次为《米德拉什》提供了基本框架）明确提到了部落做出改变的决定。

最后，从时间回到空间，土星作为行星的具体物理位置和运行之间显示了进一步的联系。在关于太阳系的传统观点中——也就是肉眼看到的五大行星——土星看起来是离太阳最远的。古时候，在太阳中心论的演变过程中，行星"离地球最大的距离"才是关键所在。[76] 就像托勒密（90—168）观察到："土星是离地球最远的行星，围绕着黄道中心移动的范围最广。"[77] 对于古代的观察者来说，土星围绕地球的轨道标志着地球最外层的边界。在空间术语中，如果一个人想要表达十个部落被安置在了地球最外围的边界上，那他们将被安置在土星的另一边，也可以表达成桑巴提安的另一边。

或许德国东方学学者鲁道夫（1624—1704）给桑巴提安下了最好的定义。他在谈论其国家的历史上的埃塞俄比亚河流时，突然岔开话题说到了"安息日的安息日河"，我们在下一章可以看到这条河在埃塞俄比亚。鲁道夫指出，对该河特征的描述是"轻率的虚构"，还嘲笑那些相信它的人"不了解河流的源头及其终端的位置，它是在亚洲还是非洲或者仅仅是在乌托邦中"。[78] 鲁道夫运用"乌托邦"这个词可能寓意"不存在的地方"，但在我看来，乌托邦的含义是表示理想的人类社会，用在这里也是恰当的。

无论这条河在哪里，它都与十个部落紧密地联系在一起，经历了一种与假设中的阿扎罗兹相同的转变。从一个模糊的地点变成了一个真正的流放之地。桑巴提安发生转变的时间已经难以确认，但它对十个部落而言是一个重要的因素。尤其是，像我们所看到的那样，这些因素大多与救赎有关。最重要的是，桑巴提安代表着一个边界，这个边界介于我们的世界和另一个不同的世界之间，以及流放和救赎之间。

弥赛亚和十个部落

现在让我们回忆一下《塔木德》使用的《以赛亚书》的经文（49：9）："那些在黑暗中的人，显露吧！""那些被捆绑者，出来吧！"这很明显具有弥赛亚救赎的意味。事实上，《米德拉什》中谈到弥赛亚统治下所有流放者的集会，更明确地阐述了这个主题。有人问道："弥赛亚对被俘者说：'出来吧！'是什么意思？"《米德拉什》回答道：

> 这意味着弥赛亚将对十个部落说"出来吧"等诸如此类的话，这些部落在很久以前被分裂成三支流放群体，一支被放逐到了桑巴提安河，另一支被放逐在了桑巴提安河那边，第三支被放逐在了利比拉附近的达夫尼，这里就是所谓的"以色列被吞吃"的地方（《何西阿书》8：8）。弥赛亚将对囚徒说"出来吧"，这是说给被困在桑巴提安的人。对那些被封锁在黑暗之中的人说"显露吧"，这是说给被困在桑巴提安对岸

> 的人。至于那些在利比拉被吞吃的人，神将为他们准备一条又一条的通道，他们必在地下找到要走的路，他们从那里经过到达耶路撒冷橄榄山下。耶和华必站在山顶，山会为流放者裂开，他们将从里面出来。[79]

梅希利姆（Mehilim）指的是通道，是梅西拉（mehila）的复数形式，指动物在地下挖掘的隧道或洞穴。《米德拉什》运用这一最奇怪和罕见的词语来描述部落在地下的行动，"就像鼹鼠"一样。[80] 十个部落返回耶路撒冷的画面，就像盲眼的小哺乳动物在地下挖掘一般，强化了流放者的不可见性。这里，可见的犹太人流放者和十个部落之间是并列的。比起十个部落，犹太人将通过地面回归，或者是以更好的方式"乘着鹰的翅膀"回归，就像著名的预言所应许的那样（《以赛亚书》40∶31）。另外一方面，十个部落仍保持被封锁状态，直到弥赛亚下达命令，他们将通过地下通道这种看不见的方式回归。

在这段经文之后，拉比们引用了几句安慰的预言，包括以色列人将回归自己土地的预言，最后还引用了以赛亚的一段话，描述了耶和华在十个部落回归时的欣喜："撇下我一人独居的时候，这些人在哪里呢？"（《以赛亚书》49∶21）。在这里，十个部落的回归显然是与弥赛亚的降临有关：

> 这三支被流放者（十个部落）必不单独归来。凡有犹太人的地方，他们也必聚集而来……不多了！那圣洁的主将为他们降下高山，为他们修成大道；也必为他们高举各深处，使

> 地平整，如经上所说："我必使我的众山成为大道，我的大路也被修高。"（《以赛亚书》49：11）

现在十个部落的回归将引起犹太人回归圣地的浪潮。用空间术语可以表达为，部落的回归是救世主降临的开端。受流放之苦最深的十个部落将为所有的犹太人领路开道。《塔木德》深入地讨论了十个部落是否回归的问题。现在，《以赛亚书》回答了所有的问题：十个部落的回归与犹太人的回归密切相关，甚至是前者引发了后者。此时，十个部落已然成为弥赛亚一揽子计划中不可缺少的一部分，事实上，前者就是弥赛亚计划的基础所在。

十个部落传说中有关弥赛亚的内容与地理维度结合在一起，使该故事成为西方"地理神学"的发展动力，耶和华问道："那些人，他们去了何处？"并表达了对十个部落回归的喜悦。地点和地形成为关键所在。

被封锁的概念开启了耶和华在部落回归中所做工作的空间维度。在《以斯得拉书》中，我们看到，耶和华将一条河分为七个河道。现在，我们看到他在地下挖掘通道，夷平高山，升高峡谷，将它们变成平坦的大道。十个部落的回归意味着地球自然地理的转变。这种转变以图形化的细节表现出来，每一个可能的地质或地形障碍都会发生逆转：地势低的地方会被抬高，高的必夷为平地。事实上，世界将变成平坦的。世界的平坦化最有力地表达了这样一种观点：十个部落的回归将会修复地球表面所有的分裂、模糊、障碍和未知。在救世主降临之前，我们生活在一个与空间脱节的时代。

犹太人的思想以及之后的基督教变化,将弥赛亚主义最基础的定义归于假设的类型——"在未来的某个时刻,一个蒙福的世界终会到来"。[81] 乍看之下,随之而来的问题纯粹是暂时性的:弥赛亚什么时候降临?实际上,大多数犹太人和基督徒对于救世主的推测,都集中在对时间、符号和信号的关注上。但"他们在哪里呢?"这是神提出的问题。从而使得空间维度成为弥赛亚主义的关键:弥赛亚时期将从何地开始?他们将在何处被发现?

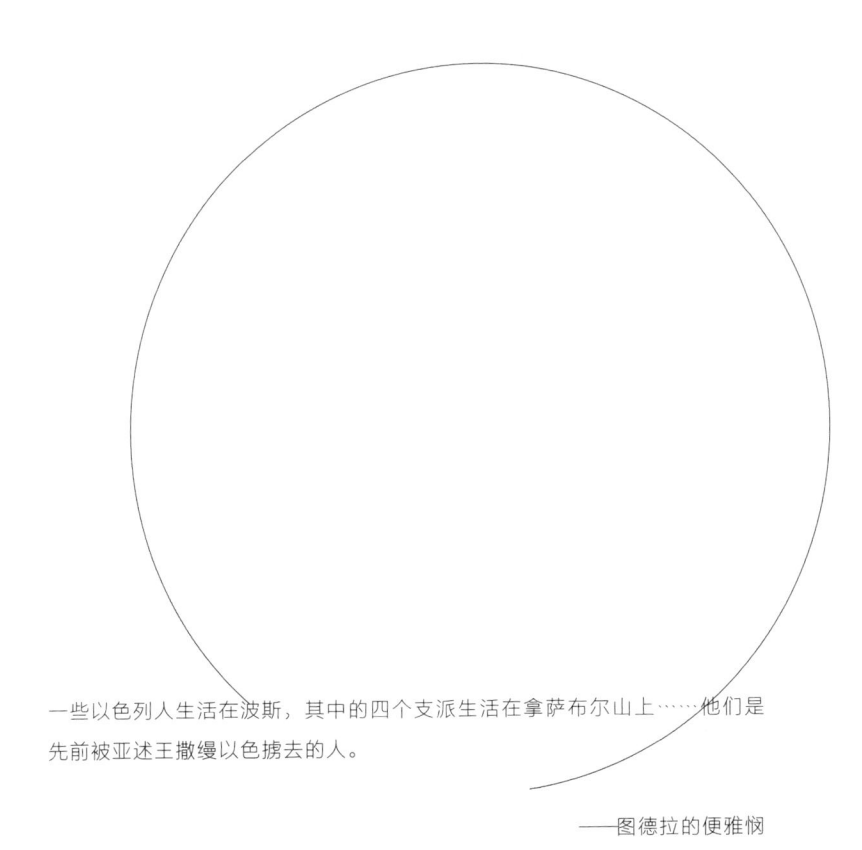

第三章

骗子和旅行

> 一些以色列人生活在波斯,其中的四个支派生活在拿萨布尔山上……他们是先前被亚述王撒缦以色掳去的人。
>
> ——图德拉的便雅悯

中国、西班牙和埃塞俄比亚：十个部落的世界

图德拉的拉比便雅悯生活在12世纪，是一位世界旅行家，他的脚步遍及各地，从伊朗的东北部山区延伸到阿拉伯南部和埃塞俄比亚之间的海峡。他提及在这些地方见过一些人，他们有十个遗失部落相关的消息。这位著名的伊比利亚旅行家最远到达了中国和波斯，他在旅行的途中拜访了300座城市。当然，他并未直接接触过那些部落，但他似乎知道很多关于这些部落及其伟大事迹的"知识"。谁都没有见过十个部落，但人们却时时能听到关于它们的消息，对其足迹的推测就像无处不在的谣言一样。"谣言"或许是描述遗失部落所在空间特征的最好方式，图德拉的便雅悯就是传播这种谣言的典型代表。反过来，这些谣言成为积累有关部落"知识"的重要部分，它们将过去

的传说和当今人们谈论的话题连接起来，对科学思想的形成产生影响，这些科学思想是有关部落和他们的居住地以及正在形成的世界地理学知识。

凯鲁万（al-Qayrawan）的犹太人社区（在今天的突尼斯中北部）是第一个与十个部落有关的主要的谣言中心。公元883年，一个神秘的男子出现在凯鲁万，声称自己就是十个部落中的但部落的成员，但部落是十个部落中最为神秘的一支，他们从最初的居住地迁移的历史已经记录在《圣经》里。自从定居在以色列的中部沿海地区以后，他们就和自己的近邻非利士人产生了矛盾，不得不迁徙，在别处寻找可以征服的新土地。这是继以色列人从埃及回归以后，约书亚领导的初次神圣征服之后出现的再一次征服。但部落是最早被亚述流放的部落之一。早在公元前724年萨尔贡入侵之前，他们的土地就被亚述王提格拉特·帕拉沙尔征服。大力士参孙是但部落的人，他因力气大而著称并且与上帝有着神秘的关系。有一次，他徒手和一只狮子摔跤并杀死了它，之后还享用了蜜蜂在它的尸体上所产的蜜。他用这件神秘的事情来戏弄其不共戴天的敌人非利士人。他是一位不同寻常且富有趣味的大力士，常常独自一人为以色列而战，他在和非利士人的战斗中有着惊人的力气和伟大的天赋，还带有一丝幽默感。《士师记》告诉我们，参孙曾经用驴的下颌骨杀死了1 000个非利士人。[1]

这位到访凯鲁万的但部落的后裔深受参孙的英雄主义和智慧的鼓舞。他是"埃尔达德，玛利之子，埃特尔之子，耶库提之子……户伸之子，但之子，族长雅各之子"，或者简单来说就是埃尔达德·哈·但。他说自己是一位商人，他在经历一次深入非洲的探险旅行后，来到凯鲁万这个北非主要的商业中心，并对这里的居民讲述了这次旅行。

这次偶遇产生了三个重要的文献资料。第一个是埃尔达德写的书信集《埃尔达德之书》(Sefer Eldad)，该书讲述了其冒险经历。第二个是凯鲁万犹太人向当地最高法律权威提出的关于埃尔达德的问题及其回答。第三个是凯鲁万犹太人对埃尔达德所描述的某些仪式的研究，这些仪式独立存在，可能在后来被改写过。[2]

埃尔达德是一个"现代版"参孙的化身，他讲述了一段引人入胜的冒险经历："沿着埃塞俄比亚河流的另一边往前走……我和一个来自亚设部落的犹太人上了一艘做生意的小船。突然，一阵狂风袭来，船失事了。我们紧紧抓住了一个箱子漂流在河水中，直到最后漂到河岸边，之后，我们两个被一群人抓住，这些人是埃塞俄比亚高大的黑人罗姆诺斯人，他们赤身裸体，同野兽一般，并且还吃人。"[3] 这些罗姆诺斯人最终被证明是贪婪但有理性的食人族：

> 他们抓住了我们，看到我的同伴肥美健壮，很是愉快，屠杀并吃掉了他……但因为我在船上生病了，他们带走了我，用锁链将我锁了起来，直到我变胖变健康，他们给我带来各类食物，但都是禁忌食品，所以我没有吃而把它们藏了起来，当他们问我是否吃了食物，我回答说吃过了。

埃尔达德被囚禁了很长时间,直到"耶和华显示了一个奇迹"。劫持他的人被"外来的庞大军队"打败了。这支神秘的军队将他变成自己的俘虏。埃尔达德告诉凯鲁万犹太人,新的俘获他的人是"罪恶的拜火教徒"。他们一起生活了四年。之后他们将其带到了一个叫作阿辛的地方。第二段被俘经历结束于:

> 一个来自以萨迦部落的犹太商人发现了我,他用 32 根金条买下了我,将我带回了他所居住的城市。他们居住在海边的山上,这片土地属于米底亚和波斯人。他们履行自己的使命,"律法书《托拉》不离口,外来的政权不能约束你,只有犹太人的律法能约束你"。[4]

埃尔达德说到十个部落的下落时,他画了一幅巨大的弧线草图,这条弧线从中国的西北边界伸展出来,穿过了阿拉伯地区到达非洲的埃塞俄比亚。[5] 他描述的十个部落的人民十分活跃,从事商业、远途旅行,与各类敌人作战。最重要的是,没有人统治他们。埃尔达德提到西布伦部落,他们过着劫掠生活,和近邻流便人一起分享劫掠品。他用最好的词语来描述自己所属的部落,"但部落的参孙后代,是这些部落中最优秀的"。虽然埃尔达德暗示十个部落共享一大片土地,但只提到了埃塞俄比亚地区十支部落中的四支——但、拿弗他利、迦得和亚设:

> 除了四个部落的民众外,他们未见过任何人,任何人也没有见过他们,这四个部落居住在

> 埃塞俄比亚河的另一边。在这里，他们可以相互看见对方，也可通过大声呼喊的方式交流，但桑巴提安河隔在他们中间……当他们想要传达任何重要的信息时，可以通过一种彼此都熟悉的鸽子来沟通，他们将写好的信绑在鸽子的翅膀或者脚上，鸽子带着信飞越桑巴提安河，飞到他们的国王和王子的身边。

这为我们现在所熟知的十个部落的不可见性提供了一个新的含义，这也许是为了故事的连贯性。埃尔达德解释说，"他们没有见过任何人，任何人也没有见过他们"，他这么说也许是为了防止凯鲁万犹太人可能会试图去南部旅行，探访周围的部落，检验其故事的真实性。埃尔达德还提到，在需要的时候，他们可以在一个指定的地方相聚，他们用特殊的鸽子穿越桑巴提安河：

> 该河宽 200 腕尺箭程，河里充满了大大小小的石头，它们的声音隆隆作响，像一股巨大的暴风雨，也像海面上的风暴，入夜时分，河水的声音听起来像经历了一天的旅程，六条源泉最终涌入了一个湖里，在那里，人们用湖水浇灌自己的土地，那里有干净可供食用的鱼。在六天的工作日里，河水流淌着，石头和沙子隆隆作响着，但是到了第七天的时候它静止下来休息，直到安息日结束。在河的另一边居住着四个部落，那里闪烁着安息日的火焰，一英里

範圍内都沒人能接近它。[6]

埃尔达德十分清楚他那个时代犹太拉比所知的桑巴提安的知识。细心的读者会发现埃尔达德在说一群部落后裔"在"桑巴提安和它的"另一边"时，他重复了《塔木德》中的片段。当他描述一个沙子河的时候，埃尔达德很有可能还融入了伊斯兰的传说。[7] 对桑巴提安的描述，比如怒吼的流水、石头和沙子，这成为不计其数的民间传说和故事的参考模板。11 世纪，《米德拉什》在讨论遗失的十个部落的时候，逐字逐句地引用了埃尔达德关于河流的描写，使其成为拉比文集的一部分。[8]

在讲述剩余的故事之前，让我们先看一下最基础的地图详情。埃尔达德告诉凯鲁万的犹太人，他来自埃塞俄比亚周边地区，那里是但部落生活的地方，也可能是亚设部落生活的地方。他从食人族那里被救后，在一个叫作阿辛的地方居住下来。这个叫作阿辛的地方激起了学者们的好奇心，这种情况一直持续到 1946 年，直到约翰内斯堡的大拉比路易斯·拉比诺维茨将所谓的阿辛鉴定为中国为止。[9] 埃尔达德接着讲述了他被以萨迦部落的犹太商人救下来之后，拜访了在中亚和阿拉伯地区的其他部落。最后，在"去西班牙"的途中，他来到了凯鲁万。他所谓的旅行涵盖了人们所熟知的世界，向东一直到中国，向西一直到西班牙。在此，中国第一次出现在了十个部落相关的故事背景里，强调遗失部落和世界边缘之间的联系。从食人族那里拯救埃尔达德的神秘部落后裔来自"另外的地方"，这个地方最终被证明是中国。

埃尔达德使用阿拉伯语描述中国，也证明了这一点。虽然中国在罗马帝国时期就被人们所熟知，但直到伊斯兰力量逐渐壮大以后，它才真正成为世界的新边界。罗马帝国的奠基者亚历山大向东最远到达了印度，而阿拉伯人与中国起冲突是在公元751年的怛罗斯之战。公元618年，中国开始了唐王朝的统治，以一个世界大国的形象出现在印度洋的东部，并且通过亚洲的商道与伊斯兰世界建立起紧密的联系。[10] 在阿拉伯人的地理想象中，中国依然是世界的最终边界，是一个人可以到达的最遥远的地方。[11] 埃尔达德的故事基于阿拉伯人对地理范围的想象，最突出的一点就是他强调自己在去西班牙的路上。[12] 在阿拉伯人对地理的想象中，中国是世界最东的边界，西班牙（安达卢西亚）则是世界最西的边界。

这种将中国和西班牙作为边界的世界观，同时也暗示公元9世纪的《米德拉什》关于十个部落回归的说法，"看哪，这些人从远方来；这些人从北方、从西方来"（《以赛亚书》49：12），表明这些人是被封闭在远处的人，比如西班牙，这里面还有从中国来的人。西班牙和中国这两个地方首次出现在拉比文集有关十个部落的文本背景中。这个段落开始于所有以色列人熟悉的表达"那些被封锁在遥远的地方的人"（"被封锁的埃沙埃人"），将"从北方和西方回归"。

至于文中提到的特殊的地方，可以毫不含糊地确定为西班牙，但中国却成为一个有趣的谜语。起初，中国仅仅是《圣经》文本中的地方，指的是圣地南部，还曾被以赛亚用来暗指"南方"（《以赛亚书》49：12）。然而，在《米德拉什》中，中国很奇怪地和西班牙并列在一起。我们只有在当时的语境下阅读才会理解，因为公元7世纪以后的希伯来词语里的中国（秦，或者秦的土地）应该被放在阿拉伯的地理想象中来理解。埃尔达德是否熟悉这段《米德拉什》并不重要，因为对他而言西班牙和中国在世界的边缘，他也同意作者的世界观。

这些作品深受伊斯兰-阿拉伯地理学观点的影响，后来关于十个部落地理学的作品也是如此。在埃尔达德到约翰长老的传说出现的这段时间里，"东方的边界"这一概念被几个犹太学者仔细地讨论和阐述过。拉比萨阿迪亚·加翁（约882—942）评注道："毫无疑问这个地方就是哈腊和歌散的哈博河边，并米底亚人的城邑（《列王纪下》17：6），在霍拉桑（位于伊朗东北部）被发现；哈博也许就是哈保尔河。这些地方在这里很著名。"[13]

对于萨阿迪亚·加翁这位当时世界犹太拉比的权威人物而言，"这里"指的就是阿拔斯王朝统治下的伊拉克地区。霍拉桑在波斯语中意为"太阳升起的地方"，是一个比当时的伊朗省还要大得多的地区，它包含了中亚和阿富汗的大部分地方。纽鲍尔的评价认为，将哈博确认为哈保尔河表明萨阿迪亚·加翁熟悉托勒密的地理学。在阿拔斯王朝，像大多数的希腊作家一样，托勒密的作品被翻译成阿拉伯语，并且受到了学者们的广泛阅读。同时代的阿拉伯地理学者在萨阿迪亚·加翁最初对东方的定位的基础上逐渐增加了一些其他的细节。12世纪，一个阿拉伯人对萨阿迪亚·加翁《列王纪下》评注的翻译中，详细阐述了他对霍拉桑的描述："他将其定位在赫拉特的哈瓦库奈（尼沙布尔的一个省），它是阿塞拜疆（波斯的一个省，省会在大不里士）和马哈特（尼哈伍德）城镇的对手。"[14]

第三章 骗子和旅行

骗子和有依据的谎言

然而,《米德拉什》的作者与这些注释者不同,埃尔达德所创造的关于十个部落的新知识并不是基于推测,而是假装成为他们中的一员,并且在他们中间旅行。他奇思妙想的故事,打着食人族和从"另外的地方"所来的神秘人物的幌子,除了他所展现出来的十个部落的成员身份外,还提醒我们埃尔达德毫无疑问是某个类型的旅行家,也是娜塔莉·泽蒙·戴维斯《骗子旅行》(Trickster Travels)一书中聪明的骗子。

亚伯拉罕·伊本·以斯得拉(1092/1093—1167),是一位研究《托拉》的经注学家,他将埃尔达德的作品看作一个"违反事实"的例子。但是,他的怀疑在当时几乎是孤掌难鸣的。[15] 到了19世纪,人们对埃尔达德的评价分为两个观点。一位初次研究埃尔达德作品的学者简单地将埃尔达德称为"旅行者"。[16] 另外一些学者则称他为"流氓和骗子","缺乏更高的目标",但同时,也称其为"同胞和尤利西斯般的人物"。伟大的犹太历史学家海因里希·兹维·格瑞斯(1817—1891)称其为"一个冒险者和骗子"。[17] 纽鲍尔将其称为"一个大胆的骗子,取得了意想不到的成功"。[18]

埃尔达德能够通过调和听众们所熟知的传说和传奇,将十个部落的世界展现为真实的存在。实际上,一个完全难以接近的十个部落的世界对其骗术的进行有所裨益。他最基础的把戏就是改变说话人的身份,传递一部分故事,这与《塔木德》圣贤推测十个部落的方法不同,在他的讲述里面,十个部落的人在为自己辩护。

骗子埃尔达德清楚地知道故事人物的设定,当他第一次给凯鲁万城的居民介绍自己的时候,他很谨慎地讲述了十个部落和其余两个部落的对立关系,正如传统作品中往往将犹大和便雅悯部落设置成十个遗失部落的对手:

> 这是我们之间的传统,犹大和便雅悯被掳者的子孙,生活在一片被异教徒统治的不洁的土地上,他们被分散到了摧毁我们圣殿的罗马人和希腊人以及以实玛利人的统治下,愿他们刺穿他们的心脏,敲碎他们的骨头。[19]

这一简短的句子反映了以斯得拉对十个部落被流放到纯洁之地的观点,也是约瑟夫斯和《塔木德》圣贤对于两种类型流放的观察,即犹大和便雅悯在异族政权的统治下,这与被封锁但自由的十个部落的流放方式不同。然而,我们所听到的故事却并非如此,埃尔达德从十个部落的伪成员的身份出发,他提出,"一个在我们(十个部落)之间的传统",仿佛关于遗失同胞的传统是犹太人自己建立发展起来的,遗失的部落自身也参与了这种发展。在他的表述中,"犹太人好像是被十个部落流放的",埃尔达德小心谨慎,他的表述充满了创造力。据凯鲁万犹太人的叙述:"他们(十个部落)唯一的表述方式就是神圣的语言,但部落的埃尔达德听不懂其他的语言……既不懂埃塞俄比亚语,也不懂以实玛利的语言,仅仅懂得希伯来语,他所说的希伯来语中包含了一些我们从未听说过的词。"[20]

正如我们将要看到的，这些从未被人听说过的词将在之后的叙述中背叛埃尔达德的身份，但这种把戏在凯鲁万城和其他的一些地方竟流传了几个世纪之久。自从罗马时代开始或者更早，就有人怀疑除了十个被孤立的部落（或者一些出生在现代社会的犹太人），世界上是否存在只说希伯来语的犹太人。这位聪明的骗子同样也告诉凯鲁万居民，十个部落拥有完整的《圣经》，但是他们不读《以斯帖记》中关于历史的篇幅，因为他们"没有参与那个神迹"。[21]毕竟，十个部落未曾在波斯帝国的边界上存在过。毋庸置疑，埃尔达德也意识到了这一点，这个问题和《圣经》中关于波斯的经文相联系，他告诉凯鲁万犹太人，这些部落没有参与过发生在这一阶段的故事。另外一个骗术出现在复述《米德拉什》故事的过程中，这个故事是关于巴比伦之囚时期，被带到巴比伦的摩西后裔和利未人拒绝唱锡安的歌，因此他们被放逐到了桑巴提安。[22]埃尔达德对传统的修改，使其所讲述的故事在凯鲁万犹太人的眼中显得有根有据。毕竟，凯鲁万犹太人他们自己也保持着一些相同的传统；这个人似乎在肯定他们每一个人的观点。

撇开骗子埃尔达德，历史上的埃尔达德到底是谁？这个问题一直困扰着评论其故事的历史学家们，尤其是在之后的19世纪。[23]语言学家什洛莫·莫拉格通过细心地考察埃尔达德的希伯来语（语言、语法和发音）以及他和他的听众们在相互交流期间所使用的词语的特征，揭示了这个问题的主要谜底。莫拉格确认埃尔达德"确定是来自阿拉伯南部的一个说阿拉伯语的犹太人社群"。也就是说，埃尔达德是一个也门犹太人。莫拉格还发现埃尔达德的言语中带有明显的叙利亚痕迹，由此可以推测出他来自"纳季兰犹太人社区,在历史上的北部也门地区(今天沙特阿拉伯的西南部)"。这个纳季兰犹太人社区与叙利亚的基督教修士之间维系了超过几个世纪的亲密关系,这个社区的犹太人除了说希伯来语外,还说阿拉伯语,这种阿拉伯语深受叙利亚风格的影响,是一种独特的方言。莫拉格还指出,纳季兰的犹太人在也门的伊斯兰政权下享受着特殊的地位,此外,"穆斯林普遍对他们礼遇有加"。[24] 这也许可以解释埃尔达德的傲慢态度以及他敢于在一个像凯鲁万这样的伊斯兰城市中讲述一个关于以色列人军事和政治力量的故事的原因。

纳季兰是强大的希木叶尔王国的首都,被一个信奉犹太教的君主所统治,最著名的国王当数该王朝的最后一代君主优素福·阿萨尔·德胡·努瓦斯(卒于公元525年)。从早期罗马时代开始,希木叶尔就是动荡的阿拉伯、地中海和埃塞俄比亚的阿克苏姆非洲王国贸易网中活跃的一员。在伊斯兰教兴起之前,它当仁不让是阿拉伯世界最重要的政权,频频陷入和阿克苏姆的埃塞俄比亚人以及波斯帝国之间的战争中。公元550年,该国被帕提亚的军队所征服。这个充满动荡的王朝实际上已经走到了它的终点,伴随着帕提亚的征服,公元570年埃塞俄比亚人再次入侵,希木叶尔王国灭亡。几十年后,这里迎来了第一批伊斯兰教的使者。[25] 印度洋贸易网络在伊斯兰时期才得到了巨大的扩展,也同样在这一时期,得益于优越的地理位置,阿拉伯南部地区继续扮演着重要的角色。[26] 这就可以解释埃尔达德会对亚洲和印度洋的贸易路线如此熟悉的原因。回想埃尔达德所说过的话,他曾告诉听众,他的探险开始于"埃塞俄比亚河的另外一边",这和他宣称的但部落居住在那里的事实相矛盾。因此，埃尔达德的疏忽暴露了他的秘密，而这个秘密一直没有被人们所注意。然而，不小心说漏嘴的疏忽暗示了他一定是来自红海另一边的阿拉伯地区。

站在文化的角度来看，埃尔达德与希木叶尔王国之间的联系为了解其故事的各个方面提供了许多可能性。希木叶尔王国和强大的亚洲以及非洲的邻国之间在历史上长时间的冲突和对抗，为其带来了关于战争和荣耀的宝贵故事和传说，这些故事和传说存在于叙利亚、拜占庭和之后的伊斯兰文献资料中。尤为有趣的是德胡·努瓦斯领导的反抗南部阿拉伯基督徒和埃塞俄比亚人的战争故事。尽管他最终失败了，但德胡·努瓦斯这位犹太人的君主被描述为一个残酷的杀人犯和能够动员成千上万人的伟大军事领袖。他即使战败，也要有格调地死——走进海里，溺水而亡。[27]

就像基督徒作者们所记录的那样，这些战争的背景源起于犹太教君主迫害南部阿拉伯基督徒的政策。为了保护他们的利益，埃塞俄比亚的基督教君主出面进行了干涉。[28] 早期的伊斯兰文化与希木叶尔王国的故事有一定的联系，犹太人和一些希木叶尔人在早期的伊斯兰文化圈中扮演着文化传播者的角色。最著名的是卡布·伊本·玛缇·希木叶尔，他以卡布·阿赫巴尔（约逝于公元652年）的称谓为人们所熟知。他是一位早期皈依了伊斯兰教的犹太人，后来成为涉及犹太人的伊斯兰传统的权威。[29] 卡布的头衔阿赫巴尔是希伯来学者头衔哈维尔一词的阿拉伯语音译。他所展现出的关于犹太传统的丰富知识表明，阿拉伯南部的犹太人拥有一个与犹太世界另外的学术中心相联系的学术系统。[30] 这也许就是一个半世纪以后，埃尔达德所具备的丰富的犹太传统知识的根源所在。

另一个重要的希木叶尔人就是瓦赫布·伊本·穆纳比（约654—732），他是波斯人和希木叶尔人的混血后代，也是犹太传统的一个来源，他的主要成就是对希木叶尔历史的研究。瓦赫布对早期伊斯兰文学的贡献主要是《希木叶尔诸王的王冠之书》(The Book of Crowns, on the Kings of Himyar)，该书经过伊本·希沙姆（逝于公元 833 年）的汇编终成定本，伊本·希沙姆是一位希木叶尔传说的源头以及权威先知传记的汇编者。[31] 他的作品中充满了传说和神话，此外，还包括伟大的希木叶尔和阿拉伯的君主与英雄们的故事以及"含的子孙"及其后代哈巴沙（埃塞俄比亚人）与阿拉伯人之间战争的记录。[32] 对于这部分内容，埃尔达德用了几个段落来写十个部落和"古实人"（埃塞俄比亚人）之间的战争。据他记载，和埃塞俄比亚人发生战争的并非希木叶尔的犹太君主，而是十个部落："亚述王辛那赫里布去世后，以色列的三个部落拿弗他利、迦得和亚设私自迁徙去了埃塞俄比亚，他们在旷野露宿扎营，经过 20 天的旅程后，到达了边界，杀死许多埃塞俄比亚人，从那天起他们和埃塞俄比亚王国的臣民作战。"[33]

最后，《希木叶尔诸王的王冠之书》详细叙述了国王左勒盖尔奈英（有两个犄角的人）的故事，他是一位具有传奇色彩的勇士国王，其故事在《古兰经》中也有记载。根据《古兰经》，这个神秘的人物后来成了伊斯兰版的亚历山大式人物，他和歌革以及玛各作战，后者以失败者"雅朱者和马朱者"的名字简短地出现过，被封锁到了远东的某个地方，"直到日出之处"（《古兰经》18：83—101）。然而，在《希木叶尔诸王的王冠之书》的叙述中，与上述故事有同样名字的人物从遥远的东方旅行去了遥远的西方，去"安达卢西"，其实就是西班牙。他从"北方的边界来，要去南方的边界"，并且在"歌革和玛各的土地上"爆发了战争。[34] 伊本·希沙姆的版本流传了几十年之后，埃尔达德才出现，他可能不知道这个版本的相关描述，但他肯定对瓦赫布所讲述的当地传统很熟悉。

正如卡布和瓦赫布将故事放在一定的社会背景中讲述，埃尔达德的骗子特征换个角度是可以被发现的，这也可以部分地解释他的动机，这些故事同样也是他自己身份的一部分。换句话说，骗子埃尔达德的描述被历史学家列夫·古米列夫称为"有根据的谎言"。[35] 回想一下莫拉格关于纳季兰犹太人受到非犹太人邻居尊敬的评论，实际上人们就可以想象为什么这些犹太人享受如此的地位，甚至在这些事过了几个世纪之后他们仍然拥有一定的地位。在该时期的犹太社区中，这样的历史是独特的。埃尔达德并未完全撒谎，就像之后许多历史学家描述的那样，他在一群目光炯炯的凯鲁万犹太人中间讲述了关于庞大的以色列军队与强大的敌人作战的故事。他唯独在自己的想象中没有撒谎，同时也在他所理解的自己的过去中没有撒谎，他将德胡·努瓦斯和希木叶尔昔日的犹太人的故事转变为一个升级版的十个部落的故事。同时，埃尔达德还在故事中融入了另外一些零星的关于野蛮的埃塞俄比亚人的见闻传说；贸易世界坐落在远东地区；传说中的人物介于远东和远西之间，就像他自己一样。[36]

凯鲁万人的反应：法律、人类学和经文

"大人，您知道吗，我们的客人叫埃尔达德，他是一位来自但部落的人，他告诉我们有一个地方，那里居住着四个部落：但、拿弗他利、迦得、亚设。"[37] 这是凯鲁万的犹太人写给拉比祖玛·加翁（逝于公元895年）的信，加翁是巴比伦苏拉叶史瓦（犹太学校）的校长，也是犹太世界最高权威的拉比，获得了人们广泛的认可。[38] 在犹太教（和伊斯兰教）的律法中，向法律权威寻求裁决和解释是一种常见的做法。

这些凯鲁万犹太人对埃尔达德所讲述的奇异故事的反应，对十个部落后期的历史阶段具有至关重要的影响，因为它告诉我们在和疑似十个部落后裔初次相遇的时候应该问些什么样的问题。他们写给加翁的这封书信里还有一个有关埃尔达德故事的版本，里面涉及故事主要内容的简述，此外，还包括他所叙述的桑巴提安河的细节。这封信的作者指出，那些部落"使用四种死刑方法，他们住在帐篷里面，从一个地方迁徙到另一个地方"。他们阐述了这四个部落和"埃塞俄比亚国王"战斗，此外，"他们所在地的范围需要七个月的徒步旅程"。关于经文，这些凯鲁万犹太人说，这些部落"拥有完整的《圣经》……他们的《塔木德》用简单的希伯来语写成，其中并未提及任何《塔木德》圣贤，也没有提到《塔木德》和《密西拿》拉比，但是在每个哈拉卡（犹太律法）中，他们说'这就是我们从约书亚、摩西和耶和华的口中学到的'"。

只有很微小的迹象表明，这些凯鲁万犹太人对埃尔达德的

十个部落后裔的身份存在疑虑:"我们将给他展示一些物品,让他告诉我们这些东西在神圣的语言中的名字,我们将他所说的记录了下来,过一段时间后,我们再次向他提出同样的问题,他的回答和之前的一模一样。"显然,埃尔达德知道怎样向细心的检测者提供可靠的实例,但又不陷入被重复询问同样问题的圈套里。这些困扰凯鲁万犹太人的问题,使他们转向同时期犹太世界最高的法律权威寻求答案,他们发现犹太人所践行的律法和埃尔达德所描述的十个部落的律法之间存在一些"细微"的差别:"我们看得出它们是相同的律法,但有一些细微的差别。"[39] 这些凯鲁万犹太人列举了埃尔达德描述的关于十个部落的宰牲法当中的一个例子,[40] 宰牲法是犹太律法中最大、最重要的组成部分之一。

探究这些细枝末节超出了我们的目的,埃尔达德和这些凯鲁万犹太人之间交谈的本质以及后者提出的问题才是重点所在。关键在于十个部落的人类学问题:一群被推测可能存在的人,他们在完全隔绝的状态下存活了超过 1000 年的时间。这些凯鲁万犹太人感兴趣的不仅是埃尔达德讲述的神奇故事,他们更加关心的是一个远离以色列人的群体的生活状况。从神学的角度来看,这个群体的发现引起了一系列重要的问题,这些问题是他们希望与埃尔达德和加翁共同探讨的。

十个部落在犹太人之前就被流放了很多个世纪。他们没有参与《圣经》和后《圣经》时代的重要事件,包括约西亚政权和《申命记》的发现、伟大的先知、巴比伦之囚、重返锡安山、《圣经》的完成和经典化、第二圣殿及其命运、犹太拉比主义的产生和拉比垄断律法的解释和发展权。虽然这些部落没有参与

《圣经》历史，但是耶和华和以色列人之间所立的契约依然对他们有效。实际上，《塔木德》暗示十个部落的民众在流放中被封闭起来了，所以他们应该继续敬拜耶和华。站在拉比的角度来看，就像摩西律法在"这里"发展一样，在犹太人的流亡中，它也必然在桑巴提安之外的"那里"发展。即使十个部落的人离开了以色列其余的民众，他们也应该自然而然或者无意识地发展宗教机构和犹太法律体系。

一些基督教神学家对"自然的宗教发展"有着相同的预期，此外，在基督教的版本中，十个部落也拥有"旧约"和"新约"。在其最基本的版本中，这种神学思想也是摩门教的基础。比如，回想林德罗夫讲述的那个在北极发现十个部落的男孩的故事，他和遗失的部落偶遇，重新坚定了对《圣经》的信仰。[41] 更确切地说，恰好因为十个部落位于人类的历史之外，因此它们拥有特殊的力量，为历史提供了一个完整的链接。19世纪的犹太历史学家在这种背景下阅读了埃尔达德的故事，对他的行为产生了许多奇怪的解释。[42]

关于十个部落的经文、律法和宗教虔诚的问题，是埃尔达德叙述中重要的部分。就像我们所看到的那样，这些凯鲁万犹太人曾指出，这十个部落"拥有完整的《圣经》"。这就可以解释看似奇怪的关于"四种死刑方式"的记录了。而《塔木德》律法的基础《托拉》中仅指定了三种方式，即石刑、火刑和用剑斩首。拉比圣贤提出了第四种方式：绞刑。[43] 事实上，十个部落拥有第四种死刑方式就证明了摩西的律法在流放者之间是相似的。这还有一个重要含义，与拉比对摩西律法的权威解释有关，这就是所谓的口头律法，而不是《托拉》或者成文律法。

实际上，摩西的律法在与世隔绝的十个部落的土地上自然地发展证明了拉比的解释的正确性，也因此证明了拉比在经文解释上的垄断地位。出于所有这些原因，对这些"细微"的差别必须加以解释和说明。凯鲁万犹太人在谈到这些问题时，表达了他们对部落的"困惑"。

凯鲁万犹太人的报告表明，埃尔达德和接待他的凯鲁万犹太人之间发生的大多数分歧都围绕着他的语言开展：

> 他的语言既不是埃塞俄比亚语也不是以实玛利语，而是希伯来语，这种希伯来语所包含的词语是我们从未听过的。因此，他称鸽子为"廷塔尔"，鸟为"瑞库特"，胡椒为"达莫斯"等等。我们记录了很多他所说的事物，因为我们向他提出了这样的要求，让他说出神圣语言里的这些东西的名字，然后我们将他说的记录下来。

这些凯鲁万犹太人堪称是人类语言学家，他们详细地做笔记，仔细检查这个陌生人的希伯来语。在其报告中的另外一些地方，他们补充道："在（十个部落）中，没有野兽和不洁之物，只有牛。没有昆虫和爬行的动物……他们自己播种收割，因为他们没有奴隶。"[44] 这些凯鲁万犹太人还向埃尔达德询问了部落的礼仪。

所有的这些信息都源于凯鲁万犹太人渴望了解（犹太人的）原始生活状态。作为以色列人，他们被完全隔离超过 1 000 年的时间。埃尔达德描绘了一派纯洁的生活形态，这是一种控制犹太人发展的组织类型,他们最后生存下来,在几个世纪里没有受到外来人员的侵蚀,没有被异教徒污染。对于这些凯鲁万犹太人来说,埃尔达德的描述有根有据,为他们了解自己的历史提供了机遇。

这些凯鲁万犹太人的问题提出了一个研究方案,它将指导未来和十个部落的偶遇。它是早期十个部落主义的基础。更详细的是,这个方案将要求对十个部落踪迹进行更广泛的探究,比如对全球土著部落中的"雅赫维主义"的研究。在这项工作中,希伯来语从一开始就扮演了重要的角色。对希伯来语痕迹的研究指导了很多类似的人类学家对美洲土著人的研究。[45] 例如,爱尔兰的詹姆斯·阿代尔(1709—1783)创作了著名的《美国印第安人的历史》(*History of the American Indians*),他试图证明希伯来语和美洲土著人语言之间的密切关系,"印第安人的方言和希伯来语类似,具有紧张而有力的表达方式……他们的语言风格带有象征、对比和强烈的隐喻,就像希伯来语一样"。[46] 另一个例子就是耶稣会士、人种学家约瑟·J. 威廉姆斯(1875—1940)的代表作《西非的希伯来主义:从尼罗河到尼日尔河的犹太人》(*Hebrewisms of West Africa: From Nile to Niger with the Jews*)。[47] 这两部作品都暗示,凯鲁万犹太人对埃尔达德的询问与现代人种学存在联系。

加翁对凯鲁万犹太人的回应显示,他从一开始就对埃尔达德有积极印象,因为他称后者为"拉比"。这种拉比化是权威的重要标志。他同时还指出,埃尔达德在其他地方也出现过并引起类似的轰动。加翁让凯鲁万犹太人放心,他们没有必要对检测中出现的差异产生惊慌,其他人也经历过类似的事情。"智者告诉我们,他们听说拉比艾萨克·本·马尔和拉比西姆哈见过这个来自但部落的埃尔达德拉比,并对他的言语感到惊讶,因为里面有些话来自拉比,但有些却不是。"

然而,问题的关键在于犹太律法,在这方面,加翁没有对埃尔达德产生任何怀疑,他指出,在一些"大的议题"上,比如处决的方式,十个部落的律法和犹太律法是相似的,它也包括绞刑,这个刑罚虽然在经文里面未曾提及,但被拉比赋予了。至于细微的差异,加翁让凯鲁万犹太人放心,不同的犹太群体中盛行不同的仪式。"不要惊讶埃尔达德所说的不同类型的仪式,"他催促他们说,"事实上,巴比伦和巴勒斯坦的智者学习同样或者相似的口传《密西拿》,他们不会增加或减少它,但根据不同的情况,他们有时会给出一种解释,有时会给出另外的解释。"换句话说就是,因为犹太律法在解释上允许一定程度的多元和差异,他们也会允许十个部落的律法和他们的律法之间存在一些差异。"无论是《密西拿》或者《塔木德》,律法都是同样的,饮用着同源之水。"为了让他的谈话对象放下所有疑虑,加翁提醒他们:

> 必须要说的是,认为埃尔达德出现错误或混淆了某些事情并不是不着边际的,他之所以出现错误源于他所经历的许多困难和旅行的压力使其身心疲惫,但《密西拿》是一个律法……而《塔木德》为巴比伦说阿拉米语的人以及说塔古姆(被翻译为不同的阿拉米语方言)的巴勒斯坦人所学习,对于流放到埃塞俄比亚说希伯来语的智者也是如此。

最后，为了维护巴比伦拉比在犹太世界的权威，加翁还没有忘记说教：

> 对于埃尔达德所说的，他们必须先为巴比伦的智者祈祷，之后再为所有被流放的以色列人祈祷，因为被流放到巴比伦的智者和先知们做得很好。他们创立了律法，还在幼发拉底河边上修建了叶史瓦（学校）。他们从犹大国王约雅斤时代开始至今，形成了一个智者和先知的链条。他们将律法传播给了所有的人，我们现在说给你们的话也源自他们，就像同饮着一口井的水一样。因此，你们要遵循圣贤对你们的教诲和他们教给你们的《塔木德》，不要偏离他们的话语。[48]

这是赤裸裸的政治。也许是忌惮卡拉派的挑战，也或许是忌惮来自犹太世界的挑战，加翁利用了十个部落"为巴比伦的智者祈祷"的概念。另外，十个部落的原始性为肯定某些历史事实提供了力量。实际上，这也是加翁承认埃尔达德故事的原因。因此，我们第一次遇到十个部落被应用于政治目的的情况，在这种情况下巴比伦拉比的权威得以巩固，这种现象绝对不会是最后一次。

加翁相信巴比伦拉比由此树立起了权威，但与此相反的是，这种观念最终在一个半世纪后土崩瓦解了，这也标志着犹太法律权威的单一性概念的终结。当然，然而，他对生活在埃塞俄比亚的但部落后裔的裁决却延续了下来，并留下了关于法拉沙人即今天被称为"埃塞俄比亚犹太人"起源于但部落的一系列裁决。

拉比大卫·本·什洛莫·伊本·阿比·齐莫罗（1479—1573）是西班牙犹太人拉比，他赞同加翁的观点，认为法拉沙人"毫无疑问"来自但部落。1973年，西班牙犹太人首席拉比奥瓦迪亚·优素福作为当时西班牙犹太人的最高法律权威，也将法拉沙人裁决为但部落的犹太人。1985年，在对一项询问的另一段较长的答复中，他重申了这一立场。[49]这些裁决是以色列决定将法拉沙人带到以色列并根据《回归法》使其归化的基础。[50]

暂且搁置法律问题，埃尔达德的整个叙述标志着该书的故事发展的一个转折点。他拓宽了寻找遗失部落的地理范围，他那个时代所讨论的话题围绕着一个真实但又无人认识的地方展开。埃尔达德坚持认为，部落是被隔离并封锁在了桑巴提安的另一边，他们没见过任何人，任何人也不能看见他们，但这些部落存在于亚洲、阿拉伯半岛和非洲的某个真实存在的地方。在他所知道的伊斯兰地理范围内，他还将中国也加了进来，因为在伊斯兰征服之后所建立的世界秩序的地理框架内，中国作为其边界而存在。很多后继的探寻者去了中国，试图寻找部落的踪迹。同样，埃尔达德强化了埃塞俄比亚作为可能存在遗失部落之地的身份。埃塞俄比亚在希腊、罗马和犹太人关于地理边界的想象中扮演着重要的角色。埃尔达德引用了希木叶尔人和阿拉伯人的历史遗产，包括他们与古实诸王和古实野人争战的故事。更重要的是，骗子埃尔达德提出了人类和十个部落在桑巴提安的这一边发生现实偶遇的可能性。如果其中的一个部落会和"我们"取得联系，或许反过来也是可能的。

在亚洲和非洲，埃尔达德所描述的部落民众经常旅行、经商、通过鸽子相互交往，和野蛮人国王及其臣民爆发战争，所有的这一切为探讨和寻找遗失的部落打开了新的视野。也许，旅行者埃尔达德和讲述十个部落故事的骗子埃尔达德最重要的贡献在于，他给不计其数的旅行者和追寻者以及犹太人和基督徒带来了启发与灵感。

约翰长老和图德拉的便雅悯

埃尔达德所描述的十个部落的军事特征使人联想到他们另外一个偶然的伙伴约翰长老——这位传说中的国王和伟大的基督徒，他帮助犹太人反抗穆斯林和其他的异教徒。在歌革和玛各的战争中，约翰长老是他们最常见的配角之一。关于这位非欧洲的基督教国王的故事得到了较为全面的研究。[51] 然而，值得注意的是，埃尔达德的故事、十个遗失的部落和约翰长老三者之间的联系。

第一个记录约翰长老的报告出现在 1145 年，一位使者带着来自中东十字军国家的求救信抵达西欧，这位使者就是扎巴拉（在今天的黎巴嫩）的主教雨果，他记录了一个故事：

> 几年前，一个叫约翰的国王兼牧师，他居住在极其遥远的东方，那个地方在波斯和亚美尼亚的另一边，他热爱他的臣民，他是一位基督徒，同时也是一位景教徒，他和塞米阿第兄

> 弟发生了战争，后者是波斯和米底亚的国王，约翰袭击了他们的王国首都埃克巴坦那（伊朗的哈马丹）……双方宁死不屈，战争持续了三天。最后，约翰长老（人们通常这样称呼他）迫使波斯人撤退，在最血腥的大屠杀之后取得了胜利……传说胜利的约翰向前推进是为了援助神圣的教堂。[52]

当然，约翰长老并未到达过战火连绵的十字军国家，他甚至没有跨过底格里斯河。就像古米列夫指出的那样，该故事可能是对另外一个真实历史事件的反映，"1141年，塞尔柱王朝苏丹桑贾尔的军队为来自中亚的部落所败"。几个世纪之前，景教徒受拜占庭帝国驱逐被迫向东方迁徙。随着与欧洲地中海基督教国家的分裂，他们成了"遗失的基督徒"。如美国的医生兼传教士阿萨赫尔·格兰特（1807—1844）将景教徒与十个遗失的部落联系在一起。格兰特在奥斯曼帝国的摩苏尔逝世，留给后人的是一部美好的回忆录和一本关于他在伊拉克和伊朗北部的旅行记，这两本书都得到了广泛的传播。[53] 但重要的是，约翰长老的故事"更多的是愿望而非历史事实"。[54]

约翰长老的传奇在欧洲快速传播，集成了"近100份手稿，它们由包括希伯来语在内的好几种语言写成"，这些传说带来了约翰长老的进一步消息。[55] 很明显，约翰长老的传奇和埃尔达德十个部落的故事之间并无联系，尽管"两者的叙述具有共通的元素"。[56] 然而，两者之间发生联系始于一些虚构的关于"约翰长老的信"，在这些信件中，约翰长老详细描述了他的王国，写信的时间大约是 1165 年。这些被宣称来自东方某一个地方的信件其实是源于欧洲《亚历山大的罗曼史》(Romance of Alexander)的部分内容，该书是根据当时在欧洲广为流传的莫克顿斯奇遇记写成。这些信件被寄给了教皇和数个欧洲领主，其中最著名是腓特烈一世巴巴罗萨（1122—1190）。所有的信件版本中都包括一条能抛出石头的河流和强大的"犹太人"王国的故事。在这些信中，约翰长老尤其还提到了遗失的十个部落：

> 我国的边上有一条河，在它的边界上发现了各种名贵的香料。在它附近有另一条河，这条河里满是石头，它流入大海，在大海和以色列的九个部落之间流动。这条河一周有六天时间在流淌，直到安息日的时候停止流动……它将大大小小的石头带进海里，就像河水流入大海一般；所以，以色列的九个部落难以越过这条河。在这条河的另一边，我们有 44 个用坚固的石头建成的小镇，这些小镇之间的距离不超过 1 箭尺。为了保卫这个城市，我们备有 4.4 万名骑手和 5 万名弓箭手以及 3 万名骑马的保卫人员，以防受到以色列人的袭击，他们一旦跨越这条河流，将摧毁这个世界。这些以色列人拥有十座城市。为了这十座城市以及我们为伟大的以色列王所尽的义务，这位以色列君主每年都给我们 100 匹骆驼，满载着金银珠宝；

第三章 骗子和旅行

> 除此之外，为了使我们不去劫掠我们和他们之间的土地，他还给我们贡品。要知道，在这位伟大的以色列君主统治下有 200 个领主，他们只服从他的命令。除了这些领主，还有 2 300 个总督和王公。在他的国家里，有两条发源于伊甸园的河流。[57]

就像历史学家安德鲁·高令人信服的指出，这是第一个将约翰长老、十个部落以及歌革和玛各这些伪造的故事结合在一起的中世纪神话，主要是为了回应 14 至 15 世纪兴起于德国的反犹太人末世论的红色犹太人神话。[58] 这也是明确表示基督徒对十个部落感兴趣的第一个例子，正如后《圣经》时代的犹太资料所描述的那样，犹太人和基督徒通过对话相互传授十个部落的知识。尽管"以色列之王"拥有"200 个领主"，且向约翰长老进贡，基督徒们仍然需要召集一支庞大的军队来抵御这个政权。

爱泼斯坦评论说，伪造这类故事的目的是为了"反驳犹太人引以为豪的埃尔达德的故事"[59]——一个人的末日灾难或许会为别人带来救世希望。在这些信件的希伯来语文本中，十个部落被描述为拥有很大的权力，但并未提及他们对基督教国王的从属地位："但尼尔国王的统治下有 300 个领主，在但尼尔国王威权下，所有的犹太人都拥有自己的领土。此外，在他的统治下，还有 3 000 个公爵和伯爵以及一些伟大的人，我们都知道这个国家神秘莫测。"[60] 这也是另外一个将十个部落的故事运用于政治目的的例子。

无论出于什么样的创作目的，这个故事说明了埃尔达德版本的十个部落的军事化帝国在欧洲的流行程度，这个帝国位于"极其遥远的东方"或者在埃塞俄比亚的某个地方。在这些信件之后，可以确定的是十个部落在欧洲基督徒的想象中变得重要起来。在很多的例子中，对约翰长老的搜寻常常暗示或触发对十个部落本身的寻找。

支持并传播这种军事形象的观点的人是图德拉的拉比便雅悯，所以这一章就以描述这位著名的伊比利亚旅行者开始。这位多产的旅行者花费了大约 13 年的时间，主要是在地中海盆地和中东旅行，这段时间大约介于 1159 至 1173 年间。便雅悯的旅行大约在 1144 年突厥人曾吉对十字军诸国进行第一次重大进攻之后，这次进攻发生在 1141 年中亚人打败桑贾尔的塞尔柱王朝之后，这一时期全球的权力结构发生了重大的转变。虽然，他的畅销书《旅行记》中的大部分故事都是根据实际经历改编的，但便雅悯还在里面融入了大量的轶事、传说和传奇。就这方面而言，便雅悯的旅行路线立刻变得具体又神秘，他的旅行既发生在真实的时间和空间中，也反映在《圣经》的超文本中，还在《塔木德》或者口头传说以及他所拜访过的地方志中。其结果是形成由真实的地理、历史、传说和谣言组成的统一叙事方式。这种超文本形式并不独属十个部落，便雅悯还用同样的方式讲述着其他话题，比如耶路撒冷。作为一个知识渊博的学者，便雅悯引用了拉比文集和经文。不同于埃尔达德，便雅悯无意隐藏自己的行动或消息来源，他仔细记录了其旅行的细节。[61] 他的叙述让我们在一定程度上可以精确地重新建构便雅悯的旅行路线。便雅悯最终讨论了十个部落，他的旅行路线让

第三章 骗子和旅行

我们从十个部落的角度来看待这个世界，来把他们放在真实旅行的背景下考察，并将这种旅行作为一种无处不在的地理参考点。

从很多方面看，便雅悯对十个部落的描述反映了埃尔达德的故事和约翰长老故事的融合。我们几乎可以把手指放在页面上，指出便雅悯进入十个部落的地方，从具体的地图到超文本，就像他从叙述他实际见过的地方到讨论他未去过的地方那样。

便雅悯的超文本之旅从他提到的哈马丹（曾被称作埃克巴坦那）开始。哈马丹是一个真实的地方，近年来它被增加了一些新的含义。回想一下，在这里哈马丹是约翰长老袭击过的城市（据扎巴拉的主教雨果说）。毫无疑问，便雅悯意识到这座古城就是米底亚的首都。它位于阿勒万德山脉的山麓丘陵上，靠近纳哈万德古城。《旧约》所载十个部落的旧址是"米底亚人的城邑"，《塔木德》中提到的纳哈万德和萨鲁格山和上述地方相关。当便雅悯走近哈马丹的时候，他无疑想到了这一点：

> 这就是伟大的米底亚城，这里生活着3万以色列人。在某个犹太会堂前，埋葬着末底改和以斯帖。从那里（哈马丹）到位于歌散的塔巴里斯坦需要4天的时间。大约有4 000名犹太人住在那里……从哈马丹到位于歌散的伟大的城市伽兹尼需要7天的时间，有8万以色列人住在那里……到波斯的伟大城市撒马尔罕需要5天的时间，那里居住着5万人……到西藏需要4天，在那儿的森林里发现了麝香。[62]

从真实的地理位置到模糊的地理位置的戏剧性转变是显而易见的,并在完全脱离上下文的情况下与西藏发生了联系。便雅悯在未谈及十个部落的情况下,就已谈到了令人震惊的"以色列人"(而不是"犹太人")的数量。随着便雅悯东进,犹太人的数量从伊拉克的几千人增加到伊朗东部的数万以色列人。约瑟夫斯记载的"幼发拉底河外的十个部落,无法确定数目的部落后裔"浮现在我的脑海中。便雅悯所使用的句子"在波斯的范围内",让人感觉十个部落的领地在离我们不远处。[63] 实际上,歌散似乎是便雅悯地理学中的地理主轴:

> 从那里到歌散河边的拿萨布尔山需要 28 天的时间。波斯地的以色列人说,拿萨布尔山中居住着以色列的四个部落,它们分别是但、西布伦、亚设和拿弗他利,部落中包括被亚述王撒缦以色首次掳去的人,据《列王纪下》(17:6)记载:"他将他们安置在哈腊与歌散的哈博河边,并米底亚人的城邑。"他们的领土范围需要 20 天的旅程,他们在山里拥有城市和大村庄;歌散河在另一侧形成了边界。他们不受外邦人统治,但有自己的君主,他就是利未人 R. 约瑟夫·阿玛卡拉。他们中有学者,他们耕种收割,经由旷野到古实地去打仗。[64]

虽然,具体的地理标识来自《列王纪下》中对地名的《圣经》注释,但很明显,这段内容最基础的信息来源于埃尔达德。

便雅悯所叙述的四个部落和埃尔达德故事中的四个部落是相同的人,部落的土地面积也一样需要"20 天的旅程"。[65] 此外,他们都坚持认为他们"不在外邦人的统治下",提到"他们中间有学者",还描述他们如何"经由旷野到古实地去打仗"。突然,一个真实的地理位置让位于一个更神秘的地理位置,部落成为旅程的中心点。

事实上,便雅悯的骗术有所暴露:他将埃尔达德伪装成消息的来源,假装他的信息来自"波斯地的以色列人"。这种骗术的部分原因是地理上的需要:埃尔达德描述的四个部落居住在非洲(古实),而便雅悯所述的四个部落则生活在亚洲。便雅悯说四个部落去非洲古实地作战的时候,他似乎在弥补被埃尔达德所忽视的非洲背景。他还复制了埃尔达德所述的独特的地理位置,将亚洲的各个部落与埃塞俄比亚的部落对应起来。[66]

更重要的是便雅悯观察到四个部落"与异教徒卡菲尔·图拉克(土耳其人)联盟,后者崇拜风,居住在旷野,他们不吃面包,也不喝酒,以生肉为食。他们没有鼻子,取而代之的是两个用来呼吸的小孔。他们吃洁净的和不洁净的牲畜,并且对以色列人非常友好"。他接着讲了几个故事来说明这种友好的联盟关系。在他的描述中,四个部落都参与了 1141 年对波斯的战争。便雅悯对卡菲尔·图拉克的描述清楚地表明了他们并非穆斯林:他们没有任何饮食法,并且"和以色列人友好相处"。15年之前,"他们率领大军攻占波斯……掠走所有财物,从旷野返回"。[67]

一支庞大的军队洗劫波斯,然后通过旷野返回的画面显然是参考了约翰长老的故事。虽然便雅悯所描述这场战争的时间和地点都不准确,但他无疑指的是 1141 年中亚人入侵伊朗并占领了哈马丹:"卡菲尔·图拉克很有可能是鞑靼人,他们与所谓的约翰长老的主题是一样的。"[68] 然而,与雨果的描述不同,便雅悯不仅抹去了约翰长老的名字,还抹去了关于他的基督徒身份的任何暗示。他似乎坚持认为,他所描述的人根本就没有任何宗教信仰。便雅悯以同样的方式颠倒了十个部落和约翰长老之间的紧张关系,也许是为了呼应那些希伯来信件。这一节涉及了几个资料:发生在 1141 年的历史事件、真实的地理、约翰长老的故事、埃尔达德的故事、《塔木德》和《圣经》的注释。

便雅悯在其《旅行记》中对其余六个部落的描述让人想起了埃尔达德与也门或者纳季兰的联系。在完成了对希拉城(在今天伊拉克的南部)的描述之后,他开始讨论也门及其犹太人。他的描述使我们回想起那些骄傲的纳季兰犹太人,他们在异教徒邻居中享受着尊敬。"所有这些犹太人的邻居都惧怕他们。"便雅悯或许还带着些许的傲慢写道。就像中亚十个部落的故事一样,也门十个部落的故事从庞大的人口说起,这一区域的主要城市拥有"10 万泰玛人"和"30 万塔奈人"。[69] 但便雅悯最关注的是海拜尔城,它不在也门,而在"位于希贾兹,向北 16 天旅程的地方":

> 人们说海拜尔人属于流便、迦得和玛拿西部落,他们曾被亚述王撒缦以色掳到这里。他们建立了强大而坚固的城市,与众王国作战,没有人能轻易靠近他们的领土,因为到达他们

> 的领地需要 18 天，要穿越沙漠和无人区，所以没有人能到达那个地方。海拜尔是一座非常大的城市，有 5 万犹太人居住在此，包括博学者和伟大的勇士，他们和示拿人以及北方人作战，也与附近的也门边界部落作战，后者位于印度的边界内。[70]

令人着迷的是希贾兹十个部落的故事是如何源远流长的。1665 年，在伪先知萨瓦塔伊·兹维弥赛亚热的鼎盛期，关于突尼斯叫停麦加朝觐的流言传播到了欧洲，尤其是在英格兰地区。根据传闻，一支遗失部落的军队兵临麦加城下。在该事件过去大约 40 年后，1709 年在伦敦出版的《宇宙年鉴》(*Annals of the Universe*) 总结道："犹太人到处宣扬，说有将近 60 万人到达了麦加，自称是遗失多年的十个部落的后裔，但这个故事是假的。"[71] 然而，正如肖勒姆所说，在 17 世纪 60 年代，伦敦的许多基督徒非常乐意相信这些谣言。[72]

在这个阿拉伯十个部落主题背后的是穆罕默德统治时期，阿拉伯地区的犹太部落不断发展壮大的事实。就此而言，便雅悯所描述的"海拜尔"不是完全没有根据的。该地是先知穆罕默德统治时期"希贾兹北部的犹太中心"。[73] 这里是一个富裕的绿洲，有大量的犹太村落，它为希贾兹其他犹太部落提供了经济和政治资源。这无疑是犹太人策划的"反穆斯林的阴谋"，因此，穆罕默德必须继续踏上征服的道路。[74] 公元 629 年，穆罕默德围攻海拜尔并取得胜利，这是先知的事业和穆斯林的历史上最具决定性和光荣的时刻。[75] 这一形象反过来出现在了便雅悯的叙述中，采用埃尔达德的一贯手法，将失败变成胜利，犹太人变成了十个部落。这又是一个神奇的地理学例子，它将也门和印度联系在一起，证明了十个部落在地理上藐视空间的力量。正如"亚洲"的部落到达了埃塞俄比亚，其余部落的领土在阿拉伯地区的边缘上与印度接壤。便雅悯面对这一熟悉的主题时，通过对部落不可接触的描述说明了这种超现实的空间流动性。他说，沙漠的存在使18天的旅程变得不可能。但我们是怎么知道一个不可能的旅程需要18天呢？

图德拉的便雅悯游记揭示了《圣经》文本及其衍生物与它们所对应的真实地理和历史之间的紧张关系。与预期相反的是，这些紧张关系不会削弱《圣经》文本的地位。更准确地说，为了丰富故事的内容，一些创造性的策略是必需的。虽然图德拉的便雅悯很明显引用了大量的埃尔达德故事的内容，但两者存在根本差异。便雅悯没有假装与这些部落取得联系，而是小心翼翼地将它们安置在遥不可及的地方。从修辞上来说，它们也很遥远，只有通过传闻得知：在亚洲的例子中，他评述道，"波斯地的以色列人说……"；在阿拉伯的例子中，他在一开头写道，"人们说……"。诸如此类的修辞手法进一步加强了便雅悯游记文本的权威性；但便雅悯只用这类修辞来描述十个部落。其他的描述可以被看作权威事实。[76] 他的叙述带有游记的特点，故事里面的人物独自一人在旅行。便雅悯的《旅行记》流传广泛，为博学的基督徒和犹太人所熟知。1575年，当人们对十个部落的兴趣达到新的高点时，《旅行记》被翻译成了拉丁文出版。[77]

便雅悯的《旅行记》对于部落位置的清晰表达做出了重要

的贡献。很明显，他将这些部落放置在两个不同的地方：北部是中国和波斯之间广袤的中亚地区，南部是埃塞俄比亚、阿拉伯和印度之间的大片土地。在《塔木德》中，与分散的犹太人相反，他们被统一放逐的思想仍然存在。但是，分配给流放者的领土被分成两部分。埃尔达德已经提出了两个相同的地点，但他坚持认为部落之间应该以某种方式进行交流。见识更为广博的便雅悯并不认同这一点，他认为部落流亡的地点完全不同。

在这方面，便雅悯明确了部落可能也在非洲的地理记录。虽然从《圣经》时代开始，中亚是遗失的部落可能的居住地，但非洲（即埃塞俄比亚）则不是。迄今为止，唯一的两条线索是《塔木德》的注释，它将埃塞俄比亚置于波斯统治的世界边缘，其中一些部落被流放到了"阿非利加"。正如我们所见，在这一时期，三位认为非洲存在遗失部落可能性的人物浮现出来：埃尔达德，他是第一个明确说到非洲部落的人；拉比加翁，他将这一个神奇的故事变为一个法律上的真实存在；最后一个是便雅悯，他的《旅行记》将这种可能性组织成了连贯的地理位置。这种地理学上的一致性之所以成为可能，得益于历史学家大卫·阿布拉菲亚将其定义为"缺乏清晰的界线"，这种界线的缺乏导致了中世纪欧洲地理思维中一系列政治和文化上的模糊性。[78]

比起他之前的任何人，便雅悯与伊斯兰教以及基督教占主导的奥伊库梅内地理传说之间的对话更多。当然，这并没有完全改变十个遗失部落的故事，而是允许犹太人和非犹太人之间就十个部落问题展开密集的且往往是含蓄的对话。在罗马时代，这两个地区都被认为是旧奥伊库梅内的边界，这种状况在中世纪时期依旧存在。埃塞俄比亚在传统伊斯兰教法中享有独特的地位。在迁徙到麦地那之前，埃塞俄比亚是第一个为早期饱受麦加贵族迫害的穆斯林提供避难所的地方。穆罕默德从未忘记这段历史。因此，埃塞俄比亚既不是穆斯林的家园，也不是"战争之地"（指非穆斯林地区）。据一段公元 8 世纪的圣训记载，穆罕默德说："让埃塞俄比亚人享受和平吧，只要他们不冒犯我们。"[79] 正如我们所见，中亚最初被认为是约翰长老的故乡。中亚是斯基泰人这一古代群体的发源地，在近代早期才被认为是十个部落的居住地。然而，在便雅悯的时代，这个地区长期以来一直被视为许多威胁伊斯兰世界的移民群体和部落的原始居住地，比如鞑靼人、土耳其人以及之后的蒙古人。

蒙古人和桑巴提安

便雅悯旅行之后的一个世纪，欧洲人的思想发生了很大的变化。对此最具影响力的事件是蒙古人在 1241 年击败匈牙利人后出现在西欧的大门口。这是在几个月前基辅沦陷以及蒙古军队小规模进军摩拉维亚和维也纳后发生的。蒙古人对欧洲的威胁似乎比以往更真实。[80] 面对蒙古人，世界末日的谣言到处涌现。[81]

将十个部落与蒙古人结合在一起，说明了"鞑靼十个部落理论"是多么有效。巴黎的编年史家马修（约 1200—1259）讲述了一位匈牙利主教审问蒙古战俘的情景。这位主教非常仔细地询问了"所有的关键问题"，就像根据一项特定的议程进行了一场类似人类学的采访。他想努力弄清楚，这些陌生人是不是犹太人，询问他们是否有饮食法。答案是否定的，他们不加区别地吃"青蛙、蛇、狗和所有动物"。这些证据使人们更加怀疑他们就是歌革人。然而，他们是十个部落后裔的可能性仍然存在。主教的叙述产生了好坏参半的结果：这些俘虏对犹太信仰一窍不通，但显然已经开始学习"希伯来语"，这些文字是从"一些过去常常斋戒、穿着长礼服、不攻击任何人的苍白的人"那里学来的。主教们认为这些无名的教师是"法利赛人和撒都该人"。[82] 对巴黎的马修而言，他坚持认为他们就是十个部落的民众。为调和这些复杂的印象，他总结道：

> 的确，这些鞑靼人是否就是那些被提到的人是值得怀疑的；因为他们不说希伯来语，也不通晓摩西律法……他们也不受法律机构的管束。尽管如此，他们很可能就是那些被困在山里的人……就像摩西时期，他们的反叛之心被扭曲成罪恶的思维方式，以致他们跟随外族人的神和陌生的风俗习惯……他们就是鞑靼人，来自一条叫作鞑靼的河，该河流经过他们的山脉，他们就是从那里走出来的。[83]

但随着时间的推移，蒙古人在"末世论意义上的角色和层次发生了很大的变化"。[84] 13世纪，巴黎的马修将部落从被封锁状态中解放出来，然而，到了14世纪，曼德维尔的约翰在蒙古人的暗中帮助下又将他们重新封锁起来。也许没有人比曼德维尔更清楚历史和地理的现实、政治和神学的渴望与恐惧、想象和神话的融合。《曼德维尔游记》出版于1357至1371年间，此后得到了广泛的研究和引用，其结果是产生了被一位学者称为"多文本"的注释，这远远超出了本书的研究范围。[85] 举几个不言自明的例子就足以说明约翰爵士是如何在他的游记中把所有东西都组合在一起的。他写道，位于叙利亚某处"阿卡斯的萨巴特里河"，"一周之内的前六天河水湍急，到了第七天河水静止不动，且水量不会变化"。[86] 曼德维尔的约翰将另一条神奇的大河加入其笔下"约翰长老"的土地上。在"这位大可汗的领土附近，有一条河流，这条河每周流淌三天，还带着许多巨大的岩石。不久后，当它们流进砾石海时，就再也看不见，永远消失了。在河水泛滥的那些日子里，没有人敢进到河里去，但在其他时候，人们都敢进去。"[87]

曼德维尔将十个部落定位在中亚或亚洲北部的某个地方，在"里海山脉"之外，"十个部落的犹太人被困在那里"，被困在一起的还有歌革和玛各以及"22位国王和他们的人民"。虽然他没有特别提到约翰长老和十个部落之间的战争，但他们之间发生的战争的暗示是显而易见的。[88]

曼德维尔的约翰提到的"大可汗"暴露了连接十个部落、约翰长老和蒙古人之间的三角权力关系。图德拉的便雅悯曾提及十个部落和卡菲尔·图拉克人之间的友好关系，认为后者没有宗教信仰并且攻击过伊斯兰世界。在便雅悯之后的两个世纪，曼德维尔的约翰在蒙古人戏剧性地出现在世界舞台上的一个世纪之后，采取了不同的策略：他使两个交战的国家联姻。在最初的对蒙古人入侵的恐惧消退后，他再次写作，重塑了三角权力关系，描绘了约翰长老和蒙古大汗之间的友好关系，"约翰长老婆了大可汗的女儿为妻,大可汗也同样娶了约翰长老的女儿为妻"。[89] 当这些大领主们联姻的时候,十个部落正好被圈在山的那边。

蒙古弥赛亚

1260年,巴黎的马修撰写了关于蒙古人的可怕报告,并声称他们就是十个部落的后裔,而此时年轻的拉比亚伯拉罕·阿布拉菲亚(1240—1290)正离开他的家乡伊比利亚的萨拉戈萨去寻找桑巴提安。这个年轻人动身前往以色列的土地,但在到达阿科城里后不久便停止了寻找。[90] 9月3日,战争席卷了这个地区,蒙古军队和马穆鲁克军队在巴勒斯坦发生冲突,蒙古人在著名的艾因贾鲁战役中被击败。[91] 摩西·伊德尔在评论这段被迫中止的旅行时写道:"阿布拉菲亚和他同时代的许多人一样,很可能认为蒙古人本身就是'隐藏的人'哈杰纳奇姆(ha-genuzim),传说以色列十个遗失的部落就居住在桑巴提安河对岸。"[92] 伊德尔还认为,阿布拉菲亚在1270和1280年最终拒绝"末世论推算","可能是他意识到蒙古人不是遗失的十个部落时幻想破灭的一部分"。[93]

阿布拉菲亚的兴趣是以"自然救赎"为前提,即犹太人的救赎将发生在这个世界上,这种救赎涉及世俗的方式,比如,十个部落的军队干涉国际政治。正如伊德尔所说,"在这样一个不稳定的局势下,假设犹太人也能融入一段历史进程是合理的,那么这段历史进程将允许他们通过利用一系列事件获得立足之地甚至获得胜利。"当救世主般的神秘主义者阿布拉菲亚得知,蒙古人并非如他所希望的那样是十个遗失的部落的时候，"幻灭感"就产生了。[94] 他们可能会带来的救赎是自然的，没有任何必要"破坏自然"。[95] 对桑巴提安的不懈寻找，以及蒙古人可能会成为十个部落的希望提醒我们，一个人的可怕的末日灾难是另一个人的弥赛亚救赎的希望。它们还提醒我们，无论是在自然救赎还是在末日灾难的情况下，十个部落都可能发挥潜在的至关重要的作用，特别是在军事方面。年轻的阿布拉菲亚很可能希望在这个自然救赎的过程中招募蒙古人——也就是十个部落。虽然蒙古人原来只是蒙古人，但阿布拉菲亚的逻辑仍然有效。十个部落的突然出现仍然是弥赛亚救赎计划的一种可能性。

第四章

"一群强大的以色列人"

犹太历 5354 年（公元 1594 年）：在那一年，有连续两三个夜晚我都做了相同的梦……我沿着一条大河走，看见许多以色列人在帐篷里宿营。我走进了一顶帐篷，看见他们的国王侧身躺着……当他看见我之后，很愉快地让我坐在他身旁，并对我说："你知道吗，我是以法莲部落和以色列的王，我们现在回来了，因为召集流放者的日子到了。"

——拉比哈伊姆·维塔尔，拉比和神秘主义者，巴勒斯坦采法特

第四章 "一群强大的以色列人"

一个阿拉伯人在罗马

1524年，一位不同寻常的人来到了罗马，要求拜见教皇克莱门特七世（1478—1534）。这个人自称是"所罗门王的儿子大卫王子、约瑟国王的兄弟、整个流便部落和半个玛拿西部落的王"，或者简单来说，他就是大卫·卢温尼。他从其兄长那里带来了一个简短的消息。以色列人的国王提出，欧洲基督教国家与十个部落的国王建立军事和政治联盟，他们将共同反抗阿拉伯穆斯林和土耳其人。[1] 大卫还自称"陆军元帅"，统帅其国"30万名战士"。[2] 根据梵蒂冈对这次会面的记录，教皇确认大卫的故乡是一个"阿拉伯-犹太人"王国。大卫宣称，他来自"阿拉伯的哈博沙漠"。[3]

大卫告诉教皇，他的人民正在与阿拉伯的穆斯林进行一场军事斗争,而穆斯林即将获得胜利,因为他们拥有高级"火炮"。大卫的人民对这种武器缺乏了解,他向教皇请求"对抗阿拉伯穆斯林和土耳其人的武器",以及"一个会制作加农炮和火药的工匠"用于援助:"只要有一艘穿过红海的葡萄牙船就可以轻而易举地完成这一任务。"大卫还勇敢地提出,他可以亲自领导探险,并承诺当他的人民得到所需武器后,他们将"在战争中打败所有的穆斯林,并征服麦加"。[4] 大卫在其希伯来语日记里详细地描述了这次旅行的细节,此外,他还宣称愿为调解教皇与西欧各类政治力量之间的关系提供帮助。

大卫还说了很多事情,但据东方学家詹巴蒂斯塔·赖麦锡(1485—1557)的报告记录,1530年他代表威尼斯政府和大卫进行了多次会谈,这表明大卫所频繁使用的身份很显然已被大众普遍接受,至少接受了他隶属于十个部落的身份。[5] 大卫通过图德拉的便雅悯《旅行记》中的重要细节,证明其拥有流便部落成员的身份。[6] 此外,我们在《圣经》叙事中读到的哈博,是亚述帝国流放十个部落的位置。熟悉这个出处的大卫说,他正是从那里来的。

大卫计划通过十个部落的力量来拯救以色列,代表了亚伯拉罕·阿布拉菲亚所称的自然救赎。基督徒与强大的非欧洲、非穆斯林东方势力结盟、镇压穆斯林的想法,几个世纪以来是人们经常思考的问题,至少从扎巴拉的主教雨果创作了关于约翰长老的故事以来是这样的。

如果意大利和葡萄牙的犹太人将大卫看作十个部落的一员,基督徒就会联想到他可能和基督教的传奇人物约翰长老存在关系。众所周知,商人、僧侣和各种各样的冒险家都曾代表教皇前往东方的"大可汗"地区传教。这些计划基本上与大卫现在向教皇提出的计划相似——一个反对穆斯林的联盟。赖麦锡在大卫事件之后不久便首次整理出版了《马可·波罗游记》一书，他十分清楚马可·波罗在蒙古大汗忽必烈（1215—1294）时期的使命。[7] 马可·波罗（1254—约1324）也讲述了许多关于约翰长老及其家族的事迹，以及他在亚洲领地的故事。[8]

如我们所见，在欧洲人眼中，埃塞俄比亚就像约翰长老的王国一样享有独特的神秘光芒，它是一个勇敢无畏的非洲基督教王国，被穆斯林疆域所包围。[9] 所有涉及其中的政治力量——威尼斯、葡萄牙，尤其是教皇——都认为，如果他们能恰当地利用这个故事，就能获得潜在的政治收益。[10] 大卫坚定的信念给赖麦锡留下了深刻印象，他注意到，大卫"痴迷于希伯来人回归应许之地……犹太人真的像崇拜弥赛亚一样崇拜他"。[11] 之后，当大卫出现在葡萄牙时，他在当地的"改宗者"社区引起了更为巨大的反响，这些"改宗者"是20多年前被强制施洗的犹太人。[12]

很明显，一个自称来自十个部落的人的故事将一连串的线索联系到了一起。然而，理解这一事件的重要意义不在于对具体事件和历史事实的了解，而在于对某个世界历史的想象以及多个区域线索的融合。《塔木德》和《圣经》中涉及十个部落的预言在大卫的自述和对他的接待中发挥了作用。与此同时，对弥赛亚救赎的即兴阐述以及遗失的十个部落在其中可能扮演的角色，也起到了关键作用。最后，正在发展和不断增长的关于东方的地理知识与神话传说的融合，比如围绕着约翰长老的神话传统，为大卫创造了一个环境——事实上，这是有可能的。

这些阐述意义重大,告诉我们十个部落对于犹太人、基督徒和16世纪的欧洲的潜在意义。

一个国家的失去

一份15世纪初的珍贵文献为当时欧洲犹太思想中十个部落的出现提供了新的线索。它涉及一个叫所罗门·哈列维(约1352—1435)的人,他是著名的《塔木德》学者,也是西班牙城市布尔戈斯的首席拉比,在1391年臭名昭著的反犹太大屠杀之后皈依了基督教。在那之后不久,哈列维也就是现在布尔戈斯的保罗或者圣玛利亚的巴勃罗,接到了来自他的朋友阿尔卡尼斯的耶霍舒亚·哈洛基医生的告诫。[13] 哈洛基听说他的朋友改宗的消息后感到极大的悲痛:"我的思想一片混乱,辗转难眠。"是什么诱惑他的朋友转信了另一个宗教?难道是物质的满足,比如"金钱和权势",抑或渴望"看到异教徒妇女的笑脸"?或许是因为"哲学的拷问","欺骗你转变思想"?哈洛基的第三次猜测触及了历史问题:"也许你看见了我们国家的丧失以及我们近来的困境……或许你开始思考以色列的名字将不再被记住吗?"[14] 如果以色列的毁灭就是他的朋友改宗的真实原因,哈洛基就有了答案:

> 我知道你注意到在我们中间流传的那些事,它们来自那个穿越地球去旅行的人所写的书……从迈蒙尼德的信中,还有我们从地球边缘的商人们那里听到的,如今除了那些居住在

第四章 "一群强大的以色列人"

> 波斯和米底亚的被放逐的撒玛利亚人之外，我们中的大多数人都居住在巴比伦和也门，也就是耶路撒冷人第一次被驱逐的地方。十个部落在今天仍是一个伟大的国家，人口多得数不清就像大海里的沙子……根据真正的信仰，即使神下令将基督教世界的犹太人都毁灭，这个国家仍要存在，保持完整，这灾祸必不会让人降低对神的信任。[15]

圣玛利亚的巴勃罗回复了这封信件（用"糟糕"的希伯来语，他为此道歉），但遗憾的是，他只是发表了一般性评论。我们只能想象他是如何看待哈洛基的论点的。作为一名基督教神职人员，他的职业生涯在 1415 年被任命为布尔戈斯的主教时达到了顶峰——这是一个罕见的成就，因为在他的一生中，他管理着同一个镇上的两个不同的宗教团体。[16]

哈洛基的信很好地说明了十个部落在"国家灭亡"这一严峻问题的背景下所具有的强大且日益增长的重要性。从犹太人的死亡人数来看，1391 年的大屠杀是自十字军东征以来最具破坏性的。大屠杀最重要的结果就是大量犹太人的改宗浪潮，在西班牙形成了一个庞大的改宗者社区。[17] 目前尚不清楚有多少人丧生，以及有多少犹太人改信基督教，但在当时乃至此后更长的时间里，这些数字被认为是非常高的。[18]

在这样的背景下，"人数众多"的十个部落回归的承诺，成为希望的源泉。我们可以推测，大量遗失的部落后裔对于便雅悯来说是一种安慰，或许甚至对于约瑟夫斯来说也是如此——

因为他是第一个谈论部落后裔数量的人。很明显，便雅悯和约瑟夫斯是哈洛基如此自信地陈述十个部落的源头。哈洛基的观点第一次向我们提供了一个明确的信号，在这一时期，犹太人的文献资源比如《塔木德》并不是唯一受推崇的权威书籍。旅行的书以及从地球边缘的商人那里传来的消息，仍然被认为是十个部落真实存在的依据。

精通希腊哲学的医生哈洛基是第一个将旅行记录作为证据，来支持《圣经》中有关十个部落故事的人，这并非巧合。将这两者结合来探讨十个部落是一个重要的进步，并且标志着用所谓"科学的"研究方法探讨这一问题的开始。哈洛基还含蓄地为寻找遗失部落提供了科学参数或方法：追溯那些足迹遍及全球的旅行者和商人的路线。在哈洛基看来，这十个部落现在是一个可以证明的事实，它不仅仅是《圣经》中的一个记载。这个观点第一次出现在犹太人和（新）基督徒之间的一场辩论中，这并不是偶然的。随着时间的推移，这将成为讨论部落的主导模式。《圣经》变成了《圣经》科学，成了唯一的科学。

哈洛基很自信地断言，"犹太人保持着强大的信仰"，他将十个部落纳入其中是恰当的。毕竟，自《圣经》时代以来，在犹太人的记忆中，部落的遗失标志着人口统计学上的失败。他们坚持十个部落并不是完全地遗失，这是确保信仰和希望的一种方式，也是增加世界犹太人总数的一种方式。犹太人在数量上无足轻重的问题与十个遗失部落的问题紧密相连。

一个世纪后，随着焦虑变得更加严重，十个部落作为希望之源的角色变得更加明显。伟大的伊比利亚犹太政治家、哲学家和学者唐艾萨克·阿布拉瓦内尔（1437—1508）强调了弥赛

第四章　"一群强大的以色列人"

亚时期来临的三个"毋庸置疑的特征",经历长久的流放后,被流放到亚述的十个部落终将回归,耶和华可怕的复仇将降临到那些迫害犹太人的国家头上。[19] 这是阿布拉瓦内尔在1492年犹太人被驱逐出西班牙后写的,他是伊比利亚犹太人的领袖,其政治经验在当时世界的犹太人中是独一无二的。阿布拉瓦内尔最关心的是犹太人中间普遍存在的"失去了一切"和"不断增加的绝望"的情绪,这种绝望的感受"很大程度上是由犹太人数量上的劣势引起的"。[20] 悲剧、改宗和不断减少的人数——所有的一切都在呼吁用大量的移民来支持犹太人。有谁能比那些数不清的、军事力量强大的、长期遗失的部落更能提供这种帮助呢?

犹太人被驱逐出西班牙这个"犹太人最后的据点",使情况变得雪上加霜。在驱逐期间和驱逐之后,许多犹太人不仅丧失了生命和财产,而且成千上万的伊比利亚犹太人放弃了他们的犹太人身份,选择作为基督徒继续留在西班牙。1497年,当葡萄牙国王宣布所有葡萄牙境内的犹太人必须成为基督徒时,成千上万的犹太人失去了他们的犹太人身份。[21] 在阿布拉瓦内尔看来,这个数字似乎很大。据他估计,被放逐出西班牙的犹太人有30万。[22] 犹太人在数量上的劣势给"犹太人的救赎在现实意义上的可行性"蒙上了阴影。对于阿布拉瓦内尔而言,重拾希望才是最重要的,此外,"十个部落的存在驳斥了'失去了一切'的论点"。[23] 坦率地说,游戏还没有结束,犹太人仍有一些锦囊妙计。[24]

十个部落除了为犹太人提供精神安慰外,还为阿布拉瓦内尔在随后的基督教反犹论战中建立神学理论扮演了重要的角色,因为基督徒认为犹太人在神的计划中的作用随着神庙的毁坏而结束。正如本齐翁·内塔尼亚胡所说，从巴比伦回到第二圣殿并不是完全回归，最终的救赎对阿布拉瓦内尔至关重要，因为他决定向人们展示犹太人"并未失去了一切"。如果第二圣殿确实是先知所应许的救赎，那么它的被毁就暗示着基督徒所一直坚持的观点是正确的，即耶和华已经废除了对犹太人的恩典，要重新和全人类立约。另一方面，如果第二圣殿不是最后的救赎，那么《圣经》的应许仍然有效。第二圣殿时期并非最后救赎的核心证据，是十个部落没有随以斯得拉归来的事实。

最终，十个部落的角色被嵌入弥赛亚救赎的过程中。部落的回归不仅是即将到来的救赎的标志之一，而且在"救赎战争"和"消灭以色列的敌人"中也扮演着"重要角色"。总而言之，"必须有一个现实的、积极的答案，来应对正在吞噬犹太精神的民族无助感。十个部落给出了一个现实的、具体的、可以理解的答案"。[25] 阿布拉瓦内尔通过将十个部落变成犹太政治思想中一个不可或缺的部分，从而提升了它们的地位。

阿布拉瓦内尔这个葡萄牙犹太人，在经历1492年西班牙驱逐犹太人事件之后，获得了非凡的政治成就。1508年，他在威尼斯完成了关于十个部落在弥赛亚救赎中所扮演角色的理论之后逝世。这仅仅发生在大卫出现在意大利的16年前，历史学家约瑟夫·耶鲁萨米认为，意大利的犹太人变成了16世纪中叶的"新闻机构"，他们复制和传播末世论与弥赛亚的信息。[26] 弥赛亚情节的这种世俗化，标志着大卫发动战争、夺回巴勒斯坦的计划，以及他赋予自己作为十个部落计划代言人的角色之间的一个重要共同点。也许比夺回巴勒斯坦计划更为重要的是，大卫所说的十个部落依旧存在并且人数庞大。

阿布拉瓦内尔表达了他那一代人的焦虑和渴望，而大卫的到来与之非常契合。人们不禁会想，大卫曾经读过或听说过阿布拉瓦内尔的弥赛亚情节，以及十个部落在其中扮演的角色。然而，这是不可能的，因为这本书自1526年以来仅在意大利境外发行和传播。[27] 对大卫而言，他似乎仍旧在关注图德拉的便雅悯所记录的十个部落的故事。但无论他是否了解阿布拉瓦内尔的思想，大卫都展示了这位伟大的政治家所表达的犹太人希望在十个部落中看到的那种力量。也就是说，对于熟悉阿布拉瓦内尔思想的人来说，大卫似乎就是那个来自正确的地方的正确的人。实际上，大卫并没有被欧洲人遗忘。就像拉比哈伊姆·维塔尔连续的梦境所展现的那样，大卫的军事形象在他去世几十年后仍然令人回味，甚至在巴勒斯坦也是如此。[28] 那么，是时候将我们的目光转向大卫时代的非洲和阿拉伯地区，并将它们重新融入故事中来。

来自非洲的消息： 阿拉伯、埃塞俄比亚和意大利的联系

正如我们所看到的，埃塞俄比亚早在古代就被标记为一个神秘的地方，是不同类型的埃沙提埃人的家园。在犹太人遗失的背景下，埃塞俄比亚至少从8世纪开始就被认为是十个部落或其中一些部落的所在地。埃塞俄比亚也被认为是约翰长老的故乡。约翰长老从中亚可汗变成非洲统治者的过程，超出了本章的讨论范围。然而，必须强调的是，在这一进程中，埃塞俄比亚和非洲的统治者发挥了特别重要的作用，比欧洲地理和救世主的想象还要重要。[29]

非洲人试图与欧洲接触，引导欧洲人的想象力，在非洲寻找约翰长老，最终将埃塞俄比亚确定为传说中的基督教国王的故乡。埃塞俄比亚人首先开始与欧洲接触。1306年，由30名埃塞俄比亚人组成的使团前往拜见西班牙国王，途经热那亚时被短暂拘留，在拘留期间他们受到牧师兼制图师乔瓦尼·达·卡里尼亚诺（在1291—1321年享有盛名）的审问。卡里尼亚诺的报告和地图没有被保存下来，但人们普遍认为他是第一个将约翰长老的故乡定位于非洲而不是亚洲的欧洲人。1339年，另一个与热那亚有联系的地图绘制者——安杰利诺·杜尔塞特，在其航海图中特别提到埃塞俄比亚就是约翰长老的故乡。到了15世纪晚期，对埃塞俄比亚的这一定位就这样牢固地树立起来了。欧洲人倾向于将印度和埃塞俄比亚混淆在一起，前者是约翰长老故乡的发源地之一，后者以非洲唯一的基督教王国而闻名于世。[30] 也就是说，在大卫到达欧洲之前不久，埃塞俄比亚已经在基督教和犹太教的全球地理上占据了一个特殊的位置。对犹太人来说，这里是所谓的十个部落的领土，对基督徒来说，这里是约翰长老的故乡。这两个地区在某种程度上融合在一起，有力地塑造了大卫在欧洲的职业生涯。

在大卫到达意大利之前的几十年里，意大利犹太人也许还有一些非犹太人，被埃塞俄比亚和阿拉伯地区发生的离奇事件所困扰。这些谣言描述了一个全新的局面，其中涉及十个部落和约翰长老。1488年，意大利伟大的《塔木德》评论家奥巴代亚·迪·贝尔蒂诺罗（约1450—1516）从耶路撒冷寄来了一封信，信中涉及十个部落和桑巴提安河的新消息。奥巴代亚因

第四章 "一群强大的以色列人"

《密西拿》的评论而享有盛誉,被认为是一位杰出的权威学者。他的信里记录了他与三大宗教圣地耶路撒冷圣殿山附近的朝圣者的对话:

> 我询问了有关桑巴提安的情况……我没有得到确切的消息,只是道听途说,但有一件事我可以确定,那就是:在约翰长老的王国的边界上,有高山和深谷,需要10天的路程才能到达,那里肯定住着以色列的后裔。他们有五位王公或国王,人们说他们与约翰长老进行了一个多世纪的大战。[31]

奥巴代亚就是在这儿听到了这样的谣言。耶路撒冷圣殿山周围地区在过去和现在都是世界上最繁忙的地区之一,这里聚集了来自世界各地的各种宗教朝圣者、旅行者、商人和冒险家。1489年,他又寄来了一封信,是关于他在耶路撒冷和也门犹太人之间的对话,他们告诉他:"众所周知,通过可靠的以实玛利商人可知,桑巴提安河在旷野中离他们有50天的路程,就像一根线,围绕着以色列后裔居住的整个地方。"奥巴代亚也见到了一位"德系犹太人拉比",这位老者告诉他:

> 我在第一封信中提到过,亚丁犹太人说,以色列人居住在他们领土的边界,这些犹太人现在与约翰长老的臣民交战,并且他们当中的一些人被当作囚犯带到了开罗。我曾经亲眼看见

过他们中的一些人,这些犹太人要经过一个月的旅行才能到达住着犹太人的桑巴提安。这里的犹太人与约翰长老的臣民作战,遭受了巨大的失败,我们急切地想要知道这些叙述是否属实。[32]

121　　看来,一些信奉基督教的埃塞俄比亚人和来自非洲的穆斯林商人都支持也门犹太人的故事。显然,也门人在耶路撒冷讲这些故事已经有很长一段时间了,没有人反驳他们。在这位拉比送往意大利的其他类似信件中,也门犹太人是主要的信息来源。

　　因此,在大卫到达意大利之前大约一个世纪里,耶路撒冷和意大利似乎被也门犹太人的消息淹没了。[33] 也门犹太人是埃塞俄比亚发生的事件的重要信息来源。他们的社区不仅是离非洲王国最近的社区,而且是附近唯一的社区。他们享有很大的权威,因为没有人能证实或驳斥他们所讲的故事。至于消息的内容,我们可以感觉到埃塞俄比亚对也门人来说是相当新鲜的,因为他们是在15世纪中叶才开始讲述这些故事,那时"德系犹太人的老拉比"还年轻。最后,不仅仅是他们的听众,他们自己似乎也对这些内容着迷。但也门人散布关于埃塞俄比亚的谎言是否有阴谋?为什么这一切都始于15世纪中叶?

　　关于法拉沙犹太人和埃塞俄比亚的编年史表明,这些也门人讲述的是真实事件的另一个版本。埃塞俄比亚犹太历史学家史蒂文·卡普兰令人信服地证明,大约在15世纪初,所罗门基督教王朝(约始于公元1270年)加强了基督教对埃塞俄比亚的控制，某些边缘群体抵制国家政策，并以"犹太人"的身份示人。这些群体在各种埃塞俄比亚编年史中被称为艾胡德（犹太人）。随着时间的推移，他们因为抵制基督教化成为一个更有凝聚力的群体，"早期的群体认同开始呈现出新的社会和经济特征"。这种新"犹太人身份"的宗教表达在教士的领导下展开，教士们引入了"《圣经》—希伯来元素"，这些元素在埃塞俄比亚基督教中"被采纳并适用于发展一种独特的犹太人身份"，这些人最终成为"更加集中和独特的被称为法拉人（或贝塔以色列人）的群体"。[34]

在某种程度上，当"来自约翰长老之地的犹太人"在16世纪初开始出现在奴隶市场上时，中东的犹太人社群注意到了这个群体的出现。[35]犹太奴隶的出现并没有使狂热的基督教王国统治者感到高兴，新犹太化的群体和皇帝之间爆发了一系列的矛盾。尤其是在札拉·雅各布（1434—1468）时期，此人是一个宗教狂热者，他的统治以"宗教民族主义"为特征，并企图强行将贝塔以色列人纳入基督教社会。[36]雅各布去世后，来自统治者的压迫有所缓解，天平略微倾向于贝塔以色列人，"在1468到1632年间，贝塔以色列人建立了他们最复杂的政治军事组织"，这些新犹太人"卷入了与埃塞俄比亚皇帝之间最具戏剧性的冲突中"。[37]

这与也门犹太人在耶路撒冷对埃塞俄比亚发生的事情的基本描述大体一致。对埃塞俄比亚以外的犹太人来说，法拉沙人似乎是凭空出现的——的确如此，因为他们以前不存在。图德拉的便雅悯和埃尔达德关于部落军事实力的故事，在也门人阐述宗教间暴力问题上扮演了决定性的作用，这些暴力涉及"犹太人"和强大的基督教国王的军事秩序。随着约翰长老在埃塞俄比亚的出现，新的传闻使也门的犹太人将暴力冲突解释为约翰长老和十个部落之间的斗争。

早在 15 世纪初，伊比利亚人哈洛基就写过关于十个部落和约翰长老在古实人的土地上发生战争和休战的故事。但哈洛基为了迎合约翰长老的传说，只是简单地再述了十个部落的故事。而这些也门人和他们的欧洲对话者将这些看作真实的事件，从而引发了以历史现实为基础而不是推测的十个部落消息的传播。15 世纪中叶，约翰长老和十个部落的故事成为犹太人解释发生在埃塞俄比亚真实事件的工具。这很可能是因为也门犹太人报道了十个部落和基督教国王之间的战争，而他们的意大利、欧洲和犹太对话者通过将约翰长老和基督教国王联系起来，为这种解释增添了另一层含义。

大卫·卢温尼在来意大利之前曾在中东待过一段时间。16 世纪 20 年代，从巴勒斯坦和叙利亚寄往意大利的信件显示，大卫确实在 16 世纪 20 年代早期访问过多个中东城市，包括亚历山大、加沙、采法特、耶路撒冷、贝鲁特和大马士革，留下了许多故事和痕迹。与他相关的所有的内容或多或少都在讲述同样的故事：一个"黑皮肤男子"说他来自"流便部落"，还讲述了十个部落的故事，以及它们在埃塞俄比亚和阿拉伯某些地区的出现。在其中一个故事里，他提到了一支由但部落和流便部落组成的 60 万人的军队。另一个故事则讲到了桑巴提安河。[38] 虽然贝尔蒂诺罗所说的也门人只是简单地提到了十个部落的故事，但大卫更进一步发展了这个故事，并且为自己创造了十个部落后裔的身份。

15世纪下半叶，也门犹太人为另一个救世主的故事而发狂，由此导致他们和南部阿拉伯部落之间发生了一次严重的暴力冲突，但冲突很快就结束了。我们不知道也门犹太人这种狂热在多大程度上影响了大卫的思想，并帮助他塑造了自己的抱负，但很明显，他对阿拉伯的军事力量非常熟悉。[39] 大卫有可能目睹了阿拉伯历史上另一次事件的发展：奥斯曼帝国在希贾兹和阿拉伯的出现。1517年，奥斯曼帝国接管了麦加，并且控制了往返阿拉伯地区的商队路线。[40]

因此，在大卫离开阿拉伯之前，发生了两次重大的政治和军事事件：南部阿拉伯部落镇压犹太人运动，以及奥斯曼人接管阿拉伯半岛和麦加（1517年奥斯曼帝国控制了阿拉伯半岛或许可以解释大卫为什么是通过非洲游历到了巴勒斯坦，而不是通过阿拉伯地区的红海贸易路线）。大卫对麦加的关注也暴露了他所熟悉的阿拉伯背景。然而，如果缺少葡萄牙的背景，阿拉伯的背景也就不甚完美了。

红海贸易路线和葡萄牙人

大卫叙述了他占领麦加的计划，认为只要有"一艘穿越红海的葡萄牙船"，这项计划就很容易实现。那时，他熟悉葡萄牙的海军力量，也注意到了葡萄牙人在他家乡的存在。他可能见过葡萄牙船只，也知道它们的军事用途。他提出的建议很有新意，如使用带有火药的舰船作战来影响陆地战场的结果。早在1499—1503年的威尼斯—奥斯曼战争中，人们就已经尝试过这种方法，但这比大卫出现在欧洲和地中海的时间早了25年，并且远离大卫的故乡。大卫缺乏战争的第一手资料，他对海军作战的细节不会有较多的了解，他一定是在什么地方看见了葡萄牙的船只，确切地说是在红海。[41]

红海为进入印度洋提供了通道，并将埃塞俄比亚和阿拉伯半岛连接起来。即使在好望角被发现之后，它仍然是通往印度的要塞。这条贸易路线是世界上最古老的路线之一，最终连接了地中海和印度洋。在陆地上，这条路线从亚历山大港和开罗一直延伸到尼罗河，沿着东非海岸一直向南延伸到亚丁湾。在狭窄海峡的东非一侧是埃塞俄比亚，它是几个重要城市港口的终点站。

不可否认，大卫的"诚实度不是很高"，但"毫无疑问……他拥有东方苏丹的第一手信息，他记录的一些关于苏丹的细节无疑是非常准确的，在他那个时代，这些信息不可能从文学资料中获得"。[42] 我们知道，他从阿拉伯的吉达出发，穿越红海去了非洲，又一路从萨瓦金到达了尼罗河峡谷，再从那里去了埃及。大卫对"苏丹青尼罗河地区的描述不仅被认为是准确的，而且也是我们所能得到的最早的资料"。[43]

大卫提出让葡萄牙帮助犹太人的建议对教皇克莱门特七世产生了影响。实际上，他最后让大卫替他带了一封信给葡萄牙国王，要求他们支援大卫。就这一点而言，教皇的行事方式和凯鲁万的犹太人遇到埃尔达德时的方式很相似：教皇在这件事上请教了相关问题的最高权威。葡萄牙被认为是大卫所述故事领域里的最高权威，而且还是这一区域内唯一活跃的欧洲力量。葡萄牙对该区域非常了解并且有利益存在，这些利益是不会与任何欧洲国家分享的。[44] 1524 年 9 月 17 日，克莱门特七世在写给葡萄牙国王的信中特意阐述了葡萄牙在该问题上的重要性："我们都离这些地方非常遥远，不确定（真实性）和不能完全评估大卫故事的性质。此外，我们又不想直接拒绝他的请求。因此，我们决定让他来见您，您那里有很多人经常去这些地方旅行。"[45]

早在1415年，葡萄牙征服了北非的休达之后，便开始涉入非洲事务。当然，他们在北非海岸进行了一系列的航行，他们在这些航海旅行中发现了通往印度和印度洋的路线，还涌现出很多像麦哲伦、达·伽马[46]和迪亚士这样的英雄人物。葡萄牙在非洲的海上活动还伴随着其在陆地上的活动，只是陆地活动并不引人注目而已。

1525年2月4日，在克莱门特七世写信给葡萄牙国王的几个月后，他又写信给埃塞俄比亚国王大卫·阿尔纳扎（皇帝勒布纳·丹加尔·达维特二世）。在信中，克莱门特七世介绍了大卫·卢温尼及其故事，要求埃塞俄比亚的将军们支持大卫的计划，对抗穆斯林。教皇解释说："耶和华有时候也利用敌人，这样做是为了惩罚敌人。"[47] 克莱门特七世没有向埃塞俄比亚皇帝提及任何有关大卫的要求，大卫自己也没有在他的计划中提及埃塞俄比亚。然而，克莱门特七世清楚地知道，随着大卫在欧洲的出现，非洲的基督教王国是葡萄牙未来行动的一部分。

葡萄牙在非洲和印度洋的活动与大卫在意大利各地宣扬的目标和计划有关。正如历史学家约翰·桑顿总结的那样，"寻找约翰长老及其国家的通道是寻求北非穆斯林势力背后的政治力量支援的一种途径"。这个目标和葡萄牙的另外一些目标互相联系，比如反抗北非的穆斯林，大西洋上的探险，以及"发展更大宗的商品贸易，比如黄金和奴隶"。[48] 最后，在此之后的几十年里，葡萄牙国王受梵蒂冈教皇的委托，承担了寻找东方基督徒的任务。[49] 对于西方基督教国家而言，东方的基督徒有点特别，是教会迷失的孩儿。这种探寻是一项长期的使命，依靠谣言和旅行来支撑。

在这里，我们看到了帝国和宗教的欲望在红海和印度洋这一区域的交融，以及葡萄牙和埃塞俄比亚之间的交流历史，尤其是个人在其中扮演的角色。15世纪晚期的也门人帮助我们将大卫置于也门朝圣者的背景下，他们传播了埃塞俄比亚是约翰长老和十个部落的土地的谣言，然而正是在16世纪初期的葡萄牙和埃塞俄比亚的背景下，大卫的计划最终得以实现。

在大卫到达罗马的这一时期，融合了不同背景的埃塞俄比亚也就是所谓的约翰长老的土地备受关注。这不仅出于政治原因，也出于地理的原因，伴随着首个欧洲基督教帝国势力的到来，这个地区在历史上第一次变得重要起来。埃塞俄比亚坐落在亚丁湾对面，是通往印度洋的门户。它还位于北非和地中海伊斯兰国家的后面。因此，葡萄牙对寻找通往约翰长老的王国和东非的通道很感兴趣，此外，他们还通过航海和间谍活动获得这些土地。这些欧洲人是沿非洲海岸航线的开拓者，葡萄牙人没有浪费时间，他们很快就沿着西非海岸完成了大西洋的探险——这将产生一条通往埃塞俄比亚的海上航线。他们通过地中海和埃及向这个基督教国家派遣使者和间谍。1478年5月7日，距巴尔托洛梅乌·迪亚士（1450—1500）从著名的好望角航海旅行返回后一年，神秘的佩德罗·达·科维尔汉（约1450—1530）去了埃塞俄比亚和印度寻找约翰长老。[50] 科维尔汉不是第一个也不会是最后一个被派去收集情报的人,但他的旅行是最引人注目的。虽然他可能与大卫的故事没有直接联系,但他的职业生涯和角色是围绕葡萄牙人在该地区活动的谣言文化的极好例证。

科维尔汉的故事充满了矛盾性和复杂性,[51] 但我们可以肯定他拜访过印度、中东和非洲。他对北非很熟悉,他在那里为葡萄牙国王执行了一些微妙的任务。我们对他的了解,大多数来自那些在埃塞俄比亚遇见他的人的讲述,以及他寄给欧洲信件的矛盾描述。其中,最重要的记录来自修士弗朗西斯科·阿尔瓦雷斯(1465—1541),他于1520年在埃塞俄比亚遇见了科维尔汉,那是科维尔汉来到埃塞俄比亚多年之后的事情。[52]"佩德罗·达·科维尔汉知道所有的基督徒、摩尔人和外邦人的语言,他知道他被派去的任何地方的事。此外,如果有些相关事情发生在他之前,他就把它们记录下来。"[53] 在红海商道上需要的是精通多种语言、宗教和文化的能力。在阿尔瓦雷斯的笔下,科维尔汉是一个善于讲故事的人,他还是一名忠诚的士兵、间谍和外交官。[54]

这种经历使科维尔汉成为一个完美的打造葡萄牙和东非联盟的人,也使其成为找到通往约翰长老王国的人。起初,科维尔汉被派去埃及的时候,除了受命寻找一条经由陆路的香料之路外并没有其他明确的任务。科维尔汉后来到了印度,接着又返回了开罗,在那里,国王若昂二世派来的两名犹太间谍拦截了他,向他传达了国王的特别指示。这两名间谍带来了一封信,要求科维尔汉集中精力找到约翰长老。这封信是"挚爱的国王"写的,信中询问约翰长老是否能提供通往印度的"入口",这是葡萄牙最终的目的地。[55] 贝金汉姆观察到,"1488 到 1497 年间,葡萄牙国王和他的顾问们被一个艰难的决定所困扰,即是否可以在没有发现约翰长老踪迹的情况下就派遣舰队去印度"。[56] 约翰长老的问题不只是一个浪漫的追寻过程,更是一个具体的军事问题。

在接受新任务之后,科维尔汉向里斯本汇报了他目前的行程。接着,他开始了一段很长的旅程,最终穿越亚丁湾到达了泽拉(在今天的索马里),之后他去了埃塞俄比亚,他确信这个国家无疑就是约翰长老的王国。在埃塞俄比亚,他取得了惊人的成就。[57] 刚开始,他受到及格斯·伊斯坎德尔(1471—1494)的礼遇,后者是索马里王室成员,很喜欢受到外国基督徒的关注。当时那里已经有了一些意大利人,但科维尔汉被看作到达埃塞俄比亚的第一位欧洲官方代表。1494 年,伊斯坎德尔去世,然而科维尔汉却发现自己被拘留了,或者像他宣称的那样成为伊斯坎德尔的继承人。很明显,埃塞俄比亚的统治者是如此爱惜这位人才,只想把他永远地留在宫廷里。科维尔汉娶了一位埃塞俄比亚妻子,在接下来的几十年里他在埃塞俄比亚宫廷过着拉斯普京般的生活。他实际上已经失去了与葡萄牙的所有联系,直到 1520 年,阿尔瓦雷斯神父发现了他。那时,他已经在埃塞俄比亚生活了 33 年之久。

在阿尔瓦雷斯看来,"这位可敬的、德高望重的人"似乎很有声望。他居住在宫廷附近,他唯一抱怨的就是"在过去的这 33 年当中,他没能忏悔……因为这个国家不会替忏悔者保守秘密"。相反,科维尔汉已经习惯了"去教堂,在那里向耶和华忏悔他的罪行"。[58] 对此,一个修士深受感动,立即收他做自己的"灵子"。科维尔汉告诉阿尔瓦雷斯关于约翰长老和摩尔人在这个地区的战争，以及他又是怎样积极参与的。[59]

虽然在我们的印象中科维尔汉是这个地区唯一的外国人，但我们知道还有其他意大利人生活在这里。阿尔瓦雷斯描述了海港城市马纳德利（在埃塞俄比亚东北部）到处都是"外国商人"。[60]科维尔汉有能力为他的葡萄牙客人提供大量关于该地区和东非的地理信息，阿尔瓦雷斯提到"尼罗河发源于戈贾姆王国（戈贾姆，位于埃塞俄比亚西北部）"。

然而，在涉及戈贾姆王国边界以外的地区时，这个报告就变得模糊。阿尔瓦雷斯说，他所知道的就是"有沙漠，有高山，在更远的地方住着犹太人"。同时，阿尔瓦雷斯加上了一个奇怪的免责声明："我不能确定或者肯定它，我只说我所听到的，而不是引用的其他人的言论。"[61]很明显，关于埃塞俄比亚犹太人的讨论存在问题。他所指的是那些仍然反对统治王朝的艾胡德（犹太人）吗？

阿尔瓦雷斯的职业生涯在一定程度上证明，欧洲国家寻找通往印度洋的路线依赖于个人所提供的情报消息，他们为维系情报网络投入很多。在缺乏广泛地理知识的情况下，这些人显得十分重要。为确保他们能在非基督徒的土地上安全旅行，欧洲国家还严重地依赖着另外一些人："在很多情况下……这类信使往往是犹太人、亚美尼亚人或者穆斯林改宗者，如果需要的话，他们伪装起来穿越伊斯兰国家。"[62]这种环境造就了一些人的非凡事业，比如利奥·阿弗里卡纳斯，他是穆斯林改宗基督教者。此外，还有摩洛哥犹太间谍塞缪尔·帕利亚奇（生于1550年），他曾在不少于"三个世界"里生活过。[63]因此，大

128　卫·卢温尼早期在罗马和里斯本的成功一点都不稀奇,正如历史学家米丽娅姆·埃利亚夫·费尔顿的分析,她将欧洲人描述为"轻信者"。[64] 在欧洲之外,红海地区也有一些诸如此类的间谍、商人和信使的活动踪迹。就像人们对约翰长老的寻找,它不断地引发着谣言的产生。[65]

葡萄牙人至今都在监测印度洋上的一些重要交通区域,但是他们已不再拥有亚丁湾的控制权。"控制亚丁湾对于维持葡萄牙在印度洋及其他地区的存在至关重要。"[66] 这使埃塞俄比亚成为葡萄牙计划的核心。随着埃塞俄比亚逐步有了补给和军队,他们能够更加有效地控制亚丁湾。1510年,埃塞俄比亚国王札拉·雅各布之妻埃莱妮王后写信给葡萄牙国王曼努埃尔一世(1469—1521)。她以她儿子的名义写道:"我希望这是最后也是最彻底的一次将异教徒摩尔人这个害虫从地球上清除……如果我们联合……军事力量,我们将拥有……足够的力量去消灭他们。"她提供了葡萄牙人最需要的东西:大量的地面部队,以及为远离故土的舰队提供后勤支援。

一位埃塞俄比亚宫廷的使者,带着埃莱妮王后的信,缓缓地来到葡萄牙人面前。这个人是居住在开罗的亚美尼亚商人马瑟斯,是奥斯曼帝国的臣民。他在前往印度的途中向东来到泽拉。1513年,在经历很多困难之后,马瑟斯到达了印度,在那里他终于在果阿见到了阿丰索·德阿尔布开克,阿丰索立刻把他送到里斯本,马瑟斯到达里斯本的时间是1514年2月。

马瑟斯在果阿和里斯本都受到了欢迎:欧洲天主教徒和葡萄牙宫廷对于他的出现感到非常振奋。不久后,葡萄牙国王曼努埃尔殿下得到教皇利奥十世的公开支持,成为基督教世界反伊斯兰战争的先锋,并被许诺将获得异教徒土地上的所有战利品——这件事就发生在曼努埃尔通知教皇约翰长老的"使节"到达了他的宫廷之后不久。马瑟斯出现在里斯本后,曼努埃尔国王派遣了两个代表团跟随马瑟斯去了埃塞俄比亚。[67] 其中一个代表团于 1520 年抵达埃塞俄比亚(不包括马瑟斯,他在途中去世了),在埃塞俄比亚待了 6 年后,其成员被送回里斯本。因此,就在大卫"使者"到来前不久,约翰长老的"相同故事"就开始了。

在阿尔瓦雷斯的叙述中,马瑟斯"骗子"的形象出现了好几次,这个骗子利用了埃塞俄比亚和葡萄牙。埃塞俄比亚国王先是不承认马瑟斯,后来改变了主意,在写给曼努埃尔国王的信中承认马瑟斯是埃莱妮王后派遣的,"因为那时候我才 11 岁"。[68] 这封信于 1527 年送达葡萄牙,是大卫逝世和失去葡萄牙宫廷荫庇的原因之一。如果马瑟斯是一个骗子,也许大卫也是个骗子。

寻找马瑟斯和大卫之间的直接联系是很吸引人的:他们都到达了欧洲,还提议建立军事联盟反抗伊斯兰势力。阿龙·埃斯科利从事大卫研究多年,他认为马瑟斯可能是个冒名顶替者,并怀疑他和大卫是否曾在某个时候见过面并交换过意见。但是,比起寻找类似的联系,我更愿意关注非洲或中东的现实,这些地方构成了大卫故事的某些关键方面。正如我们所见,也门犹太人讲述的关于约翰长老和十个部落之间的战争,事实上就是在阐述现代的埃塞俄比亚在 15 世纪 60 到 80 年代发生的事。关于一个狂热的基督教王朝和犹太人之间发生冲突的消息,被理解成了约翰长老和十个部落的战争。就像基督教欧洲倾向于将传说中的约翰长老理解为埃塞俄比亚人,来自亚丁湾对岸的犹太人被解读为十个遗失部落的民众。

最后,大卫的故事让我们看到,十个部落是如何在复杂的各方势力网络中出现的:欧洲势力在印度洋的扩张,促成基督教和伊斯兰教之间的全球冲突,这在一个神秘的非洲国度里,是难以解释的事件。大卫自创的人物吸引了欧洲人对十个部落的关注,但使他的故事得以展开的是关于部落的长期争论,这些部落被安置在遥远、古老和南部的世界边缘,在埃塞俄比亚、阿拉伯地区和印度之间的某个地方,并具有一定的军事实力。这个传说在大卫之前就被创造了出来,这也成了他故事背景的一部分。现在我们重新回到意大利,回到遗失的十个部落和全球地理思维的关系中来。

《世界旅行记》: 暴露世界中的遗失部落

1525年,大卫来到意大利两年后,拉比亚伯拉罕·法里索尔撰写了世界上第一部希伯来语地理学著作,他来自阿维尼翁的一个城市费拉拉。《世界旅行记》(*Igeret Orhot' Olam*)[69]是一部典型的文艺复兴时期的巨著,与当时许多其他作品类似。正如它的作者所称,它是一部宇宙地理学,以西班牙人和葡萄牙人大量的最新地理发现为基础。这是一份独特的文献,一个用希伯来语写成的作为"娱乐"而存在的全球地理学作品。法里索尔说,他写该书是为"一些人消遣的,用诗书描述从未发生过的古代战争,以分散这些人的痛苦与烦恼"。[70] 但对该书的评论强调,法里索尔的科学越来越接近地理事实。历史学家

第四章 "一群强大的以色列人"

大卫·鲁德尔曼表示，法里索尔接受过他那个时代最新的科学和地理发现方面的良好教育，并与其他文艺复兴时代的学者有着相同的价值观，他们对自然世界和世界地理充满了好奇心。

鲁德尔曼令人信服地表明，《世界旅行记》是法里索尔所设想的人文主义计划的一部分。最重要的是，他想用希伯来语把当时绘制世界地图的所有"创新"都复制出来。[71] 该作品是16世纪意大利犹太人和基督徒对话最典型的例子。历史学家阿蒙纳·拉兹·克拉科茨金指出，该书包含很多种知识，大多是关于宗教的，还有一部分是科学方面的。[72] 法里索尔举例说明了这种对话，他在该书的序言中称运用了"非犹太人"的知识，并从"他们的"书中获取了信息。此外，他还对《世界旅行记》涉及范围的有限性道歉，他写道，"即使是基督徒、地理知识的权威也不可能说出所有的信息。"基督教地理学家通过"达成一致的方式"来确定事实并命名地点，如通过使用证据、证词和证明，并借鉴被认为是准确的、权威的、不断增长的知识体系。在这方面，他的文本"借鉴了地理学家的知识"。[73]

《世界旅行记》虽然涉及范围有限，但该书被认为全面"介绍了世界上的七种气候，以及三个有人居住的地区：亚洲、欧洲和非洲"，包括"葡萄牙船只最近在南极附近发现的遥远岛屿"。他的读者也会发现"关于桑巴提安河的信息，以及被封锁的犹太人的位置"。[74] 法里索尔认为，全面的世界地理知识应该包括奥伊库梅内和"遥远的岛屿"，还应包括被封锁的犹太人和桑巴提安河。世界地理由三类地区组成：传统居住地和已知世界、新发现的尚未完全为人所知的部分，以及被封锁的区域。

16世纪后期，人们对整个星球都有人类居住的观点争论激烈，这对基督教产生了严重的神学影响。在此之前的几十年里，一些戏剧性的地理发现揭示了世界与欧洲人所想象的根本不同；这场争论的中心是意大利，尤其是威尼斯——欧洲最重要的世界制图中心。在那里，人们使用新的地理数据绘制地图。[75]

虽然法里索尔是在"完全居住"（total habitability）这个概念最终形成之前的几十年里进行写作的，但他意识到世界完全被人类居住的假设所带来的问题。对他来说，最关键的问题是十个部落，《塔木德》和中世纪的原始资料，无疑使其与十个部落的距离越来越远。对法里索尔来说，在一个有着明确疆土的已知世界背景下写作，遗失和未知民族的观点是一个问题。他把十个部落划归为第三种类型，仅次于已经被人们熟知的部落和新发现的部落。

法里索尔在谈及十个部落时习惯用术语"被封锁的犹太人"来表示这一概念。正如我们在《以斯得拉书》中所看到的那样，十个部落的被封锁通过不同且复杂的方法被暗示：它们在另外的土地上，被隐藏在地底下，在河流、大山和长城之外；它们是不可见的。3世纪时，康芒迪安纳斯明确使用了"被封锁"一词。阿布拉菲亚曾使用术语"被隐藏的犹太人"。16世纪，法里索尔在描述部落的特殊性时遇到了困难，因为当时的世界似乎是完全暴露的，或者至少是有可能暴露的。现在似乎不存在难以到达的河流或者山脉。所以，从最简单的意义上说，"被封锁"似乎是唯一可能的描述。隐藏的犹太人居住在人类的某个岛屿上，是世界地图上一个真实存在的实体——在我们中间，但被分开了。

像他那个时代的大多数意大利犹太人一样，自大卫·卢温尼来到意大利后，法里索尔就一直密切关注着他。然而，很明显，1523年大卫出现在意大利并没有影响法里索尔创作《世界旅行记》——或许他可能早就在创作了——因为这个作品和大卫关系密切。鲁德尔曼指出，法里索尔因非犹太人对十个部落的关注而备受鼓舞。[76] 尽管法里索尔对大卫的弥赛亚救赎愿景持怀疑态度，甚至怀疑他的十个部落后裔的身份，但大卫还是出现在了他的书中。有时，他将大卫认定为来自十个部落的人，但要加上"他可能来自耶胡达"——也就是说，他是一个普通的犹太人。甚至早在1525年，法里索尔就可能已经不完全相信大卫了。

但大卫的身份远不如将十个部落纳入世界版图的挑战重要。在某种程度上，法里索尔不仅想把它们融入他那个时代的重大地理发现中去，而且还想以一种符合当时世界地理写作的方法来叙述，这就带来了需要科学证据的负担，而例如《塔木德》的作者或图德拉的便雅悯就没有这方面的束缚。在法里索尔那个时代，写作关于部落和世界的文章，需要科学的认可。大卫在这方面起了作用。"我，亚伯拉罕·法里索尔，为了揭示世界上那些还不被人们所知的旅行路线，我选择写这一章，这涉及那个来自十个部落或者可能是耶胡达的犹太人的旅行路线。他就是所罗门之子大卫，以色列部落的军事指挥官。"[77] 大卫的故事有助于读者了解世界地理。法里索尔对十个部落存在的强大信念消除了他对大卫身份的任何怀疑："这一切都是我从可信的作品中看到的，是从重要的人那里听到的，诚实的人，从耶和华……完全的真相……他们不会说谎……而且凡寻求他（耶和华）庇护的人，必不至羞愧，真理必自生而出，并要行路。"

132

他对以色列的最终救赎以及对耶和华的强大信仰比大卫的诚信问题更加重要。

这里的法里索尔使人想起祖玛·加翁来，几个世纪以前，加翁遇到了一个关于埃尔达德的谜题。他并不希望自己探究这个人的身份问题，毕竟信仰才是更重要的。以色列人的回归及其返回圣地才是"完全的真理"。法里索尔似乎明白，去怀疑大卫就意味着损害他的弥赛亚计划。他看到了真相"起作用"的迹象，因为大卫的故事赢得了异教徒权威对十个遗失部落的存在及其力量的承认。目前并不清楚他是怎样得出这个结论的，但法里索尔写道，葡萄牙国王在写给教皇的回信中证实了大卫所宣称的十个部落。这当然不是真的，但对于法里索尔而言，大卫受基督教领袖接见这一事实足以说明后者拥有确凿的证据。他坚信葡萄牙探险者带来的消息证实了大卫故事的真实性。

对法里索尔来说，这将是不可低估的胜利信号。他的写作始于 1525 年，离大卫到达意大利仅过去了两年时间，他很快就断定整个故事是有益的："现在，它对于所有的君主和统治者以及罗马街道上的民众都成了真理，他们知道仍然有很多的以色列部落存在，他们有众多的君主……而那个犹太人，无论他是谁都无关紧要。"[78]

在讨论十个部落时，虽然《塔木德》的作者或中世纪作家几乎没有人会考虑到具体的或外部的地理知识，但作为一个 16 世纪文艺复兴时期的人，他在写一本世界地理学专著时，必须考虑到这些知识，就像法里索尔将他的书命名为《世界旅行记》那样。法里索尔高兴地看到，对于非犹太人来说，这十个部落的存在已经"变成了真理"，这显示了他在工作中提供确凿的信息是多么重要，也就是说，这些信息要被非犹太人的地理知识所承认。就此而言，法里索尔是现代第一个研究十个部落问题的人，他背负着证明它们存在的挑战。

然而，法里索尔对十个部落的实际描述相当令人失望，虽然它们在书中以醒目的标题出现，对大卫的描述也用了一整章的篇幅。但该书没能涉及更多新的信息，而且据他自己承认，他借鉴了熟悉的《塔木德》中描写"印度"的部分。当然，最大的变化是部落第一次真正地出现在了绘制的地理范围内。

几十年后，拉比大卫·甘斯（1541—1613）在评论中驳斥了法里索尔对十个部落的描述方式，称其为吉姆古姆（gimgum），意思是口吃或缺乏自信。[79] 他还表达了对另一位意大利作家阿扎赖亚·代·罗西（1513/1514—1578）的不满，后者在自己的作品《眼之光》（*Light of the Eyes*）中讨论了这些部落的位置。代·罗西虽然没有写过世界地理学的相关作品，但当讨论部落的位置时，他就像法里索尔一样，只是简单地重复了《圣经》和《塔木德》的故事。[80] 甘斯对代·罗西和法里索尔未能提供任何关于部落的地理信息而感到不满。甘斯说，他正准备写一本关于十个部落位置的专著，这大概是一本更高级的地理学专著了。如果他曾经完成过这项任务，那该书的命运就不清楚了。[81]

历史学家安德烈·内尔解释说，大卫·甘斯比代·罗西和法里索尔了解得更多。[82] 但有些人会说大卫·甘斯的判断过于严厉，忽略了最终的目的：不是为了提供关于十个部落的新信息，而是为了更好地将它们定位在新绘制的地图内。这就是法里索尔所做的。在早期，十个部落被定位在一个未知世界的未知区域内，而现在它们被定位在一个已知区域里的未知位置。作为一个文艺复兴时期的人文主义者，法里索尔意识到他的真正挑战是吸引更广泛的知识分子，正是本着这种精神，他参与了将十个部落纳入他那个时代新世界地理版图中的挑战。他着重强调了地理大发现时代给十个遗失部落的故事带来的困境。这些部落是如何在一个暴露的世界里继续保持遗失状态，这是一个谜团，这个谜团将在剩下的章节中展开。

第五章

和谐世界

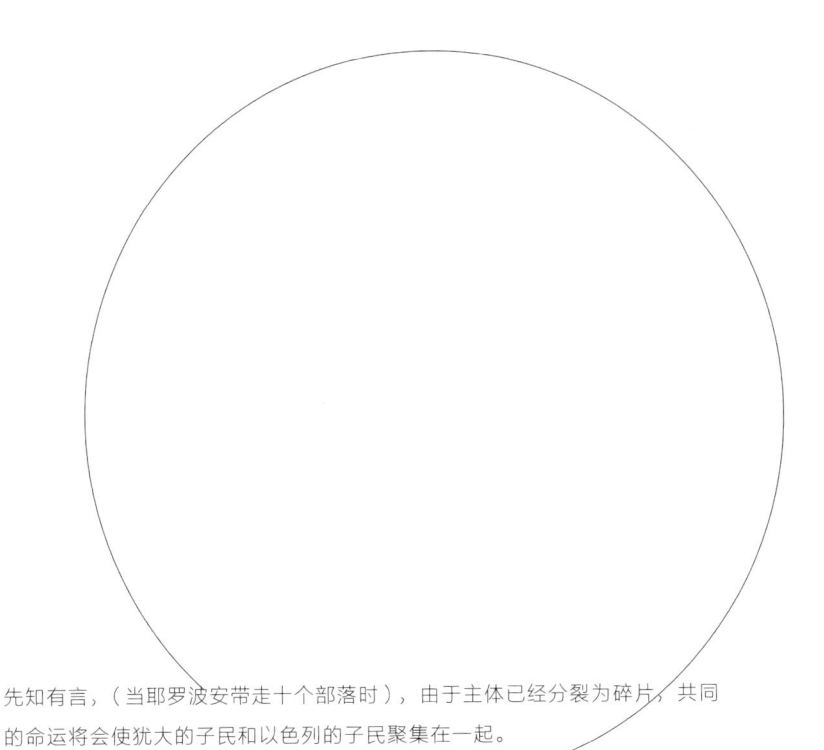

先知有言,(当耶罗波安带走十个部落时),由于主体已经分裂为碎片,共同的命运将会使犹大的子民和以色列的子民聚集在一起。

——约翰·加尔文,对《何西阿书》(1:1)的评论

以色列的十个部落起行的时候,荣耀和威严的云彩将围绕他们,神也必在他们前面起行。

——约翰内斯·布克斯托夫,犹太会堂(1603)

第五章

初始世界

秘鲁的科迪勒拉山脉

1647年夏天一个炎热的日子里[1]，一张病床被抬进了累西腓的犹太教堂。床上躺着一个40多岁的男人阿哈龙·哈列维，他就是人们熟知的安东尼奥·蒙特西诺斯，他发誓说，过去两年他所说的一切都是真的。围绕在他床前的人都是从前的"新基督徒"，他们在新殖民地躲避了伊比利亚宗教裁判所的恐怖审判，也是在那里他们重新皈依了犹太教。他们做了笔记并计划将笔记送回处于荷兰短暂统治下的阿姆斯特丹，这也是蒙特西诺斯来累西腓之前的最后居住地。[2] 犹太教堂里的安排是为了解决蒙特西诺斯的故事留下的疑问，因为犹太法典规定人在临终之前不能说谎。蒙特西诺斯讲述了一个令人难以置信的故事。蒙特西诺斯曾在阿姆斯特丹停留了六个月，那儿有一些重要人物对他所讲故事的真实性特别感兴趣,并且等待着来自累西腓的消息。

蒙特西诺斯大约于 1604 年出生在葡萄牙弗洛雷斯的一个新基督教家庭,他的犹太祖先迫于曼努埃尔一世 1497 年的法令改信了天主教。年轻的时候,蒙特西诺斯离开葡萄牙来到了西印度群岛,像其他许多葡萄牙新基督徒一样,他秘密地转信了犹太教。他在美洲生活了大约 20 年,然后去了欧洲,到了阿姆斯特丹。在那里,以前的新基督徒犹太人社区逐渐兴盛起来。阿姆斯特丹的新教摆脱了西班牙统治,它的宽容吸引了大量想自由转信犹太教的葡萄牙新基督徒。在很长一段时间里,回归犹太教的葡萄牙人主导了大西洋贸易网络的一部分。1644 年 9 月,蒙特西诺斯在抵达阿姆斯特丹后,便开始传播他在美洲冒险的故事。[3] 这很不可思议。

在美洲,蒙特西诺斯靠与印第安人做生意为生,并在当地人的陪同下旅行。他徒步穿越安第斯山脉,从翁达(在今哥伦比亚境内)到基多(厄瓜多尔境内),他遇见了一个不寻常的混血印第安人。这个人叫弗朗西斯科,被其他印第安人称作"卡西克",在他们的语言中是"领导者"的意思。他们在翻越科迪勒拉山脉时发生的一些事情给蒙特西诺斯留下了一种印象,那就是其他印第安人对弗朗西斯科怀有一种奇怪的尊重。弗朗西斯科还公开蔑视西班牙帝国,并且毫不犹豫地说出了这一点,他告诉蒙特西诺斯,西班牙人是残忍的民族,但很快会"被隐藏的民族惩罚"。

不久之后,蒙特西诺斯抵达了卡塔赫纳·德印第亚斯并被当地的宗教裁判所投进了监狱。他在牢房中顿悟了——印第安人就是希伯来人！蒙特西诺斯认为，弗朗西斯科和其他印第安人一定早已知道真相，他发誓一出狱就去证实这个猜测。在他最终回到翁达后，他找到了弗朗西斯科并希望能和他单独旅行。在路上，蒙特西诺斯对他说："我是来自利未部落的希伯来人，我的上帝是耶和华，其他一切都只是掩饰。"[4] 印第安人弗朗西斯科"震惊"了，他询问了蒙特西诺斯祖先的情况，经过多次交谈后，他确信蒙特西诺斯确实是"以色列人"。他告诉蒙特西诺斯，将带他进行一次旅行。他们行进了大约一周，"跨过了河流和沼泽"，只吃了一些"烤玉米"。在安息日，他们就休息。在一个星期二的早晨，他们遇到了一条大河。弗朗西斯科对蒙特西诺斯说："在这里你将会看到你的兄弟。"看来这些神秘的兄弟已经知道了他们的到来。几分钟后，"三男一女"划着一只独木舟过了河。弗朗西斯科跟他们交谈了起来，然后四个人都跳起来拥抱蒙特西诺斯。其中两个男的开始背诵《申命记》（6：4）《施玛篇》，它要求所有的以色列人确信耶和华是他们唯一的神，《施玛篇》被世界各地的犹太人传诵。

这四个人是十个部落的民众，是"亚伯拉罕、以撒和雅各的子孙"。他们给出了几个特征证明他们是以色列人，但是对如何得到这个位置的信息他们并不愿意透露太多，并告诉蒙特西诺斯，弗朗西斯科稍后会告诉他剩下的故事。他们还隐晦地断言，"很快"他们会与外部世界取得联系，但是在那之前，他们要求蒙特西诺斯为其找到"12个有胡须并且有学问的男性"。他们拒绝让蒙特西诺斯过河。当他尝试自己过河时，他们变得非常生气。[5] 稍后，蒙特西诺斯和弗朗西斯科朝着翁达的方向返回。在经过一番恳求后，蒙特西诺斯最终说服了弗朗西斯科为他讲述剩下的故事。"要知道你的兄弟是以色列的子民,上帝带领他们来到这块土地,并且赋予了众多神迹和奇观……当我们印第安人来到这块土地时,我们与他们战斗,并且对待他们比西班牙人对待我们更糟糕。"经过一系列的屠杀和血腥交锋,以色列人最终消失了,他们失去了与外部世界的联系。此后,他们只允许少量的卡西克每隔70个月去看望他们一次。在这个规定之外,只有在非常特殊的环境下——比如蒙特西诺斯的到来,才允许卡西克来看望以色列人。弗朗西斯科最终预言:"总有一天以色列人会像以前一样接管这个国家,统治世界。"[6]

这件事之后,蒙特西诺斯开始传播关于十个部落即将回归的消息。这个消息传到阿姆斯特丹后,玛拿西·本·以色列(1604—1657)将这一故事写了下来,于1650年创作了著名的《以色列人的希望》(*Hope of Israel*)。

乍一看,蒙特西诺斯使我们想起了大卫·卢温尼,但他的故事要复杂得多。当这位也门犹太人用一种更古老的叙事方式完整地将十个部落置于世界的南部边界时,蒙特西诺斯的故事则被嵌入一个戏剧性的重大变化中。十个部落已经从世界的东部和南部边界迁移到了北部和西部边界,并在神学上重新强调了部落回归对人类的意义。《以斯得拉书》出现在蒙特西诺斯的故事中让人感触颇深,它讲述了十个部落在神的带领下漫游到另一片土地上,上帝会创造神迹并且与异教徒争论;它告诫众人这条巨大的河流没有人可以通过。最重要的是它预言他们会凯旋,并与其他以色列人重聚,这在蒙特西诺斯的故事里也是很重要的一部分。

138　《以斯得拉书》大约是在两个世纪以前,也就是15世纪80

年代左右开始在欧洲崭露头角,当时在意大利人文主义学术圈中,皮科·德拉·米兰多拉(1463—1494)对近东语言、犹太文本、卡巴拉、古希腊思想以及伊斯兰教抱有很大的兴趣。在这种背景下,《次经》,尤其是《以斯得拉书》的预言篇/启示录因讲述了一个遗失的民族回归的故事而变得非常有吸引力。与美洲民族的接触同样使该书变得极为重要。尤其是西班牙统治下的美洲,《以斯得拉书》是很多人的精神寄托。[7]

1572年,也就是蒙特西诺斯之前的几十年,方济会修士弗赖·弗朗西斯科·德拉克鲁兹被秘鲁利马的宗教裁判所审判。在他的许多罪行里,德拉克鲁兹承认了一个有趣的异端邪说。他宣称土耳其人最终将会摧毁旧世界的天主教。其生存的唯一希望是与新世界的十个部落(印第安人)组成天主教联盟。德拉克鲁兹希望成为新世界天主教的领袖,他的理论基于他的信念,即印第安人就是《以斯得拉书》提及的十个部落。比蒙特西诺斯更不幸的是,他在审判后就被烧死了。[8]

除了《以斯得拉书》外,蒙特西诺斯的故事更具吸引力。他预设的地点是南美洲一条巨大的山脉,即安第斯山脉,并且认为十个部落所躲避的异教徒就是印第安人。故事也从一个启示发展为另一个启示:蒙特西诺斯意识到(在宗教裁判所的监狱)有些印第安人就是希伯来人,而他自己是犹太人的身份被暴露导致了十个部落的暴露。一个邪恶的帝国——西班牙——为这个故事提供了基本的背景。不管如何独特和离奇,蒙特西诺斯故事最基本的要素,都应被纳入一个关于十个部落更广泛的推测、希望以及恐惧的范围内。蒙特西诺斯的故事版本为寻找遗失部落的前景增加了一个有趣的因素,这个因素来源于他自己的身份。作为一个回归犹太教的人，蒙特西诺斯非常熟悉回归和恢复的实际意义。作为一个隐藏身份的犹太人，他明白十个部落的隐蔽性不仅是如何接近他们的问题，也是如何确定这些人身份的问题。隐藏不仅仅意味着生活在一个不可逾越的地理障碍之后，还意味着要隐藏他们的身份。因此，他在自己回归犹太教的地方发现十个部落也就不足为奇了。然而，就像他有时在美洲也要隐藏自己的身份一样，十个部落也是如此：完全回归及揭开他们身份的时刻还没有到来——尽管在美洲的相遇预示了他们回归的可能性。蒙特西诺斯与十个部落的相遇源于这一更广阔的背景，即在1492年左右开始看到的各种可能性。

视野和可能性

1519年4月21日，由埃尔南·科尔特斯（1485—1547）领导的小股西班牙军队在阿兹特克帝国的门户乌卢阿登陆。经过了两年半的血腥屠杀之后，科尔特斯成为一个庞大的中美洲帝国，即新西班牙的统治者。1522年10月，他被正式任命为墨西哥总督，开始在阿兹特克被毁的首都特诺奇蒂特兰的废墟上建设墨西哥城，并从西班牙迁入人口和进口货物。紧随科尔特斯之后的是弗朗西斯科·皮萨罗（1471—1541），他于1524年从巴拿马向南航行到美洲大陆南部的印加帝国。大约在1550年，西属美洲——秘鲁和墨西哥——是一片广阔的领土，它从现在的墨西哥北部一直延伸到阿根廷和智利南部。当然，西班牙并没有控制这一领域内的每一平方英里，这些地区毗邻并包括亚马孙丛林、安第斯山脉、广袤的沙漠和热带雨林等许多天然屏障。1572年，最后一位独立的美洲土著统治者图帕克·阿马鲁在库斯科被斩首。西班牙仍然是这片大陆上唯一的强国。[9]

这一历史始于1492年克里斯托弗·哥伦布在西班牙支持下的向西航行，从而开启了一个航行、探索、征服和殖民的活跃时代。这项事业不仅仅涉及军事方面的努力，它从一开始就带着人文色彩。美洲大陆是一个奇迹般的存在，如何对待生活在这个大陆上的人民，"是控制他们，还是同化他们"非常重要。[10]宗教、神职人员和《圣经》在这个庞大帝国的创建过程中产生了重要作用。[11]

旅行家们在美洲寻找的一个更有趣的地方是俄斐。在《列王纪上》中，我们知道所罗门王的使者"到了俄斐，从那里得了四百二十他连得金子"（《列王纪上》9∶28）。俄斐也在其他地方被找到了。达·伽马在15世纪末就提出，俄斐其实是东非。在美洲的背景下，由哥伦布开始，后来的探险家把更多的时间用来寻找传说中的俄斐[12]以及黄金国。[13]其他的探索还包括胡安·庞塞·德莱昂（1460—1521）去佛罗里达和亚马孙寻找青春之泉；弗朗西斯科·德奥雷利亚纳因遇见了传奇女战士坚持将河流命名为亚马孙河。[14]

在美洲寻找十个部落，无疑属于历史学家安东尼·派格登所说的"可能性的范围"，也就是说美洲已经成为一个酝酿十个部落故事的"温室"。[15]但是鉴于青春之泉可以使人永远年轻，并且黄金国可以使人永远富有，所以寻找遗失的十个部落有了更大的价值。除了预言他们会在末日回归之外，与这十个部落相遇的可能性还有一个更深的神学意义。这个可能性的范围就是时间、地理和预言交汇的地方。

众所周知，伴随着（或者更好的说法，"围绕着"）欧洲的扩张和殖民化带来的不仅是被征服民族的基督化，还有更深层次的神学考虑和期待。例如，文学家杰拉尔·卡迪尔指出，哥伦布认为自己是"天定历史末世情节的神圣工具"。伟大的西班牙多米尼加神学家巴托洛梅·德拉斯·卡萨斯（1484—1566）对哥伦布用《以赛亚书》祈祷（在哥伦布第三次航行的信件中有记载）进行评论，"因为以赛亚是一位先知，他可以预言新世界的发现。"[16]《以赛亚书》的预言，特别是那些预言世界末日、人类统一和恢复世界和平的预言，在哥伦布的《预言书》中占有重要地位，这些文字表明，哥伦布非常熟悉《圣经》中的预言，并将他的传记理解为对这些预言的实践。[17] 在哥伦布选集中，他意在表明他的发现"并非是偶然的，而是天定历史必要的一部分"。[18] 哥伦布认为，他的成就"与其说是一个'发现'，不如说是一个揭示——揭示上帝计划的重要一步"。[19] 当哥伦布衡量他的航行时，他的"末日意识"变得更加敏锐，他试图寻找可以证明他地理发现的"神学和历史背景"。[20]

历史学家保利娜·沃茨表明，哥伦布对中世纪神秘主义者约阿希姆·迪菲奥里（1135—1202）对于耶路撒冷回到基督徒手中的预言特别感兴趣："归还锡安方舟的人将来自西班牙。"[21] 沃茨断定："在哥伦布的脑海中，新大陆被视为世界的尽头。"[22] 世界的尽头与十个部落有着密切的联系。哥伦布很可能熟悉约阿希姆的观点，即耶路撒冷落入"萨拉森人"之手，无异于重复了十个部落落入亚述人手中的场景。[23]

"众海岛"被《以赛亚书》确定为十个部落返回的地方，这对哥伦布来说尤为重要，他引用了《以赛亚书》第11章中的话，"当那日，主必二次伸手救回自己百姓中所余剩的，就是亚述、埃及、巴忒罗、古实、以拦、示拿、哈马，并众海岛所剩下的"。[24] 但在哥伦布的脑海中，不仅有《以赛亚书》和《圣经》中的预言，[25]《以斯得拉书》亦是哥伦布精神和现实世界的重要组成部分，他甚至试图在伊莎贝拉和费迪南夫妇面前用该书"证明海洋是多么渺小"。[26] 在他写的关于第三次航行（1498）的记录中，哥伦布将其描述为一次"神圣的朝圣之旅，目的地是传统预言中的地球尽头"。[27]

哥伦布有一种"明显的……使徒和天定论意识"。[28] 正如卡迪尔所说的那样，这种成为实现预言工具的感觉与之后关于美洲十个部落的猜测密切相关。[29] 哥伦布两次提及他所发现的这个世界是"另一个世界（otro mundo）"。[30] 哥伦布发现的"另一个世界"（与韦斯普奇在1504年创造的新世界相反）[31] 是否就是《以斯得拉书》中的"另一块陆地"，或是《申命记》中的另一个世界？在希伯来语中，"Aretz"也是"世界、地球"的意思。毕竟，哥伦布是在"东西方交汇的东方尽头找到这个世界的"。[32]

地球是圆的这一地理事实（因此东西方必定会交汇）与另一个世界存在于某处的预言不谋而合。地理决定论和预言解释的结合起了作用。新的航海技术可以使我们到达"东方尽头"和"地球尽头"，也让一个足够努力的人可以找到遗失的十个部落。除了地理搜索之外，人们还需要积极地借用预言文本并对其进行解释。找到十个部落的前景是非常真实的。无论是预言，还是现实世界中所揭示的地理，都使它成为可能（但肯定不是必然的)。

正如图德·帕菲特的文献所述,美洲后来被称为"犹太印第安理论"的中心,[33] 根据这一理论,美洲土著人或其中一些人属于消失的十个部落。其他版本中十个部落中的一两个部落是和其他族群——埃及人、腓尼基人一起迁徙到美洲的。犹太印第安理论引发了持续数世纪的激烈争论,首先是在西班牙殖民地,而后主要是在英国和美洲殖民地。印第安人与十个部落有关的观点也是一个有用的政治工具,可以帮助欧洲人"占有"他们,用斯蒂芬·格林布拉特的话说,[34] 这个观点通常被用来为征服、殖民和掠夺财产做辩护。在另外一个时代,它又可以被用来谴责这些相同的行为。

在许多奇特曲折的故事中,人们可以看到盖勒吉纳·瓦提(1802—1839)皈依了基督教,他是被伊莱亚斯·布迪诺特(1740—1821)收养的切罗基贵族,而布迪诺特是研究十个部落的著名学者,曾提出印加人是十个部落后裔的观点。在美国,托马斯·杰斐逊总统认为有必要裁定印第安人不属于消失的十个部落,尽管他的一些亲密伙伴,比如伊莱亚斯·布迪诺特强烈认为他们就是消失的十个部落的后裔。这个理论很有说服力和诱惑力。布迪诺特并不是唯一信奉犹太印第安理论的美国杰出领袖。早在1682年,威廉·佩恩(1644—1718)就写过关于印第安人的文章:"就这些非凡民族的起源来说,我不得不相信他们是犹太人,我指的是消失已久的十个部落的后裔;……十个部落去了一片'荒蛮且未知的'大陆,那一定是亚洲、非洲甚至是欧洲。"[35]

犹太印第安理论与两个关键问题联系在一起。第一个常见问题是"十个部落在哪里?"第二个问题在当时要重要得多,即"人类当初是如何来到美洲的?""还有一个关于印第安人是谁以及他们是从哪里来的问题。如果地球上的每个人都是亚当和夏娃以及大洪水后七个幸存者的后裔,那么印第安人就必须与《圣经》世界联系起来。"[36]这一说法在罗马教皇保罗三世(1468—1549)于1537年5月发布教皇通谕《崇高的上帝》之后变得尖锐起来。在谈到美洲土著人被奴役的问题时,教皇说他们"以及所有后来可能被基督徒发现的人"都是"被选中的人"。[37]但是,他们是什么人?可以肯定的是,近代早期充满了关于最近发现的不同种族起源的理论。然而,十个部落的理论无疑是其中最持久的。[38]

犹太印第安理论提出了其他尚未解决的问题,这些问题围绕着十个部落在美洲形成的神学和地理方面的可能性展开。为什么在近代早期发现部落如此重要?如果他们是在美洲被发现的,那么他们最初是如何到达那里的呢?

十个部落的北方化

1544年,十个遗失部落的土地阿扎罗兹,首次出现在由德国制图师塞巴斯蒂安·明斯特尔(1488—1552)绘制的名为"当代亚洲"的小木刻地图上。明斯特尔将其称为"阿萨利特",位于亚洲最东北的角落,在斯基泰海以南。其内部的区域更为广泛,它是半岛的一部分,北面和东面被海洋环绕,西面有一条宽阔的河流将其与亚洲其他地区隔开。中国位于这个半岛的南面。[39]明斯特尔是神学家、绘图学家、宇宙学家、数学家，还先后在海德堡大学和巴塞尔大学担任希伯来语教授，他最著名的作品是《希伯来圣经》，这是希伯来语《圣经》的第一个新教译本。他还以他的《宇宙志》和《托勒密地图》而闻名，前者发表于1544年，是一本对描述世界的地图和科学论文的简编。[40] 希伯来主义、《圣经》研究、神学和十个部落的地理位置之间的联系，与16世纪出现的新基督教对十个部落的关注密切相关。基督教希伯来主义是其中的主要原因，它是文艺复兴时期的一种学术形式，是犹太教—基督教当代对话的典范。希伯来主义不仅仅局限于一个基督教派，它还涉及"卡巴拉经典、犹太《圣经》注释以及《塔木德》文本"的翻译和研究。[41] 明斯特尔本人"由于密切关注拉比文献"而闻名，但也因此经常受到批评。[42]（明斯特尔还出版了《托比传》，所以人们可以认为他至少对其中一个部落的生活已经很熟悉了。）

希伯来语学者的研究产生了大量关于十个部落的新材料，标志着犹太人和基督徒就这一主题进行直接对话的开始，即使这个对话并不透明。正如我们所见，犹太人和基督徒关于十个部落的讨论长期处于不同的轨道上。从现在开始，他们将进行更激烈和更直接的对话，不仅是关于十个部落所在的位置，还涉及它们故事的意义。如果到目前为止，只有犹太人从消失的角度讨论这些部落，那么从现在开始，部落消失所带来的影响也将是一个基督教问题。

20年前，在大卫·卢温尼出现在意大利期间，亚伯拉罕·法里索尔曾写道，"现在"基督徒"知道"十个部落了。法里索尔低估了基督教对十个部落长期以来的感情，但他认为将十个部落纳入《宇宙志》（一部讲述世界地图的简编）是犹太教—基督教持续对话的一部分。阿扎罗兹出现在由基督教希伯来主义者撰写的宇宙学著作中，这标志着关于十个部落地理位置的猜测从几乎完全是犹太人的活动转变为基督徒的活动，这是近代早期争论中的许多重大转变之一。

正如犹太教和基督教的经文和思想相互共通一样，地理和《圣经》研究也是如此。此外，这一时期的欧洲地理在许多方面都是一项有宗教意义的、神圣的事业。宇宙学"将天体和地理探索结合在一起的论述，代表空间和范围，并将人类在自然界中的地位理论化"。[43]一个人的宗教信仰决定了他的地理概念。在16世纪，"宇宙学和地理学之间还没有明确的区别"，这两个术语"在世界地理的书写中是一致的"。地理学家约翰·肖特恰当地将明斯特尔和其他人称为编写"世界地理"的"宇宙地理学家"，并将他们的工作定义为"在已知世界的规模和复杂性迅速增加的时候修改宇宙地理计划以编写通用地理信息"。[44]直到17世纪，明斯特尔的《宇宙志》仍是一本再版了多次的畅销书，它就是"一个折中的材料集，有旧的东西，有新的东西，一部分是旧的神话，一部分是新的事实"。[45]例如，1628年版的《宇宙志》将新发现的东南亚暹罗王国与传说中的俄斐联系起来。[46]就像肖特毫不留情地评价明斯特尔时说的那样，"他是古典错误和中世纪偏见的囚徒"，在我们评价明斯特尔将阿扎罗兹雕刻在他地图上的这一做法时，这种描述是非常恰当的。[47]"阿扎罗兹"似乎与其他地名没什么不同，它仅仅是一种没有边界，也没有任何其他特殊标记或解释的符号。它包含的似乎更多的是与宇宙学家对《圣经》遗产的承诺有关，而不是与地理事实相关。明斯特尔为阿扎罗兹选择的地点——位于亚洲东北部——更为有趣。

"北方的概念"在这里至关重要，这一短语是从其他地方借用的概念。[48]在一个已知"规模和复杂性都迅速增加"的世界背景下，人们不再将阿扎罗兹置于传统的中亚位置上。东南亚和印度海岸，以及十个部落的其他假定位置，在明斯特尔的地图上有相当准确的标注。在蒙古人以及随之而来的无数突厥人向西迁徙之后的几个世纪里，欧洲人对中亚地理的了解，足以确定没有十个部落在这一地区生活。欧洲人对中国和亚洲远东地区的地理了解也大大增加。因此，在俄国人来到东北亚地区和清帝国崛起的一个世纪以前，东北亚仍是十个部落唯一可能"旅行"的地方。未开发和未知的北部是剩下的唯一选择。事实上，早在1596年，佛兰芒制图师约多库斯·洪迪厄斯（1563—1612）就宣称："亚洲北部地区的确是不确定的。"[49]亚洲北部地区已转而成为世界的新边缘。包括歌革和玛各在内的其他谜团也经历了类似的迁移。著名的佛兰芒制图师杰拉杜斯·麦卡托（1512—1594）1569年在著名的《韦尔卡特》中将它们放在了东北亚地区，这是因为欧洲人对鞑靼和鞑靼人的了解向北扩展了，从而导致了终点逐渐向北迁移。[50]

另一条主要线索是斯基泰海的向北运动，它暗示明斯特尔地图上阿扎罗兹的北方化不只是一个变化莫测的符号。最初，斯基泰海被认为是黑海的名字之一，它位于北极圈南端。黑海在古代被认为是"世界的北部边缘"。[51]从某种意义上来说，它是世界的"第一个北方"。在罗马时代，它被认为是"荒凉的流放地"，且这一形象被拜占庭作家采用。[52]早期黑海/斯基泰海是一个充满了"界定世界所有外部界线的有趣特质"。[53]阿扎罗兹的北方化依旧很神秘——被重新定位在北方，一个被认为是梦幻家园的地区。就像世界的北部边缘黑海向北迁移到一个新的边缘一样，十个部落也是如此。它们的北方化是绘图的需要，但也是由于北部作为新的地点出现而产生的结果，这个新的地点是"财富和奇迹"所在，也是"所有美德"和"所有邪恶"所在。[54] 斯基泰人和十个部落之间的联系——很有可能在这里是第一次建立的——是很重要的。斯基泰人是许多传说的起源，如"独角兽、约翰长老以及亚特兰蒂斯"。[55] 黑海历史学家查尔斯·金指出，对于"古代作家而言，'斯基泰人'的标签首先是地理上的"。斯基泰人居住在寒冷的气候中，而且可能过着游牧生活。斯基泰人"成了大多数古代地理学家公认的北方所有野蛮人的真实写照"。[56] 他们的形象就像是"徘徊在文明世界边缘那看似无尽的空间里"的人类，这是很重要的。斯基泰人的领地可以被宽泛且模糊地定义为"一个不允许外国人进入，也不允许任何人离开的地区"。[57] 斯基泰人后来也被认为是十个部落的后裔，这一认同也许起源于明斯特尔的《宇宙志》。种族主义理论试图通过将盎格鲁-撒克逊人与斯基泰人和十个部落联系起来，以确立他们至高无上的地位。

回归

在 16 世纪，数千年的焦虑以及对十个部落世界末日或是对它们"真实性"的期盼，发挥了重要作用，并席卷了德语世界，尤其表现在马丁·路德的活动以及它们所激起的各种宗教运动。人们很难理解在如此短的时间内，关于消失和遗失的

《圣经》故事带来了如此多的影响和变化。1453年，君士坦丁堡落于土耳其之手，美洲的发现以及基督徒之间分歧的扩大，使得人们有足够多的理由恐惧世界末日的来临。虽然路德拒绝了一些关于十个部落的通俗传说，但他写的关于犹太人的著作以及他对土耳其人与歌革和玛各做比较的做法，煽动了这场大火。[58]

但在明斯特尔的世界里，瑞士的背景以及他与约翰·加尔文（1509—1564）的联系更为重要。明斯特尔后来成为加尔文主义著名的科学家之一，他于1544年在巴塞尔发表了他的《宇宙志》，并从1527年起住在了巴塞尔。巴塞尔于1501年与神圣罗马帝国分离，加入瑞士联邦，成为新教活动的重要中心，也是许多逃离法国迫害的胡格诺派的家园。正是在那里，加尔文于1536年发表了具有重大意义的《基督教要义》（*Institutes of the Christian Religion*）一书。加尔文和明斯特尔彼此很了解，后者曾在一段时间里担任过前者的希伯来语教师。[59] 虽然加尔文和明斯特尔无法轻易地互相交换对十个部落的看法，但加尔文对部落的看法反映了人们对发生在大卫王国时期大分裂问题的态度变化。正是在大卫王国时期，十个部落第一次出现，并且从那以后就消失了。

早期寻找十个部落的动力，来自人们揭开《圣经》之谜的渴望或者表达对犹太救世主的期望。恢复和重建十个部落的愿望当然存在于犹太人对十个部落的思考中，但到了16世纪下半叶，十个部落更加明显地成为一个基督教的重建符号。加尔文在这一转变中发挥了重要的作用。回想一下，第一本专门讨论对十个部落神学看法的书，是17世纪的加尔文主义者和希伯来神学家维吉斯的《以色列遗失的十个部落》。然而，回归并不是加尔文或加尔文主义所独有的。加尔文代表了一种更普遍的欧洲情绪。当然，他当时并没有代表整个基督教世界，但是加尔文对十个部落的评论揭示了一个更大的理论框架，他自己就是其中一个例子。作为近代早期最具影响力的基督教思想家之一，加尔文的整体影响力不容低估。

加尔文对《何西阿书》（整个民族被撕成了碎片……犹大的子民和以色列的子民将会聚集在一起）的评论生动地表达了古老的大卫王国分裂成两部分所带来的焦虑，其中一部分最终因其罪孽而被驱逐。对加尔文而言，这十个部落是一个犯下罪行并受到惩罚的民族的完美案例。教会的分裂也像是民族被撕成了碎片，这个观点在他对《耶利米书》（33：23—24）的评论中反复出现，《耶利米书》提到，"整个民族已经被撕成了碎片"。但没有人用这样的意象写过两个部落和十个部落之间的分裂，并把这种分裂比喻为人体的肢解。

加尔文对分裂十分敏感，他是一个法国新教徒却离开了法国，他目睹了许多法国新教徒从"教会的长女"的国家迁移出来。确实，他在《圣经》中也处处留意十个部落：

> 不但十二个支派分裂了，便雅悯支派也一分为二。在约瑟的子孙中，以法莲做了他兄弟玛拿西的首领。虽然十个部落的人希望在耶路撒冷朝拜，但耶罗波安认为他们可以有自己的宗教场所。以色列这棵大树来自同一个根源，拥有不同的分支，但它却被砍成了碎片。[60]

然而，加尔文强调分裂，他也强调修复和恢复。虽然主体可能会分裂，但依然有着统一的希望，丢失的东西也将会回归。他的观点被解读为当时人们对十个部落情感的典型。这些情感代表了非天主教的一面，也反映了天主教对十个部落的关心。

阿扎罗兹在地图上的再一次出现，有力地显示出回归的理念。

《寰宇全图》

尽管明斯特尔的《宇宙志》的确代表了"古典的错误和中世纪的偏见"，但它仍然"为更加准确的宇宙地理学创造了基础"。[61] 在阿扎罗兹的例子中，明斯特尔的贡献是让这个地方出现在地图上，并将它定位在东北亚。他将一个古老的神话变成了一个新的事实。在明斯特尔的地图出现之前，阿扎罗兹还只是一个出现在《以斯得拉书》以及中世纪游记等文本中的地名。现在，它成了地图上的事实，并进一步地将十个部落纳入近代早期世界的宇宙地理学中去。

20年后著名的佛兰芒地理学家和制图师亚伯拉罕·奥特柳斯（1527—1598）出版了一本地图集，书中更加明显地展示了阿扎罗兹在现代地理上的真实性。在奥特柳斯的亚洲地图上，阿扎罗兹的位置与明斯特尔地图上的位置保持了一致。奥特柳斯绘制的鞑靼或者大可汗王国地图后来被收录于他的《寰宇全图》之中，这是"第一个真正的现代地图集"。[62] 之后，阿扎罗兹出现在所有奥特柳斯绘制的亚洲和鞑靼地图上。《寰宇全图》当然也是最受欢迎的地图集之一，它是一部雄心勃勃、包罗万象、致力于"全球领土"理念的综合地图集。[63]

自从被收录于《寰宇全图》，阿扎罗兹在世界地理的读者中变得广为人知。《寰宇全图》在欧洲很受欢迎，很快被翻译成六种语言。在明斯特尔地图上，阿扎罗兹出现在北极圈的东面，位于"鞑靼"以北更远的地方。它位于中国和日本的北部，是亚洲的最东北点，非常接近今天的阿拉斯加。简言之，它非常接近北极。读者可以从地图上看到，阿扎罗兹是一个深入斯基泰海的半岛，那里"根据普林尼所说"，"拥有甘甜的水源"。到目前为止，奥特柳斯一直沿用明斯特尔在十个部落聚居地方面的构想。但是，他补充了更多。

明斯特尔地图上阿扎罗兹在亚洲北部的位置，让我们想到十个部落和鞑靼人之间的关系问题，因为鞑靼人是该地区的传统居民。像巴黎的马修和曼德维尔的约翰一样，十个部落和"鞑靼人"在广义上被认为是一样的。因此，包含了阿扎罗兹的"鞑靼"地图要求奥特柳斯重新建立十个部落与鞑靼人之间的地理和历史联系。奥特柳斯不能让两者纠缠在一起，所以他把鞑靼人从他们之中分离出去。他所完成的是一种由新的事实和古老的神话组成的非凡结合，[64]意在解开两者之间的纠葛，并以一种有意义的形式将两者联系在一起。

亚洲北部在奥特柳斯的地图上，确实是一个非常神奇的地区。仔细观察地图的东北角会发现，这个地方是传说、神话和事实的汇集地，比《寰宇全图》其他地方的神话传说都要多。在这个小角落里，我们发现了但部落"居住在黑暗北方"后出现的一大批人，如约翰长老、圣托马斯。在鞑靼以北与北极相连的是另一个地理上远未界定的领土，被认为是拿弗他利部落的所在地,并"用其中一个部落命名","其他人错误地称(这些部落)为嚈哒人"。也就是说,拿弗他利部落是以某个部落命名的,但并不是那个部落本身。奥特柳斯并没有告诉我们,为什么嚈哒人取得了拿弗他利的名字。为什么他要为这样一个离奇的故事费尽心思?

嚈哒人或者说白匈奴,是一个真正的民族,他们是中亚的游牧民族,原始家园在中国长城的西北部。他们的辉煌时刻发生在公元 5 到 6 世纪,他们打败了斯基泰人,入侵了印度北部和部分波斯地区,不仅使中国人而且使波斯和拜占庭历史学家都知道了他们。他们最出名的是在 476 年击败了萨珊王朝的俾路支一世(458—484 年在位),以及在 480 年击败了印度的笈多王朝,嚈哒人于 561 年被波斯人和俾路支的孙子即著名的科斯罗一世(也称阿努希拉万,531—579 年在位)领导的游牧部落联军驱赶了出去。嚈哒人之后就被完全遗忘了,关于他们的记忆主要保存在拜占庭的编年史里。[65]

中亚的一个游牧民族的名字与十个部落中的一个部落名字相同,这需要一个解释。看来奥特柳斯不能完全确定嚈哒人是否是以色列一个部落的后裔,但他不能忽视部落名称上的相似性。也许他也意识到了由图德拉的便雅悯的传统表述,即拿弗他利一定位于嚈哒王国某一个地区。因此,他就编出一个故事,讲述了这些人是如何获得拿弗他利这个名字的。[66] 有很多人都觉得奥特柳斯在写关于嚈哒人和拿弗他利部落时就考虑到了便雅悯。贝尼托·蒙塔诺·阿里亚斯是奥特柳斯在安特卫普的亲密伙伴之一,他将图德拉的便雅悯的著作翻译成了拉丁语。奥特柳斯的"神圣的历史地图"在蒙塔诺作品的启发下,描绘了亚伯拉罕、摩西以及保罗这些圣人的旅行路线。[67]蒙塔诺在安特卫普工作了几年后，于1575年翻译并出版了便雅悯的著作。[68]

无论他是否参照了便雅悯的说法，奥特柳斯的解释似乎是各种矛盾问题之间的妥协：关于嘛哒人信息的真实性与丰富性、十个部落位于中亚地区的传统，以及他所发现的"嘛哒人"和"拿弗他利"两个名字之间令人困扰的相似性。其结果显然是试图将这些小故事组成一个连贯的故事：伊朗东部和印度北部之间一个帝国的统治者们与十个部落有联系，但他们本身并不属于十个部落。奥特柳斯接下来讨论了真正的十个部落，并提供了两个地点。第一个地点据说是部落最初居住的地方，位于里海以东名为"突厥斯坦"的地方。奥特柳斯提到，这些部落的民众住在山脉之外，"900年前"结盟反对"以实玛利人"时就住在那里。然而，他们"现在"的位置，远在东北方以北。在"阿扎罗兹"这个词的下边以及其他几个地点的旁边，奥特柳斯增加了下面这些话："《以斯得拉书》第5章13节：阿扎罗兹。在这里十个部落撤退，并从鞑靼转移到斯基泰地区。从此以后，他们被称为高斯人或高森人，这是神给予的最高荣耀。"[69]

地图生动地描述了十个部落的游牧生活。地图的读者甚至可以测量道路，检查从里海到亚洲东北角的路线，比如"商人可以用《寰宇全图》来追踪他们的货物路线，学者可以研究人类在地球上的迁徙"。[70]阿扎罗兹位于亚洲大陆边缘，三面环海，四面都是部落和河流，这与《圣经》的描述是一致的。[71]奥特柳斯引用了西塞罗的话，坚定地认为："对于一个知道永恒和整个宇宙的人来说，人类的事情又有什么是伟大的呢？"[72]

我们可以通过多种方式来解读奥特柳斯对阿扎罗兹的记录。他的地图是阿扎罗兹作为一个真实地理位置的早期科学成果的典型实例。毫无疑问,奥特柳斯借鉴了明斯特尔地图上阿扎罗兹的位置,明斯特尔的《宇宙志》是他的《寰宇全图》的灵感来源之一。[73] 因此,阿扎罗兹在短短 20 年间从 1544 年巴塞尔地图上一个简单的单词转变成另一地图上的巧妙故事。然而,这种转变仍然回避不了这个问题。虽然我们可以肯定奥特柳斯从明斯特尔地图上借鉴了这个位置,但我们必须要解释奥特柳斯认同的阿扎罗兹的来源是什么,以及它为什么会出现在亚洲北部。

虽然我们不能完全解释奥特柳斯的动机,但他与法国人纪尧姆·波斯特尔(1510—1581)的关系或许可以解释他对十个部落的想法,这是他的第二个同时也是更重要的灵感。奥特柳斯和波斯特尔的通信最近才被发现,他们交流的程度还不是很清楚,[74] 但有一点是很明确的,即这个法国神秘主义者与佛兰芒制图师之间的关系是独特的。它帮助我们了解十个部落、地理以及与回归之间的联系。

除了其他身份之外,波斯特尔还是一个犹太教徒、阿拉伯学者、天文学家、数学家和卡巴拉主义者,他的性格因翁贝托·埃科的《傅科摆》(*Foucault's Pendulum*)为人们熟知。[75] 然而,早在 1678 年,也就是他那个时代之后的一个世纪,在《小世界的奇观》(*The Wonders of the Little World*)中,他被描述为一个圣人:"威廉·波斯特尔这个法国人活到了 120 岁,然而他上唇的胡须仍是黑色的,一点都不灰白。"[76] 埃科书中的波斯特尔,与历史人物相去不远,他被描述为"有着神秘的热情且精神矍铄"。[77] 他与所有基督教派的思想家以及犹太人和穆斯林保持着密切的关系，尽管经常是紧张的关系。波斯特尔对奥特柳斯将十个部落收录于他的《寰宇全图》中感到非常兴奋，并在1579年给奥特柳斯的信中表达了他的感受。在信中，波斯特尔很高兴他和奥特柳斯对于十个部落有共同的看法。奥特柳斯的"宇宙图解"显示"十个部落现在就在斯基泰"。[78] 很显然，波斯特尔有充分的理由为《寰宇全图》中出现阿扎罗兹感到欣喜。但问题是：为什么这对他如此重要？

波斯特尔以倡导普世主义而闻名，他希望"协调基督教、犹太教和伊斯兰教的思想"，并预言"普世宗教、普世君主制和世界和平"。[79] 针对分裂的背景，波斯特尔深深地相信和谐世界（Concordia Mundi）——普遍的"三位一体的统一、秩序与和平的理想"。[80] 世界和平的理念促使波斯特尔对人类的共同起源进行了广泛的探索和研究，尤其是一些"神秘"民族比如突厥人、撒玛利亚人以及斯基泰人。[81] 可以说，他是最早将世界历史设想为"人的历史"或者人类历史的人之一。[82] 然而，除了他的学识，他为自己在这个和平时代的到来保留了一个特殊的角色。波斯特尔不仅相信先知宣布的回归的到来，而且他还相信他被选为"召集者"。他与各种宗教派别的不断接触，是他作为一个神秘的和平缔造者自我理解的一部分——"普世教会的世界召集者"。[83] 人们可以设想，对于寻求恢复和统一全人类的世界教众来说，像十个部落这样一个遗失的集体将是非常有趣的。

历史学家弗朗索瓦·塞克雷大量的调查表明，阿扎罗兹作为一个独特的地点，在波斯特尔的世界中占据了一个特殊的位置。还有很多线索表明,这位神秘人物在他救世主式的和谐世界模式中将十个部落放在一个特别重要的位置上。正如塞克雷所指出的,波斯特尔对十个部落感兴趣的出发点是1516年威尼斯人得知了约阿希姆·迪菲奥里预言,预言暗示了部落的位置:"十个部落将穿过某个山谷离开里海山脉,奇迹般地在神的祝福下渡过一条河,因为神可以使这条河平静下来,就像《以斯得拉书》第4章和第13章所说的那样。"[84] 这个预言中包含了犹太人传说中桑巴提安河的痕迹,这条河因为流速太快使人无法通过,还包含了图德拉的便雅悯对地理的推测。然而,真正的创新是神创造了跨越的奇迹——显然在《以斯得拉书》中不存在。

这些部落不再位于里海山脉之外,波斯特尔开始辨认并定位它们。他的目光集中在中亚地区及其各民族身上,尤其是突厥人,他怀疑这些人与遗失的十个部落有某种联系。[85] 1560年,他引用了"秘密的犹太教义","推断鞑靼人是十个部落的后裔"。[86] 一年之后,他在自己的《宇宙学学科汇编》(*Cosmographicae Disciplinae Compendium*) 中写到,阿扎罗兹在亚洲北部并且靠近北极的地方。[87] 波斯特尔很可能借鉴了塞巴斯蒂安·明斯特尔的思想,他认为明斯特尔"非常博学,并且精通所有学科"。[88] 最后,他在1579年给西奥多·茨伯格(1533—1588)的信中完全展现了他对十个部落位置的看法,他还追踪了十个部落的整个旅程。他们首先"被撒缦以色王流放到波斯的西部边陲,然后一直走到歌散或恒河"。然后,他们继续前进,"走到亚洲的极地,也就是说,阿扎罗兹对于斯基泰人或者他们的祖先来说都是这片陆地中最好的地方"。他们一边唱着加乌，一边自发地来到这里，加乌是摩西在渡海歌中使用的一个词，这个神秘的词是歌唱上帝的胜利。

"渡海歌"是摩西在穿越红海之后唱的（《出埃及记》15：1—18），描述了耶和华在海中淹死埃及人之后取得的伟大胜利。在犹太和基督教（天主教）的礼拜仪式中，这首歌是赞美上帝取得决定性胜利的最有力的表达之一。[89] 人们可以看到红海的分裂和十个部落在前往阿扎罗兹的途中横跨河流之间的相似之处，这是他们可能存在联系的基础。先知将红海一分为二，带领被救赎的以色列人到应许之地，与神带领十个部落来到阿扎罗兹之间具有相似性。

但神秘主义者波斯特尔提供了一个更隐秘的联系，他借用了《光明篇》（Zohar）——著名的犹太神秘主义对《托拉》的注疏。[90] 这首歌的第二句是，"我要向主歌唱，因为他那光辉的胜利"，包含着重复的词组"Ga'oh Ga'ah"，这是不能被完全翻译的。在1573年为《光明篇》作的序中，他指出，希伯来语第一个字母的形状出现在了单词"Ga'ah"中，他神秘地解释说这个字母指向十个部落。然而《光明篇》的诗句并没有关于《圣经》中重复提到的"Ga'oh Ga'ah"的意思。《以斯得拉书》提到，这些部落迁移到阿扎罗兹是为了远离罪恶。[91] 对波斯特尔来说，这还不够。在他的阿扎罗兹，十个部落不仅避免了罪恶，同样也是神赐予的荣耀。波斯特尔的阿扎罗兹同样把我们带回奥特柳斯的亚洲地图，这是唯一的佐证文本，可以证明十个部落居住在这里是上帝赐予的荣耀。而奥特柳斯留在阿扎罗兹旁边的注释以一句隐晦的话作为结束，他认为十个部落在到达阿扎罗兹之后被重新命名为"高斯或高森，是主赐予的最高荣耀"。另一个对波斯特尔关于十个部落理论的重要暗示是，奥特柳斯的地图表明十个部落最初的位置是在突厥斯坦，他们从那里出发去了阿扎罗兹。

我们现在可以更好地理解奥特柳斯的地图：这些部落最初生活在同样是突厥人起源的地方。然后他们迁徙到了阿扎罗兹，在那里他们将其取名为"高斯"，这是神赐予的荣耀。显然，奥特柳斯误解了波斯特尔对高斯这个词类似卡巴拉式的解释，他把它当成了十个部落的新名字。无论波斯特尔的想法多么古怪和疯狂，把他的阿扎罗兹收录进《寰宇全图》是至关重要的。没有什么比结合了视觉表现和（神秘的）《圣经》文本，以及包含了当时最流行和权威的地图集，更让人有购买欲了。

从亚洲北部到美洲

十个部落在亚洲北部的位置和奥特柳斯对阿扎罗兹的描述解决了部落如何到达美洲的问题。1580年，在第一张阿扎罗兹地图出现的36年之后，法国东方学者兼希伯来大主教吉尔伯特·热内布拉德（1537—1597）提供了十个部落从亚洲北部到美洲的迁徙轨迹。这一轨迹并不是基于对宇宙学的研究，而是根据大量犹太人的资料形成的一部以色列/犹太人的编年史。在1567年出版的第一版中，热内布拉德仅仅指出亚述人驱逐了十个部落。在1585年的版本中，他增加了更多的内容。热内布拉德引用了《列王纪下》的说法，对十个部落家园被毁之后的历史做了详尽的解释。继《以斯得拉书》后，热内布拉德认为，十个部落穿过幼发拉底河和"鞑靼沙漠"来到了"一个叫作阿扎罗兹的地方"。根据奥特柳斯的暗示,热内布拉德第一次把阿扎罗兹定位在亚洲的"北部区域",或是在"大鞑靼地区"。然而,他的目标是美洲。这些部落继续穿过一片"通往格陵兰岛的未知土地",直到他们到达美洲的外部边界。因此,这些部落先向东北方向去往鞑靼,然后向西进发。现在,我们知道人类确实穿越了白令海峡来到了美洲,热内布拉德所说的离事实并不远。

然而,热内布拉德关心的是十个部落,正是出于这个原因,他需要在最遥远的北方的某个地方创造一片未知的土地,连接亚洲北部和格陵兰岛。它解决了一个地理问题,这个问题源于他对两个事实的接受——阿扎罗兹在亚洲北部,十个部落从那里迁到了美洲——并掩盖了从亚洲北部到美洲格陵兰岛路线上的任何地理的不一致。查看奥特柳斯的世界地图可以看出,格陵兰岛是一个非常小的岛屿,夹在欧洲西北部和美洲东北部之间,与两个地方都很近;它也非常靠近位于其北面的一个未知的、海图尚未标明的大岛屿。奥特柳斯把这个未命名的岛屿看作几块大陆地的一部分,统称为塞普腾特里翁(意为北方),靠近鞑靼地区。热内布拉德所描述的路线似乎有点奇怪,但是也有一定的道理——从鞑靼到塞普腾特里翁,再到格陵兰岛,然后到美洲。热内布拉德并不是唯一一个以这种方法解决十个部落前往美洲的问题的人。至于,"为什么是美洲?"热内布拉德说:"长期以来,人们一直认为十个部落是被封锁的,美洲刚好被四面八方的海洋包围着,并且美洲确实是一个岛屿,或者说是半岛。"虽然美洲大部分地区被海洋隔开,大陆北部被"覆盖"了但却没有被隔开。[92] 美洲被包围的程度与十个部落的家园相似，但又有足够的连接处允许他们通过。

157　　因此，十个部落通往美洲的路是漫长的，并且其路线是地理位置、近代早期制图学、神学和神秘主义的混合体，在热内布拉德的时代到达顶峰。在热内布拉德的推测中，我们可以看到所有的一切是如何汇聚在一起，迫使搜寻者思考这个世界本身的物理形状。像热内布拉德一样，其他人根据实际地图提出明确的路径。在美洲的背景下，十个部落的地理特征在关于他们到美洲的路线争论中变得更加明晰。

第一次接触：加那利群岛

欧洲与这十个部落的第一次接触不是从美洲开始的，而是在哥伦布发现加那利群岛（位于非洲以西约 200 英里）以前就已开始。西班牙人也在思考他们是否发现了十个部落。加那利群岛并不能算一个真正的发现（欧洲人在 1339 年就知道它们），但它们肯定是西班牙的第一批殖民地。西班牙人于 1402 年开始了对加那利群岛的征服，花了很长时间。在西班牙海上活动的发展中具有重大意义的是，它们为在大西洋上向西航行的西班牙船只提供了一个深水港。它们在大西洋风力系统中的位置对所有的航行都至关重要。哥伦布的所有航行都是从这里开始的。[93] 在很多方面，加那利群岛上的人与西班牙人是"第一次相遇"，也是欧洲的第一个"新世界"或第一个"其他世界"。

16 世纪末之前，修士胡安·德阿布雷乌·德加林多（约生于 1535 年）撰写了一部征服加那利群岛的罕见的早期历史，报道了关于加那利群岛的人和岛屿被发现后引发的对十个遗失部落的辩论。十个部落来到加那利群岛的观点并没有流传下来，而是在德加林多的历史著作中被表达出来，并被驳斥。其中的一种看法认为，十个部落被流放到了这些岛上。德加林多这一理论的基础源于《以斯得拉书》的预言，他认为，十个部落在最初被驱逐后，这些俘虏得到了上帝的旨意，要他们"走得更远，去一个从来没有人居住过的地方"。这些岛屿之所以被选中，是因为当时没有人居住。十个部落来到这里是为了居住并保持"隐藏"。[94] 在这方面，该群岛的情况符合预言的描述，很显然，德加林多承认这个事实，尽管由于其他原因（缺乏希伯来语和犹太习俗的痕迹），他拒绝接受它们作为十个部落的家园。[95]

另一部征服加那利群岛的历史著作发表较晚（在1772年），这表明十个部落在加那利群岛的问题一直困扰着学者们。居住在加那利群岛的植物学家乔斯·德比埃拉-克拉维霍（1731—1813）写道，"甚至没有一丝希伯来语、风俗习惯、仪式或习语"来支持十个部落曾经在岛上登陆的说法。[96] 在早期的例子中，复杂的种族关系和普通的地理学都有助于德加林多反驳：

> 虽然《以斯得拉书》说十个部落在被驱逐后去了很远的地方，但我们也必须考虑书中的其他话，那就是，这趟旅程花了一年半的时间。如果我们计算从亚述的中心和主要城市尼尼微到加那利群岛的距离，我们发现他们相距大约有1 435里格。如果每天行7里格的路程，从尼尼微到加那利群岛要走250天。然而，根据《以斯得拉书》，这趟旅程花了一年半时间，这

> 意味着他们走得更远（比加那利群岛更远）……在这一点上，我们可以肯定的是，被驱逐的以色列人是在新西班牙发现的印第安人，而不是土生土长的加那利人。[97]

严格来说，这里的地理是符合预言文本的，是神学和地理想象起作用的鲜明例子。加那利群岛不是十个遗失部落的土地，它们离尼尼微太近了。

当西班牙人开始殖民加那利群岛时，关于加那利群岛和遗失部落之间可能存在关系的猜测就出现了，那时哥伦布还没有深入大西洋航行，也没有发现美洲。在地理大发现早期，发现这些部落的可能性变得很大。德加林多对从尼尼微到加那利群岛的旅程长度的评论涉及一个大问题：这是他们的家园吗？美洲是他们的家园吗？一个肯定的答案反过来又引出了另一个问题：是什么导致这十个部落离开他们在亚洲和东非的传统居住地，迁移到美洲的？

加那利人作为十个部落移民的理论最终被放弃，不仅是因为缺乏证据的支持，还因为发现了一个更好的候选者——美洲印第安人。与加那利人不同的是，"墨西哥印第安人"据说有许多希伯来语和以色列人仪式的痕迹，墨西哥语也有许多希伯来语词汇。许多印第安人都实行割礼，并且像犹太人一样，他们经常在河里洗澡。印第安人还有"许多其他的犹太仪式和典礼"。甚至他们有巫师也被列为证据："我们从《圣经》中知道，以色列人有很多巫师，他们都崇拜太阳神。"德加林多甚至解释了为什么是美洲，他认为从地理上看，它远离尼尼微，符合《圣经》中的说法："在海上，一天可走50里格。"[98] 水上航行比在陆地上行走要快得多。

加那利群岛似乎是符合第一个关于现存部落是否与十个部落有联系的猜测。当然，这是第一个将地理计算、人种论和预言相结合的案例。到目前为止，有关消失的十个部落的消息都是谣言和猜测的产物。我们可以看到，在凯鲁万的犹太人询问埃尔达德的例子中，对十个部落采用的调查和审问程序是恰当的。在埃尔达德的例子中，审问者是犹太人。但在加那利群岛的情况中，我们发现是基督教牧师在审讯一个土著居民。

西班牙人是第一批有可能积极寻找十个遗失部落的基督徒，这也许并不令人惊讶。西班牙是世界上尤其是欧洲犹太人社区规模最大、一体化程度最高的国家之一。从1391年起，西班牙出现了一个大规模改宗（改信基督教）的群体，这使得犹太人对十个部落的了解比欧洲任何国家都多。在这里，我们可以回顾一下约瑟·哈洛基以及阿布拉瓦内尔的论述；还有图德拉的便雅悯游记第一次是用西班牙语出版而不是希伯来语。

然而，在这一时期，西班牙特殊的背景还带来了更多的问题。德加林多关于"犹太典礼"的知识表明，他不仅熟知犹太人的仪式和惯例，而且熟知如何识别犹太人。他能够在犹太仪式、印第安仪式和习俗以及加那利人的文化和语言之间自由地进行比较，这一事实表明他非常熟悉收集这类信息所需的方法。其实，人们不必费很大力气就能找到原因。众所周知，自1391年大屠杀后第一个大的改宗者社区建立以来，西班牙就有一套非常精细和复杂的程序，用来识别犹太人和犹太人的行为的机构——宗教裁判所。随着一波又一波的改宗浪潮，大规模皈依基督教的行为在 1492 年达到顶峰。[99] 为了辨认和根除犹太教的仪式，宗教裁判所对更多的新基督徒（皈依者）进行监视和审讯。指导虔诚的天主教徒和宗教裁判官识别"狡猾和欺骗"的皈依者的手册是很受欢迎的。其中一本名为《阿尔博莱克》的书出版于 15 世纪 80 年代，书中展示了"惊人的广博知识，融合了基督教、伊斯兰教和犹太教的资料"。[100] 16 世纪，德加林多关于土著民族中是否存在犹太仪式或"痕迹"的讨论就是在这种环境中产生的。

他对犹太仪式和印第安仪式的比较可以看作实践的先驱，也越来越受到认可。历史学家艾琳·西尔弗布拉特认为，对改宗者的质疑论述和美洲土著的论述存在紧密的联系，"根据 17 世纪的传说，犹太人和印第安人之间有着特殊的联系"，这要归于他们"共同的闪米特文化遗产"——这个假设部分源于印第安人是十个遗失部落的理论。西尔弗布拉特展示了调查记录是如何与犹太人和印第安人交织在一起的，特别是在新西班牙地区。[101] 将印第安人与犹太人放在一起或与之对照检查，是最常见的做法。

在蒙特西诺斯的故事里，宗教裁判所的做法、马拉尼犹太人、犹太仪式和十个部落之间的联系得到了显著的反映。在监狱里，经过宗教裁判所的审问，蒙特西诺斯断定印第安人属于十个部落，他们的领导者隐瞒了什么。后来，他遇见十个部落，并对其仪式进行了辨别。十个部落隐藏在另一民族内部，或者十个部落隐藏它们身份的想法，在故事中得到了很好的体现。现在的问题不再是"十个部落在哪里？"而是"谁是十个部落？"找到十个部落的问题现在变成了在一个又一个部落或民族中确定他们身份的问题。事实上，民族学已经成为找到他们的另一种最常见的办法。[102]

十个部落去往美洲之路：亚特兰蒂斯、格陵兰岛和亚泥俺海峡

著有《新西班牙和大陆诸岛印第安人历史》(*Historia de las Indias de Nueva-España y islas de Tierra Firme*)的迭戈·杜兰（约1537—1588）是美洲十个部落理论的早期核心支持者，该理论研究的是新发现的大陆以及该大陆原住民的历史。在这一时期，几乎所有关于美洲的研究都把十个部落作为一个更大问题的衍生问题来研究：这块大陆最初是如何形成的？由谁形成的？印第安人的起源问题并不仅仅因为科学目的而显得重要。确定他们的身份是西班牙帝国密切关注的问题，因为它的答案将决定他们应该如何被对待。[103]

德加林多关于加那利群岛的研究指出，对十个部落在美洲的讨论已经存在几十年了。早在16世纪40年代，一位来自西班牙的罗尔丹博士就用《以斯得拉书》论证说，美洲土著人就是十个部落。[104] 罗尔丹计算出这些部落是由尼尼微向东以每天20英里（7里格）的速度行走的。他也用《何西阿书》证明西班牙人对待他们的方式是合理的，因为《圣经》文本承诺惩罚十个部落，这也被用来证明掠夺美洲土著民合法的第一个例证。印第安人人权的主要支持者巴托洛梅·德拉斯·卡萨斯驳斥了这一理论，但无济于事，这一理论得到了杜兰的支持。

杜兰是多米尼加的修士，很可能是犹太人后裔，他是早期提出美洲印第安人是十个部落的最有发言权的人之一。[105] 出

生于西班牙、在墨西哥长大的杜兰非常了解美洲土著人及其语言。杜兰的主要目的是确定西班牙对美洲的殖民是神圣计划的一部分。[106] 他宣称，理解美洲印第安人的起源是一种"神圣启示"的结果。证明美洲土著人是"希伯来民族"得到了《圣经》的支持。[107] 在他的叙述中，一个重要特征是土著人有"偶像崇拜倾向"，这是他们与十个部落存在联系的证明，十个部落在《圣经》中因偶像崇拜而受到谴责。杜兰提醒他的读者，上帝要给这些部落"最严厉的惩罚"，因为他们有"巨大的罪恶和可憎的行为"。[108] 然而，正如卡迪尔指出的那样，杜兰对确定印第安人和十个部落之间联系的兴趣并不仅仅是一种《圣经》的实践。他"不仅明确宣称印第安人是犹太人，而且明确无误地为殖民辩护"。[109] 把美洲土著人与十个部落联系起来，有助于将西班牙在美洲的殖民活动合理化。征服者只是充当上帝之手。杜兰关于十个部落在美洲的理论建立在《圣经》解释的基础上，并受到政治和神学目的的驱动。这并不是政治和神学第一次利用十个部落的故事，也不是最后一次。但杜兰为西班牙帝国所造成的可怕后果所做的辩护，可能是最明目张胆的例子了。

杜兰对西班牙人批判印第安人的态度很熟悉。1511年，另一位多米尼加修士安东尼奥·德蒙特西诺斯（不要把他与阿哈龙·哈列维混淆）在一次精彩的演讲中第一个为他们发声。站在伊斯帕尼奥拉岛上的圣多明各大教堂的讲坛上，这位修士称西班牙在美洲的行为使该地区变成了"地狱"。这段布道被记录下来并由卡萨斯传回西班牙。卡萨斯深受蒙特西诺斯的影响。[110] 西班牙人应受到惩罚的想法，在一个世纪后的蒙特西诺斯、哈列维的故事中得到了强烈的共鸣，故事讲述了隐藏起来且严阵以待的十个部落在西班牙人入侵之后遭受了极大的痛苦。正如蒙特西诺斯所设想的那样，十个部落的回归，不仅是对以色列民族的恢复，而且是对西班牙人在新大陆所犯罪行的惩罚甚至报复的承诺。回想一下，就在他离开十个部落的秘密地点之前，其中一个神秘人给蒙特西诺斯的承诺中有威胁西班牙的信息。这似乎与杜兰的逻辑相反：不是西班牙人惩罚十个部落，而是十个部落惩罚伊比利亚殖民者。[111]

但如果印第安人是十个部落，那他们是如何到达美洲的？我们首先看一下亚特兰蒂斯。

在柏拉图的《蒂迈欧篇》和《柯里西亚斯》中，亚特兰蒂斯是"一块消失在海洋深处的岛屿"。"这座岛比利比亚和亚洲加起来还要大，是通往其他岛屿的必经之路，由此到达被海洋环绕的彼岸大陆。"[112] 柏拉图说，在亚特兰蒂斯沉没之前的"那些日子，大西洋是可以航行的"。欧洲新突破的大西洋航海能力，把沉陷的大陆作为一个宇宙学问题摆在人们面前。[113] 亚特兰蒂斯在哪里（如果有的话），它与新大陆有什么关系？人们对于亚特兰蒂斯的新兴趣是关于美洲人口问题的衍生物。早在1535年，新大陆最早的历史学家贡萨洛·费尔南德斯·德奥维多-瓦尔德斯（1478—1557）就指出，新大陆的人口和文化起源于亚特兰蒂斯。[114] 此后不久，亚特兰蒂斯就与十个部落建立了联系。亚特兰蒂斯就像热内布拉德为连接亚洲北部和格陵兰岛而在北方创造的一片未知之地。我们不知道谁第一个采用了这一说法。就像加那利人的故事和美洲印第安人遭受酷刑一样，这是反对者第一次以一种合乎逻辑的方式来阐述这一理论。

著名的耶稣会士何塞·德·阿科斯塔（1540—1600），被称为"新大陆的普林尼"，他强烈反对印第安人是十个部落的理论："许多人认为美洲印第安人是犹太人的后裔，他们的观点是错误的。"[115] 阿科斯塔是个"正派的人，性格无常且忧郁，是犹太人的后裔"[116]，他在秘鲁待了将近 20 年，在此期间他写了一本令人印象深刻的关于南美洲自然历史的著作，即《印第安人的自然和道德历史》（1590），这使得他比经常被他引用的普林尼更胜一筹。对阿科斯塔来说，亚特兰蒂斯的故事简直就是无稽之谈，而且必须加以驳斥，因为十个部落理论的支持者声称这些部落是通过那个大陆到达美洲的。"我对柏拉图（亚特兰蒂斯神话的源头）一点也不崇敬，不管他们如何称他为神。"事实上，阿科斯塔对一些传说并不推崇，其中包括俄斐和约翰长老的传说，他也反对这些传说。[117] 亚特兰蒂斯实在太大了，无法沉入大海而不留下任何痕迹："什么样的海洋能大到吞噬如此广大的陆地……如此彻底以至于没有留下一丝痕迹？"[118] 然而，阿科斯塔直率的性格和权威的研究并没有结束这场争论。十个部落已经穿过亚特兰蒂斯的说法反而更广泛，因为这是对阿科斯塔批评亚特兰蒂斯故事的回应。他对这个主题的批判性研究也因此第一次看到了曙光。

多米尼加修士格雷戈里奥·加西亚（约 1540—1627），在他于 1607 年所作的《新世界印第安人的起源》中采用了阿科斯塔的说法。加西亚最关心的问题是美洲是如何产生的，但他也把时间花在了十个部落和亚特兰蒂斯的衍生问题上。加西亚暗示阿科斯塔的希腊语很差，他的错误结论源于用拉丁语阅读柏拉图的著作。他对阿科斯塔反对亚特兰蒂斯的言论提出一系列的反驳，其结果是带来对希腊-罗马时代开始的所有与亚特兰蒂斯有关的研究进行学术大讨论，其最有趣的特点是采用了民族语言学的形式。"在墨西哥语中，'水'一词的字母含有'Atl'……这至少是'Atlantis'这个词的前三个字母。"亚特兰蒂斯与水有密切的联系，因为它，大西洋才有了现在的名字。在确立了这一联系（忽略"Atlantic"是一个欧洲词汇的事实）后，加西亚指出，在墨西哥语中，"Atl"的组合经常出现，特别是在表示神的重要词语（如羽蛇神）、地名中。"可以肯定的是，字母 T. L. 的组合并没有出现在亚洲、非洲和欧洲的所有国家，也没有出现在新大陆其他语言中……仅仅是在墨西哥语中。"[119] 因此，墨西哥被证明与亚特兰蒂斯有着独特而密切的联系。两个世纪后，伟大的德国科学家亚历山大·冯·洪堡（1769—1859）访问拉丁美洲时在日记中写道："我比较倾向于认为美洲习语中的语法体系已经证明了 16 世纪传教士确定的新大陆各民族的亚洲起源思想。加西亚汇编的冗长又乏味的《论印第安人的起源》证明了这一点。"[120]

然而，加西亚的主要问题是，谁在美洲居住过，以及是如何居住的。他确信美洲印第安人最早的祖先实际上是希伯来人。可以肯定的是，加西亚提到有其他古老民族也来到了美洲，比如埃及人和腓尼基人，他说，他们首先居住在亚特兰蒂斯，然后是美洲。每个民族在他们自己的立场上，都可以被认为是原始的美洲人。[121] 然而，加西亚坚持说，希伯来人是第一个来到的。加西亚似乎更感兴趣的是建立十个部落的理论，而不是证明亚特兰蒂斯理论本身的可行性，因此，他也谨慎地引用了部落实际上是穿过亚洲北部迁移到美洲的理论——这一理论有朝一日将被证明是可能的。[122] 亚洲理论强大得多，不仅因为它不需要复兴亚特兰蒂斯，而且它更接近于阿扎罗兹在亚洲北部和沿着北极轨迹来到美洲这个更为古老、更为熟悉的推测。在这里，加西亚使用了另一种冗长乏味的方法，即在美洲原住民的仪式和语言中寻找希伯来语法，从而系统展示一系列的线索和证据，这些线索和证据主要来自《圣经》原文，但也来自古典文本和当代研究，其中最著名的是胡安·德托克马达（1562—1624）的研究。[123] 除此之外，他声称词根"Mexi"来源于希伯来语单词"Messiah"。"'Mesi'这个词实际上是希伯来语"，在墨西哥语中表示"指挥官、首领、船长"。[124]

有一个问题是"这些部落怎么能穿越如此浩瀚的水域和无边无际的土地来到西印度群岛呢？"加西亚的回答非常具体："他们可以从大鞑靼岛经过陆地，直到蒙古，然后从那里经过非常狭窄的亚泥俺海峡，进入亚泥俺王国，那里已经是新西班牙的领土。"[125] 这个"亚泥俺海峡"将亚洲和美洲隔开，在奥特柳斯的地图上位于中国海的上方，在日本北部。它们以亚泥俺名字命名，这个地方就在阿扎罗兹以南。亚泥俺王国或者说亚泥俺王朝，最早出现在贾科莫·加斯塔尔迪（约1500—1566）1559年绘制的亚洲地图上。这位意大利制图师的地图是奥特柳斯绘制鞑靼地图的基础，他认为马可·波罗提到的"Aniu"地区是中国北部的一个王国，这个王国非常重要，以至于亚洲和美洲之间的海峡以它命名。[126] 它们也出现在一些制图学家的地图上，如洪第厄斯、麦卡托、奥特柳斯等人的地图。探险者为寻找这个海峡进行了好几次远征，他们试图在亚洲和美洲之间找出一条道路。例如，亨利·哈得孙（1570—1611）就是试图从美洲一侧到达海峡的人之一。[127] 亚泥俺海峡也出现在博洛尼诺·扎尔蒂（闻名于约1555—1576）绘制得相当"精确"的地图上，它将东北亚与中美洲分隔开来，位于巴拿马的某个地区。扎尔蒂"失真"的地图可能是洛伦索·费雷尔·德·马尔多纳多远征的灵感，他于1588年"发现"了海峡。马尔多纳多非常担心这样一条通往巴拿马的捷径会给西班牙在美洲的资产带来"安全风险"。他于1588年给西班牙国王腓力二世（1527—1588）的信中写道："亚泥俺海峡有15里格，每6小时就有一次潮汐，而且这些潮汐非常快。"[128] 几十年后，本·以色列说："在主对十个部落所行的所有神迹中，他创造了这个著名的亚泥俺海峡，这样他们就能与其他民族隔离并隐藏起来。"[129]

加西亚非常熟悉扎尔蒂的地图和马尔多纳多对海峡的描述，他在叙述中引用了这两种描述。也许他也被"急速"潮汐的说法所吸引，这可能给他带来一些关于桑巴提安河神秘特质的暗示。奥特柳斯的地图将阿扎罗兹置于海峡的亚洲一侧，使人们能够看到一条看似可行的轨迹，将十个部落一路引向西班牙。他提出的路线也解释了一些美洲印第安人的仪式和习俗。他断言，在十个部落从阿扎罗兹到亚泥俺王国的路上，他们一定"接受了那个王国和那些地域的仪式和习俗"。加西亚详细地提供了通往美洲路径的全貌，还讨论了格陵兰岛的路线，并回顾了一下其他学者提出的建议，其中包括热内布拉德，此人"主张阿扎罗兹在大鞑靼地区……正如《以斯得拉书》所说，它在幼发拉底河的对岸"。十个部落去了鞑靼沙漠，并从那里到了这片土地，面对格陵兰岛，因为据说美洲的那个地方没有被海洋包围，而其他地方则被海洋包围着，因此它几乎是一个岛。[130]

这样，十个部落至少有三条路可以去往美洲：亚特兰蒂斯、亚泥俺海峡以及格陵兰岛。总的来说，加西亚的观点是有关全球地理论点的典型例子，它是由十个部落问题引发的。它们既涉及近代早期地理学，也涉及《圣经》。一旦有人想要确定十个部落在美洲的存在，就必须处理好它们到那里的路线问题。只有上帝、天使或者耶稣在路上创造的一些奇迹是不够的。随着"精确"地图的存在和日益发展的科学地理文化，人们必须尽可能清晰地勾勒出这条轨迹。随着世界地理知识的扩展和越来越精确的地图记录，这项工作必然有其地理意义。

1681年，这种论述方式随着来自利马的医生迭戈·安德烈·罗查的研究而达到了顶峰。罗查在西班牙美洲担任各种职务，他的论著《论印第安人的独特起源》确实是独一无二的——囊括了从北方的"圣菲"到"墨西哥、秘鲁和智利"的所有民族。罗查是一位"热心的西班牙爱国者"，一位19世纪的编辑这样称呼他。他认为美洲人的祖先"首先是西班牙古代的居民，其次是以色列人和鞑靼人"的后裔。[131]

罗查的问题是如何解释美洲土著人之间的差异，特别是一些人"非常英勇"而另一些人却并非如此。他的解释非常简单："英勇"的美洲土著人是古伊比利亚人的后裔；其他的则要么是鞑靼人要么是以色列人的后裔。[132] 在加西亚之后，罗查认为托尔特克人就是十个部落的后裔；他仔细阅读了所有相关的预言，以及众多学者的著述。如民族学学者、地理学家以及制图学家，包括从古代的约瑟夫斯、普林尼、斯特拉波到奥特柳斯以及其他近代早期人物的著作。

"十个部落是如何从东方到西方的？"在罗查看来，这是在描述通往阿扎罗兹路线时"先知以斯得拉留下的难题"。[133] 罗查追踪了十个部落从撒玛利亚到墨西哥的所有路线，并查阅了所有的地图（除了明显失踪的波斯特尔）。其结果是他写出了一篇关于世界地理的精彩论文，其中仔细分析了奥特柳斯的几幅亚洲地图，结合《圣经》的预言，追溯部落通过亚述北部到达亚美尼亚和里海，再从那里到突厥斯坦和阿扎罗兹的路线。罗查将注意力放到格陵兰岛和亚特兰蒂斯理论上，仔细推敲论证每一个细节。他还讨论了十个部落在其他大陆的可能性，比如非洲。[134] 最后，他提出来一个包罗万象的假设，即把以前的所有假设结合在一起：有些部落通过亚特兰蒂斯，有些部落通过格陵兰岛，而大多数来自阿扎罗兹的部落通过了亚泥俺海峡。有些部落甚至留在原来旧大陆的位置，另一些部落则停留在途中经过的不同地点。这使得罗查的观点能够涵盖所有曾经被认为是十个部落家园的地点，并将它们的许多居民带到美洲：

> 这些遗失或被流放的部落……他们的后代和来自亚洲和大鞑靼其他民族的人，居住在北美洲（美洲北部）和墨西哥各地……进入墨西哥的第一批人是托尔特克人，他们是十个部落中的主要分支，其中很多人来自阿扎罗兹，穿过了亚泥俺王国和亚泥俺海峡。[135]

罗查在名单中增加了十个部落的其他成员，这些成员曾留在了阿扎罗兹，后来在更晚的一波浪潮中到达了美洲（这也解释了墨西哥各民族之间的种族差异）。他的解释方法中最重要的创新之处在于，他认为这十个部落并不在一个地方；从撒玛利亚到墨西哥，他们的遗迹随处可见。简而言之，罗查讲述了一个有充分记录的故事，这是一个以十个部落为中心的全球迁徙和漫游的故事，为18世纪后期开始的全球搜寻部落的工作奠定了基础。

167　　玛拿西·本·以色列的著作《美洲人的起源》(1650) 在创作时间上处于加西亚的《论新世界印第安人的起源》(1607) 和罗查的《论印第安人的独特起源》(1681) 之间，安东尼奥·蒙特西诺斯/阿哈龙·哈列维的故事也出现在该书中。本·以色列和其他两位学者的研究都有一个前提，即十个部落或者它们中的一部分已经到了美洲，此时正处于西班牙在美洲殖民的争论中。但本·以色列最有名的著作是《以色列的希望》，它实际上属于一个不同的背景——那是英国人与遗失的十个部落之间的罗曼史。

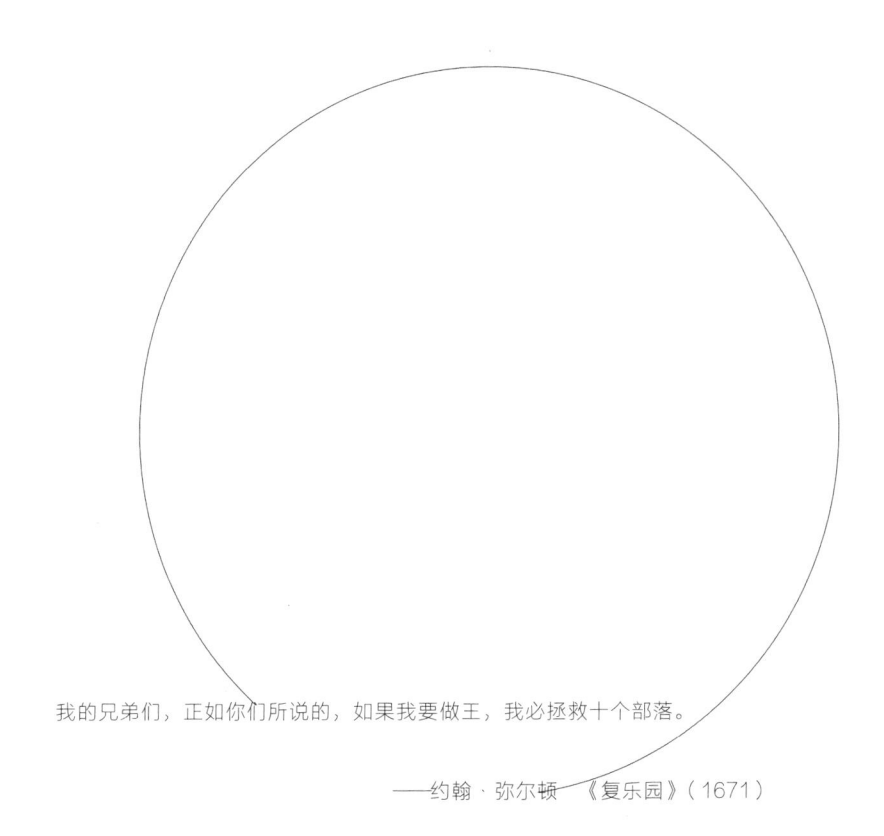

第六章

以色列的希望

我的兄弟们,正如你们所说的,如果我要做王,我必拯救十个部落。

——约翰·弥尔顿 《复乐园》(1671)

第六章

以色列的希望

《圣经》文化与十个部落的政治观念

17世纪末,英国成为辩论十个遗失部落最激烈的地区。在弥尔顿时代及其以后的时代,关于部落的讨论在欧洲很多地方出现,尤其是在英语世界产生了最强烈的回响,如美国和英国。[1] 这个故事的英语阶段,虽然不是最后一个阶段,但它无疑是世界历史上十个部落故事的高潮,这与弥尔顿所说的拯救他们的强烈愿望密切相关。虽然这十个部落出现在《复乐园》中,但它们——或者更准确地说,它们的失落——是《复乐园》的特征之一。

1652年,历史学家、地理学家、神学家彼得·黑林(1600—1662)发表了《四书中的宇宙学》(*Cosmographie in Four Bookes*),该书是"整个世界的编年史书"。该书基于他在

1625 年所著的《伟大世界的微观宇宙学》(Microcosmus of the Great World)，该书告诉读者十个部落对神的律法的背叛，以及其他两个部落的衰落，试图说明犹太教脆弱的现状。继续读下去，你会了解到关于十个部落的一切——一个关于巴勒斯坦的冗长但有特色的章节给出了一个详细的描述。[2] 两个世纪以后，巴勒斯坦成为英国关注的中心话题，[3] 它与十个部落紧密联系在一起。

当时的《圣经》，尤其是詹姆斯国王的版本，对英国思想产生了巨大影响。[4] 弥尔顿笔下的英国是一种"《圣经》文化"，"人们非常了解他们的《圣经》……并且能运用《圣经》典故传递信息"。[5] 政治是一个很受欢迎的领域。在发生了许多戏剧性变化的政治气候中，十个部落的故事——在上帝的保佑下，从一个合法但专制的王国分裂出去的故事——不断被提起。比如丹尼尔·笛福（约 1659—1731）在 1706 年的一篇讽刺文章中写道："当以色列部落脱离了犹大的权杖时，他们偏离了自然规律，而不是国王遵守的法律……因为罗波安国王的暴政，神使十个部落的反叛合理化。"[6] 注意"叛教"和"反叛"是不同的。这些措辞成为当时英国流行的政治辞令的一部分。

光荣革命和随之而来的政治动荡的遗产之一就是人们对王室暴政的敏感。例如，1681 年议会听取了一次演讲：支持议会、反对偏袒。发言人引用了罗波安国王的例子说："他离弃了老人的忠告，听从于年轻人的计谋。""为什么十个部落从他手中被夺走？"发言人严厉地质问国王。回答是：古代国王没有听从劝告。这个暗示很清楚：英国国王必须听取议会的建议。[7] 这个警告反映了英国近代和当代的政治动向。1658 年克伦威尔倒台前20天，英国议会就任命了查理二世（1630—1685）为国王，查理二世的父亲查理一世（1600—1649）早已在一次议会审判后被斩首。[8] 后来，爱德华·佩顿爵士（1587—1657）援引罗波安的话"他公正地失去了十个部落"作为其为议会法案辩护的第一个理由。他说："如果议会没有反对查理国王，上帝就会对他们进行报复。"[9]

在此背景下，王国的新教徒和天主教统治者之间存在着强烈的紧张关系。1688年，光荣革命期间，最后一位罗马天主教国王詹姆斯二世（1633—1701）被一群国会议员罢黜。笛福后来将这位国王描述为现代版的罗波安国王，他的宗教政策和独裁统治方式不被信任。1688年革命晚期出版的一批宣传册，至少12次引用了十个部落的观点，大意是"如果国王真的把政府统治变成暴政，人民有权拒绝他"。"十个部落的历史"被称为人民有权改变政府的"证据"。[10]

自从汉诺威家族在政治动荡中登上英国王位之后，这十个部落的故事在政治上有了更直接的用途。1714年，乔治一世（1660—1727）成为汉诺威家族的第一位君主。在这一年，一位多产的记者乔治·里德帕思（逝于1726年）发表了一篇论文《保卫逝去的革命和汉诺威的继承者》，他把这篇论文发给了英国议会的所有成员。"已故的詹姆斯国王……带着法国的力量来到这里，要把罗马天主教和奴隶制的枷锁戴在我们的脖子上。"里德帕思写道，"这是比耶罗波安更公然的挑衅行为"。正如他所指出的那样，耶罗波安曾被赐了一道神圣意旨奉命离开，这是对罗波安的直接回应。里德帕思追溯了十个部落被流放的历史，并提醒他的读者："以色列人将被永远驱逐，因为他们与其国王们一起进行偶像崇拜、实施暴政和违反联盟协议。"[11] 乌尔文本《列王纪下》中提到的十个部落除了偶像崇拜以外没有其他罪行。而里德帕思在十个部落的故事中加入了暴政和欺骗外交的政治罪行,更好地展示了 18 世纪英国故事的政治化特征。但毕竟没有什么比《圣经》更权威。里德帕思对汉诺威家族上台的辩护,并没有使他们免受前任们所遭受的批评:这十个部落可以被用来破坏任何政权,也可以用来为任何叛乱辩护。[12]

  正如 16 世纪加尔文没有忘记分裂的痛苦一样,17 和 18 世纪的政治思想家关注的是部落分裂并反抗一位不称职国王的合法性。1776 年 12 月 12 日,苏格兰牧师威廉·汤姆(1710—1790)就"十个部落的起义"发表了长篇布道词:"难道不应该把这场……威胁大英帝国的分裂战争看作上帝对我们不敬和邪恶的审判吗?"[13] 汤姆并不是唯一一个将即将到来的分裂与古代以色列的分裂联系在一起的人。伟大的苏格兰法学家和神学家约翰·厄斯金(1721—1803)将"十个部落"的案例作为一种糟糕的例子进行了讨论,这种措施不幸地引发了美国人的反抗。[14] 1777 年的一份杂志认为,十个部落的起义是"一场与美国人的立场完全相同的防御性战争,是一场拒绝服从任意征税的战争"。[15] 在大西洋彼岸,著名的传教士、纽约政治家亚伯拉罕·凯特尔塔斯(1732—1798)提醒他的听众们:"当罗波安和犹大出去与(十个部落)战斗、让他们重新臣服时,上帝派他的先知……说,'你们不应该与你的兄弟们战斗'。"[16] 也许 1688 和 1776 年革命的政治辞令,潜藏着美国和英国 19 世纪对十个部落认同的根源。作为一个神学和政治问题,十个部落的历史在整个 17 和 18 世纪都是人们关注的焦点。

十个部落也出现在美国关于奴隶制的辩论中。1836 年，纽约的《反奴隶制季刊》（*Quarterly Anti-Slavery Magazine*）告诉读者，当废奴主义者"被神的一位先知所说服"，认为拥有奴隶是"公然违反法律的行为"时，他们提到"叛教的十个部落犯下的种种罪恶，及其遭受的折磨与懊悔"。[17] 另一方面，奴隶制的支持者认为，十个部落本身也被奴役过，因此奴隶制得到了神的认可。1852 年支持奴隶制的观点认为，"亚述和巴比伦存在奴隶制"，"这十个部落被撒缦以色掳去，成为奴隶"。[18]

最终，美国内战成为不到一个世纪里造成第二次摧毁英语世界的主要政治分裂因素，他们再次引用了十个部落的故事。教育家、长老会牧师乔治·琼金（1790—1868）在一篇关于内战的文章中，讨论了十个部落的叛乱问题，并敦促"南方人民"（他将"南方人民"比作十个部落），证明"美国的主权已经被残酷和专制所剥夺"。[19] "来自密西西比州的难民"约翰·H. 奥吉牧师（1828—1911）警告那些"支持脱离联邦，提倡十个部落道路的人"，"如果我们像十个部落一样，抵制上帝的命令，我们将会灭亡"。[20] 十个部落分离的故事自从被用来支持殖民地脱离大英帝国以来还不到 100 年，现在却被用来谴责那些想对联邦做同样事情的南方联盟。这就是十个部落故事的力量，它将自己与不同的政治事件联系在一起，而在这种文化中，《圣经》扮演着核心角色。

至少从弥尔顿的时代开始，一种特定的《圣经》文化和独特的政治轨迹将十个部落引入了政治思维的领域，并在《圣经》享有主导文化地位的前提下让它们一直存在着，它们救赎的承诺变得更为强大。

千禧年主义与和平研究

1701 年，丹尼尔·笛福在另一个背景中提到了十个部落："法国新教徒"的悲惨命运。他哀叹道，法国新教徒曾经是"一支强大的队伍"，现在"完全迷失了方向，一蹶不振，一去不返"。笛福抱怨法国天主教政府对胡格诺派教徒的不公正待遇，把他们描述为"要么在国内被镇压，要么被逼入赤贫，要么像以色列的十个部落一样，分散到国外许多不知名的国家，以至于他们遗失了自我"。[21]

看上去，十个部落似乎是流浪和迷失在陌生国家里的代表。第一部现代犹太通史是由定居荷兰的胡格诺派难民雅克·巴斯纳奇（1653—1723）所著，笛福也许对此并不惊讶。[22] 毫无疑问，加尔文对分裂主义的强调激发了巴斯纳奇的创作灵感，他曾写道"十个部落仍然存在于分裂主义之中"。[23] 对于十个部落，他很喜欢用"分裂主义"这个词来形容。[24] 部族分裂不仅是历史上的一个特殊事件，也是一种存在状态——修复分裂将成为一个非常重要的目标。

犹太人和十个部落在近代早期的千禧年或者弥赛亚救赎的场景中表现得更为突出，相关研究也很多。[25] 犹太人和他们的信仰转变几乎是每一个研究的中心任务。"16 和 17 世纪犹太人的信仰转变是一系列关于世界末日和千禧年临近思想的一部分"，关于世界末日，最受欢迎的目标年份是 1650 到 1666 年。[26] 这十个部落的信仰转变被描述为他们的同胞从剩下的两个部落中转变的先兆。

在犹太人的千禧年思想中，部落也很重要。自 1492 年被逐出西班牙以来，人们对救世主的期望周期性地爆发。正如我们所见，16 世纪 20 年代和 30 年代，大卫·卢温尼在意大利和葡萄牙的出现，使葡萄牙的改宗者产生了一种特别强烈的救世主愿望。17 世纪的形势更加动荡。1648 年，乌克兰的大屠杀带来了一波对救世主的期待，萨瓦塔伊·兹维（约 1626—1676）在奥斯曼帝国各个地方的出现将救赎的期望推向高潮。正如格肖姆·肖勒姆所展示的那样，在兹维出现之前的 20 年里，这十个部落的故事反复出现。

欧洲的基督教神学家和千禧年主义者都在聚精会神地听着犹太人关于十个部落即将到来的谣言。虽然犹太人的消息来源没有完全明确十个部落的到来，但在基督教的谣言里却很明确。[27] 虽然"十个部落"的问题在萨瓦塔伊·兹维的弥赛亚消息中并不是特别突出，但一些基督教运动观察家却非常乐意将其融入其中。在安息日运动期间，与十个部落出现的谣言联系最紧密的人是彼得·塞拉里斯（1600—1669），他在十年前与玛拿西·本·以色列进行了对话，[28] 而本·以色列正是十个部落文化氛围的中心。

本·以色列的《以色列的希望》及其在 1650 年的出版，正处于西班牙对十个部落历史的探索时期。本·以色列和他的英雄安东尼奥·蒙特西诺斯/阿哈龙·哈列维，都诞生于 16 世纪伊比利亚新基督徒回归犹太教的环境。故事的背景是西班牙大西洋世界。同时，作者和他的书与新教和英国的环境都有联系。可以说，英语版本《美洲人的起源》是一本完全不同的书，所以它在英国的境遇也大不相同，并引起了很大的轰动。[29] 英国神学界对蒙特西诺斯的故事非常感兴趣。[30]

1644年，蒙特西诺斯在阿姆斯特丹证实了他与南美洲山区隐藏的部落相遇后不久，本·以色列就被"来自欧洲各地"的基督教学者"轰炸"，他们纷纷询问蒙特西诺斯的故事。英国学者们对蒙特西诺斯的报告尤其感兴趣，因为他们与本·以色列——一位在犹太人和基督徒中都享有盛誉的拉比——有过一段时间的接触。[31] 一小群英国和荷兰的菲洛犹太教徒对犹太人即将大规模回归的迹象非常感兴趣，并在许多神学和学术问题上与本·以色列进行对话：他们理所当然地认为他是犹太教-基督教友谊之父。

本·以色列在1604年出生于一个犹太教家庭，他们逃离葡萄牙，后来定居阿姆斯特丹，在那里他成为一名拉比。本·以色列在基督教的希伯来民众和学者中赢得了"犹太人首席牧师"的美名。[32]《以色列的希望》来自本·以色列与"海牙的牧师"约翰·杜里（1597—1680）、纳撒尼尔·霍姆斯（1599—1678）的通信，后者是一个"臭名昭著的千禧年信徒"，曾在牛津工作，并在伦敦担任牧师。他们都分别写信给本·以色列，询问犹太神学和思想中的十个部落。他们很想知道这位"犹太神学家"对蒙特西诺斯的故事，即美洲的十个部落有什么看法。[33]

这种通信有一个直接的原因。1648年，来自诺福克的清教牧师托马斯·索罗古德（1595—1669）分发了一份手稿，声称这十个部落在美洲。他的著作可能是第一部用英语论述这一问题的综合性著作。[34] 索罗古德对西班牙学者关心的地理问题不感兴趣，而对美洲土著人皈依基督教的可能性更感兴趣。[35] 索罗古德读过另一位清教徒约翰·艾略特（1604—1690）关于美洲原住民信仰方面的故事。对索罗古德来说，这证明了遥远的犹太人仍然存在于美洲。[36] 他认为，如果印第安人是十个部落的后裔，这就可以解释为什么在他们中间传教很容易。值得注意的是，清教徒强调将"文化训练"和"教化"作为改信基督教的重要组成部分。拥有以色列人的过去，就像十个部落那样，将有助于传教计划，因为印第安人通往文明的道路将因此缩短。[37] 作为十个部落的后裔，印第安人立刻成为"另一种存在、另一种状态，并很可能通过神的命令而得到恢复和修复"。[38] 恢复犹太人的计划应该是从第一次流放开始的，第一次流放即是十个部落的流放。没有找到这些部落，犹太人的回归就不可能完成。

语言的复苏和恢复为在印第安人中传教提供了一个不同的、强有力的框架。印第安人的文化训练不仅仅是一项"原住民"的"文明工程"，还是一项恢复遗失和被遗忘的工作。索罗古德的论文是很重要的，因为它第一次阐述了美洲原住民的基督教化，而这正是实现十个部落回归的一部分。一旦印第安人成为基督徒，他们不仅会恢复成虔诚的人，而且还会恢复"以色列"本身，就像古老的《圣经》预言所承诺的那样。此外，耶稣对他的门徒说的话"往以色列家迷失的羊那里去"也因此得到复兴。以赛亚、以西结、耶利米和其他人关于让迷失的部落回归的预言，同时获得了一种新的基督教意义。索罗古德对印第安人皈依基督教的阐述，为新发现民族的基督教化提供了一个令人信服的新理由，这个理由将在这个千年的特殊时刻过后仍然存在。

根据《圣经》的弥赛亚愿景，传扬印第安人的福音实际上是一项回归工作，这一想法并不仅局限于清教徒圈子。[39] 在索罗古德首次阐明这一观点几十年后，赫尔曼·维吉斯在他的《德克家族谱：流亡的以色列民族》一书中详细阐述了这一观点。[40] 数百年后，人们仍能找到表达同样逻辑的大量书籍和布道。索罗古德之后近两个世纪，一位作者即前面提到的芭芭拉·西蒙说，印第安人/十个部落的信仰转变是为了"拯救"他们免于"即将灭亡"的状态，正如詹姆斯国王版《圣经》描述以赛亚"消失在亚述"一样。为了证明预言是正确的，印第安人被描述为"一个接近灭绝的种族"。[41]

索罗古德的手稿非常重要，足以促使杜里和霍姆斯向本·以色列征求意见。那时，他们已经习惯于通过写作来讨论与犹太神学有关的各类问题。拉比本·以色列用《以色列人的希望》予以回应。他希望自己与英国学者的关系能够帮助他获得英国的许可，以便在这个 1290 年曾驱逐犹太人的王国定居下来，他正是凭借这一努力赢得了持久的声誉。1655 年，他前往英国，请求克伦威尔重新接纳犹太人。由于他的努力，犹太人从 1664 年开始被允许在英国定居。（本·以色列在七年前就去世了，他认为自己两年来在英国的任务失败了。）

在本·以色列的愿望背后还有犹太救赎的暗示。犹太人在英国的重新定居将实现《但以理书》（12：7）的预言："当他打破圣民权力的时候，这一切事就都应验了。"考虑到十个部落被认为在美洲，而英国是地球上唯一没有犹太人的地方。犹太人在不列颠群岛的存在将满足救赎的"必要条件"。本·以色列也留意到欧洲耶稣会关于在中国——地球的另一个边缘——发现犹太人的报道，他将这些报道与关于美洲十个部落的谣言相结合。所有这些，再加上犹太人在英国定居的前景，确实可能带来救赎。[42]

虽然本·以色列并不认同他的基督教同僚的神学观点，但他相信他所处的时代可能是犹太人救赎的开端。他的书名为《以色列的希望》，与安东尼奥·维埃拉（1608—1697）所著的《葡萄牙的希望，第五帝国》相对应。维埃拉是葡萄牙裔耶稣会士，后来移居巴西。1646和1648年，他在阿姆斯特丹与本·以色列见过两次面。凭借自己的预言能力，他发展了一个弥赛亚救赎的版本，围绕一个神秘人物——葡萄牙国王塞巴斯蒂安（1557—1578）展开，这个人在与摩洛哥的战斗中被杀。塞巴斯蒂安死后，他成为恢复葡萄牙权利和统一的救世主崇拜的核心。这位被杀的年轻国王本来应该在葡萄牙的统治下回归，并团结全人类。在维埃拉的升级方案中，葡萄牙犹太人将在这一进程中发挥至关重要的作用，他们将重新加入葡萄牙这个国家并皈依耶稣。[43] 这是他与本·以色列接触的背景，而本·以色列正是葡萄牙犹太人的领袖人物。虽然两人在犹太人即将到来的弥赛亚时代扮演的角色上存在显著分歧，但他们书名的相似之处表明了他们之间存在某种程度上的相互影响和对话。有关维埃拉怪异的想法被证实，因为他曾被宗教裁判所以"犹太人"的身份监禁，但维埃拉要求将葡萄牙犹太人送回葡萄牙的想法，正是当时许多人的想法。在许多千禧年或救赎的场景中，恢复犹太人——回到教会，回归葡萄牙，返回他们的故土——被认为是重要的一步。艾萨克·拉佩尔（1596—1676）是法国马拉尼犹太人后裔，相信千禧年主义，并以他的前亚当时代论点

（声称在《圣经》的亚当之前存在一个人类阶段）而闻名。1643 年，他呼吁犹太人和基督徒都回到让两者共享的旧基督教形式。[44] 本·以色列当然是这种回归精神的一部分。该书的希伯来语标题《以色列的希望》(Miqveh Israel)，虽然暗指希伯来语的词根"希望"(qvh)，但也暗指弥赛亚回归的愿景；"miqveh"也意味着"水的集中"。历史学家欧内斯廷·沃尔说道："这位犹太拉比和他的千禧年信徒们都生活在'米克维以色列'(Miqweh Isvael)，这是犹太人重新聚集起来的希望。他们之间有一种兄弟情谊。"[45]

除了巩固这种兄弟关系外，关于十个部落的讨论也为拉比本·以色列提供了一个进行某种和平主义研究的机会，旨在减轻冲突，而不是加深冲突——正如伊拉斯谟（1469—1538）对该问题的评论。当伟大的荷兰神学家在宗教改革后消除基督徒之间冲突的背景下思考和平主义时，本·以色列将其扩展到犹太-基督教的关系之中。他的《和解者》(Conciliador) 致力于调和《圣经》中数千个相互冲突的矛盾描述，目的是为基督教读者服务。[46] 虽然这不是《圣经》的注释，但《以色列的希望》充满了和平的论调。[47]

《以色列的希望》是在千禧年和弥赛亚式的情绪中诞生的，当时的背景是友好的、兄弟般的犹太人和基督徒之间的对话，讨论如何使犹太人复国的问题。这十个部落被认为是以色列的一个重要组成部分，无论是在基督教还是犹太教中都起着重要作用。就以色列遗失部落的重要性和两大宗教的和谐共处来说，《以色列的希望》直接或间接地代表了基督教和犹太教交流和对话的高潮。本·以色列写道："所有必要的事情都必须完成，这样以色列才能最终回到自己的地方；弥赛亚所应许的和平，才能在世界上恢复；和谐，是一切美好事物唯一之母。"[48]

世界流浪者的历史形象

然而，更实际的问题是确定以色列子民的位置。在这方面，《以色列的希望》是犹太教和基督教之间对话的高潮。本·以色列忠实于自己对和平主义学术的理想，发表了迄今为止关于十个失踪部落最具包容性的著作："他收集了许多希伯来人的作品，以及许多希伯来人、阿拉伯人、希腊人、拉丁人和其他国家的历史资料。"[49] 从艾萨克·阿布拉瓦内尔开始，本·以色列几乎找到了所有他能找到的犹太人资料，甚至包括所有著名的罗马和希腊地理学家与历史学家。基督教的资料来源也同样全面，包括几位教父如波斯特尔和热内布拉德等思想家，以及西班牙作家何塞·德·阿科斯塔和格雷戈里奥·加西亚。在地理学方面，这份名单包括当代地理学家和宇宙地理学家，从犹太学者亚伯拉罕·法里索尔到亚伯拉罕·奥特柳斯等许多人。犹太编年史学家如约瑟夫·哈科享（1496—1575）和阿扎赖亚·代·罗西也包含在内，他们的作品被认为是现代犹太编年史最早的例子，还有约瑟夫斯，他是近代早期之前的最后一位犹太历史学家。[50]

将这些历史学家包括在内是有意义的，展现了一种高度包容的研究方法。本·以色列呼吁，"因为我打算延续著名历史学家约瑟夫斯《犹太古史》（*History of the Jews*）的研究；我恳求所有学者，无论他们生活在什么地方（我希望他们不久就会听到这番话），如果他们有任何值得后人继承的东西，他们一定要及时通知我！"[51] 本·以色列请求每一位博学的研究者把有关犹太人的材料寄给他。《以色列的希望》只是犹太人"世界史"中的一章，它意味着本·以色列会在约瑟夫斯停止的地方继续前进。非常重要的是，这段犹太世界史的构思和产生环境涉及关于十个部落的激烈对话。事实上，《以色列的希望》中所记载的十个部落的历史，正是本·以色列计划写但没有完成的犹太通史的第一章。

本·以色列要求世界各地的学者而不仅仅是犹太人，寄给他所有与犹太历史相关的材料，这进一步强调了其研究的包容性，并力求找到各种知识的共同点。《以色列的希望》所依据的神学共同点是十分模糊的，因此基督教读者可以根据他们自己的神学思维来解读它。另一方面，地理上的共同点只是作为一个整体呈现出来。该书开篇蒙特西诺斯的故事之后，本·以色列向读者展示的十个部落的地理轨迹，遵循了所有犹太和其他国家的资料来源，从而形成了与预言有关的丰富的世界地理拼图。本·以色列似乎提及了所有的作家、先知及旅行者，也指明了所有的地方。在这一点上，他给以赛亚关于回归的预言赋予了新的和具体的意义，更重要的是，他提供了一个有力的工具，甚至可以说一种方法，以进一步调和预言和地理的关系。以赛亚预言在全球层面的意义，在该书的第二章中有详细的讨论，这在《以色列的希望》中也有论述，本·以色列引用这位先知的次数比任何人都多。但以赛亚的世界是由亚述人的意象创造的，本·以色列的以赛亚则参考了一个更大的世界。在讨论这些部落通往美洲的各种可能路径时，他写道：

第六章　以色列的希望

> 为什么他们中的一些人不从中国和亚泥俺启航呢？他们在新西班牙附近；从那里他们到了巴拿马、秘鲁和周围的地方。依我之见，这些就是《以赛亚书》第49章第12节所说的"这些从远方来，这些从北方、从西方来，这些从秦国（中国）来"。

秦国（Sinim）这个词有个小问题，它很好地说明了《圣经》和地理之间的关系发生了变化，而这正是其背景的特点。我在第二章论述过，《以赛亚书》原有的"南方"，在《米德拉什》中变成了"中国"，并将其嵌入早期阿拉伯世界地理中。在这里，我们看到了预言的第三个转折；之前提到8世纪《以赛亚书》的《米德拉什》把中国和西班牙放在一起，而现在本·以色列用同样的诗句把中国和新西班牙联系在一起。此外，《米德拉什》中的中国只是阿拉伯人地理想象力的反映，而且被置于地球的最东端，相比之下，本·以色列笔下的中国要真实得多。他在他的书中几次提到最近的耶稣会士报告说，在中国"有很多犹太人"，他们可能是十个部落的后裔。本·以色列完全意识到，他的论述是在这种特殊情况下的折中行为。他引用了耶稣会士的报告，甚至托勒密的地理学，想要驳斥中世纪伟大的释经者亚伯拉罕·伊本·埃兹拉，他认为伊本·埃兹拉把中国定位在以色列土地的南部是"错误的"。[52]事实上，伊本·埃兹拉对《圣经》的解读是正确的，他将中国定位于古以色列和埃及之间的某个地方。然而，在新时代、新地理、新神学要求的背景下，本·以色列毫不犹豫地反驳了他，在某种程度上也揭露了他自己的适应性解释及其对部落的看法，在很大程度上受当时文化和地理的影响。

然而，该书的主要贡献在于它塑造了部落作为全球流浪者的形象。本·以色列调和以前相互冲突地区的方法很简单：十个部落的一部分人生活在世界不同的地方，因为他们是在不同的漂泊阶段到达这些地方的。他们的流浪对于本·以色列来说是至关重要的，该书最后一部分对此有所论述。正是在这一历史时刻，尽管经过了很长一段时间的酝酿，十个部落近乎游牧的流浪者形象才在世界范围内清晰地浮现出来。本·以色列与《以斯得拉书》有直接的联系，他第一个指出《圣经》中的流放地点并不是部落最后的位置：

> 这个观点的第一个依据来自《以斯得拉书》第 13 章和第 5 章 40 节……（有人说十个部落）在阿扎罗兹，十个部落也许聚集在那里，然后去了新西班牙。吉恩布拉斯引用《以斯得拉书》中关于十个部落的流浪说："阿扎罗兹是大鞑靼地区，他们从那里来到了格陵兰岛。"[53]

本·以色列也转向了更易被接受的经文："你们要知道，十个部落并不是同时被掳去的，正如我在《和解者》第二部分所展示的那样。"[54] 与此同时，本·以色列利用当代地理学来解释接下来发生的事情：

第六章 以色列的希望

> 我相信十个部落的人数在增加，所以他们扩展到前面提到的更多的地区，而且进入了鞑靼地区。对于亚伯拉罕·奥特柳斯来说，在他的世界地理和鞑靼地图中，他指出了但部落的位置，他称其为部落，与希伯来语的赫里达相同，意为血统。再往下，他还提到了拿弗他利部落。[55]

本·以色列能够把这十个部落安置在每一个曾经提出过的地方。随着他的《和解者》一书调和了相互冲突的《圣经》诗句，《以色列的希望》调和了十个部落故事中的地理冲突：一些部落的残余在桑巴提安的后面，一些在中国，一些在鞑靼，一些在埃塞俄比亚，还有一些在美洲。本·以色列并没有决定哪一种冲突的来源是正确的，而是认为它们都是正确的。因此，人们可以说，《以色列的希望》是一种和平的象征，是和平的工具，扩大了犹太人和基督徒之间的共同点，调和了相互矛盾的观点。[56] 本·以色列很乐意使用伪经《以斯得拉书》作为诠释工具；如果十个部落迁移过一次，它们一定已经迁移了一次又一次。

《以斯得拉书》的逻辑为本·以色列的论述提供了很好的基础。如果各个部落都在流浪，那么把他们安置在不同地方的叙述就没有矛盾。它所呈现的形象完全是一种全球迁徙，由此产生的无非是全球移民的形象。本·以色列从未写过他想要写的关于犹太人的世界史，但是《以色列的希望》是一本17世纪的世界地理书，通过寻找遗失的部落来叙述历史——一本关于遗失的宇宙地理学著作。在法里索尔的《世界旅行记》中，这十个部落位于阿拉伯和印度之间古老的南部地区。在本·以色列的叙述中，他们无处不在。他的叙述反映了自法里索尔时代以来一个世纪里涌现出的各种观点。总而言之，"各部落不在一处，乃在多处；因为先知说，他们必从各处归回本地"。[57]

因此，就十个部落的地理位置而言，本·以色列偏离了《塔木德》关于部落在桑巴提安后面的传统说法——例如，一个世纪以前，法里索尔仍然坚信这个位置。本·以色列抛弃了单一的位置理论，接受了这种新的地理环境，使十个部落的全球化达到了一个新的高度。他们可能无处不在，坚定地成为终极世界的流浪者。

本·以色列阐明了适应预言和地理环境新的和灵活的方式，这种流浪历史为几乎在任何地方都能找到十个部落提供了机会。由此也出现了对这十个部落被"异教化"的担忧，如世界上任何土著居民现在都有可能成为这十个部落的候选人。这些元素中的许多部分都曾出现在早期资料中。但是，只有在本·以色列的和平方式下，犹太人和基督徒关于十个部落的著作才得以被系统地组织起来，作为一个连贯统一的知识体系呈现。部落现在不仅可以是任何人，也可以在任何地方，他们无处不在。

托马斯·索罗古德重复了本·以色列全球视角的研究精神，尽管他早期坚持十个部落在美洲的理论。1652 年，在本·以色列的书出版两年之后，索罗古德有了新发现，提出有确凿证据证明在世界上消失近 2 000 年的犹太人或民族现居于美洲。尽管索罗古德坚持他的美洲论点，但本·以色列的结论显然对他产生了影响。他现在也谈到了"十个部落从世界尽头和地之四境回归"。[58] 事实上，索罗古德的发现只是关于早期美洲犹太人的一个新版本。然而，这个新版本包含了杜里和本·以色列之间的交流。那时，《以色列的希望》早已广为流传，索罗古德显然有兴趣将他的作品与著名的"犹太首席牧师"的权威著作联系起来。作者的犹太身份似乎进一步为基督教的目的和动机提供了权威解释。

印第安犹太人的理论流传下来，发展为许多不同的理论，并在未来的几个世纪里在大西洋两岸产生了强烈的共鸣。[59] 正如科林·基德所言："美洲印第安人种学受到了对印第安人真实身份的神学焦虑的强烈影响。"这些神学上的焦虑主要是由"《圣经》参数"造成的，而"《圣经》参数"起初只允许对人类起源做一元论的解释。[60] 通过《圣经》，这个推理将十个部落带入了大西洋新教地区种族思想的范畴。

在十个部落的特定背景下，这些焦虑被激化了，这不仅是因为《圣经》规定所有人类都有亚当和挪亚的血统，更重要的是被《以色列的希望》所体现的恢复性承诺所驱动。1801年，一位典型的观察家查尔斯·克劳福德（生于1752年）写道："有一个强有力的理由支持印第安人皈依基督教，他们是犹太人的后裔。"[61] 将土著美洲人视为失散的兄弟，为传教士的热情增加了更多力量。这十个部落遗失了，与他们重聚是很多人最大的希望。1832年，马萨诸塞州牧师哈丽雅特·利弗莫尔演唱了一首《千禧之歌》（*Song Millennial*），这首歌很好地表达了这种感情："犹大见到远在森林中走失的兄弟甚是愉快，那是来自遥远森林的北美印第安人；'他们曾经是长期'被抛弃的以法莲人，自从亚述战争以来我们就一直想念他们。"[62]

本·以色列提供的预言和地理的学术通融，以及索罗古德对神学的恢复，进一步丰富了美洲背景下十个部落的知识，以布道、新闻、讲述试图证明这一理论的尝试数不胜数。

当然，并不是所有美国人都同意这十个部落是美洲原住民祖先的说法。托马斯·杰斐逊是一位颇有名气的《圣经》学者，他与其同事伊莱亚斯·布迪诺特就这个问题展开了辩论。越来越多的证据表明，印第安人并非以色列人，这是一个简单的事实。正如波普金所说，这是犹太印第安人理论最终消亡的最重要原因之一，因为这种说法没有确凿的证据。[63] 在美国发现的唯一真实证据是 1772 年在费城发现的一个奇怪的土方工程（一个土丘），在一段时间内，它被认为是十个消失的部落的作品。随着越来越复杂的考古学和人种学研究将其与已知的美洲原住民习俗联系起来，争论逐渐平息。[64]

总的来说，只有那些最初将印第安人定义为遗失部落的人才会这样做，例如布迪诺特的《西方之星：寻找长期失踪的以色列十个部落的卑微尝试》。它的名字本身就预示着强烈的弥赛亚野心：耶稣的诞生是由东方之星预言的。找到这些部落是"为回到他们心爱之城耶路撒冷做准备"——基督徒也一样。布迪诺特后来担任美国改善犹太人状况协会主席，该协会致力于改善犹太人在皈依基督教之前的境况。最终，他将参与各个层次的部落发现：研究各种预言，对美洲土著部落进行人种学调查，探讨全球地理和移民状况，尤其是关注最近的发现和航行。[65] 在 19 世纪初的著作中，布迪诺特确信，本·以色列时代以来的发现只是进一步证实了部落的观点：

> 试问一下，现在谁能仔细而深入地思考，并将这些传统与以色列十个部落的历史，俄国人、库克船长和其他人在堪察加半岛和亚洲东北海岸以及美洲的新发现做比较。这些地方之前任何一个文明国家都对其知之甚少。没有强有力的推论，谁也不敢说这些流浪民族是旧世界某个东方国家的后裔，或者说他们就是消失的以色列部落。[66]

在1829年的伦敦，芭芭拉·安妮·西蒙在她自己的《以色列的希望》中直接参考了本·以色列的观点，"假定证据"被提了出来，她认为"西半球的土著人"是"以色列失踪的十个部落"的后裔。19世纪，西蒙对世界地理的了解比本·以色列多得多，她的叙述也比本·以色列的叙述要丰富得多。尽管如此，本·以色列作为一个调和《圣经》和地理的权威，还是至关重要的。在他之后将近200年，西蒙确信以色列的希望——"十个部落的全面回归"——已经触手可及。再次使用本·以色列的书名反映了自基督教诞生以来，存在数百年的一个潜在主题"以色列"，不一定是犹太人，也可能是基督徒。当哈丽雅特·利弗莫尔唱道"犹大思念他的兄弟们"时，犹大不是指犹太人，而是她的基督徒听众。

西蒙的计划开始于纯粹的神学思考，是关于美洲土著人恢复基督教信仰的可能性。1836年，她的新著《关于西方部落的新证据》(*New Evidence about the Western Tribes*)即将问世时，她在一则广告中将这一观点告知了她的读者，这十个部落现在被"认定为西半球的原住民"。[67]

鉴于坚持不懈的爱德华·金斯堡勋爵对墨西哥文物进行的研究,这个"新证据"其实并不新鲜。金斯堡最能让人联想到的是他收集的大量的中美洲艺术与文化典籍,这些典籍的收集工作耗费了他大量的财富。金斯堡是爱尔兰人中"和蔼可亲、才华横溢的贵族",他毕生致力于研究西班牙史,尤其是与北美土著人相关的历史,希望证明他们是十个部落的后裔。金斯堡在42岁的时候穷困潦倒,由于斑疹伤寒死于都柏林的债务人监狱。[68] 金斯堡在其艺术作品的复制品上,添加了一段内容丰富的文字,那是对他毕生阅读的许多西班牙文献的总结。本·以色列和蒙特西诺斯都被认为是他灵感的来源。[69]

芭芭拉·西蒙将该书作为她的历史证据。她只是重新出版了金斯堡的文本,并在前面加上了她自己的一些评论。她把本·以色列关于十个部落回归预言的解释放在了附录中。[70] 金斯堡的书介于西蒙的序言和本·以色列的预言之间,读起来与后两者大不相同,它非常依赖西班牙作家,以及相关的民族学和语言学研究。因此,这还不够神学化——也就是说,十个部落还没有被纳入弥赛亚救赎计划。

19世纪初,印第安人是以色列人的观点,在面对大量相反的证据时已经变得苍白无力了。只有重新注入神学的力量,它才能继续存在。1832年,博学的自然科学家康斯坦丁·塞缪尔·拉菲内克(1783—1840)在《大西洋月刊》上抨击了"美洲部落是希伯来人或十个遗失部落的后裔这一奇特而荒谬的观点"。[71] 当他得知"金斯堡勋爵采纳了(这个)虚幻的想法……在墨西哥古董上徒劳地花费了8万英镑,也就是13.5万美元"时,他被激怒了。但最让拉菲内克感到愤怒的是美国出现了"一个建立在这种信仰基础上的新宗教或教派"。拉菲内克将这一新的狂热派别称为"摩门教徒,他们因一本新的《古兰经》或《摩门经》而得名"。这对《古兰经》而言,是一种极大的侮辱。[72]

失踪的十个部落和摩门教的诞生

1830年,《摩门经》首次在纽约帕尔迈拉出版,该书收集了一些摩门教徒认为是由先知(历史学家)摩门编撰的关于中美洲未知事物的预言集。出版者约瑟夫·史密斯(1805—1844)声称,1827年,他在最后的先知摩罗乃的启示下找到了该书,摩罗乃曾埋藏了这本书。这场运动的基本神学前提是把美洲定义为"锡安",把后期圣徒教会(摩门教)定义为"以色列"。拉菲内克的愤怒揭示了摩门教首次出现的文化时刻。事实上,拉菲内克似乎对金斯堡的愚蠢和摩门教都很恼火。金斯堡的悲惨命运——在追寻部落的过程中失去了一切——是人们最后一次通过民族学研究来证明美洲原住民以色列人身份的尝试,而民族学研究始于他翻译的早期西班牙作品。犹太印第安人理论作为一项科学研究或多或少随着他而消亡。然而,基于十个部落已经到达美洲这一观点的神学阐述才刚刚开始盛行。摩门教是其最重要的产物。

对摩门教历史和教义的深入研究超出了本书的范围。[73] 然而,这里值得强调一个重要的摩门教观念,即从神学转向遗失。当西蒙试图通过唤起其神学价值来复兴犹太印第安人的理论时,

《摩门经》以启示为其注入了生命。科林·基德指出,"《摩门经》中有很多关于民族学和谱系学的知识",描述了在美洲发现的各种《圣经》民族的起源,从而使它的领地和历史成为《圣经》的一部分。[74] 因此,美洲充满了欧洲殖民前的《圣经》历史。《摩门经》从关于十个消失部落的辩论中得出的结论是,16世纪初以来,人们就已经认识到一种奇特的可能性:一个信奉《圣经》的民族已经抵达了美洲。这段新的《圣经》历史隐含在神圣的摩门教经文中。在这方面至关重要的是,随着以色列人来到美洲,随之而来的是知识——或者更恰当地说是启示。摩门教先知尼腓说,如果流亡的部落是上帝的奇迹,他肯定知道他们现在在哪里:"但现在我去见父,也要向以色列迷失的部落显现,因为对父来说,他们并没有失散,他知道他带他们去了哪里。"(《尼腓三书》17:4)如果上帝带走了部落,他也向他们显示了自己;这个启示与旧世界的启示是一致的。这种统一是在《摩门经》中实现的:"犹太人会得到尼腓人的话,尼腓人会得到犹太人的话;尼腓人和犹太人会得到以色列失散的各支派的话。以色列失散的支派会得到尼腓人和犹太人的话。"(《尼腓二书》29:13)

遗失是摩门教预言的核心。以赛亚只说过一次"消失在亚述";耶稣只吩咐过门徒一次"往以色列家迷失的羊那里去"。然而,《摩门经》大量地论述了遗失,呼应了古老预言:"看啊,在耶路撒冷的人不知道那许多人去哪里了,是的,各支派大部分的人都已被带走;他们被四处分散到各海岛;他们在哪里,我们没有人知道,我们只知道他们被带走了。"(《尼腓一书》22:4)

第六章 以色列的希望

即使有《摩门经》的启示,遗失也不会结束。事实上,它变得更加尖锐,因为它揭示了更多遗失的民族,遗失在我们的知识之外。我们发现十个部落是从以色列"被带走",分散在地球各地的"众海岛",不仅仅在美洲。而此时遗失本身变成了启示。《摩门经》的发现者约瑟夫·史密斯恰好在那一刻变成了一位先知。1831年,史密斯得到了他自己的启示:"在这异象结束后,诸天再度向我们敞开;摩西在我们面前显现,交托我们从地的四境聚集以色列和从北方之地引领十个支派的权钥。"(《教义和圣约》110:11)"北方之地"又出现在另一个异象中,应许说"北方各地的人必在主前被记起"。(《教义和圣约》133:26)北极和北方的观念在摩门教的地理想象中扮演着重要的角色。奥森·普拉特(1811—1881)是约瑟夫·史密斯最初的十二使徒之一,也是一位著名的摩门教学者,他写道:

> 当十个部落的人民离开亚述时,他们奇迹般地从西向东渡过了幼发拉底河。他们一定是悔悟了,否则神不会奇迹般地把河分开让他们过去。他们可能穿过黑海和里海,继续穿过俄罗斯到达欧洲最北岸,即向北2 500英里。但这不会是一年半的路程,也不会是平均每天5英里的路程。从古代预言的许多暗示看来,他们显然是在北冰洋中间为自己修了一条路,并延伸到北极附近的一块土地上。这一地区距离他们的亚述住所以北约4 000英里,在18个月的时间里,他们平均每天的行程不到8英里。[75]

《以赛亚书》（11：16）中"为主余剩的百姓，就是从亚述剩下回来的，必有一条大道"在这里引起共鸣。史密斯也声称，"深海中必隆起一条道路"。（《教义和圣约》133：27）普拉特的计算类似于德加林多在16世纪80年代所做的计算，德加林多曾推测过部落通往加那利群岛的路线。早期摩门教徒也讨论了十个部落的地理位置及其涉及的相关知识。普拉特在一篇引人入胜的文章中揭示，即使是地理科学也不能停留在它的桂冠上。他还写道："先知约瑟夫（史密斯）曾在我的耳边说，十个部落与地球是分离的；或者说地球的一部分被奇迹般地破坏了，十个部落也随之被带走，在后来的日子里，它将被归还给地球，或者被放置在极地。"[76]

摩门教声称启示不受任何科学的影响，但犹太印第安人理论就不一样了，该理论是基于人种学的发现。尽管如此，自摩门教创立以来，科学的挑战一直是其历史不可分割的一部分。[77] 就摩门教本身而言，它感兴趣的是证明《摩门经》中提到的各个民族与土丘建造者之间的联系。[78]

然而，摩门教的力量并不在于遗失者的回归变成启示，也不在于让其先知去完成"从地之四境聚集以色列人"的任务，正如约瑟夫·史密斯所命令的那样。《摩门经》及后来的启示是对以色列的希望这一想法最激进的反应之一。"以色列"正不遗余力地与失散的人——人类的其余部分——重新团结在一起，实现以色列的希望和真正的和谐世界。

以法莲帝国：英国和盎格鲁-以色列主义

早在20年前，摩门教就有了一个鲜为人知的英国先驱。1794年，海军退役军官理查德·布拉泽斯（1757—1823）以先知的身份出现在伦敦，他是一位激进的加尔文主义者。他自称是"希伯来人的王子"，并预言世界末日即将来临。在《预言与时代启示录》中，布拉泽斯称希伯来人将回归耶路撒冷。回归的时间是1798年，届时他将带领犹太人及其追随者回到耶路撒冷，重建圣地。为此，他设计了一个完整的殖民圣地的计划。[79] 布拉泽斯很快因精神失常被捕，并一直在精神病院待到1806年。尽管如此，他从一开始就设法吸引大批追随者，他在狱中的许多信件也以多种版本出版。与其他未实现的千禧年或弥赛亚运动一样，在他预测的那一年里没有任何事情发生，但这并不重要，[80] 相反他吸引了很多的追随者（尽管有些人离开他去寻找另外的先知）。

盎格鲁-以色列主义或英国-以色列主义关注的都是盎格鲁的种族优越感，相信盎格鲁-撒克逊人（及相关的欧洲人）是十个失落部落的后裔，这是一个优等的被选中的种族，注定要统治世界。这场运动的支持者和反对者都在英国或者美国。[81] 这一运动至今所发行的小册子、布道文和书籍不胜枚举，而且大多是重复的。大卫·巴伦（1857—1926）对盎格鲁-以色列主义的主要信条做了最好的总结，他是一名犹太改宗者，后来成为这一主义的强烈反对者，不是出于理性的原因，而是因为他是希伯来基督教运动的弥赛亚式领袖。这是一个并不关注十个部落的教派，其理论认为，英格兰人或英国人是"遗失"的以色列人的后裔，这些以色列人在萨尔贡的统治下被亚述人掳走，据推测，萨尔贡与斯基泰人是同一时期的征服者。[82]

理查德·布拉泽斯相信，"十个部落属于上帝优选的种族"。当时，他在英国对这一案例进行的谱系论证是独一无二的。[83] 历史学家埃坦·巴尔·优素福认为，布拉泽斯的愿景起源于"英国人对圣地的梦想"。这一派别最关心的是英国统治下巴勒斯坦的地理位置和象征性的宗教地位。这种对圣地的兴趣本身就根植于早期激进的虔诚和"在英国建造耶路撒冷"的愿望。在 18 世纪，"作为一个隐喻，'圣地'比它本身的地理位置更容易接近，也更有用"。直到后来，随着 19 世纪初东方问题的兴起，英国人的注意力才不得不转向对圣地的殖民。

布拉泽斯正处在从对"英国的耶路撒冷"感兴趣到对真正的中东耶路撒冷感兴趣的过渡时期。[84] 英国人对巴勒斯坦的兴趣以及将希伯来人重新纳入巴勒斯坦的可能性在整个 19 世纪都在增长，并在著名的 1917 年的《贝尔福宣言》中达到顶峰。[85] 虽然布拉泽斯在最初的预言中并没有提及十个部落，但它们后来被融入了他的愿景。根据《但以理书》第 12 章的线索，布拉泽斯声称，他是"以色列王大卫的后裔，将来要向希伯来人显明他是他们的王子"——一个典型的弥赛亚，他满足了这个头衔的所有要求。关于一部分英国人的起源，布拉泽斯有一个更令人兴奋的消息，"虽然在地球最北部的这个地方住了很长时间"，但至少有一部分英国人"是以色列十二个部落的后裔"。[86] 在"伊斯灵顿费希尔疯人院"期间，布拉泽斯自嘲道：

第六章 以色列的希望

> 我肯定会被反驳，不仅是因为我自己的禁闭……也因为他们失去了对这种独特起源的传统或家谱手稿的所有记忆；再者，也因他们在穿着、举止和宗教仪式上与看得见的犹太人不同。[87]

布拉泽斯谈到"希伯来人"，认为他们"无疑是隐藏在了外邦人中间，显然是这样的；他们中的一些人现在很快就会认识到，他们就是希伯来人的后裔"。[88] 他模仿《以色列的希望》中对全球移民的描述，讲述了一个关于希伯来人移民和流浪的故事，希伯来人散布在世界各地，"一些人进入亚述、埃及和非洲西北部"。更值得注意的是，他顺口说的"看得见的犹太人"，与那些"隐藏在外邦人中的犹太人"形成鲜明对比。

正如我们所看到的，隐身是十个部落流亡的标志之一，它经常与犹太人的可见性形成对比。在不同的语境下，这一思想以不同的方式表达或暗示出来。布拉泽斯将这个想法推向了一个新的高度：十个部落的隐形是由于他们"失去了对以色列人的记忆"，其他传统或"家谱手稿"——虚假的家谱——掩盖了他们的真实身份。关于他自己，布拉泽斯写道："我的家族与犹太人分离已经有 1500 年了，我对它的起源一无所知。"事实上，布拉泽斯家族中最后一个有"记录"的犹太人是詹姆斯，布拉泽斯摇身一变成了耶稣的远房侄子。[89] 找到十个部落意味着揭示英国人/盎格鲁-撒克逊人的真实身份。这个观点补充了英国人回归耶路撒冷的观点。

盎格鲁-以色列主义的根源还在于地理学和民族学的因素。在 16 到 19 世纪的大部分时间里，美洲一直是十个部落争论的中心，但东亚和东北部并没有完全被遗忘。雅克·巴纳热早在17世纪80年代就宣称他"复活了十个部落，这些部落似乎被埋葬在了东方"。[90] 正如历史学家理查德·科格利所说的那样，英国人对鞑靼人的兴趣以及他们可能是十个部落后裔的可能性，在诗人、外交官和国会议员老贾尔斯·弗莱彻（约1548—1611）的支持下得到了加强，当他访问俄国时他参与了鞑靼人事务，他对俄国的历史和地理非常感兴趣。[91] 自从中亚各国登上世界舞台以来，鞑靼地区和鞑靼人就一直与这十个部落联系在一起。鞑靼人是十个部落后裔的观念随着蒙古人的逝去而衰落。但它从未消失。奥斯曼土耳其人的崛起引起了人们对鞑靼地区的关注，它位于中亚和东北亚，在里海以东。鞑靼人因波斯特尔和奥特柳斯的著作被广泛关注，而弗莱彻则给这个话题注入了新的内容。

1610年，他写了一篇短文：《鞑靼人或者十个部落》。这篇文章虽然发表于1677年，但揭示了当时关于十个部落观点的不断变化：[92]"这些部落已经失去了它们的名字和部落的特色，这是很可能的，因为那时世界上没有一个国家叫作以色列。"在这里，部落的形象被模糊化，因为它们不再以"以色列"的身份存在，也失去了"部落的特色"。[93] 弗莱彻深深沉浸在犹太人和以色列人命运逆转的想法中——现在他们正处于受惩罚的状态。由于他们曾经是"上帝从世界上所有民族中选出的神圣民族"，因此，总有一天他们会团结起来，"巴勒斯坦将闻名于世"。弗莱彻运用了命运逆转的方法，将鞑靼人与十个部落联系起来，认为这是鞑靼人最好的未来，因为鞑靼人受到的惩罚甚至比犹太人还要多。弗莱彻坚持认为，由于他们的严重罪行和偶像崇拜，他们已经被降级为"世界上最糟糕和野蛮的民族"，因此，他们的进步也是最快的。正如科格利所解释的那样，"以色列人堕落得越厉害，他们的末世解脱就越剧烈，没有什么比成为鞑靼人更堕落的了"。[94]

我们已经能理解布拉泽斯的愿景——对回归巴勒斯坦的巨大期望，也是唯一的选择。然而，将鞑靼人和英国人联系起来还需要另一次飞跃。它可以在瑞典的乌普萨拉找到，在那里，小奥洛夫·鲁德贝克（1660—1740）一直在研究斯堪的纳维亚和波罗的海各民族的起源。斯堪的纳维亚文献学对英国的浪漫主义和想象力有相当大的影响，在北方古文物的背景下尤其如此。[95] 鲁德贝克曾在乌得勒支接受教育，此后他在乌普萨拉大学担任医学教授，是著名的植物学家和鸟类学家。1695 年，他前往拉普兰研究自然。[96] 他对亚洲语言、斯堪的纳维亚语言和希伯来语之间可能存在的联系非常感兴趣。

鲁德贝克从他的父亲老奥洛夫·鲁德贝克（1630—1702）那里继承了这种兴趣。老奥洛夫·鲁德贝克是"最伟大的哥特爱国者"，他也关注挪威神话和斯堪的纳维亚的历史。作为一名自豪的瑞典人，他坚信所有的欧洲文化都起源于北欧，并信奉北欧超级种族的理念。长久以来，斯基泰人被认为是哥特人和许多欧洲人的假定祖先，在鲁德贝克早期寻根过程中扮演着特殊的角色。在斯基泰人的语言中，瑞典语是最古老的。[97] 鲁德贝克关于欧洲种族起源的思想恰好出现在语言学与欧洲种族理论兴起密切相关的时期。语言学在 18 世纪为各种理论打开了一扇大门，[98] 这些理论后来发展为欧洲各种形式的种族思想，在其推动下形成了一对悲剧性的种族——雅利安人（印欧人种）

和闪米特人。这对搭档最终形成于19世纪，但正如历史学家莫里斯·奥伦德尔所指出的，老鲁德贝克是早期研究者之一。当时，语言学的主要任务是寻找原始语言——"失乐园之语"，这种语言曾经被所有人类使用。后来，搜寻工作转向了欧洲民族的起源。[99] 在当时产生的众多相关假设中，当鲁德贝克开始论证瑞典实际上是柏拉图所说的亚特兰蒂斯时，他的理论脱颖而出。传说中的这片土地现在被描绘成大多数北欧民族的原始家园，在洪水之后，挪亚的第三个儿子雅弗在这里避难。这位被称为"北方先知"的老鲁德贝克穷尽一生试图证明自己的理论。[100]

我们有理由相信，老鲁德贝克在写这篇文章的时候，或多或少已经熟悉了本·以色列关于十个部落的研究。他曾是研究古怪的瑞典女王克里斯蒂娜（1626—1689）的国际学者之一。在17世纪50年代早期，本·以色列试图接近女王的随从，但没有成功。艾萨克·福修斯的儿子是本·以色列的学生，同时也是其《和解者》一书的译者，他和女王有着长期复杂的关系。[101] 因此，本·以色列和老鲁德贝克可能已经见过面或彼此熟悉了。无论如何，老鲁德贝克更关心他的亚特兰蒂斯计划。但当小鲁德贝克开始着手研究十个部落时，他认为这十个部落是斯基泰人的祖先或亲戚，也是各欧洲民族的祖先。至少从德国哲学家和语言学家戈特弗里德·威廉·莱布尼茨（1646—1716）开始，欧洲人起源于斯基泰人的思想就一直在流传。[102] 老鲁德贝克已经注意到几种亚洲和欧洲语言之间存在着联系，他把这个事实作为哥特人移民到亚洲并统治亚洲部分地区的证据。[103] 小鲁德贝克将其父对亚特兰蒂斯的追寻变成了对十个遗失的部落这个更有希望（也更少争议）的主题的追寻。1717年，他发表了一篇关于几种欧洲语言（包括芬兰语、拉普兰语和匈牙利语）的长篇研究报告，在报告中他指出了拉普兰语和其他哥特语以及希伯来语之间的联系。对于这一发现只有一种解释：说这些语言的人是"被撒缦以色王掳走的以色列的十个部落"。

鲁德贝克用一种与波斯特尔和奥特柳斯基本相似的语言，将这些部落追溯到阿扎罗兹，但他在很大程度上支持本·以色列关于迁徙部落在途中分散的理论。许多部落的民众前往波斯、印度和中国，直到他们最终渗透到"我们的北方"。[104] 在给阿扎罗兹定位时，他引用了以斯得拉、何西阿、托勒密和普林尼的话。"许多希伯来人"生活在俄罗斯人和斯拉夫人中间，他认为这是进一步支持十个部落从亚洲到东北欧和北欧的路线理论的证据。鲁德贝克认为，公元前3世纪的希腊/巴比伦历史学家贝罗索斯的著作中提到的斯基泰城市"阿萨拉塔"（位于亚美尼亚北部），它实际上是阿扎罗兹。他指出"孔"（Kong）、"科尼格"（könig）和"国王"（king）这三个词之间存在相似之处——这些哥特词语都象征着王室，希伯来词语"科恩"（祭司）也是如此，[105] 在他看来，"科恩"一词对于欧洲之父、斯基泰人的祖先——十个部落来说，是一个可以令人信服的例子。这种检验十个部落的新方法是对欧洲民族和种族起源探索的结果，这种新方法在当时起到了推动作用。正如人们曾经热衷于辩论十个部落起源于美洲一样，他们现在同样热衷于欧洲起源的讨论。

欧洲人对斯基泰人的想象有着悠久的历史，而波斯特尔和奥特柳斯已经在斯基泰人的领土上找到了存在十个部落的事实，并鼓励了人们接受这些理论。我们可以假设，鲁德贝克并不是唯一一个把斯基泰人与十个部落联系起来的人，尽管他接受过科学家的训练以及他的瑞典背景让他的想法有了特别的价值。1727年，小鲁德贝克在瑞典第一本科学杂志《瑞典文学学报》上发表《爱沙尼亚人、芬兰人和拉普兰人的起源》一文，进一步阐述了他的思想。这三个民族是"以色列部落的后裔"。他声称"自以斯得拉以来，没有任何历史学家写过这方面的内容"，他继续说道："我不知道以色列人会被带到哪里去，除非他们被带到北方，那里是人类从未居住过的地方；以斯得拉提到，由于他们的孩子、羊群和财产等因素的拖延，他们从黑海到拉普兰的旅途花费了一年半的时间。"

尽管声称自《以斯得拉书》以来"没有历史学家"写过关于这十个部落的文章，但很明显，小鲁德贝克至少读过热内布拉德对这十个部落的评论。计算十个部落从黑海（最初的斯基泰海）到阿扎罗兹的时间被认为是精确定位它们的关键。他列出了芬兰、爱沙尼亚和拉普兰的一些地名，这些地名与亚洲的地名相对应，以及"（十个部落）在波斯和芬兰之间留下的痕迹"。他提供了（令人发笑的）在斯堪的纳维亚方言和文化习俗中找到的希伯来语的例子，这些习俗可以追溯到以色列人：

> 古希伯来人继承的传统包括，敬礼、拥抱、双腿盘坐以及其他方面的习俗增加了我的论点……拉普兰人通过祭祀、跪拜、涂油、建造庙宇、称他们的神为朱玛拉和托尔等来崇拜他们的神，这些都是对希伯来人的模仿。[106]

对于挪威神话中著名的红胡子雷神托尔和芬兰神朱玛拉是否也受过割礼，小鲁德贝克没有发表评论。但除了这个小细节，在他的叙述中，所有北欧语言似乎都起源于希伯来语。具有讽刺意味的是，拉普兰人和芬兰人后来成为希姆莱党卫军在德国进行深入研究的著名对象。正如小鲁德贝克发现他们是以色列人的后裔，纳粹认为他们是伟大的原始欧洲种族的后裔；芬兰人和拉普兰人被分配给了不同的祖先。[107]

类似的争论在后来的盎格鲁-以色列主义思想中居于核心地位，它们的关注点就是这些北方先祖。关注十个部落有几个好处：作为以色列的一部分，他们被上帝选中，受到上帝的祝福，最重要的是——他们不是犹太人。他们在耶稣之前的七个世纪就被流放了，因此他们不会因为耶稣被钉在十字架上而获罪。争论提到，"作为希伯来民族的主要群体，十个部落并没有在这片土地上参与这一弥天大罪"。[108] 尽管这一思想的出发点是菲洛犹太人，但后来为盎格鲁-以色列各分支中的一些激进的反犹主义铺平了道路。

19世纪下半叶，盎格鲁-以色列主义成为一种流行的"狂热"，一种"英国狂热"。许多人都在努力证明英国人的祖先是十个失踪的部落，以解开"盎格鲁-撒克逊起源之谜"。[109] 支持者们最喜欢的口号之一是"英国人"这个单词实际上是由两个希伯来词语组成的，分别是"brit"和"ish"，意思是"盟约之人"。一名愤怒的观察人士称，这是一种"原始哲学"的例子，很常见。[110] 因此，只有英国，或者说盎格鲁-撒克逊人，才是上帝对以色列祝福的唯一继承者。

有几个例子很具有代表性。1880年，盎格鲁-以色列身份认证委员会的创始人爱德华·海因费尽心血试图证明"盎格鲁-凯尔特-撒克逊人"是十个遗失的部落的后裔。1870年，他已经发现了"七个有力的证据"，证明"英格兰民族"就是"遗失的以色列部落后裔"。1874年，这个数字已经稳定在47个，还有至少"500个"《圣经》证据。几年后，当他的书在纽约重新出版时，海因小心翼翼地把"英格兰民族"这个词换成了更具包容性的术语"盎格鲁-撒克逊人"。[111] 威廉·H. 普尔牧师（在19世纪70至90年代享有盛名）是这个理论的加拿大支持者，他在1879年于多伦多出版的颇具影响力的著作《盎格鲁-以色列抑或英格兰民族是以色列遗失的部落》（*Anglo-Israel; or, the British Nation the Lost Tribes of Israel*）使用了同样的策略。十年后当它在底特律重新出版时变成了《盎格鲁-以色列抑或撒克逊种族》（*Anglo-Israel; or, The Saxon Race*）。[112] 这一理论的支持者是狂热的。让人印象深刻的是银行出纳员海因在离开银行后的每一分钟都在梳理《圣经》，将经文与英国历史和地理事实相匹配，并产生越来越多的"身份认同"。海因承认了他的痴迷："我发现自己拥有了童年时的快乐……这个问题一直吸引着我……我清楚地看到，遗失的以色列部落的身份是这个时代的一个重要特征。"[113]

1891年，一位散文家在《谈话的艺术》（*The Art of Conversation*）一书中把"盎格鲁-以色列身份的认同者"比作"素食者或禁烟主义者"，这类人专注于一个话题，而且讨论得没完没了。[114] 在盎格鲁-以色列理论中，地理神学漫长而复杂的历史被汇集在了一起。

第六章 以色列的希望

以赛亚关于以色列人在海岛上的预言成为盎格鲁-以色列主义信条中最基本的地理知识。威廉·卡彭特（1797—1874）在1836年就提出了这个观点，他和许多《圣经》学者一样，也是一位自然科学家。他的《圣经指南》指导读者如何结合"《圣经》批判、历史和自然科学"等内容来阅读《圣经》。[115] 1874年，卡彭特宣布"在盎格鲁-撒克逊人中发现的以色列人来自众海岛"。现代科学和《圣经》批判学等现代学科，共同帮助卡彭特充实了自己的论点，这在今天看来似乎有些自相矛盾。例如，卡彭特是第一个吸收了萨尔贡关于十个部落被驱逐的铭文的人，这些铭文是1845年考古学家在美索不达米亚北部发现的。被萨尔贡驱逐的人数——27 280人，甚至更多——使这个宏大理论相形见绌，但这并没有让卡彭特气馁。毕竟，先知以赛亚曾说过："小的必成千；而小国必成强国。"[116] 这个强国就是盎格鲁-撒克逊民族。

和之前的小鲁德贝克一样，卡彭特也首先关注哥特人的历史和人种学，以一种更有见地与更详细的方式来展示哥特人与以色列人之间的关系。然而，他最终关注的事实是，与其他欧洲国家不同，英国人居住在岛上——这一定是《以赛亚书》中提到的众海岛。几年后，坚定的爱德华·海因收集了《圣经》中与他在"第五重身份认同"的讨论中提到的所有与岛屿相关的章节，这次讨论强调了不列颠群岛。"众海岛啊，当听我言！"他引用《以赛亚书》（49：1）的话解释道，"以色列人必然在群岛中被发现。"根据《以赛亚书》24章15节所示，这些岛屿必定在巴勒斯坦的西北，因为"上帝耶和华的名就在西部海域的诸岛上"。章节中没出现北方是为了不让其信徒气馁。正

195 如我们所见,以赛亚预言十个部落将从北方而来。此外,一代又一代的学者已经确立了北方十大部落的亲缘关系。"它们的身份已经毋庸置疑,不列颠群岛在巴勒斯坦的西北部,它们离巴勒斯坦'很遥远',位于'西部海域',是一个非常重要的'北方国家'。"[117]

卡彭特和海因在确定十个部落就是居住在不列颠群岛上的盎格鲁-撒克逊人的身份上做得相当好,但没有解释他们是如何到达那里的。以色列人通往群岛之路的故事仍然需要详细描述。1881年,笔名为"牛津人"的作者发表了一篇关于以色列人从巴勒斯坦流浪到西北部岛屿的引人入胜的研究。其目的是为了"对巴勒斯坦和英国之间遗失部落的迁徙进行一个相互关联的叙述,这将显示出我们与以色列人在历史和人种上身份认同的可能性"。事实上,《以色列的流浪》(*Israel's Wanderings*)一书讲述了他们在不同阶段移民到欧洲的故事:首先是从巴勒斯坦到位于亚洲黑海以北某处的阿扎罗兹;然后从阿扎罗兹——由奥丁带领穿过斯堪的纳维亚——到不列颠群岛。作者出色地运用了当代欧洲移民的现代史学,它的历史可以追溯至亚洲,该地区是大多数欧洲语言和种族起源地。然而,他谨慎地提出,语言学权威可能会质疑:"迄今为止,语言学所依据的理论,即语言是对种族的某种特定的检验,已经被著名语言学家的最近声明完全否定,语言只是对社会交往的一种测试。"语言不构成种族,语言上的相似性充其量只能传达民族和文化之间的联系。因此,他总结道:"在种族和语言的科学中,没有任何已知的事实会被英国属于希伯来人这一假设所违背。"[118] "牛津人"熟悉19世纪欧洲关于种族、宗教、语言和文献学的知识及其相互关系。[119]

想把不列颠群岛上的居民与以色列人联系起来的愿望是如此强烈,以至于"牛津人"编造了一个详尽的故事。它讲述了我们第一次在埃塞俄比亚见到的但部落是如何比其他部落更早到达这些岛屿,并孕育了古老的凯尔特文化的。这与《圣经》故事中提到的,在以色列早期历史的某个时期,但部落神秘迁徙的故事相矛盾。埃尔达德利用这个故事在埃塞俄比亚确立了他的但部落人的身份。1 000 年后,同样的观点也被用来确立凯尔特-以色列人(Celto-Israelite)的身份。但部落是亚述灾难中"逃走的幸存者"。[120] 其余的部落遵循着更熟悉的故事,在 8 到 11 世纪之间到达了英国,即现在的斯基泰人。在前一时期,这些斯基泰-以色列人居住在波斯北部和亚洲北部的《圣经》起源地。"牛津人"孜孜不倦地证明以斯得拉对移民描述的正确性,这些虽然在地理细节上并不丰富,但与希罗多德关于斯基泰人移民的描述相一致,他甚至在地图上对此做了说明。"牛津人"将这种迁徙戏剧化地描述为从亚洲逃到北欧一个安全住所的故事。这个奇妙的传奇故事只有在蒙受神恩的以法莲部落的领导下才会发生。这都是"神借着何西阿的口所赐给我们的仁慈,那时他正让他忘恩负义的儿女被掳去。那么,他们的未来如何在囚禁中延续并最终融入异族?"[121] 以斯得拉关于保护十个部落免受偶像崇拜影响的故事,在这里被改写成一个保护英国种族纯洁的故事,而英国人的历史则是一个从亚洲到欧洲大迁徙的故事。

这一切都是关于英国的过去,但对它的现在和未来同样重要。在这里,不列颠的命运与以法莲和他的兄弟玛拿西的命运之间的平衡至关重要。事实上,这完全是世界的命运,因此,遗失部落的历史就是世界的历史。自从布拉泽斯之后,所有的盎格鲁-以色列主义思想家都强烈支持这个观点,因为如果没有它,盎格鲁-以色列主义就只是十个遗失部落故事的另一个版本:

> 除了假定它是亚伯拉罕后裔的国家和帝国之外,如何解释大英帝国的独特地位呢?可以肯定的是,这个国家目前正在履行以色列的既定角色。原因只可能是以色列人在英国:其他国家不能履行上帝对以色列的承诺,因为上帝不会说谎。[122]

19世纪英国人在全球范围内空前的成功只能被解释为上帝的赐福,这是上帝通过雅各赐给部落首领的恩泽。大英帝国、它的殖民地及其政治制度都代表着"他在人世间的王权"。[123]

对帝国的强调部分源自神秘的《但以理书》——其中涉及帝国兴衰的末世论观点。以法莲被赐予殖民地的观念也是如此,这是部落荣耀最重要的标志之一。所有的盎格鲁-以色列主义者都坚持这一观点。雅各曾在埃及应许说,玛拿西必"成为一族,但他的兄弟(以法莲)将来比他还大,他兄弟的后裔要成为多族"(《创世记》49:22—26)①。如果帝国不是"多族",那是什么呢?如果不是所有帝国中最伟大的帝国,那么大英帝国又

---

① 关于"玛拿西必成一族"的内容主要出现在《创世记》48:19—22。

是什么？类似的祝福作用也被用在美国身上，"美国日益强大，人口不断增长，这都是由玛拿西因素造成的"。[124] 回忆一下，玛拿西在埃及得到的祝福要少一些，这也成为帝国新兴政治神学的一个要素。当大英帝国在20世纪衰落并失去其殖民地时，整个理论处于危险之中，崛起的美国将成为以法莲，而英国将被降级为玛拿西，这两个国家在这个模式中交换了位置。[125]

与摩门教一样，盎格鲁-以色列主义可以被描述为以色列希望的基督教版本。两者都将遗失、流浪和重建，其故事被重新演绎成一个新的神学体系，通过启示录将以色列定义为一个现存的人类群体。盎格鲁-以色列主义像摩门教一样克服了遗失，取而代之的是积极的回归神学。摩门教通过改宗来减少遗失感，而盎格鲁-以色列主义则通过寻找盎格鲁-撒克逊人失去的身份来减少遗失感。在这两种情况下，最初对遗失部落的狂热搜寻都烟消云散了。浪漫主义和寻找的激情正在消退，因为正如一位后来的盎格鲁-以色列主义者所宣称的，"遗失的部落：找到了！"[126]

但是，它们当然不是。尽管摩门教和盎格鲁-以色列主义具有启示性的力量，但这十个部落仍然是一个暴露在外的世界地理谜团之一。

结论： 寻找遗失的十个部落

问题：十个部落去了哪里？

回答：如果我们把他们的法律和习俗与其他国家的相比，这个问题就不难了。当我们在实践中找到一致意见时，我们很有可能就知道问题的答案了。但在我讨论这个问题之前，我要先告诉你们两个部落对他们遗失的兄弟的看法。他们说，亚洲有一个很大的湖，经常有狂风暴雨，所以它是不可航行的，除非在安息日。在那一天十个部落仍是犹太人，他们仍不愿意旅行，或者违背部分的律法。因此，他们必须在那里待着。但这似乎是不可能的，因为问题又来了，除了安息日，他们一开始是如何克服暴风雨来到这里的。为了满足质疑者，我们有约瑟夫斯的证词，他们说十个部落在帕提亚统治下的米底亚土地上生活，人数众多；苏尔皮修·塞维鲁也说，他们散布在帕提亚人、米底亚人、印第安人和埃塞俄比亚人中间。在我回答的第一部分，所有这些都与我的观点完全一致。在这些地方保留下来的洗礼、洒水以及其他犹太仪式远远超出了世界上的其他地方。但在很长一段时间里，十个部落都是异教徒。

——《后天使时代或环球娱乐》（1701年4月）

全球帝国、十个部落与知识

这个匿名询问者并不是唯一对遗失部落感兴趣的人。这种询问和评论经常出现在各种英文出版物中，既有"绅士版"，也有"淑女版"。正如《后天使时代》的副标题所暗示的那样，询问十个部落的情况在一定程度上是一种"全民娱乐"，也是17世纪对遗失部落产生世俗兴趣的征兆。这并不是说那些相关的人没有信仰，或者说不虔诚；很可能，绝大多数的人都是信教的。更确切地说，这种兴趣来源于被激起的好奇心，而不是更广泛的神学探索。学习像部落这样的问题被认为是英国普世教育的一部分，也就是全球教育。[1]

我们注意到亚伯拉罕·奥特柳斯的《寰宇全图》既有声望又有权威。1601年，第一个英文版《寰宇全图》在伦敦出版，[2]"十个部落去哪儿了？"这是世界地理范围内的一个问题，也是18世纪的"娱乐"。像《后天使时代》这样的出版物经常被问及这样的问题："拉撒路躺在坟墓里的时候，他的灵魂在哪里？"和"跳蚤有刺吗？"对于不熟悉十个部落知识的英国人来说，十个部落的问题和这些问题一样，都属于同一类娱乐。

然而，不仅仅是"农村撒克逊人"对十个部落问题的答案感兴趣，[3]还有一群狂热的高雅观众。与《后天使时代》同时代的约翰·邱吉尔（闻名于1690—1714）和翁沙姆·邱吉尔（约1681—1728）兄弟出版了广受订阅的地理杂志《航海集》

(*A Collection of Voyages*），其中经常有关于部落的评论。它的发行对象包括"海军部的专员"、律师、总检察长、书商、商人和贵族。[4] 约翰·邱吉尔曾是一位政治家，有着广泛的人脉。地理文学在当时很受欢迎，而且大多数这样的读者也阅读宗教文学。

"十个部落在哪里？"对于这个问题，从《圣经》时代开始，我们就经历了许多语境的转变。社论评论说，这个问题"并不那么困难"，但矛盾的是，这并不意味着答案是已知的；约翰·邓顿（1659—1733）是该杂志的编辑，他并没有说明部落在哪里。相反，答案并不难，因为在18世纪早期，任何想要思考这一问题的人都可以获得丰富的知识。犹太教和基督教对十个部落的观点在很大程度上融合在一起（尽管他们没有对这个问题赋予相同的含义），为回答这个问题提供了大量的知识。《后天使时代》的答案也显示了人们搜寻的方法已经改变：寻找部落，寻找"实践中最大的一致"，比较许多国家的法律和习俗，从而发现其中的部落。到了18世纪，从这个词的简单意义上来说，没有一个群体真正消失了。所有人类群体要么已经被发现，要么至少在理论上可以被发现。矛盾的是，在某种意义上，这使得十个部落比以往更难寻觅。

找到这十个部落也意味着确定他们的身份。在16世纪早期，像亚伯拉罕·法里索尔这样的宇宙学家可能可以解决一些简单问题，如确定部落位置。人们认为，如果他们能完全被发现，就能立即被认出来。到18世纪初，经过一个多世纪关于美洲原住民和其他新发现部落的辩论，十个部落已经从全球历史中的世界历史转变为人类历史中的世界历史，部落自身的历史

结论：寻找遗失的十个部落

也已经变得规范化：他们被放逐，迁徙到更远的地方，在穿越时空的运动过程中经历了各种社会文化转型。因此，关于他们的讨论不仅涉及早期关于世界地理学的问题，也涉及全球人类迁徙、文化习俗和语言的问题。西班牙的讨论主要围绕有关世界地理形状的问题，如对亚特兰蒂斯、格陵兰、亚泥俺海峡和加那利海峡的讨论。接下来，人种志逐渐成为重点，现在，部落的道德和文化地位成为新的关注焦点。

在美洲理论提出之前，人们期望找到一个完整的以色列实体。然而，在16世纪的美洲，以观察或实验为依据的经验导致十个部落已经失去了他们旧的习俗和观念，正是他们的以色列属性驱动了人种志和语言学的研究。现在，在18世纪，一个新的框架出现了：十个部落被"异教徒化"；这些部落不知何故堕落了，但并未消失。无论整个世界是否被发现，都不会有更多的未知民族。那些部落就在我们中间，隐藏着，等待着被救赎。与其说地理知识消除了部落实际存在的可能性，不如说地理知识反而增加了这种可能性。十个部落在文化上的进化为一种令人兴奋的新可能性打开了大门：如果他们随着时间的变化而变化，并一直被认为是早期民族的后裔，那么就意味着世界上的所有民族，甚至英国人自己，都有可能是十个遗失部落的后裔。这十个部落已经真正全球化了：任何人都可以成为候选人。文化变革的理念保留了十个部落的精神，将其转变成一个新的问题，比之前的问题更复杂。

所有早期关于十个部落的猜测都把他们的消失理解为一个地理问题，他们已经越过了无法逾越的屏障（宽阔的河流、山脉），或在另一片土地上，或在代表着地球边界的神奇土地桑巴提安。但到了 17 世纪中叶，人们意识到世界没有真正的边界——人类可以居住在世界的每一个角落——十个部落不是在世界之外，而是在世界上消失了。十个部落不再是"空间上的未知"，而是消失在一个没有地理界限的"内在"世界中。[5]

《圣经》以及后来的《塔木德》和中世纪的讨论将十个部落置于这些讨论所涉及的世界之外，一些讨论认为十个部落被封锁了，另一些则认为他们在世界的极地或者边界之外。在近代早期以前，十个部落只是简单地消失了、看不见了、隐藏了、找不到了，或者被封锁了起来。在这方面，16 世纪晚期关于十个部落的争论——这些部落被安置在美洲或北欧——可以被看作过渡性的观点。美洲"超出世界范围"的地理位置，甚至加那利群岛也略微超出地理边界的位置，都是关于十个部落可能居住在这些地方的辩论中一个重要因素。正如我们在奥特柳斯和波斯特尔著作中所看到的，亚洲北部充满了许多古老而熟悉的标记，十个部落所在的北方在很大程度上是一个神秘的、几乎不可到达的地方。这里不仅仅是一个真实的地方，而且还是部落"向上帝歌唱"的地方。然而，与此同时，加那利群岛和美洲也是"被发现"的地方。从定义上讲，他们不再超越世界范围。

当然，这十个部落超越地理边界的感觉并没有完全消失。它仍然是一种诗意的隐喻，如弥尔顿在著名的《复乐园》中所说：

> 拯救你的同胞，这十个部落吧
> 他们的后代还在服役
> 在哈博，分散在米底亚人中间；

结论：寻找遗失的十个部落

> 雅各之子，约瑟的两个儿子，失踪了
> 自以色列以来，奴役如旧
> 他们的祖辈在埃及的土地上服役，
> 这是摆在你面前的请求。
> 如果你能将他们从奴役中拯救
> 对于他们的遗产，到那时，
> 你将坐在大卫的宝座上充满荣耀，
> 从埃及到幼发拉底及更远的地方。[6]

这是诗歌。但实际上，"更远的地方"一开始只是一种地理符号，后来变成了某种"铁幕"，在17世纪才逐渐消失。

比较十个部落辩论的各个阶段，为我们揭示了这一转变的另一个方面。葡萄牙和西班牙对十个部落的辩论在时间和空间上都受到限制，而且他们与直接的政治动机也不无关系。他们被限制在帝国比较活跃的地区。在葡萄牙的例子中，十个部落遗失的地方位于古代世界的南部边界——从埃塞俄比亚到阿拉伯再到印度，这十个部落在那里继续扮演着他们的传统角色，作为一个超自然的、不可触及的群体。在西班牙的例子中，人们的兴趣仅限于美洲的殖民地。[7]

在大英帝国的例子中，框架是完全不同的，关于十个部落的讨论最终涵盖了整个世界。正如我们所看到的，英国背景下的辩论来源于这种遗失感，同时又使这种遗失感变得更加尖锐。在这方面，帝国发挥了关键作用。大英帝国的庞大规模，最重要的是，人们认为它确实是一个世界帝国，正如这些陈词滥调所说的"日不落"，这使英国立即成为十个部落的思想交流中心和熔炉,这些信息通过其庞大的信息网络传播。这与18世纪下半叶的观点相一致:"英国人越来越多地从全球角度考虑他们的帝国……越来越多地在全球框架内想象世界,更具体地说,想象他们的帝国。"英国官员被鼓励"放眼全球"。[8] 一个敏感的耳朵可以听见亚述对其帝国疆界之外的"整个世界"的主权要求的遥远回声。亚述的统治者们,以及赞赏他们的倾听者——如先知以赛亚——都从帝国和帝国之外的整个世界的角度来思考。大英帝国越全球化,发现十个部落的可能性也就越大。

历史学家爱德华·比斯利对殖民协会(成立于1868年的"第一个主要的亲英利益集团")创始人的调查中,将其成员描述为"为大英帝国创造了一项世界历史使命"的人。它的创始人都是来自帝国不同社会阶层的绅士,他们都认为"大英帝国在地理和历史上都是跨越全球的"。[9] 其中一个活跃的创始人是亨利·德拉蒙德·沃尔夫爵士(1830—1908),他是约瑟夫·沃尔夫的儿子,也是历史上最活跃的部落探寻者之一。许多部落的搜寻者看到了寻找部落的个人活动与整个帝国之间的联系。帝国扩大了搜索的领域,正如搜索帮助了帝国的扩张一样。

1823年,雷金纳德·希伯(1783—1826)被任命为加尔各答主教,他去拜访了他母亲的一位朋友,并告诉她自己要去印度。那位女士说:"你是一位宗教堂吉诃德主义者,我几乎相信你会找到以色列十个失落的部落。"[10] 她的评论是对浪漫时期关于遗失部落理论的讽刺,但希伯是一个真正的信徒。"你的玩笑可能会实现。"他回答说。也就是说他也许会在那儿找到这十个部落。这些部落存在于事实和幻想的边缘,而前者的存在足够使他们引起人们持续的兴趣。尤其是在传教活动中，全球帝国的框架扩大了可能性的范围。

就在十年前，苏格兰传教士克劳迪厄斯·布坎南（1766—1815）被任命为加尔各答牧师，他宣称自己发现了这些部落居住在印度或其邻国阿富汗的证据："我们有理由相信，如果这十个部落存在于一具躯体中的话，那这十个消失已久的部落终于被找到了。"[11] 就像搜寻者在大英帝国殖民美洲的背景下寻找遗失的部落，这些行动通常伴随着帝国在阿富汗、印度和非洲的扩张。事实上，人们常常忘记了戴维·利文斯通（1813—1873）这位伟大的苏格兰非洲探险家和民族英雄，他在"基督教、商业和文明"圈并不有名。[12] 虽然他鄙视十个部落的寻找者，但他与寻找者结合的背景是基督教、商业和文明的融合：简而言之，就是帝国。

希伯和布坎南是英国探寻十个部落的旅行者代表。即使探险者并没有明确指出要搜寻十个消失的部落，但他们也总是潜伏在幕后。用先知以西结的话说，人们希望"把以色列人从异教徒中带走"。正如索罗古德几个世纪前所说的那样，土著民族的皈依实际上可能是十个遗失部落的恢复。19世纪为这些传教士/旅行者提供了大量机会来发现十个部落，探寻其宗教转变与恢复，而帝国——特别是帝国扩张——使之得以实现。尽管印度从罗马时代起就被认为是十个部落的所在地，但它只是在英国殖民时期才成为搜寻的主要地点。[13] 大英帝国及其周边地区——事实上，可能是整个地球——已经成为对十个部落保持兴趣的区域和经济力量，并提出了找到他们的可能性。寻找部落的工作在某种程度上来说是周而复始的。随着大英帝国的扩张,其中心又回到了非洲和亚洲。

作为现代地理之谜的遗失部落

从 17 世纪开始,人们清楚地认识到,这十个部落的一个主要问题是关于他们行踪的观点和意见实在太丰富。如关于十个部落是在美洲、非洲、亚洲北部还是印度的辩论,都给这个简单的问题指出了另一个层面的问题,"十个部落在哪里?"这个问题现在的意思是,"与其他假定的地点相比,十个遗失的部落到底在哪里"?"谁是十个部落?"的问题现在的意思更像是,"美洲土著人是不是十个部落的后裔,或者被认为是十个部落后裔的鞑靼人是不是中国人"?

早在 17 世纪的前 20 年,受过教育的人可以在塞缪尔·珀切斯(约 1575—1626)庞大而受欢迎的《朝圣与世界关系》系列作品中读到十个部落,这是一本世界地理和航海的合集。十个部落的王国最初是作为《圣经》历史的一部分,出现在圣地和撒玛利亚的地图上。[14] 类似的地图描绘了部落在流放之前的领地,这些地图在 16 世纪中叶以来一直很受欢迎。例如,1614 年沃尔特·罗利(1552—1618)首次出版了颇具影响的《世界历史》,详细介绍了《出埃及记》后各部落在圣地定居时期的领土情况。[15]

关于巴勒斯坦十个部落的古老地理,几乎没有争议。然而,珀切斯非常重视世界各地的宗教。流亡后的十个部落的地理位置和宗教地位很不清楚,这是一个特别令人关注的问题。珀切斯专心致志地收集有关这个问题的材料。1613 年,珀切斯认为不排除十个部落在鞑靼地区的可能性,很显然他的结论依赖于奥特柳斯的研究。[16] 1625 年,也就是珀切斯去世前一年,他宣称"鞑靼人不是以色列人",并花了大量时间研究以斯得拉的说法,在此过程中重新审视了十个部落在亚洲、美洲、阿拉伯和埃塞俄比亚的可能性。但即使经过多年的研究,他也不能肯定这些说法。[17]

尽管珀切斯持怀疑态度,他还是喜欢讲述"被封锁的犹太人"的故事。在一个专门讨论波斯湾的章节中,珀切斯恳求读者保持"耐心",他详细描述了"犹太预言"中关于"安息日河"——桑巴提安河的故事。在此之前,他提到那些为了寻找这条传说中的河流而失去生命或财富的欧洲旅行者,他将这条河称为"犹太人的悲剧"。这位博学的地理学家嘲笑犹太作家缺乏地理知识,忍不住用一句俏皮话说道:"安息的河流,现在你就会知道犹太人是如何把他们的智慧淹没在其中的。"他举了两个例子,一个是"把这条河叫作歌散的拉姆巴姆(迈蒙尼德,1135—1204)";另一个例子是埃尔达德·哈·但,他的故事被称为"令人愉快的娱乐"。珀切斯讲述了另一版本的埃尔达德故事,他声称在"热内布拉德的译文"中读到了这个版本。[18] 不管这是不是传说,珀切斯并不否认"被封锁的犹太人"的存在,他鼓励读者去了解"旅行者埃尔达德"的迷人故事。

从更早的时候起,读者们就可以看到有关图德拉的便雅悯的拉丁文译本,这些译本于 1575 年在安特卫普出版,它们将部落假定在中亚、埃塞俄比亚和阿拉伯地区。1691 年,伟大的阿拉伯主义者和伊斯兰学者托马斯·海德(1636—1703)出版了《世界旅行记》,这是亚伯拉罕·法里索尔的《世界旅行记》的希伯来语和拉丁语双语版本。[19] 应当指出的是，《世界旅行记》曾把这些部落定位在印度和塔普罗尼亚（斯里兰卡），即古罗马世界的远东地区。但是，在这件事上，不仅仅是犹太思想家们在"埋头苦干"，基督徒也是如此。

1732 年，约翰·邱吉尔的《航行与旅行集》（*A Collection of Voyages and Travels*）最后定稿，专门讨论了十个部落在中国的可能性，但却遭到一位著名的多米尼加传教士多明戈·费尔南德斯·纳瓦雷特（约 1610—1689）的否定。纳瓦雷特坚持说，中国人不可能是以色列人，因为"中国的历史比被囚禁的十个部落的历史更古老"。[20] 纳瓦雷特还驳斥了耶稣会士若昂·罗德里格斯（1558—1633）类似的观点。在日本度过一生的罗德里格斯，写了一篇日语论文，他认为伟大的中国思想家孔子和其他中国人起源于十个遗失的部落。1762 年，《耶稣会士环游世界》于伦敦出版，讨论了印度人、中国人或日本人是十个部落后裔的可能性。该书的英文编辑约翰·洛克曼（1698—1771）引用了一长串资料——埃尔达德、图德拉的便雅悯和法里索尔等——试图评估他的观点。因此，对这一主题的讨论包括中世纪的资料、16 和 17 世纪罗德里格斯的记述以及 18 世纪的编辑意见，所有这些都集中在几页简短的文字中。经过深思熟虑后，洛克曼似乎只能说，"在亚洲内陆存在一些十个部落的遗迹"。[21]

也许作为现代地理之谜的十个部落的最后印记（实际上是一个现代地理问题）来自詹姆斯·伦内尔著名的论点——"关于犹太人十个部落被掳至尼尼微后的流散：通常被称为第一次受俘"。詹姆斯·伦内尔（1742—1830）是英国最重要的现代地理学家之一,以其关于印度的著作而闻名,是世界上最早的海洋学家之一。他认为,这十个部落是"历史和地理学科"重要的研究对象之一,他把他们纳入了一项大规模的研究中,试图比较和调和古代与现代的地理环境。[22]

因此,读者接触到了大量的、相互矛盾的关于十个部落地理位置的信息。但是,无数相互矛盾的叙述并没有得出这样的结论,即根本不存在所谓的"十个部落"。矛盾非但没有使其神秘消失,反而使它变得更加突出。当然,对许多人来说,部落的位置始终是一个很大的神学问题。

1750年,来自意大利费拉拉的拉比兼医生艾萨克·兰普龙蒂(1679—1756)在他的大百科全书《帕哈德·伊扎克》里面写了一章关于"桑巴提安"或者"安息日河"的内容。[23]这本书展现了自本·以色列以来的大量关于部落地理知识的急剧增长,并表明遗失的部落在某种程度上是复杂的地理知识中可以被理解的问题。兰普龙蒂涉猎广泛,受过良好的教育,如果科学与犹太教律法相抵触,他会毫不犹豫地在犹太律法问题上与拉比对抗。为了进入桑巴提安,兰普龙蒂调查了从古代到他那个时代的资料,这些资料几乎覆盖了世界的所有地区。然而,他似乎对引用的内容有选择性。该文章引用了近30个我们都很熟悉的资料。引人注目的是,兰普龙蒂引用的资料不是来自古代或中世纪的犹太文献。同样引人注目的是,他的一些引文来自其他百科全书式的著作,比如拉克鲁瓦(约1640—1715)的《环球地理》或托马斯·科尔内耶(1625—1709)的《地理与历史词典》。[24]对于所有这些文本,兰普龙蒂都谨慎引用,因此十个部落作为一个地理问题,是一个容易引起争论和不同意见的问题。但他们的存在是事实,足以被列入百科全书。

这些问题显示了部落的地理位置如何成为全球地理写作中的一个普遍问题。兰普龙蒂没有引用犹太文献资料,这暴露了有关十个部落的地理知识所经历的重大转变。从古代晚期到15世纪晚期,有关十个部落的地理信息几乎只能在犹太文献资料中找到:约瑟夫斯、《塔木德》和《米德拉什》、中世纪的《圣经》注释、旅行者埃尔达德和便雅悯等。少数非犹太人的资料来源,如曼德维尔的约翰和马可·波罗,也是间接地从犹太人的传说中获得信息。从近代早期开始,知识的来源发生了戏剧性的变化,几乎完全变成了基督教的资料。这些信息来源是全新的,而且是基于对世界的观察,而不是神的启示或灵感。

亚伯拉罕·法里索尔在16世纪20年代的《宇宙学》中,关于十个部落的注释借鉴了《塔木德》的资料,尽管他关于其他问题的信息是基于新的非犹太人的地理知识;事实上,他的聪明之处在于将《塔木德》地理学置于他那个时代的全球地理学的背景之下。回想一下,他欣喜地发现非犹太人的地理知识似乎接受了犹太人关于部落存在和位置的观念。仅仅一个多世纪后,本·以色列于1650年出版的《以色列的希望》参考了《塔木德》的资料和《圣经》注释,同时将非犹太人的地理知识看得更重,这一点法里索尔间接提到过。然而,又过了一个世纪,在兰普龙蒂的《安息日河》中,来自《塔木德》的资料完全消失了。到了18世纪50年代,兰普龙蒂研究十个部落的时候几乎忽略了它们。[25] 两个多世纪以来,这种转变已经完成:到18世纪末,对部落的绝大多数意见都是由非犹太人士提出的。这种转变并不意味着原始的《圣经》和《塔木德》的资料失去了它们的权威,也不意味着十个部落失去了他们在犹太思想中的特殊地位。相反,这些变化所反映的是,它们与这场特殊辩论的相关性有所下降。在经历了近三个世纪的地理书写和思维的戏剧性转变后,新的世界地理学逐渐占据了主导地位。

这提出了一个问题:虽然早期的犹太文献喜欢引用权威的经典和神的启示,后来的地理学却没有这样做。也许这也解释了为什么在兰普龙蒂论文的最后一章重申了最基本的犹太信仰,那就是十个部落的民众会一直隐藏到末日,直到他们和其他犹太人团聚。他似乎对十个部落作为一个地理和世俗谜团的出现感到困惑,他想提醒自己和读者,无论其他人是否在讨论部落及其所在地,犹太人真正应该做的是坚信如预言所示的回归。他向读者保证,这次团聚将是上帝的杰作,而不是现代地理学的杰作,而且"主要是根据《以西结书》第37章的预言"。[26]《以西结书》第37章记录了所谓的"枯骨"异象,在该异象中,神命令先知取两根杖,在其上写上犹大和以法莲的名字:"你要使这两根木杖接连为一,在你手中成为一根。"事实上,这两根棍子合起来了。"我要将以色列人从他们所到的各国收取,又从四围聚集他们,引导他们归回本地……我要救他们出离一切的住处,就是他们犯罪的地方,我要洁净他们。如此,他们要作我的子民,我要作他们的神。"(《以西结书》37:16—23)

兰普龙蒂奇怪的表述"主要根据……《以西结书》第37章"——与其他关于回归的预言相反——需要再考虑一下。为什么不是《以赛亚书》?为什么只是在《以西结书》里,为什么是"主要"呢?如果我们在现代地理学的背景下考虑部落在哪里的问题,答案也许会变得更清楚。回想一下以赛亚——这位后期异象大师——讲的是一条从特定地理位置（幼发拉底河之外的亚述，来自众海岛，来自北方）引导十个部落回来的道路。另一方面，以西结通常用戏剧性的视觉和抽象的术语来谈论部落的重聚。以赛亚建造了一条道路，方便部落从指定地点返回，而以西结所述的重聚就像他手中的两根棍子合并在一起一样简单而又难以理解。兰普龙蒂支持这一观点，他敏锐地意识到在已知、地图化的世界中定位十个部落是个问题。但他觉得需要摆脱地理束缚："毕竟，如果有人仍然想知道这十个部落是如何继续躲避过地理学家的眼睛，尤其是在最后一次航海之后，请参考一下在莱昂王国中位于萨拉马卡和普拉森舍之间的拉斯巴图埃克地区，在腓力二世之前，怎么会一直隐藏在西班牙中部呢？"[27]

换句话说，这些古老部落的隐居生活，并不是由于某种神秘的隐形或封锁，就像以斯得拉、埃尔达德、波斯特尔和其他许多人所暗示的那样，只不过是现代地理学的失败。事实上，兰普龙蒂提到现代航海使部落更加隐蔽，是因为这些航海探险没能创造出他们。这种地理上的失败反过来可能导致信仰的失败——兰普龙蒂急于用回归《圣经》的方式来弥补（他的读者，或许他自己在信仰上出现的问题）。但是当以赛亚提到了特定的地理位置会让我们回到地理上的难题时，神秘的以西结并不会因为特定的地理位置而让我们感到困扰。

现代航海活动未能发现十个部落为其带来了最后的遗失：随着时间的推移和科技的进步，部落变得更加遗失了。因为即使最自信的、科学的、地理的方法都未能明确地指出他们的位置。这个谜团越来越神秘了。难道在地球上，还有一个地方，尽管困难重重，仍未被发现、被探索、被绘制出来吗？16 世纪的拉比马哈拉尔曾暗示，在那里可能存在着无数尚未被发现的新世界，兰普龙蒂已经知道这个命题是不可能的。因此，他采取了不同的策略，提醒读者，即使在有限的、完全展现出来的世界中，仍然可能存在并未对外开放的地方。

到了 18 世纪末，我们进入了浪漫主义和浪漫冒险的时代，这是我们继续探索的最后一个理由。如果在更早的时候，这一切都是为了找到部落，那么在浪漫主义时代，吸引人的点可能就是他们极度的消失。十个部落消失的秘密，最初是由以赛亚在亚述世界的古代犹太语境中进行编码的，现在已呈现出它最后的神秘。

冒险家、浪漫主义者和浪漫主义旅行

在浪漫主义时代，特别是在浪漫主义旅行时代，人们寻找十个遗失的部落不是因为某个宏伟的神学目的，而是因为他们是可以被发现的，是旅行日记中要记载的东西。他们是神秘的，寻找的过程令人兴奋，人们至少会期待旅行者是否会遇到他们。虚构的浪漫旅行故事通常包括与十个遗失部落的相遇。卡尔·弗里德里希·冯·明希豪森（1720—1797）以其令人难以置信的成就（以及用其命名的综合征）而闻名，他在《极地明希豪森》一书中写道：

> 我不是一个严格的基督徒，但我可以友好地拥抱一个犹太人。在这里，我偶然发现了在《圣经》中下落不明的以色列的十个部落，他们

> 在这里是根据整个世界所不知道的古老律法而生活的:事实上,他们相信除了他们自己以外,没有别的民族存在。他们的庙宇是叛教者所罗门建造的复制品。我本来打算把它画出来的,但由于圣马丁教堂和它一模一样,我就省去了麻烦。这些好人指引我向北走。[28]

其他旅行者也遵循着这一规则,虚构了与部落的相遇。浪漫主义诗人罗伯特·索锡(1774—1843)虚构了一位西班牙旅行者唐曼纽尔·阿尔瓦雷斯·埃普里埃拉,这位旅行者在1814年游览了英国。埃普里埃拉(或者索锡)提到了对一个与世隔绝的英国小镇犹太社区的访问。在那里,他说:"我在商店橱窗里看到了那么多希伯来铭文,在街上看到了那么多长胡子,我开始想象我已经发现了十个部落。"[29] 当然,索锡并不认为有人能找到这些部落。对他来说,他们代表了某种已经消失的东西的终极案例,一种永远不会回来的幻想。[30] 1835年,一部关于臭名昭著的海盗黑胡子的小说(爱德华·蒂奇,约1680—1718)中有个人物,"这个人的思想完全投入了对以色列遗失部落的深奥而令人困惑的探索中"。[31] 这十个部落也同样出现在非虚构的旅行文学中。[32]

最后,同一时期也出现了大量关于十个部落主题的旧故事的翻译和再版。例如,图德拉的便雅悯在18世纪80年代在伦敦很受欢迎,当时他的游记出现了好几个全新的、详细的、批评性的、带注释的译本(来自希伯来语)。[33] 地理学家约翰·平克顿(1758—1826)出版了《世界各地最好最有趣的航海与旅行总集》，该书以便雅悯的叙事方式为特色，由蒙塔诺的拉丁语版本翻译而来。[34]

到了19世纪，随着旅行机会的急剧增加，十个部落成为旅行故事不可分割的一部分。在世界上的任何地方，你都可能会遇到这些部落，或者至少会听到关于他们居住地的传言，而这些传闻总是"近在咫尺"。一个人也可能会遇到其他正在寻找十个部落的人，就像戴维·利文斯通在他著名的赞比西河探险中遇到的那样。这位著名的旅行者显然遇到了许多寻找部落的人；至少，这是人们从他的日记和信件中得到的印象。有一次，他讲述了自己与某些旅行者的恼人遭遇。一位旅行者抱怨说："由于没有针对'遗失的十个部落'的特别搜寻，他们的位置很难被发现。"在这种情况下提及十个部落就构成了一种职业风险；利文斯通讽刺地指出："召集这样的人是危险的，因为愤怒的同伴可能会引用《圣经》，并指出他们的居住地就在埃塞俄比亚的河流之外。"[35] 利文斯通对那些"试图发现十个遗失部落的人很不满，他们的寻找让人感觉似乎已经没有多少犹太人了。"[36]人们会觉得非洲到处都是寻找部落的旅行者；很明显，利文斯通对他们和他们正在寻找的十个部落都感到厌恶。

利文斯通最后失踪了。亨利·莫顿·斯坦利（1841—1904）痴迷于在非洲寻找这位苏格兰探险者，后来这成为纽约一场戏的主题，其中十个部落扮演了关键角色。这个恶作剧描绘了斯坦利和詹姆斯·戈登·贝内特（1795—1872）之间的对话，詹姆斯·戈登·贝内特是《先驱报》的老板，他付钱给斯坦利去找利文斯通，并创造了一个精彩的冒险故事：

> 贝内特先生（凌晨4点，在床上）：斯坦利先生，有十个部落的消息了吗？
>
> 斯坦利先生（在隔壁房间，也在床上）：不，先生，我不知道。
>
> 贝内特先生：能找到吗？
>
> 斯坦利先生：我想应该可以。
>
> 贝内特先生：你能找到他们吗？
>
> 斯坦利先生：我会的，先生。
>
> 贝内特先生：立即动身，你要多少钱就向我要多少。你要知道，在找到十个部落之前不要回来，你必须尽快把他们送到美国。
>
> 斯坦利先生搭上了第一艘船——无论是去哪里的船；只要靠它，消息很快就会传开："无比荣耀！我刚刚找到了一个部落。流便人都平安，并发来祝贺！"[37]

到19世纪，一种近乎讽刺的文化围绕着寻找十个部落而发展起来，这是冒险故事的前奏，几十年后这些冒险故事将围绕他们展开。这种文化如此普遍，以至于产生了无数的模仿、讽刺的旁白和其他流行文化的因素。

越来越多的部落存在于骑士和"堂吉诃德式"的国度里，而寻找他们被认为是一场刺激的冒险。本·阿罗宁虚构的英雄拉斐尔·德拉雷就是一个很好的例子，后者在最早的犹太科幻小说中寻找遗失的部落。在这些冒险故事中，至少有一小部分的乐趣在于他们确实有存在的可能性。正如林德罗夫1903年创作的《北极之旅：在北冰洋发现的十个部落》无疑是一个冒险故事。[38]但它的摩门教作者对于部落在北极的理论是相当认真的。他虽然笃信宗教，但他决定把自己的观点写成冒险小说，他的决定具有一定的浪漫主义色彩，与寻找遗失的部落有关。

然而，随着冒险和浪漫主义逐渐成为寻找十个遗失部落的背景，这些部落被降级到幻想和小说的领域。1837年的环球航海史批判了法国人路易斯·安托万·德布干维尔（1729—1811）对塔希提岛的荒诞描述。显然，该书的英国作者对法国的全球旅行的想法怀有敌意，并提出了批评，他将德布干维尔的报告比作"更适合早期冒险家在黑暗时代狂热想象的故事，那时的胡安·庞塞·德莱昂在航行寻找青春之泉；人们每天都在寻找黄金国；遗失的以色列部落频繁地出现在加勒比海的岛屿上，或在火地岛海岸上"。[39]十个部落的故事变得越来越奇怪。

搜寻再次回归犹太人

搜寻部落的工作已经在非洲和亚洲开始，随着大英帝国的到来，他们又回到了那里。同样，在帝国建立之后，积极的搜寻又重新回到犹太人的领域。在图德拉的便雅悯着手寻找亚洲部落7个世纪后，一个皈依基督教的犹太人重新开始探寻十个遗失的部落。约瑟夫·沃尔夫也许是19世纪将浪漫的传教旅行与寻找十个部落的回归联系在一起最紧密的人。[40]约瑟夫出生在巴伐利亚州的一个小镇，是拉比大卫·沃尔夫之子。1812年受洗加入罗马天主教后，约瑟夫称自己是"恢复的以色列人"。也许他是在呼应前面提到的犹太人改宗了基督教的观点，这是

17世纪早期神学家所阐述的"恢复"。

  沃尔夫最初打算成为一名耶稣会传教士,他花了几年时间学习希伯来语、阿拉伯语、迦勒底语和叙利亚语。在英国,他加入了英国国教,并归化为英国臣民。他所宣称的东方研究的目的是"向东方的犹太人传教"。事实上,在19世纪20年代的大部分时间里,他都在中东地区向所有人宣教,其中包括"犹太人、穆斯林和其他教派"。但使他在英国、美国以及世界各地的传教士圈子中声名鹊起的是,他花了很长时间在中亚、阿富汗和印度各地寻找十个部落。[41] 沃尔夫认为十个遗失的部落可能存在于波斯东部、印度、布哈拉和撒马尔罕的城市,以及阿富汗的狩猎场等地。[42] 沃尔夫解释了他旅行的动机:

> 首先,我真诚地希望让我的犹太同胞们知道耶稣基督……此外,我常问自己,我的兄弟们,你们的祖先在巴比伦被掳之后四散了:以色列的那些部落,按照神圣的圣谕,应该与犹大家族联合;他们现在的所在地,是许多基督教神学家和犹太拉比仍在猜测的问题。后者给他们分配了一个神话般的国度,他们称之为"黑暗之地,在安息日河的对岸"。图德拉的便雅悯和耶路撒冷的犹太人大胆地说,他们住在哈腊和哈博,就是现在的巴尔克和布哈拉。1829年,我在耶路撒冷的时候,对我的妻子说:"布哈拉和巴尔克在我的脑海中挥之不去,因为我想我将在那里找到十个部落。""好吧,"她回答,"我不反对你去那儿。"[43]

沃尔夫有着基督教热情，他接受过犹太教和基督教《圣经》传统的训练，热爱今天被称为"异国情调"的旅行，他的动力或许主要来自他自己的犹太血统。他在 29 岁时写了他的第一本回忆录（一共四本）；他显然是个自私自利的人、一个骄傲的"宗教狂热者"、一个浪漫主义者。他的《约瑟夫·沃尔夫牧师的旅行和冒险》（*Travels and Adventures of the Rev. Joseph Wolff*）在他去世前两年出版，书中充斥着有关疾病、痛苦、勇气和濒死的故事。他的小说有很好的市场，因为它们被当作传教材料和旅行冒险文学来读。沃尔夫"在阿比西尼亚（埃塞俄比亚旧称）冒险"，在麦加"被瓦哈比教派打败"。在描写冒险的间隙中，沃尔夫向读者讲述了十个部落的故事：

> 一些（在布哈拉的也门）犹太人说，十个部落都在中国以外，为了到达那里，人们必须过桑巴提安河；但这条河除了安息日外，整个星期都有暴风雨：在安息日，外邦人被允许过河，但犹太人不被允许……虽然这是混合了虚构的说法，但毫无疑问，有些部落在中国；我希望当我开始讲述我的克什米尔之旅时能证明这一点。

沃尔夫还相信"孟买的贝尼以色列人"是这些部落的后裔。[44] 沃尔夫在西非、埃塞俄比亚和阿拉伯待了一段时间后，将他的搜索集中在中亚和印度。这种地理上的关注显然与犹太印第安人理论的衰落有关。[45]

沃尔夫对冒险的热爱,对寻找十个部落的热情,以及对中亚地区的熟悉,最终使他对英国政府有所帮助——至少他是这么认为的。当两名英国外交官(和间谍)阿瑟·康诺利(1807—1842)和查尔斯·斯托达德(1806—1842)被布哈拉埃米尔纳斯鲁拉·汗(1826—1860年在位)俘虏时,沃尔夫答应营救他们。当时,俄罗斯和英国对中亚部分地区的争夺日益激烈:所谓的"大博弈"正变得越来越激烈,吸引了各色冒险家和自命不凡的间谍。[46]沃尔夫失败了,这些人在1842年被处死,他侥幸逃脱。他写的关于传教的故事在英国成了畅销书。大家都在读沃尔夫是如何穿着"牧师的长袍、戴着医生的兜帽,手里拿着一本希伯来语和英语对照版的《圣经》",向埃米尔介绍自己是"约瑟夫·沃尔夫——英格兰、苏格兰和爱尔兰以及整个欧洲和美洲的伟大的苦行僧"。[47]在他之后,沃尔夫的儿子亨利·德拉蒙德·沃尔夫爵士在他父亲活跃的地区成为一名出色的外交官,小沃尔夫为另一个前往中亚的十个部落考察队筹集了资金。沃尔夫父子在帝国、浪漫冒险和传教热情等大框架中发挥着作用。但他们也开启了一个转变的开端,重新回到了犹太人对寻找十个失落部落的特殊兴趣,他们很快就把人们对他们回归的兴趣转移到了把他们"带回家"的愿望上。

1837年,雅各·塞缪尔牧师从德黑兰出发前往高加索,想看看这十个部落是否还在他们自《圣经》时代以来最古老的"藏身之处"。在他的《遗民的发现》一书中,塞缪尔叙述了他在当代达吉斯坦犹太社区中发现了十个部落,他用了大量的资料,提出了一个长期而连贯的案例来支持这一说法。[48]塞缪尔就像皈依基督教的犹太人沃尔夫一样,下定了决心:

> 在当前的重大危机（俄罗斯和英国之间的竞争）中发现十个部落，一定是件了不起的事。必须承认，将他们保存在敌人的心脏上这么多年必然是神的旨意；我们不需要更有力或更有说服力的证据来证明，他们回归的时刻就在眼前，那时他们将从定居长达 2500 年之久的地方被带走，并最终回到他们的故土。[49]

流放问题再次出现，对于 19 世纪和 20 世纪初的犹太人来说，解决这一问题的方法似乎越来越近在咫尺。

沃尔夫和塞缪尔很幸运，但去中国寻找部落的于齐耶尔·哈加就没那么幸运了。[50] 1900 年，美国总统威廉·麦金利批准哈加加入派往中国的美国军队和救济部队。哈加是一位从东欧移民到波士顿的东正教犹太人。哈加声称他有证据证明以色列十个遗失的部落都藏在那里，他希望有机会找到他们。此次访问的时间和地点非常重要。一年多前，义和团运动在中国爆发，引发了一波反外国和反基督教的暴力浪潮，这震惊了全世界。这些神秘的义和团成员装备简陋，却充满了"狂热"，他们曾进入北京并包围了外国大使馆。这些义和团成员相信自己不会受到西方武器的伤害，并用传统武术对抗外国人。[51]

在外界看来，义和团似乎是凭空出现的。因此，美国犹太人哈加认为，这场神秘的、暴力的、反基督教的、军事化的运动与十个部落有关。早在 18 世纪的《米德拉什》里，就有各种资料记载了中国的十个部落。许多资料的注释坚持认为，以赛亚的救赎愿景中的秦国（Sinim）就是中国，十个部落将从那里返回。其他的犹太资料描述了十个部落的暴力出现，作为救赎过程的第一步，它将迎接弥赛亚的到来。难道义和团起义就是弥赛亚进程的开端吗？

　　这场暴力运动被英国领导的国际力量所镇压，其中包括一支相当小的美国部队。哈加就是跟随这支部队去中国的。他告诉我们，他恳求麦金利——"在总统面前哭泣"——允许他和美国船只一起去。麦金利"欣然同意"了，还给哈加准备了一封特殊的信，解释他的使命，甚至支付他所有的费用。这是哈加任务的直接背景，然而，它的历史要长得多。哈加不只是去寻找十个部落，他还打算把部落的民众带回来。他的"灵魂渴望"与"从我们身边被分裂的十个部落的子孙"订立一项"新约"，这是"无法愈合的巨大伤痛"。[52] 我们不能错过弥赛亚的暗示。在这方面，"新约"一词意义重大。《圣经》讲述了以色列人后裔与上帝订下一系列契约的故事——首先是与亚伯拉罕，然后是与西奈山的全体人民。洪水过后，上帝与人类订立了契约，并发誓不再毁灭人类，因此哈加的使命是通过带回十个部落并战胜桑巴提安，为"新约"铺平道路。哈加从中国给他的亲戚们寄来的唯一一份报告是《与中国大地桑巴提安河的新协约书》。这个奇怪的短语，"与桑巴提安……立约"，让人想起桑巴提安不仅是一个地方，而且是一种状态——一种乌托邦式的但被放逐的生存状态。

　　在这里，古老的弥赛亚救赎通过与十个部落的重聚和结束流亡来恢复原状。我们在这里只考虑了犹太传统中的一些故事，这些故事都以救赎为主题。根据维尔纳·加翁（原名埃利亚胡·本·什洛莫·扎尔曼，1720—1797）的计算，新的救赎即将来临,从而使人们对十个部落的寻找在 19 世纪变得更加强烈。加翁是东欧最伟大、最有权力的拉比权威之一,也是犹太教正统派兴起的中心人物,他非常重视作为犹太教正统派一部分的十个部落的回归,他预言说救世主式的进程即将开始。阿里·摩根斯顿已经表明,在加翁的观点中——这是一个真正的创新,作为救赎进程的一部分,十个部落应该积极参与犹太政治体制的更新。这种新的解释引发了人们对部落新的更浓厚的兴趣,其中包括写作与推测,但也有一些人真的试图找到他们。[53]

在这些任务中,中国占据了特殊的位置。阿尔萨斯的拉比亚伯拉罕·斯坦普尔也声称,曾在中国发现了这十个部落。斯坦普尔的旅行也是在动荡的背景下进行的——那时正处于太平天国运动的中期,当时一名自称是耶稣兄弟的人领导的军队横扫中国清政府统治的地区。[54] 斯坦普尔获准加入英国军队前往中国,于 1860 年抵达上海。他的故事和蒙特西诺斯的故事没什么两样:这位阿尔萨斯拉比看到了一条"大河",让他想起了桑巴提安河。但有趣的是,他把这十个部落放在了以云雾缭绕的山峰而闻名的四川省——也许暗指的是《塔木德》中一段经文提到的笼罩着这十个部落的云彩。就像蒙特西诺斯的故事一样,十个部落最初都不愿参与其中。经过几次犹豫后,一个神秘的男人向斯坦普尔承认,他是十个部落中其中一个部落社区的当地拉比。在与这位"中国拉比"的交谈中,斯坦普尔了解到这个社区是"被撒缦以色王流放到亚述,然后向东迁移到中国的十个部落之一",他们在那里生活了"2450 年"。

斯坦普尔对那个时期中国的描述似乎相当准确。但他也是个骗子，其目的旨在解决犹太人融入欧洲非犹太文化的棘手问题。据斯坦普尔说，中国的十个部落后裔非常自豪，即使在 2450 年后，十个部落仍然保持着他们的传统。中国拉比告诉斯坦普尔："我们听说，（欧洲犹太人）渴望成为欧洲土地上的（非犹太人）本地人。"这位中国拉比总结道，只要这种情况持续下去，就不可能与十个部落重聚。[55] 斯坦普尔来自德国，那里的同化倾向最为严峻，他是在一场反对犹太人同化的辩论之后皈依基督教的。

斯坦普尔的报告于 1864 年发表在犹太杂志《哈马吉德》上。哈加从未怀疑过这份报告，他认为这是上帝的旨意，要他到中国去。[56] 哈加在这次旅行中遭受了巨大的痛苦，有时候他几乎是死里逃生。从某种意义上说，哈加的使命是成功的：他成功地周游了大部分地区，并制作了一份对世纪之交的中国的详细和准确的描述，并将其寄给了他在欧洲的亲戚。不过，从更广泛的意义上讲，这次旅行算不上成功。虽然哈加显然找到了——在他看来是找到了——十个部落的后代，但他几乎没有机会写他的发现。他在中国时只寄了一份报告，然后就失踪了。他的亲属猜测但没有证据表明，他最终被"中国拳手"（义和团）抓获，被监禁折磨致死。也许义和团把他误认为是基督教传教士。他唯一留下的痕迹是他给亲戚们寄来的一份报告，这份报告在 1906 年与斯坦普尔的原作一起发表。封面上写着：

> 在该书中，一位游客将讲述他是如何在麦金利总统的允许下跟随美国军队前往中国，去追踪 1900 年欧洲诸国在中国的战争期间，十个部落被封锁和隐藏的情况。他将真实地描述这

> 些民族的真实历史；他们的习俗、游行、法律、战争策略等等。并且他会给那里的犹太人带去光明，用清晰的标志和证据表明他们是被亚述王流放到哈腊和哈博的十个部落的真正后裔。他还将解决桑巴提安河的所有问题，并将发出真诚的号召，团结犹太人，消除他们和我们之间的隔阂，许多提升以色列的有利条件由此产生。[57]

拉马斯瓦米认为，"遗失是现代性不可抗拒和不可避免的条件"，用哈加的话说，"抚平创伤"的冲动是近代犹太旅行者所无法抗拒的。[58] 可以肯定的是，哈加并不是第一个去寻找十个部落的犹太旅行者。但是，哈加之旅的不同之处在于其多元的背景因素：近代的全球帝国扩张，交通和通信路线的全球化，再加上千年来对恢复和统一的渴望，这些都曾是痛苦失去的东西。与他那个时代的基督教探索者不同的是，哈加并不是在寻找一个"异教化的"或改变了的十个部落。他寻找的正是2700年前消失的那个实体——十个完整的、孤立的部落，多年前被早已离去的亚述王带走了。他的研究是一种非时间性的搜索，由历史背景构建并使之成为可能。他们的遗失是暂时的，但也是一种明显的近代性的遗失，这种遗失在最有可能克服它的时候最能准确地被感受和表达出来。

但是，哈加最终试图接触中国部落的悲剧尝试，是最令人震惊的，因为他决心不仅要找到这些部落，而且要把他们带回来，并且要更新和恢复盟约。把部落带回家的可能性是非常现实的，可以通过世俗的方式来实现，通过他那个时代的制度，包括一个世界主要领导人的许可和财政资助以及相关地理知识来实现。哈加的旅程标志着犹太人寻找十个部落的传统轨迹和形态的重大转变。在很大程度上，这十个部落长期以来一直是虚构的，象征着对他们的恢复和结束流亡的渴望。哈加的努力预示着犹太人对这十个部落的新探索的到来，他自信将找到他们并把他们带回来。

几个世纪以来，人们的地理知识不断增长，人类学的记载不断积累。一个又一个旅行者提供了他或她关于部落的最新信息。矛盾的是，这一知识体系非但没有限制这一领域的可能性，也没有得出这十个部落可能已经不复存在或永远不会存在的结论，反而使找到他们变得更加可能，使他们的遗失变得更为严重。哈加的"新协约书"——以及新约的理念——结束了这一研究。在哈加的书出版的同时，出现了第一次寻求与世界所有犹太人缔结协约的重大运动。显而易见就是犹太复国主义的故事。它与各种被认为是十个部落的群体的关系，以及其他犹太运动的关系，都得到了充分的研究，它们代表了一种不同于本文所述的历史。[59] 这里最重要的是犹太复国主义与摩门教和英国以色列主义的共同之处：真正发现十个部落的力量。

寻找并带回

1904年，雅各布·雅克·费特洛维奇（1881—1955）抵达苏丹马萨瓦。几个世纪前，大卫·卢温尼在去欧洲的路上经过这个城市。然而，费特洛维奇走的却是相反的方向，前往埃塞俄比亚——在那里，关于十个部落存在的传言由来已久。费特洛维奇是一名在欧洲接受教育的学者，活跃于特拉维夫的"遗失部落委员会"，他的出现标志着对十个部落的注意力从欧洲转移到巴勒斯坦，当时巴勒斯坦是英国授权下的犹太复国主义的聚集区。

费特洛维奇曾在索邦大学的东方语言学院学习埃塞俄比亚语言，于1907年获得这门学科的博士学位。他出生在当时处于俄罗斯控制下的波兰罗兹市，他给自己指定了一个任务：在埃塞俄比亚"发现法拉沙人"。正如他的传记作者埃马努埃拉·特雷维桑·塞米所言，费特洛维奇的动机来自《以赛亚书》（49:6）中的一段话："我还要使你做外邦人的光，叫你施行我的救恩，直到地极。"事实上，费特洛维奇走遍了世界的各个（历史性的）边界，去了阿富汗、印度、中国和日本，试图"在犹太社区之间建立联系"。[60] 但他最初关注的焦点是埃塞俄比亚。

这位"犹太传教士"（一些敌对的新教传教士这样称呼他）抵达埃塞俄比亚，开启了他与当地法拉沙人社区之间的长期关系。新教徒有充分的理由感到威胁。费特洛维奇是一个"硬汉"，为"保护"法拉沙人免受基督教传教士的驱使而进行了艰苦的斗争。与此同时，费特洛维奇引入犹太习俗和礼拜仪式，并帮助犹太人在埃塞俄比亚建立犹太学校。在1904到1950年之间，费特洛维奇进行了几次长期访问，寻找十个部落的踪迹，并支持法拉沙人信奉犹太教。其间，他在欧洲发表了关于法拉沙人的报道，并为自己的埃塞俄比亚活动筹集资金，他在世界各大国、埃塞俄比亚的意大利殖民当局，以及世界各地的犹太人和犹太复国主义组织之间巧妙地周旋。[61] 这是犹太复国主义运动与后来的以色列国和埃塞俄比亚法拉沙人之间长期而复杂关系的开始。

现代犹太人的目光也转向了其他地方。1928 年,兹维·卡斯多伊（1862—1937）出版了《雅各部族与以色列的剩余部落》,声称这十个部落位于高加索的某个地方。他特别提到"达吉斯坦人和格鲁吉亚人"与十个部落有关,并暗示许多亚美尼亚人也与十个部落有关。事实上,该书的大部分内容都是对亚美尼亚历史的重写——结合了大量来自《塔木德》和《圣经》线索——试图揭露亚美尼亚的以色列历史。[62] 真正重要的是在他之前 5 个世纪困扰哈洛基的问题：对现代犹太人的规模和命运的极度焦虑。他试图用宽慰的话来消除这种恐惧：十个部落并没有消失,他们仍然在这里,他们是"我们"的一部分。[63] 卡斯多伊是以色列第二任总统伊扎克·本-兹维（1884—1963）的姐夫,当时他正忙于从世界各地收集关于十个部落和其他"遥远的犹太人"的信息。[64]

这些努力是研究十个部落与犹太复国主义思想之间联系日益紧密所特有的。在同一时期,研究大卫·卢温尼的学者阿龙·泽夫·埃斯科利出版了具有里程碑意义的论著《以色列》,内容包括"犹太人的本质"和"犹太民族的历史",其中包括人类学、地理学、语言学和人口学的相关研究。埃斯科利的研究在他死后才发表,旨在评估犹太人的范围。[65] 附录特别讨论了皈依犹太教的人和可预见的十个部落。埃斯科利也是犹太历史上研究弥赛亚运动的学者,[66] 他看到了犹太人的范围和犹太复国主义之间的明显联系。

这种新一代探索者的逻辑很简单：如果犹太复国主义运动是为了拯救犹太人，为什么不把十个部落也纳入其中？费特洛维奇、卡斯多伊和本-兹维的研究可能被简单地看成是正在寻找十个部落，以及创造和积累有关他们的知识的另一个阶段。但这一结论忽略了这样一个事实，即他们是在一个完全不同的、前所未有的背景下进行活动的：犹太人拥有政治主权的真正可能性。[67] 这十个部落过去曾被用于政治目的，现在他们第一次被政治化以帮助犹太政治运动。犹太复国主义者认为，将十个部落纳入犹太民族的范围意味着其回归的政治化。

1928 年，耶路撒冷的犹太拉比、历史学家和旅行家梅纳赫姆·门德尔·伊曼纽尔出版了《以色列遗失的部落：时代的呼唤和以色列的救赎》(*The Lost Tribes of Israel: A Call in Time and the Redemption of Israel*) 一书。该书以希伯来语和英语出版，表面上看起来和之前的许多书一样，宣传自己使用了"最新的批判性分析、科学、历史和《圣经》资料"，试图回答遗失的部落在哪里被发现的问题。伊曼纽尔是这一新的犹太学者/探索者流派的成员，尽管他不具备许多同僚所拥有的欧洲大学学历。大卫·维申尼维茨是作者在纽约的高中老师，他做证说："拉比梅纳赫姆一直对地理感兴趣……以优异的成绩通过……地理和古代史考试。"[68] 和许多前人一样，该书的出版"依赖于《塔木德》《米德拉什》……神秘的《卡巴拉》和世界上古今中外著名的旅行者日记等"。但是，最重要的是，《以色列遗失的部落：时代的呼唤和以色列的救赎》一书"向全世界所有国家发出呼吁"，集中全球力量——由世界大国支持的犹太组织——将失去的部落带回来，"该书的目的是唤醒犹太人和世界上所有的自由民族，使他们感兴趣，并派出探险队寻找他们……重新团结全世界的犹太人"。[69] 它记录了向世界各国领导人和政要发出的许多呼吁提供帮助的通知，并概述了一个清晰的计划，即在世界强国的帮助下让这十个部落重返家园。在这方面，这是第一个相关文本。

事实上，世界各国领导人对伊曼纽尔向他们展示的这本书做出了礼貌的回应，即便不是响亮的回应。西奥多·罗斯福在纽约奥伊斯特贝写道："祝您……成功……我谨向您表示敬意。"伍德罗·威尔逊写道："可敬的拉比：我很荣幸收到您的来信和这本书，该书是一位忠诚的公民撰写的爱国主义文章。"美国驻耶路撒冷领事奥斯卡·海泽代表卡尔文·柯立芝总统对收到这封信表示感谢。同样，雅法地区的助理专员也代表国王乔治五世感谢收到这封信件。西蒙·赫维茨是众多支持该书的拉比之一，他是《报喜之声》一书的作者，该书讲述了十个遗失的部落，并提供了传统资料中十个部落的信息，以及"关于中国犹太人的好消息"。[70] 另一位支持者是亚伯拉罕·艾萨克·库克（1865—1935），他是巴勒斯坦"伊休夫"的首席拉比，也是现代政治犹太主义的伟大神学家。[71] 其他一些政要和拉比也对该书表示支持。对伊曼纽尔和拉比们来说，重要的是在他们所处的时代背景下寻找十个遗失的部落。1923 年，库克曾写过一篇关于"渴望"和渴望看到"遗失的兄弟"的文章，他将"遗失的兄弟"的缺席比作"痛苦流亡给以色列造成的最基本的缺陷"。在他看来，这十个遗失的部落在犹太人登上世界舞台的过程中扮演了重要的角色：

结论：寻找遗失的十个部落

> 我们已经目睹了寻找十个部落的想法是如何变成如此根深蒂固的伟大奇迹……（我们看到）我们的同胞以色列人返回英国……从这一事态发展中，我们看到了在可怕的大屠杀、战争和英国关于我们国家的宣言之后，我们的时代出现了某种拯救的迹象。当然，这一切都是上帝的意志。[72]

正如库克所看到的，这是一个明显的进展：十个部落的狂热已经导致英国允许犹太人返回英国，之后是《贝尔福宣言》。现在，对十个部落的兴趣可能会帮助他们回到圣地——不是回到《圣经》中的圣地，而是回到一个犹太民族的家园。在库克看来，英国人对这些部落的兴趣加速了犹太人的政治救赎。

当然，库克直接提到的是"英国宣言"，即《贝尔福宣言》，它承认犹太人拥有一个国家的权利。库克认识到各种观点推动了英国对十个部落的兴趣及其带来的全球影响。作为强有力的神学解释的主要设计师，库克认为现代犹太国家标志着救赎的开始，他在十个部落和犹太复国主义之间建立了直接的联系。正如救赎意味着犹太人流放的结束，也意味着十个部落流放的结束。

犹太复国主义把自己描述成没有弥赛亚的弥赛亚主义，这是一场运动和救赎，其重点是要把所有犹太人带入一个现代犹太政体。弥赛亚方案中另外两个长期存在的要素——重建圣殿和十个部落的回归——最初被理解为犹太复国主义的早期运动。犹太复国主义者会把他们交给神。库克的干预改变了这一观点，并把十个部落完全纳入犹太复国主义的框架。费特洛维奇、卡斯多伊和本-兹维的观点大致相同。1917年，英国政府承诺，将十个部落纳入即将建成的犹太民族家园的犹太复国主义背景中，这不仅增加了这些部落回归犹太民族的可能性，而且还特别增加了部落回归犹太政体的可能性。

正是在这里，本书讲述的漫长历史达到了顶峰。库克让我们回到先知以赛亚几千年前的第一次召唤，要求十个部落回归——就像库克在耶路撒冷发出的召唤一样。库克呼吁恢复巴勒斯坦的十个部落与以赛亚最初预言他们最终回归圣地直接相关，并依赖于对十个部落数千年的神学故事和地理搜索。之前所有的追求——神学的、地理的、学术的和帝国的——都集中在库克对他那个时代历史的简单分析上。以赛亚说，有一条大道可以使十个部落从亚述回到圣地。这条大道最初不受历史和地理的影响。但在通往库克愿景的路上，这条可以说是由无数的追求者和探索者铺就的道路，被纳入了真实的历史和地理位置。

事实上，这一切都已经成为现实。随着1948年以色列建国，世界历史上第一个也是唯一一个被赋予政治权力来宣布某些群体属于十个遗失部落的机构成立了。通过国家主导的正式进程，以色列现在可以随时克服遗失问题。

> 一项新的研究表明：在古代晚期的西欧，犹太人向基督教的转化比十个部落的遗失更加引人注目。
>
> ——《国土报》头条（2007年2月11日）

结论：寻找遗失的十个部落

2000年1月11日，以色列议会召开了移民、吸收和流散委员会的会议。该会议的议程是：把生活在印度的犹太人"布尼梅纳什"部落带到以色列。[73] 这些人就是米祖人，他们是来自印度东南部的一群人。这次会议除了主席内奥米·布卢门撒尔和其他三位议员外，还有一大群人出席，其中包括来自相关部门的几名官员。此外，监督犹太人移民到以色列的犹太机构的几名官员也出席了会议。希勒尔·哈尔金也参加了会议，他是著名的以色列裔美国作家和翻译家，著有《跨越安息日河：寻找以色列遗失的部落》（*Across the Sabbath River: In Search of a Lost Tribe of Israel*），讲述了他在耶路撒冷拉比埃利亚胡·阿维查尔的陪同下到中国西南部和泰国北部偏远地区的旅行。[74] 阿米沙夫协会的创立者和领袖阿维查尔也出席了会议，该协会致力于寻找和带回失踪的部落。事实上，这次会议是在阿维查尔带着证据找到委员会主席后召开的，有证据显示他"发现了印度最古老的梅纳什部落"。像他之前无数的搜索者一样，他花了几十年的时间环游世界，寻找遗失的部落。[75] 最后，与会者还包括一位研究部落的人类学家。[76] 唯一缺少的是新教传教士和耶稣会的环球旅行者向观众展示几个世纪以来搜寻十个部落的人员情况。然而，这场讨论确实涵盖了十个部落遗失之后产生的全部知识轨迹，就好像几千年来积累的所有知识都流入了耶路撒冷的会议室一般。

28页的会议记录显示，与会人员正在讨论如何最好地确定十个部落的位置，以及如何支持或拒绝阿维查尔的主张。这些部落是否经历了文化、物质和社会变革？他们被"异教化"了吗？恢复这些以色列人的犹太教信仰可能吗？如果可能的话，怎样才能最好地实现它呢？最后，与这些失踪的兄弟姐妹团聚是一件至关重要的事情吗？

参与者对此持怀疑态度，似乎不愿支持这一说法。毕竟，他们推断世界上有许多人声称自己拥有十个部落后裔的身份。他们担心会有数以百万计的移民涌入以色列。会议在未做决定的情况下休会。但后来，数百名米祖人确实在争论中被带到了以色列。这件事突然变得多么简单了！猜想和推测都消失了。经过辩论，那些人将最终被决定是否应该被排除在外。

众所周知，在 20 世纪 80 年代和 90 年代，犹太国家成功地将成千上万的埃塞俄比亚人带到以色列。1973 年的一项裁决称他们是"但部落的后裔"，依据的是祖玛·加翁在 10 世纪对凯鲁万犹太人关于埃尔达德身份问题的回应。来自印度的玛拿西人也是如此，他们中的许多人最终在加沙地带的定居点定居，他们在 2005 年的脱离接触中被驱逐出此地。令人惊讶的是，当时的头条新闻写道："一个遗失的部落恐怕将再次遗失。"故事的开头是这样的，"2700 年前被连根拔起的十个部落又被连根拔起了"—— 一个有着上千年历史的故事，以惊人的轻松笔触，掩盖了一个更现实的、背井离乡的巴勒斯坦人的故事。[77]

这十个部落并不是定居点里唯一的人。2003 年 4 月 6 日，以色列《晚报》报道，一个由拉比和定居者组成的代表团在秘鲁的安第斯山说服了数百名"印第安人"皈依犹太教。当时的德系犹太人首席拉比梅厄·劳派出一个拉比代表团前往加西亚、蒙特西诺斯和罗查等人在 17 世纪首次发现十个部落的地方。[78]于是，数以百计的安第斯人被"带回家"了。从那以后，又有

结论：寻找遗失的十个部落

更多的新移民被送往沙韦绍姆隆（返回撒玛利亚者）的定居地。沙韦绍姆隆位于离古撒玛利亚不远的地方，那是十个部落的原始首都——也是一切开始的地方。有一句著名的《塔木德》谚语说："失去灵魂的人就好像失去了整个世界。"重新排列后，这句话就有了不同的含义。遗失创造了整个世界。

十个遗失部落的故事最终是一个严重遗失的故事，一群人被驱逐并消失。但部落的遗失还没有结束。这不是一个过去的事件，而是一个活生生的并持续了几千年的遗失。它有多个记录，它的铭文带有神学、地理学和最终的政治意义，是一个具有持久意义的故事。然而，这不仅仅是一个关于遗失的故事，它也是一个关于创造的故事。部落一旦被宣布遗失，它们就会一次又一次地被创造在地球的边缘和世界的边界；它们把所有地点变成了存在的地方，比如阿扎罗兹和桑巴提安；绘制了横跨地球表面的所谓移民路线；在亚洲、欧洲与美洲之间架起了陆桥；给真实的地方刻上意义，并使它们易于理解。这十个部落为数百年来的世界旅行者提供了旅行路线和意义。通过对它们的提及，所有民族都被赋予了意义。它们承诺了救赎和人类团结的希望。

本书一直关注这个故事的历史，正如我们所看到的，这段历史从绝望走向希望；从现在的希望到末世论和弥赛亚主义；从弥赛亚主义到浪漫主义和冒险。最终，它转向了政治。但总的来说，赋予这个故事经久不衰、超越历史的力量就是遗失本身。

这一遗失的深刻性反映在一些大屠杀的观察者如阿维格多·谢安，他的年轻朋友在绝望地逃离纳粹、穿越德涅斯特河时被杀害,他频繁地援引遗失的部落来解释他们的悲痛。1942年12月中旬,被纳粹囚禁在华沙犹太人社区的犹太人对特雷布林卡的情况有了相当清楚的认识,那里是华沙犹太人被送往的集中营。德国人当时正在撤离犹太人社区,当月早些时候,有2000名儿童被带走用毒气毒死。历史学家伊曼纽尔·林格尔布卢姆(1900—1944)也被关在犹太人区,他一丝不苟地记录了周围的恐怖。孩子们的父母担心最坏的情况,但也给他们留了一线希望。林格尔布卢姆对犹太人拒绝相信他们中的许多人正在消失的说法做出了评论。他将自己1942年12月15日的日记命名为"十个部落":

> 我相信,在战争结束多年后,当(死亡)集中营的所有秘密都将被揭露时,可怜的母亲们仍然盼望着那些从她们的怀中被抢走的孩子们还在俄国深处的某个地方。这次远征被组织起来,前往数千个难民营寻找可能的犹太幸存者。在这个远离浪漫主义的时代,一个关于数百万犹太人被屠杀的传说将会形成,这个传说与十个部落的传说相类似。[79]

部落遗失的这种"无法治愈的巨大伤痛",已经动员了成千上万在不同的时间、不同的地点、不同的环境中的人与他们交谈,并激励他们创造不同的世界——不同时间、人类和物质的世界。因此,正是这种遗失,比任何其他特征更能使十个部落的故事成为一个真正的全球性故事,使它的历史真正成为世界历史。但是，这种深度的遗失和缺失孕育着它的必然结果：恢复、救赎和完整的理念。最后，我将带着找到遗失部落的可能性所产生的最充满希望的愿景来结束：(本·以色列承诺恢复世界的) 和平与 (作为一切美好事物之母的) 和谐。

注释

序言

[1] Shahan, *El 'Ever ha-Sambatyon*, 11.
[2] 从 1941 年 9 月到 1943 年 3 月，罗马尼亚和德国的军队在德涅斯特河沿岸杀害了约 18.5 万名被驱逐的乌克兰和罗马尼亚犹太人。
[3] Shahan, *El 'Ever ha-Sambatyon*, 12-13.
[4] Neubauer, "Where Are the Ten Tribes?" I, II, III, IV.
[5] 在其他语言中有别的例子。例如，在希伯来语中，"never"一词是 le-'olam，字面意思是"走向世界"。"ever"一词是 me-'olam，字面意思是"来自世界"。在这两种情况下，表达的起源都可能源于"world"一词的时间特性。因此，在这种情况下，"world/'olam"代表了最终最绝对的（但仍然是不确定的）时间单位。
[6] Rocha, *El origen de los indios*, 123.
[7] Kingsborough, *Antiquities*; Goodkind, "Lord Kingsborough." See also Peñafiel, *Nombres Geograficos de Mexico*.
[8] McLeod, *Epitome*; McLeod, *Korea*.
[9] Grimaldi, *Manasseh in Scotland*.

[10] Forster, *Monuments of Assyria*.

[11] Wolff, *Missionary Journal*; Wolff, *Researches*; Wolff, *Travels*.

[12] Rosen, *Oriental Memories*, 102.

[13] Haga, *Sefer Ha-Berit Ha-Hadash*.

[14] Rosen, *Oriental Memories*.

[15] See, for example, Parfitt and Egorova, *Genetics*; Parfitt, "Constructing Black Jews."

[16] Hyamson, "Lost Tribes," 641.

[17] For a good survey in English of some of these groups, see Gonen, *Ends of the Earth*.

[18] 参见 Koishi, *Nihonjin*; Matsumoto and Eidelberg, *Yamato Minzoku Yudayajin*。松本甚至认为，十名逃离亚洲的部落成员是大和民族的缔造者。

[19] Anderson, *God's Covenant Race*.

[20] On the Almohads and Berbers and the ten lost tribes, see Nebot, *Les Tribus Oubliées*, 32–34.

[21] 参见 Margolis, "Finding the Lost Tribes."该书不可能为所有的实例提供参考。有关这类说法的各种版本的最佳研究，参见 Parfitt, *Lost Tribes of Israel*.

[22] 参见 Kirsch, "Lost Tribes," 58。基尔希在第 65 页中将"遗失的部落身份"与已发现的部落和"世界体系的扩张"联系在一起。在这样的背景下确定遗失部落身份的研究始于戈德比的《遗失部落的神话》。有关全面研究的参考书目，参见 Parfitt, "Hebrew in Colonial Discourse."

[23] I borrow both terms and their definitions from Pratt's *Imperial Eyes*, 6–7.

[24] Hyamson, "Lost Tribes," 640–641.

[25] Lyman, "Postmodernism," 192.

[26] 参见 Witsius, *Dekaphylon*。对于詹姆斯·卡尔弗特（卒于 1698 年）的《拿弗他利……十个部落的回归》，该书虽然早了几年，也有历史片段的纪录，但其主要关注印第安人是以

色列十个部落后裔的理论。

[27] Muller, *After Calvin*, 176–188.

[28] Witsius, *Dekaphylon*, 307.

[29] Ibid., 330.

[30] Ibid., 306.

[31] Floyer, *Sibylline Oracles*, xiv. See also Floyer, *Prophecies*, 155–161, and elsewhere. On Floyer, see Hamilton, *Apocryphal Apocalypse*, 279–285.

[32] 对十个部落的这种变化,最好、最全面的研究是安德鲁·高的《红色犹太人》,它关注中世纪晚期和近代早期的德国。希伯来语的文学作品很多,参见 Vail, *Me-'Ever La-Sambatyon*.

[33] Jacobovici and Halpern, *Quest for the Lost Tribes*; Cameron et al., *Lost Tomb of Jesus*.

[34] Lee, *Lost Tribe*; see also Simons, *Exiled Times*; Blackwell, *Michael's Fire*; Aronin, *Lost Tribe*.

[35] Somtow, *Aquila in the New World*.

[36] McGrady, *Beyond the Black Ocean*. On McGrady, see Terrar, "Catholic Socialism."

[37] Lindelof, *Trip to the North Pole*, 11.

[38] Ibid., 197–198.

[39] "Travels of Binyamin the Third," "The Portuguese Traveler Who Visited the Tribes of Simeon and Issacher," "How the Goat Led the Way to the Ten Tribes," and more are all cited in Vail, *Me-'Ever La-Sambatyon*, 66–70.

[40] Bloch, *The Past Keeps Changing*, 32.

[41] *History of Johnson County, Iowa*, 275.

[42] 焦虑,而不是记忆。

[43] 然而,在少数涉及这一主题的研究中,遗失部落故事的神学意义大多缺失。参见 Kirsch, "Lost Tribes"; Lyman, "Lost Tribes of Israel"; and Lyman, "Postmodernism."

[44] For a survey of all prophecies, see Neubauer, "Where Are the Ten Tribes?" I.
[45] Hine, *Forty-Seven Identifications* (1871), 4.
[46] Haga, *Sefer Ha-Berit Ha-Hadash*, 1.
[47] Simon, *Hope of Israel*, 364.
[48] Yuval, "Myth of the Jewish Exile."
[49] Ibid., 27.
[50] Ibid., 33.
[51] Ibid., 27.
[52] Rutherford, *Israel-Britain*, 5.
[53] Popkin, "Age of Reason."
[54] See Idel, *Messianic Mystics*, 60–65; Schwartz, *Faith at the Crossroads*, 161.
[55] Lyman, "Lost Tribes of Israel," 159.
[56] Raz-Krakotzkin, "Galut be-toch Ribonut"; Raz-Krakotzkin, "A National Colonial Theology."
[57] Ramaswamy, *Lost Land of Lemuria*, 18.
[58] Ibid., 1-2.
[59] 同上，第7页。在这一点上，她遵循乔治·巴塔耶的说法，后者认为"神圣的事物是通过遗失而形成的"。
[60] Ramaswamy, *Lost Land of Lemuria*, 8.
[61] Wauchope, *Lost Tribes*, 6.
[62] See http://www.varchive.org/ce/baalbek/gozan.htm.
[63] "传说中的地理"是她从约瑟夫·康拉德那里借用来的一个术语。参见 Ramaswamy, *Lost Land of Lemuria*, 14.
[64] Rusconi, "Introduction," in Columbus, *Book of Prophecies*, 26.
[65] Eliade, *Sacred and Profane*, 20.
[66] Wright, "Terrae Incognitae," 12.
[67] Glacken, *Traces*, 35. See also Park's complaint in "Religion and Geography," 442.
[68] May, *Kant's Concept of Geography*.

[69] Park, *Sacred Worlds*, 11.

[70] 参见 Shalev, "Sacred Geography." 例如，神圣的地理学家对俄斐的位置非常感兴趣，《圣经·列王纪上》第 9—10 章提到这里是所罗门计划的黄金来源。参见 Shalev, "Sacred Geography," 16-23.

[71] Cited in Shalev, "Geographia Sacra," 182.

[72] Haga, *Sefer Ha-Berit Ha-Hadash*, 1.

[73] Rabbi Juda Loew of Prague, *Netzah Israel*, 34, 68-71.

[74] 在这一部分，我很大程度上参考了安德烈·内尔对马哈拉尔关于新世界的这一具体观点的看法，尽管内赫尔更多地从时间和历史的角度来思考，而不是从空间和地理的角度来考虑。参见 Neher, *Jewish Thought*, 142-144.

[75] Moyn, "Amos Funkenstein," 646. See also Funkenstein, *Theology*.

[76] Thorowgoodm *Digitus Dei*, title page. Gillis, *Islands of the Mind*, 121.

[77] Ibid., 1.

[78] Ramaswamy, *Lost Land of Lemuria*, 6-7, 15-16.

[79] Dirlik, "Performing the World," 396. See also his "Confounding Metaphors."

[80] See Nagel, *The View from Nowhere*.

[81] 这段我借用了卡洛·金兹堡的"没有一座岛是一个孤岛"（《无处可见的新旧世界》，第 1—24 页）中的一句话。

[82] 将世界视为"终极参照框架"是在迪尔利克的《运转的世界》一书第 396 页中提出的。这一观点也使这部作品与有时被称为"普世历史"——一部包罗万象的世界历史区分开来。

第一章

[1] 所有亚述、以色列和犹大国王、《圣经》先知、事件的日期和年表都引自利维拉尼的《以色列历史》。

[2] See Becking, *Fall of Samaria*; Galil, *Yisrael ve-Ashur*.
[3] Machinist, "Fall of Assyria," 179.
[4] Finkelstein and Silberman, *Bible Unearthed*, 220.
[5] For a discussion of these campaigns and their history, see Na'aman, "Ahab's Chariot Force"; Na'aman, "Jehu, Son of Omri."
[6] 参见 Younger, "Deportations of the Israelites," 214–215. 亚述人对北方王国使用了不同的名称。这在凯勒的书《名字里有什么》中被讨论过。
[7] 尚不清楚撒缦以色五世是否真的围困了撒玛利亚。参见 Na'aman, "Historical Background."
[8] Younger, "Deportations of the Israelites," 207.
[9] Na'aman, "Rezin of Damascus."
[10] Younger, "Deportations of the Israelites," 206.
[11] Younger, "Deportations of the Israelites," 216, also discusses the difference in numbers.
[12] Broshi and Finkelstein, "Population of Palestine."
[13] Younger, "Deportations of the Israelites," 227.
[14] Ibid., 224.
[15] Cited in Na'aman, "Population Changes," 206. See also Na'aman and Zadok, "Sargon I's Deportations."
[16] Na'aman, "Population Changes," 214.
[17] Barmash, "Nexus of History," 218.
[18] Tadmor, *Inscriptions*, 123.
[19] Ibid., 47.
[20] Ibid., 43, 45, 47, 67, 115.
[21] 参见 Younger, "Deportations of the Israelites," 219. 在这一点上，是有共识的。虽然这一时期的学者似乎同意，在此期间近东有 157 人被驱逐出境，但对被驱逐者的人数（据估计，从 150 万人到 450 万人不等）却没有达成一致意见。参见 Oded, *Mass Deportations*.

[22] Younger, "Deportations of the Israelites," 221‐223.

[23] Ibid., 219.

[24] 参见 Oded, *Mass Deportations*, 87‐98。兰·扎多克注意到，在美索不达米亚的一些地区发现了含有以色列元素的名字，可以追溯到亚述战役之后的时期。

[25] Younger, "Deportations of the Israelites," 220.

[26] Younger, "Israelites in Exile," 66.

[27] A. T. 奥姆斯特德（1880—1945）的《亚述的历史》是一本经典著作，但其对亚述的看法有所误解。关于对亚述宣传的评价，参见 Hamilton, "The Past as Destiny," 217‐222。

[28] Oded, *War, Peace and Empire*, 163.

[29] Oppenheim, "Neo-Assyrian and Neo-Babylonian Empires."

[30] Grayson, "Histories and Historians."

[31] See Fales, *Assyrian Royal Inscriptions*.

[32] Oded, *War, Peace and Empire*, 120‐131.

[33] Ibid., 54‐56.

[34] Ibid., 102‐106.

[35] King, "The Eighth"; Moore and Lewis, *Birth of the Multinational*, 100‐131.

[36] Liverani, "Fall of the Assyrian Empire," 374.

[37] See George, "Assyria"; and particularly Gitin, "Neo-Assyrian Empire"; Elat, "Phoenician Overland Trade"; Elat, "Economic Relations"; Na'aman, "Tiglath-pileser III's Campaigns."

[38] Cifola, *Analysis*, 190.

[39] Tadmor, *Inscriptions*, 97; see another list of universalistic titles in Cifola, *Analysis*, 157‐158.

[40] 参见 Tadmor, *Inscriptions*, 97。术语"地之四境"（"整个世界"）是美索不达米亚神恩利尔的头衔之一。参见 Glassner, *Mesopotamian Chronicles*, 129。

[41] Oded, *War, Peace and Empire*, 164.

[42] Cited in Joannès, *Age of Empires*, 80.

[43] Tadmor, *Inscriptions*, 195, 105.

[44] Oded, *War, Peace and Empire*, 163–165.

[45] Parker, *Mechanics of Empire*, 127–128.

[46] Cifola, *Analysis*, 157.

[47] See Vanderhooft, *Neo-Babylonian Empires*, 115–202.

[48] 参见 Liverani, *Israel's History*, 158–159; Vanderhooft, *Neo-Babylonian Empires*, 123–135。范德胡夫特对这些预言的年代进行了大量论证，这也是学者们争论的一个主要问题。很明显，许多神谕属于后期（公元6世纪初）。然而，早期在亚述发生的事件（如701年西顿的沦陷，《以赛亚书》第23章中的哀叹）在神谕中产生了强烈的共鸣。

[49] See Bredin, *Studies in the Book of Tobit*.

[50] Vaux, *Nineveh and Persepolis*, 62–67; Bonomi, *Nineveh and Its Palaces*, 52–57, 79–80.

[51] Howitt, *History of the Supernatural*, 276.

[52] Rennell, *Geography System of Herodotus*, 512–535.

[53] On the representation of the Assyrian Empire in Isaiah, see Machinist, "Assyria."

[54] Oppenheim, "Neo-Assyrian and Neo-Babylonian Empires," 133.

[55] Parker, *Mechanics of Empire*, 396.

[56] 一项调查显示，除了《诗篇》之外，"地极"一词在《圣经》中出现了15次。先知以赛亚、耶利米和以西结均出现了5次。

[57] Parker, "Garrisoning the Empire."

[58] Parpola, "Assyrian Identity," 4.

[59] Hamilton, "The Past as Destiny," 217.

[60] Aretz一词的翻译有所不同。国王詹姆斯的《圣经》版本说："您已经将它移到了地极。"牛津版《圣经》说："您扩展了这个国家的所有疆域。"

[61] 参见 Gallagher, *Sennacherib's Campaign to Judah*, 22–90。加拉格尔表明，以赛亚的预言是在入侵之时宣布的，而不是在

入侵之后。

[62] 参见 Na'aman, "Hezekiah"; Finkelstein and Silberman, *Bible Unearthed*, 251 - 264. 另一方面, 辛那赫里布在这次挫败后显得非常尴尬, 并努力掩饰他在巴勒斯坦的失败。参见 Laato, "Assyrian Propaganda," 215 - 226.

[63] For a summary of this period, see Finkelstein and Silberman, *Bible Unearthed*, 149 - 296.

[64] See Sweeney, *King Josiah of Judah*; Liverani, *Israel's History*, 171 - 182.

[65] Finkelstein and Silberman, *Bible Unearthed*, 289 - 292.

[66] Halpern, *First Historians*, 276.

[67] For a summary of these events, see Liverani, *Israel's History*, 183 - 199.

[68] Ibid., 363 - 368.

[69] See Halpern, First Historians; Finkelstein and Silberman, *Bible Unearthed*, 283 - 298.

[70] See, for example, Dever, *What Did the Biblical Writers Know*; Levin and Mazar, *ha-Pulmus 'al ha-Emet ha-Historit ba-Mikra*.

[71] Na'aman, "Forced Participation"; Na'aman, "Tiglath-pileser III's Campaigns."

[72] Younger, "Deportations of the Israelites," 221 - 222.

[73] See a summary of these events in Finkelstein and Silberman, *Bible Unearthed*, 251 - 274.

[74] On prophecies as foretelling, see McKenzie, *How to Read the Bible*, 67 - 90.

[75] Peckham, *History and Prophecy*, 133 - 134.

[76] 我借用了帕梅拉·巴玛什的文章中关于"变得遗失"的概念。她在文章中指出, 在第二圣殿后期, 部落在被驱逐时的书写和处理方式中遗失了。虽然我同意她的论点, 但我认为, 部落遗失的这一时刻发生得更早, 甚至在巴比伦之囚之前, 而

且起作用的是神学和地理学的考虑,所以巴玛什选择"记忆"作为她分析故事转变的中心范畴,但将"记忆的变形"作为主要解释,在这里并不适用。参见 Barmash, "Nexus of History."

[77] See Stuart Hall's seminal essay on this: "Cultural Identity and Diaspora."
[78] See Liverani, *Israel's History*, 218–219.
[79] Ibid., 214–230.
[80] Hine, *Forty-Seven Identifications* (1871), 4.
[81] Bassin, "Lost Ten Tribes [of] Anglo-Israel," 7.
[82] Liverani, *Israel's History*, 218–221.

第二章

[1] 《以斯得拉书》一般被称为《以斯得拉四书》或《以斯得拉四书》;我将坚持使用希腊语"以斯得拉",以避免与权威的"以斯得拉"相混淆。参见 Bergren, "Christian Influence," 102–128. 关于该书变化的基本细节,参见 Nigosian, *Ancient Writings to Sacred Texts*, 198–199。
[2] Baumgarten, "The Jewish People"; Gafni, *Land, Center and Diaspora*.
[3] Josephus, *Works of Flavius Josephus*, 372.
[4] This periodization follows Peter Schäfer's in *History of the Jews*.
[5] See Jobes and Silva, *Invitation to the Septuagint*, 29–44.
[6] 其中之一是《西比拉神谕》,另一个犹太启示录提到了即将到来的"十个部落,这些部落由于亚述人遗失了",他们将寻找其他的希伯来兄弟。
[7] See Acts 7: 8, 26: 7; James 1: 1; Revelation 21: 12; Luke 19: 28, 22: 30.
[8] 丹尼尔·博亚林等人质疑后《圣经》时代早期犹太人和基督徒之间的这种差别。参见 Boyarin, *Border Lines*, 1–13.

[9] For the dating of this book, see Murphy, "2 Baruch."

[10] 一些这样的书信已经被汇编成册,例如威什涅维茨的《十个遗失的部落》。

[11] Hamilton, *Apocryphal Apocalypse*, 1.

[12] For the dating of these passages, see Coggins and Knibb, *First and Second Books*, 101–105.

[13] An interesting take on the various audiences of Esdras is in Esler, *First Christians*, 110–130.

[14] On the origins of the messianic idea, see Sacchi, *Jewish Apocalyptic*, 150–167.

[15] Gow, *The Red Jews*, 37–64.

[16] Romm, *Edges of the Earth*, 3–5.

[17] On the "man of the sea" and other apocalyptic visions, see Beale, "Problem of the Man from the Sea."

[18] 当然,人们应该记住,正如上一章所解释的那样,他实际上是撒缦以色一世的继任者萨尔贡。《圣经》中关于这两个亚述国王的混淆将始终存在。

[19] Robinson, "Introduction," 86. See also VanderKam and Adler, *Jewish Apocalyptic Heritage*, 83–84.

[20] 这也许可以解释为什么"阿扎罗兹"这个词几乎从未出现在希伯来文本中的原因。

[21] Wright, "Note on the 'Arzareth' of 4 Esdr. xiii. 45."

[22] Witsius, *Dekaphylon*, 368.

[23] Anderson, *Alexander's Gate*, viii.

[24] Westrem, "Against Gog and Magog," 56.

[25] Anderson, *Alexander's Gate*, 3.

[26] Romm, *Edges of the Earth*, 37.

[27] Cited in ibid., 38.

[28] Ibid., 39.

[29] Robertson and Inglis, "The Global Animus," 43.

[30] 《以斯得拉记》最初是和《尼希米记》捆绑在一起的。

- [31] 同样的陈述几乎一字不差地出现在两段编年史的最后几句话中，强调流亡和返回之间的叙述在时间上的连续性。
- [32] Kuhrt, "Cyrus Cylinder." A translation of it appears in Edelman, *Origins*, 362–363.
- [33] For the Persian imperial policies relating to this particular case, see Edelman, *Origins*, 332–351.
- [34] For this episode and Ezra's role in it, see Liverani, *Israel's History*, 252–257.
- [35] For the image of Ezra and on the Persian Empire and the Torah, see Watts, *Persia and Torah*.
- [36] On Ethiopia as Cush in the Talmud, see Neubauer, *Ge'ographie*, 410.
- [37] 参见 Babylonian Talmud, Megillah, 11a。该形象并非毫无根据。在托勒密的世界地图上，两者似乎相遇了。印度和埃塞俄比亚之间的这种联系在当时的《塔木德》中是独一无二的。参见 Mayerson, "A Confusion of Indias."
- [38] Romm, *Edges of the Earth*, 49–50.
- [39] Ibid., 57.
- [40] Ibid., 106.
- [41] Ibid., 82–94.
- [42] Allen, *Persian Empire*, 111–122.
- [43] See also the book of Esther, 3∶12–15, 8∶8–14, 9∶29–31.
- [44] Josephus, *Works of Flavius Josephus*, 372.
- [45] 关于约瑟夫斯的以斯得拉，参见 Feldman, "Josephus' Portrait of Ezra."费尔德曼指出，约瑟夫斯在《圣经》故事中增加了以斯得拉被波斯统治者任命的细节。这说明约瑟夫斯在对待"遗失的"十个部落时存在一些漏洞。如果他可以自由地对《圣经》的叙述（书信的发表）进行润色，那他为什么不增加更多关于部落问题的细节呢？
- [46] See again Yuval, "Myth of the Jewish Exile."
- [47] See Haran, "Early to Classical Prophecy."

[48] Coggins and Knibb, *First and Second Books*, 268‑269.

[49] Severus, *Sacred History*, bk. II, ch. 11, in Schaff et al., trans., *Sulpitius Severus*.

[50] 参见 Commodianus, *Commodiani Carmina*, 176. 康芒迪安纳斯在这里提到了《以斯得拉书》第13章40节。关于康芒迪安纳斯和以斯得拉, 参见 Bergren, "People Coming from the East"; See also Robinson, "Introduction." 理查德·鲍克汉姆引用这段经文评论道:"这显然不再是历史上北方犹太人流散的真实地理, 而是一个超越已知世界的神话之地。"我还要强调的是, 将这个神秘的地方置于波斯之外是出于真实的地理考量。参见 Bauckham, *Gospel Women*, 102.

[51] Babylonian Talmud, Qiddushin, 72a. On these locations, see Neubauer, *Ge'ographie*, 372‑374.

[52] Babylonian Talmud, Sanhedrin, 94a.

[53] Moazami, "Millennialism," 1‑16.

[54] Anderson, *Alexander's Gate*, 62.

[55] Midrash *Sifra*, ch. 8, 4. Cited also in Neubauer, "Where Are the Ten Tribes?" 1: 20.

[56] Neubauer, "Where Are the Ten Tribes?" 1: 20.

[57] Mishnah, Sanhedrin, 10: 10.

[58] Babylonian Talmud, Sanhedrin, 110b.

[59] Midrash *Bereshith Rabba*, 73, 6. All Midrashim appear in Eisenstein, *Otsar Midrashim*.

[60] Palestinian Talmud, Sanhedrin, 53b. This is Neubauer's translation with my emendations.

[61] 参见 Midrash *Pesikta Rabbati*, 31.《圣经》里的利比拉位于巴比伦, 但也位于叙利亚, 因此相当于安条克。这个翻译来自布劳德的《大解经集》第617页。

[62] Midrash *Lamentations Rabbah*, 2: 5.

[63] Midrash *Numbers Rabbah*, 16: 25.

[64] Neubauer, "Where Are the Ten Tribes?" 1: 20.

注释

- [65] Etheridge, *The Targums*; *Targum Yonathan*; Exodus 34: 10.
- [66] Midrash '*Eser Galuyot*, in Jellinek, *Bet ha-Midrash*, 113 - 116.
- [67] Neubauer, "Where Are the Ten Tribes?" IV: 412; Friedlaender, "Jews of Arabia."
- [68] Jones, Pliny, 10: 392 - 394. On Pliny's work as imperial project, see Murphy, *Pliny the Elder's Natural History*.
- [69] Josephus, *Works of Flavius Josephus*, 450.
- [70] Babylonian Talmud, Sanhedrin, 65a.
- [71] 对阿奇瓦殉道的另一种解释是在博亚林的《为上帝而死》第107—108页，也见于该书的其他各处。
- [72] 参见 Feldman, *Jew and Gentile*, 158 - 161. see also Michael, "Jewish Sabbath"; Gandz, "Origin of the Planetary Week"; Zafran, "Saturn and the Jews"; Broughall, "Pattern of the Days"; Bentwich, "Graeco-Roman View of Jews"; Bruce, "Tacitus on Jewish History."土星与弥赛亚主义之间也有着密切的联系。卡巴拉学者摩西·伊德尔最近大胆地确立了这种联系。他对17世纪的"弥赛亚"萨巴塔伊·兹维提出了新解释，并拓宽了桑巴提安主义出现和发展的相关背景。伊德尔指出"桑巴提安"这个名字和土星（在希伯来语中也是桑巴提安，"安息日星球"）之间是有联系的。伊德尔借鉴了连接土星、犹太人和安息日（土星日）的中世纪传统，建议在撰写本次弥赛亚运动的历史时，不仅要考虑"星体神话"，而且要考虑犹太人的卡巴拉传统。伊德尔借鉴了犹太占星术著作中赋予土星的救赎特征的暗示，将中世纪的著述与近代早期占星术的描述以及兹维的叙述进行了综合，强调了行星和萨瓦塔伊·兹维同名所"共有的"悲情品质。伊德尔大胆地认为，"桑巴提安主义的某些方面恢复了几个世纪以来希腊主题的某些神话特征"。参见 Idel, "Saturn and Sabbatai Tzevi," 199 - 201; Goldish, *Sabbatean Prophets*.
- [73] Tacitus, *History of Tacitus*, 194 - 195.
- [74] Cited in Macey, *Patriarchs of Time*, 27.

[75] Cited in ibid., 26.

[76] Alexander, *Planet Saturn*, 29.

[77] Cited in ibid., 54.

[78] Ludolf, *New History of Ethiopia*, 45–46.

[79] *Pesikta Rabbati*, 31:10. Translation is from Braude, *Pesikta Rabbati*, 617, with my minor corrections.

[80] 这个动词改编自动物的名字，从来没有出现在其他地方。

[81] Sacchi, *Jewish Apocalyptic*, 150.

第三章

[1] For the story of Dan, see Judges 1–3. For Samson's stories, see Judges 13–16.

[2] 对于希伯来语原文，我使用的是15世纪的文献集，名为《埃尔达德·哈·但之书》，参见 Epstein, *Kitve R. Avraham*, 1–211。埃尔达德故事的英译本选自阿德勒的《犹太旅行者》第4—21页。我将使用阿德勒的翻译和我的校订。有关这些文件的历史，参见 Schloessinger, *Ritual of Eldad ha-Dani*, 1–9; and Wasserstein, "Eldad ha-Dani."

[3] 罗姆诺斯是埃塞俄比亚七大王国之一，详见克劳斯的《新光》。

[4] 在一些特殊的情况下，对埃尔达德文本的误读产生了关于这十个部落的新的推测。例如，埃尔达德提到部落居住在阿拉伯名为"纳季德"的真实地方（"麦加地区的纳季德高地"）。然而，因为一个单词在希伯来语中拼写相似，所以 Najd 经常被翻译成 neged，意思是"相反""对立"或"对面"。因此，埃尔达德在"麦加的纳季德"被误读为"麦加的对面"，变成了一个虚构的地名："Neged Mecca"（"麦加对面"）。这种误读使许多人相信十个部落就藏在麦加对面的某个地方，准备攻击麦加。阿德勒本人也以同样的方式误译了这句话。参见 Adler, *Jewish Travellers*, 8.

注释

[5] Adler, *Jewish Travellers*, 7.
[6] Ibid., 14.
[7] Epstein, *Eldad ha-Dani*, 43.
[8] Midrash, *Bereshith Rabba*.
[9] 参见 Rabinowitz, "Eldad ha-Dani." "Assin" 是阿拉伯地名 al-Sin 的发音。
[10] For Islamic/Arabic and Chinese connections in this period, see Hourani, *Arab Seafaring*.
For a translation of some classical sources, see Ahmad et al., *Arabic Classical Accounts*.
[11] 关于这个问题，我已经写了很多，也许写得太多了。正如兹维·本-多·贝尼特所述"甚至到了中国"。
[12] 埃尔达德还写了一封信给西班牙的犹太人。参见 Neubauer, "Where are the Ten Tribes?" II。
[13] Cited in Neubauer, "Where Are the Ten Tribes?" II: 186.
[14] Cited in Neubauer, "Where Are the Ten Tribes?" II: 187. Neubauer provides several additional examples of commentary following Sa'adya (II: 186–190).
[15] Cited in Epstein, *Eldad ha-Dani*, 7.
[16] Carmoly et al., *Relation d'Eldad le Danite*; Carmoly, *Sipur Eldad ha-Dani*.
[17] The citations are from Schloessinger, *Ritual of Eldad ha-Dani*, 2.
[18] Neubauer, "Where Are the Ten Tribes?" II: 109–110.
[19] Adler, *Jewish Travellers*, 9.
[20] Adler, *Jewish Travellers*, 17.
[21] Ibid., 16.
[22] 同上，第17页。埃尔达德在这里将两个故事合并在一起，但这可能表明，他对《米德拉什》中的故事很熟悉，该书几十年前才被编辑过。另一种可能性是，埃尔达德正在改编《古兰经》中关于摩西子孙的故事，"一个在真理指引下的国家"

(《古兰经》7：159)。

[23] 相关讨论参见 Rabinowitz, "Eldad ha-Dani." 拉比诺维茨还提出了埃尔达德是中国犹太人的可能性。另见阿德勒对其译作《犹太旅行者》介绍部分的第 4—5 页。对埃尔达德的故事最广泛的研究参见 Epstein, *Kitve R. Avraham*, 1‐189.

[24] Morag, "Eldad Haddani's Hebrew," 244‐245.

[25] 众所周知，希木叶尔国王已经皈依了犹太教，但很难确定"皈依"是什么意思。关于希木叶尔的崛起，参见 Bāfaqīh, *L'unification du Yémen antique*, 12‐34, 其中有大量关于希木叶尔犹太国王的阿拉伯语、希腊语和叙利亚语资料。对希木叶尔犹太人最重要的研究参见 Israel Ben-Zeev, *Ta'rikh al-Yahud and ha-Yehudim ba-'Arav*.

[26] See, for example, Chaudhuri, *Trade and Civilisation*, 34‐62.

[27] Ben-Zeev, *ha-Yehudim ba-'Arav*, 55‐71.

[28] For an account of these events based on these sources, see Smith, "Events in Arabia." See also Moberg, *Book of the Himyarites*, cxxxvi-cxli.

[29] 关于故事讲述者卡布的研究，参见 Perlmann, "Another Ka'b al-Ahbār Story"; Halperin and Newby, "Two Castrated Bulls." 关于这个人的职业生涯的另一种解释，参见 Ben-Dor, "Response to Kanan Makiya." 顺便说一句，卡布在伊斯兰传统中也是一个存在争议的人物，也有可能不是。虽然大多数逊尼派学者认为他是一个可靠的权威，但也有一些人坚持认为他是一个冒充者和骗子。参见 McAuliffe, "Assessing the Isra'iliyyat."

[30] Ben-Zeev, *ha-Yehudim ba-'Arav*.

[31] 关于该书本身，参见 Khoury, "Geschichte oder Fiktion." 该书借鉴了许多早期的传统，其中许多是《圣经》的内容，并借鉴了卡布和瓦赫布之间的联系。

[32] "Nisba Wlad Ham," in Ibn Hisham et al., *Kitāb al-Tijān*, 25‐51. This section precedes the large chapter on the kings of

Himyar, which begins on p. 51.
- [33] Adler, *Jewish Travellers*, 10.
- [34] "Malik Saʻb Dhuʼl Qarnain," in Ibn Hisham et al., *Kitāb al-Tijān*, 81 - 93.
- [35] Gumilev coins this term in his study of the legendary Prester John. Gumilev, *Searches*, 4 - 6.
- [36] For an identification of some of the geographical names in Eldad's story, see Krauss, "New Light."
- [37] Adler, *Jewish Travellers*, 15.
- [38] 巴比伦学校负责人加翁是最后一批享有无可争议的权威拉比。他们至少从表面上是通过大量的问题和答疑来指导巴比伦的整个犹太世界，这被称为释疑解答文学。加翁的机构在11世纪崩溃了，但释疑解答仍然是犹太法律生活中最重要的组成部分。
- [39] Adler, *Jewish Travellers*, 15, 17.
- [40] 这一部分，后来因《埃尔达德·哈·但的仪式》被熟知，在1908年被马克斯·施洛斯辛格仔细研究过。参见Schloessinger, *Ritual of Eldad ha-Dani*, 9 - 104.
- [41] 事实上，基督徒在神学上对此的焦虑甚至更为强烈，因为正如我们在前一章看到的，耶稣确实命令使徒向"以色列迷失的羔羊"布道。
- [42] All citations (and a few more) are in Schloessinger, *Ritual of Eldad ha-Dani*, 1 - 2.
- [43] Mishnah, Sanhedrin, 7：3.
- [44] Adler, *Jewish Travellers*, 16, 17, 18.
- [45] See, for example, Kadir, *Columbus*, 187 - 192.
- [46] Adair, *History of the American Indians*, 61.
- [47] Williams, *Hebrewisms of West Africa*, 1 - 24.
- [48] Adler, *Jewish Travellers*, 18 - 19, 20 - 21.
- [49] Cited in Corinaldi's collection of legal rulings, *Yahadut Etiopia*, 118 (for Radbaz), 243 - 254 (for Yosef). A shorter version of

[50] See Kaplan, *Beta Israel*; Parfitt, *Operation Moses*.

[51] See Beckingham and Hamilton, *Prester John*; see also Silverberg, *Realm of Prester John*.

[52] Cited in Silverberg, *Realm of Prester John*, 7.

[53] Grant, *Nestorians*.

[54] Gumilev, *Searches*, 6-7.

[55] Bar-Ilan, "Prester John," 291.

[56] Ullendorff and Beckingham, *Hebrew Letters of Prester John*, 1.

[57] Cited in Neubauer, "Where Are the Ten Tribes?" III：186.

[58] 参见 Gow, *The Red Jews*, 33ff. 我无法对安德鲁·高详细讨论的这个故事的各种来源和接受的方式做出足够的公正评价。

[59] Cited in Corinaldi, *Jewish Identity*, 99. For a survey of the various letters of Prester John and their Hebrew translations, see ibid., 97-101.

[60] Ullendorff and Beckingham, *Hebrew Letters of Prester John*, 60.

[61] See, for one example, Adler, *Itinerary of Benjamin of Tudela*, 52-53.

[62] See, for one example, Adler, *Itinerary of Benjamin of Tudela*, 81-82.

[63] Ibid., 30, 31, 40-41.

[64] Ibid., 84.

[65] Adler, *Jewish Travellers*, 11.

[66] 阿德勒试图表明，便雅悯所说的古实实际上是在亚洲。他说，"应该记住，古犹太文学中的古实并不总是指埃塞俄比亚，也可能指阿拉伯的部分地区，特别是那些离埃塞俄比亚最近的地区"。然而，我认为，在这个特殊的情况下，便雅悯所说的古实确实是埃塞俄比亚。他的语言暗示要穿越沙漠，在其他地方两次将古实确定为"古实的土地，这是被称为哈巴斯（埃塞俄比亚）"。参见 Adler, *Itinerary of Benjamin of Tudela*, 96-97. 此外，在这种情况下，问题是"埃塞俄比亚"在哪

里，这也许是一个包括海峡对岸阿拉伯领土的大埃塞俄比亚。

[67] Adler, *Itinerary of Benjamin of Tudela*, 83–84.
[68] Ibid., 98n168.
[69] 同上，第70页。相比之下，在1948年，也门有55 000名犹太人，英国控制的亚丁港有8 000名犹太人。
[70] Ibid., 72.
[71] Whitlocke, *Annals of the Universe*, 135.
[72] See Scholem, *Sabbatai Sevi*, 332–353.
[73] Rodinson, *Muhammad*, 193.
[74] Ibid., 214. See also 249–254.
[75] Ibid., 249–254.
[76] Adler, *Itinerary of Benjamin of Tudela*, 1.
[77] Montano, *Itinerarium Beniamini Tudelensis*.
[78] Abulafia, "Seven Types of Ambiguity," 14.
[79] Khadduri, *War and Peace*, 253–257.
[80] For a brief and general summary of these events, see Jackson, "Mongol248s and Europe."
[81] Schmieder, "Christians, Jews, Muslims," 274–277.
[82] Cited in ibid., 280.
[83] Paris, *Matthew Paris's English History*, 313.
[84] Schmieder, "Christians, Jews, Muslims," 277.
[85] Higgins, "Defining the Earth's Center."
[86] Mandeville, *Mandeville's Travels*, 95.
[87] Ibid., 211.
[88] Ibid., 212.
[89] Ibid., 210.
[90] Idel, *Mystical Experience*, 2.
[91] For one account of the battle, see Smith, "Ayn Jalut." For updated research, see Amitai-Preiss, *Mamluk-Ilkhanid War*.
[92] Idel, *Messianic Mystics*, 58.
[93] Ibid., 63.

[94] Ibid.
[95] Ibid., 81-82.

第四章

[1] 大卫·卢温尼的日记名为《大卫·卢温尼的故事》，它以手稿的形式被保存在牛津大学的博德莱安图书馆。该文件于1940年由埃斯科利在巴勒斯坦编辑出版。埃斯科利在同一本书中发表了一系列相关的文献和研究，这些文献和研究也在这里使用。埃斯科利还添加了一篇关于大卫的长篇文章，其中的一部分以前是用英语发表的（参见 Aešcoly, "David Reubeni"）。莱亚·塞斯蒂耶里出版了一份意大利译本和一份学术版的手稿，并附有相关文献的附录（参见 Sestieri, *David Reubeni*）。1993年，该手稿1940年版的复制本出版，其中有两篇新的介绍性文章，涉及大卫的弥赛亚形象和埃利亚斯·利皮纳和摩西·伊德尔手稿的历史。

[2] 参见 "Lettera di Ser Maro Foscari *Orator* in corte," in Sestieri, *David Reubeni*, 203。有关大卫是否是一个冒牌货的争论的研究，集中在近代早期关于真理和权威问题的讨论中，参见 Eliav-Feldon, "Invented Identities."

[3] Aescoly et al., *Sipur David ha-Re'uveni*, 172.

[4] 原文如下：他说，只要有一艘穿过红海的葡萄牙船就可以轻而易举地完成这一任务……他将亲自率军出征，并庄严承诺：如果一切就绪（指得到他们所需要的武器），他们将在战争中战胜所有穆斯林，并征服麦加。参见 "Lettera di Ser Maro Foscari *Orator* in corte," in Sestieri, *David Reubeni*, 203.

[5] "Deposition fece Zuambatista Ramusio," in Aescoly et al., *Sipur David ha-Re'uveni*.

[6] Adler, *Itinerary of Benjamin of Tudela*, 71-72.

[7] 1559年，赖麦锡的《马可·波罗游记》才得以出版，但他早在几年前就有了手稿。参见 Jackson, "Marco Polo and His

'Travels.'"

[8] Marco Polo, *The Travels*, 87–107.
[9] See a summary in Eliav-Feldon, "Invented Identities," 206–209.
[10] Aescoly et al., *Sipur David ha-Re'uveni*, 1–26 (Hebrew pagination). See also, in the same volume, Aescoly, "David Reubeni," 38–39; and Eliav-Feldon, "Invented Identities," 210–211.
[11] "Deposition fece Zuambatista Ramusio," in Aescoly et al., *Sipur David haRe'uveni*, 189.
[12] 研究葡萄牙宗教裁判所的专家埃利亚斯·利皮纳出色地发现，大卫在1532年执行神圣罗马帝国皇帝卡尔五世的任务时被捕，1538年9月8日，他被移交给西班牙，并被烧死在列雷纳的火刑柱上。参见 Lipiner, "Iyunim be-Farashat David Reuveni u-Sholomo Molcho." in Aešcoly et al., *Sipur David ha-Re'uveni*, xlv–lxvi. 在同一篇文章中，利皮纳还调查了在这一发现之前关于大卫死亡的各种理论。
[13] 本杰明·甘佩尔在《一封信》中深入讨论了两者交流的大背景。甘佩尔将这个哈洛基与约书亚·本·约瑟夫·哈洛基联系在一起，后者在1410年代改宗，取名为赫罗尼莫·德圣菲，在犹太伊比利亚历史上被认为是一位令人敬畏的反犹太辩论家。他是教皇本笃十三世（1328—1423）的私人医生，也是臭名昭著的托尔托萨之争（1413—1414）的"英雄"。
[14] Lorki, *Igeret Yehosh'a a-Lorki*, 98.
[15] The full sentence runs as follows: "'adayin tihyeh kayemet u-shelema ve-davar ze lo yavi le-hulshat ha-bitahon." Lorki, *Igeret Yehosh'a a-Lorki*, 99.
[16] For a short discussion of the man and his writings, see Glatzer, "Pablo de Santa Maria."
[17] See Bodian, "Men of the Nation."
[18] For an account of the riots, see Wolff, "The 1391 Pogrom."
[19] Netanyahu, *Don Isaac Abravanel*, 207.

[20] Ibid., 230.
[21] For the numbers of converts and expelled, see Kamen, "The Mediterranean."
[22] Ibid., 33.
[23] Netanyahu, *Don Isaac Abravanel*, 230.
[24] 在《耶书奥特·米希奥》中，阿布拉瓦内尔用了整整一章的篇幅重申了十个部落没有消失，他们将履行回归的承诺，他努力解释拉比阿奇瓦的立场，即他们不会消失。
[25] Netanyahu, *Don Isaac Abravanel*, 231–232.
[26] Yerushalmi, "Messianic Impulses," 468.
[27] 埃斯科利提到了阿布拉瓦内尔预言弥赛亚将在三个不同的日期到来，这些时间与大卫到来的时间接近，因此被看作是弥赛亚救赎的回应，但完全忽略了阿布拉瓦内尔关于十个部落的高度相关的观点。参见 Aešcoly et al., *Sipur David ha-Re'uveni*, 155–156.
[28] 摩西·伊德尔在1993年版的导言中讨论了大卫的军事形象及其对哈伊姆·维塔尔的影响。参见 Idel, "Mavo." in Aešcoly et al., *Sipur David ha-Re'uveni*, xix–xliii.
[29] 这应该被称为"一个相互发现的时代"，参见 Northrup, "Vasco da Gama and Africa."
[30] See Beckingham, "Ethiopian Embassy to Europe"; "Achievements of Prester John."
[31] 参见 "Obadiah's Letter to His Father 1488." 阿德勒的翻译在参考了贝尔蒂诺罗原信的评论版后进行了修订，参见 Bertinoro, *Me-Italyah li-Yerushalayim*, 74.
[32] 参见 Adler, Jewish Travellers, 246–247. 版本的修改是建立在贝尔蒂诺罗原著的基础上，参见 Bertinoro, *Me-Italyah li-Yerushalayim*, 86.
[33] Neubauer, "Where Are the Ten Tribes?" III: 196–201.
[34] Kaplan, *Beta Israel*, 77–78.
[35] Ibid., 81–82.

- [36] Ibid., 80.
- [37] Ibid., 79.
- [38] Cassuto, "Mi haya David ha-Re'uveni," 342–346.
- [39] Shohat, "Le-Farashat David ha-Re'uveni," 109.
- [40] See Faroqhi, *Pilgrims and Sultans*.
- [41] 阿兹列尔·肖哈特略带犹豫地提到,"也门(大卫)可能已经了解到著名的葡萄牙水手阿尔布克尔克在16世纪第二个十年试图占领印度洋航线的情况"。参见 Shohat, "Le-Farashat David ha-Re'uveni," 109。
- [42] Hillelson, "David Reubeni's Route."
- [43] Spaulding, "The Nile," 132–133.
- [44] Aescoly et al., *Sipur David Ha-Re'uveni*, 172.
- [45] 主要句子如下:犹太人持续不断地从那个地方流散,不断远行流散让他们富有力量,通过流散使他们通晓一切。这封信的完整版内容参见 Balau and Sadoleto, *VII Clementis Monumenta Saeculi XVI*, 28.
- [46] For a concise biography, see Ames, *Vasco da Gama*.
- [47] "Charisimo in Christo filiio nostre David Alnazarani Abbassiae et Aethiopiae Regi illustri," in Aescoly et al., *Sipur David ha-Re'uveni*, 176–178.
- [48] Thornton, "The Portuguese in Africa," 138.
- [49] See Lucena, *The Obedience of a King of Portugal*.
- [50] 1486年还有一次失败的任务。参见 Russell-Wood, The Portuguese Empire, 12.
- [51] 贝金汉姆在《佩德罗·达·科维尔汉游记》一书中讨论了科维尔汉行程中的问题。科维尔汉这个名字出现在几个不同的版本中(有 Covilhã、Covilhão、Covilham 和许多其他版本)。我在这里引用的版本是1898年以来唯一一部完整的科维尔汉传记,参见 Ficalho, *Viagens de Pedro da Covilhan*. 当然,这个版本也是最容易读懂的版本。
- [52] 阿尔瓦雷斯的叙述有两个译本,"葡萄牙人佩德罗·达·科维尔汉如何在约翰长老的国家生存，他如何来到这里以及为何被派遣的"，详见阿尔瓦雷斯 1961 年出版的《印度的约翰长老》一书第 369—376 页。我在这里使用的是 1881 年更早、更完整的翻译：阿尔瓦雷斯的《葡萄牙大使馆的叙述》。阿尔瓦雷斯在多姆·罗德里戈·德利马大使的陪同下来到埃塞俄比亚，这位大使是在 1515 年被派往埃塞俄比亚的。

[53] Alvares, *Narrative of the Portuguese Embassy*, 178.

[54] For a fictional work on the man, see Brandão, *Pedro da Covilhan*.

[55] Ficalho, *Viagens de Pedro da Covilhan*, 58–59.

[56] Beckingham, "Travels of Pero da Covilha," 16.

[57] Ficalho, *Viagens de Pedro da Covilhan*, 180.

[58] Alvares, *Narrative of the Portuguese Embassy*, 178.

[59] Ibid., 304–307.

[60] Ibid., 104.

[61] Ibid., 350.

[62] Beckingham, "Some Early Travels in Arabia," 167.

[63] See Gaicıa-Arenal, *A Man of Three Worlds*.

[64] Eliav-Feldon, "Invented Identities."

[65] Rogers, *Quest for Eastern Christians*, 20–21.

[66] Russell-Wood, *The Portuguese Empire*, 21–21.

[67] Ibid., 13–14.

[68] Alvares, *Narrative of the Portuguese Embassy*, 171, 183, 239–240, 350–353, 390–393.

[69] 直到 1586 年它才被印刷出来，在托马斯·海德的拉丁文译本中也被称为《世界旅行记》。

[70] 参见 Farissol, *Igeret Orhot ' Olam*, 1. 我在这里使用的是威尼斯（1586）文本的第一版，以及 1691 年托马斯·海德的希伯来语和拉丁语双语版。参见 Hyde, *Igeret Orhot ' Olam, id est, Itinera Mundi, sic Dicta Nempe Cosmographia*, xx.

[71] Ruderman, *World of a Renaissance Jew*, 131–143.

[72] Raz-Krakotzkin, *The Censor*.
[73] Farissol, *Igeret Orhot 'Olam*, 2; Hyde, *Itinera mundi*, xx.
[74] Farissol, *Igeret Orhot 'Olam*, title page.
[75] Headley, "Sixteenth-Century Venetian Celebration."
[76] Ruderman, *World of a Renaissance Jew*, 136.
[77] Farissol, *Igeret Orhot 'Olam*, 15; Hyde, *Itinera Mundi*, 110.
[78] Farissol, *Igeret Orhot 'Olam*, 16; Hyde, *Itinera Mundi*, 115.
[79] Gans, *Sefer Tsemah David*, 48.
[80] Rossi, *Sefer Me'or 'Enayim*, 189–195.
[81] Gans, *Sefer Tsemah David*, 48–49. See also Neher, *Jewish Thought*, 145.
[82] Neher, *Jewish Thought*, 135–147.

第五章

[1] 或者1648年；日期尚不清楚。
[2] 关于葡萄牙/西班牙犹太人在近代早期大西洋世界中的历史，特别是他们与巴西和阿姆斯特丹的联系，参见 Israel, *The Dutch Republic*; and Israel, *Diasporas within a Diaspora*, 97–125.
[3] 关于故事在阿姆斯特丹出版的背景，参见 Méchoulan and Nahon, "Introduction," in Ben-Israel, *Hope of Israel* (1987), 1–97.
[4] 原文如下："我是来自利未部落的希伯来人，我的上帝是阿多奈（希伯来语，我的主），其他一切都是骗人的。"参见 Ben-Israel, *Origen de los Americanos*, 4. 这本书于1650年以西班牙语、拉丁语和希伯来语出版。那年它也被翻译成了英语。在这里，我使用的是该书的西班牙语版本。
[5] Ben-Israel, *Origen de los Americanos*, 9.
[6] Ibid., 10–12.
[7] Hamilton, *Apocryphal Apocalypse*, 31–65.

[8]　Ibid., 216.

[9]　For an overview, see Kamen, *Spain's Road to Empire*, 3 - 150.

[10]　See Greenblatt, *Marvelous Possessions*; and Ryan, "Assimilating New Worlds."

[11]　有关拉丁美洲殖民时期天主教会的历史, 参见 Greenleaf, *Roman Catholic Church*. See also Gonzàlez and Gonzàlez, *Christianity in Latin America*.

[12]　参见 Romm, "Biblical History and the Americas." 有关所有探索的综合研究, 参见 Silverberg, *Golden Dream*.

[13]　Raleigh, *Discovery of the Large . . . Empire*.

[14]　关于庞塞·德莱昂的简短描述, 参见 Fernández-Armesto, *Pathfinders*, 193 - 194. 关于德奥雷利亚纳的描述, 参见 Smith, *Explorers of the Amazon*, 39 - 89; and Silverberg, *Golden Dream*, 144 - 157.

[15]　Pagden, *Peoples and Empires*, 115 - 116.

[16]　Cited in Kadir, *Columbus*, 146.

[17]　Columbus, *Book of Prophecies*, 270 - 277.

[18]　Delaney, "Columbus's Ultimate Goal," 271.

[19]　Ibid., 287.

[20]　Rusconi, "Introduction," in Columbus, *Book of Prophecies*, 7.

[21]　Watts, "Prophecy and Discovery," 94.

[22]　Ibid., 102.

[23]　Yeager, "Siege of Jerusalem," 92 and n. 45.

[24]　Columbus, *Book of Prophecies*, 336 - 347; Isaiah 11 is quoted on 339. See the scholarly editor's comment on this issue on 27 - 28.

[25]　Kadir, *Columbus*, 137 and throughout.

[26]　Hamilton, *Apocryphal Apocalypse*, 28 - 30.

[27]　Kadir, *Columbus*, 140.

[28]　Ibid., 142.

[29]　Ibid., 179 - 192.

[30]　Columbus, *Select Letters*, 143, 163. See also Kadir, *Columbus*,

141.
- [31] Vespucci, *Mundus Novus*.
- [32] 参见 Columbus, *Select Letters*, 106, 108, 130. 弗林特认为,这十个部落是哥伦布"富有想象力的风景"的一部分,他们来自"东方的尽头",是哥伦布继承的中世纪遗产的一部分。这是有道理的,但在他的著作中并没有具体的证据。参见 Flint, *Imaginative Landscape*, 12 - 14.
- [33] Parfitt, *Lost Tribes of Israel*, 91 - 114.
- [34] Greenblatt, *Marvelous Possessions*, 12 - 13.
- [35] 引自佩恩1682年的日记,参见威姆斯《威廉·佩恩的生活》第174页。关于犹太印第安人理论,参见 Popkin, "Rise and Fall"; Sanders, *Lost Tribes*. 关于这一理论的政治方面的精彩讨论,参见 Katz, "Israel in America."
- [36] Popkin, "Rise and Fall," 64.
- [37] Seed, "Are These Not Also Men?"
- [38] See, for example, Livingstone, *Preadamite Theory*.
- [39] 参见 Muster, "Asia wie es jetziger zeit nach den furnemsten Herrschaften beschriben ist" (Basel, 1550). 这张地图后来也被再版了几次。
- [40] For a study of the cosmography, see McLean, *Cosmographia of Sebastian Münster*.
- [41] 参见 Raz-Krakotzkin, *The Censor*, 23. 关于基督教希伯来主义,参见 Rosenthal, "The Rise of Christian Hebraism"; 有关最近的研究,参见 Coudert and Shoulson, *Hebraica Veitas*?
- [42] McLean, *Cosmographia of Sebastian Münster*, 21.
- [43] Cosgrove, *Apollo's Eye*, 114.
- [44] Short, *Making Space*, 36.
- [45] Ibid., 54.
- [46] Trakulhun, "Widening of the World," 394.
- [47] Short, *Making Space*, 54.
- [48] Davidson, *The Idea of North*.

[49] 引自安德鲁·高的《红色犹太人》第 172 页。洪第厄斯的亚洲地图并不包括阿扎罗兹，他认为北方存在一定的不确定性。

[50] 参见 Anderson, *Alexander's Gate*, 101-104。它提出了一个我没有明确答案的问题，那就是为什么十个部落没有出现在麦卡托的地图中，而歌革和玛各也没有出现在奥特柳斯的《寰宇全图》中。这也许说明这两个传说并没有出现在同一幅地图上。

[51] King, *The Black Sea*, 26-29, 44-46.

[52] Ibid., 34-35.

[53] Ibid., 26.

[54] For the fabulous qualities of the north, see Davidson, *The Idea of North*, 33-34, 50-67.

[55] Johnson, "The Scythian," 250.

[56] King, *The Black Sea*, 34-36.

[57] Demaitre and Demaitre, "The Five Avatars," 315-316.

[58] Gow, *The Red Jews*, 141-157.

[59] Bouwsma, *John Calvin*, 12. See also McLean, *Cosmographia of Sebastian Münster*, 32-34. On Calvin's Basel years, see also 12-22.

[60] Cited in Boer, *John Calvin*, 190-191.

[61] Short, *Making Space*, 56.

[62] For a comparison of Münster and Ortelius and their works, see ibid., 76-79.

[63] Cosgrove, *Apollo's Eye*, 130.

[64] 有些故事与十个部落无关。我在这里只讲与它们有关的内容。

[65] 关于印度北部的嚈哒人，参见 Biswas, *Political History*。大量关于他们的中国资料收藏于余太山《嚈哒史研究》。拜占庭的资料，参见 Saint-Martin, *Les Huns Blancs*.

[66] 虽然我承认并未找到 16 世纪的资料来源，但这种差异似乎很常见。例如，吉本在 18 世纪把他们称为"尼普泰族"。参见 Gibbon *Decline and Fall*, 203. 奥特柳斯很可能是第一个创造

"尼普泰族"这个术语的人。戈德比一直敌视"犹太谎言"和任何将十个部落的故事建立在真实实体上的企图,他抱怨说,"犹太地理学家艾布拉姆·奥尔泰利"依赖于"词源虚构"。参见 Godbey, *Lost Tribes a Myth*, 381.

[67] Melion, "Ad Ductum Itineris."

[68] Montano, *Itinerarium Beniamini Tudelensis*.

[69] 读者可以在地图上看到原文,是这样写的:《以斯得拉书》,阿扎罗兹。在这里,十个部落撤退,并从鞑靼地区移居到斯基泰地区。从那时起,他们被称为戈泰,并获得了主给予他们的最高荣誉。参见 Ortelius, *Theatrum Orbis Terrarum*, map opposite, 105。这篇文章的翻译摘自布罗克的《奥特柳斯地图集》第163页。

[70] Nuti, "The World Map," 44.

[71] 参见 Harris, "Religion Position of Abraham Ortelius," 102。哈里斯表示,奥特柳斯对包含或传达他个人可能并不赞同的观点持相当开放的态度。

[72] Harris, "Religious Position of Abraham Ortelius," 137.

[73] Ruland, "Survey of the Double-Page Maps," 85; Cosgrove, *Apollo's Eye*, 130.

[74] Harris, "Religious Position of Abraham Ortelius," 89.

[75] Petry, *Gender, Kabbalah, and the Reformation*, 1.

[76] Wanley, *Wonders of the Little World*, 134.

[77] 参见 Eco, *Foucault's Pendulum*, 457. See also 417–420。埃科的另一部小说《波多里诺》中有桑巴提安这个角色。

[78] Cited in Secret, *Postel Revisité*, 181n1.

[79] Kuntz, *Guillaume Postel*, ix.

[80] Bouwsma, *Concordia Mundi*, 298.

[81] Dubois, *Mythologie des Origines*.

[82] On Postel's concept of history, see Bouwsma, *Concordia Mundi*, 251–292.

[83] Kuntz, *Guillaume Postel*, 146.

[84] Secret, *Postel Revisité*, 177–178.

[85] 波斯特尔："令人钦佩的犹太人分为了十个支派,在土耳其人的治下,以色列人的力量退缩回他们历史之初的状态。"波斯特尔这篇未发表的文章每页的提要都在塞克雷的《书目》第116—117页。波斯特尔后来又回到了鞑靼人、土耳其人和阿拉伯人的起源问题上。

[86] Postel wrote this in his *De la Repvblique des Turcs*. Secret, *Postel Revisité*, 178.

[87] 参见 Secret, *Postel Revisité*, 181; Davidson, *The Idea of North*, 34. 关于作为地理学家和地图学家的波斯特尔,参见 Destombes, "Guillaume Postel, Cartographe."

[88] Cited in Bouwsma, *Concordia Mundi*, 58.

[89] 可见这首歌和女先知黛博拉在《士师记》第5章中演唱的那首歌之间的联系。

[90] 波斯特尔非常熟悉《佐哈尔》,并将其用于各种目的,尤其是确立自己的救世主和先知的愿望。参见 Petry, *Gender, Kabbalah, and the Reformation*, 31–45, 71–93.

[91] Cited in Secret, *Postel Revisité*, 179.

[92] Génebrard, *Chronographiae libri quatour*, 158–159.

[93] 关于加那利群岛在全球范围内重要性的简要分析和描述,参见 Fernández-Armesto, *Pathfinders*, 126, 128–129, 164–168.

[94] Abreu de Galindo, *Historia de la Conquista*, 24–25.

[95] Ibid., 26.

[96] Viera y Clavijo, *Noticias de la historia*, 120–121.

[97] Abreu de Galindo, *Historia de la Conquista*, 26–27.

[98] Ibid., 27–29.

[99] 关于15世纪的基督徒、皈依者和犹太人,见尼伦伯格的《敌意与同化》。

[100] Gitlitz, "Hybrid Conversos," 1–2.

[101] Silverblatt, *Modern Inquisitions*, 151.

[102] 理查德·波普金评论说,"犹太印第安人理论的兴衰是宗教和科学在解释世界中角色变化的衡量标准",这意味着随着科学对印第安人的起源产生了更令人信服的证据,以及随着经文的约束力减弱,犹太印第安人理论被遗弃了(参见 Popkin, "Rise and Fall," 81 - 82)。更确切地说,我们看到的是科学是如何在关于十个部落的讨论中为《圣经》服务的。当涉及证明或反驳关于十个部落的某些理论时,"科学"论证变得越来越重要。

[103] See, in this context, Pagden, *Fall of Natural Man*, 1 - 56.
[104] Hamilton, *Apocryphal Apocalypse*, 209 - 211.
[105] Durán, *Historia de las Indias*.
[106] For details of Durán's life, see the introduction to *Historia de las Indias* by Ramírez, iii-xvi. See also Kadir, *Columbus*, 180.
[107] Durán, *Historia de las Indias*, 3.
[108] Durán, *Historia de las Indias*, 1 - 6.
[109] Kadir, *Columbus*, 180 - 181.
[110] On Montesinos and las Casas, see Vickery, *Bartolomé de Las Casas*, 44 - 49. A different approach to las Casas is Castro, *Another Face of Empire*, 54 - 62.
[111] Ben-Israel, *Orígen de los Americanos*, 15 - 16.
[112] Plato, *Timaeus*, 75.
[113] Cook, "Ancient Wisdom."
[114] For a summary of the Atlantic theory, see Wauchope, *Lost Tribes*, 28 - 49.
[115] 参见 Acosta, *Historia Natural y Moral*, 70。虽然我做了一些重大的修订,在这里还是参考了曼根等人的翻译。参见 Acosta, *Natural and Moral History*, 69。
[116] Brading, *First America*, 185.
[117] Acosta, *Natural and Moral History*, 33 - 38.
[118] Acosta, *Historia Natural y Moral*, 68 - 69; Acosta, *Natural*

and Moral History, 67-68.

[119] 原文如下："是的……在所有的亚洲、非洲和欧洲国家，甚至在新世界……没有一个国家的人民使用过 T. L. 这个墨西哥字母组合。"参见 García, Origen de los Indios, 144.

[120] Humboldt, Personal Narrative of Travels, 325.

[121] Wauchope, Lost Tribes, 7-27.

[122] García, Origen de los Indios, 100-112.

[123] See Moreno, Fray Juan de Torquemada.

[124] García, Origen de los Indios, 121. Cf. Brading, First America, 198.

[125] García, Origen de los Indios, 35.

[126] Nordenskjöld, "The Influence of the 'Travels of Marco Polo.'"

[127] Owens, "Myth of Anian."

[128] 马尔多纳多的信中有海峡的图画，可以在巴罗的《航海年代史》第 2 页、第 24—45 页中找到。

[129] Ben-Israel, Orígen de los Americanos, 120.

[130] García, Origen de los Indios, 185.

[131] 参见 Rocha, Tratado, 1：xi. 罗查还出版了一本关于 1680—1681 年大彗星（基尔赫彗星）的书。参见 Johnson, "Periwigged Heralds"；关于罗查的出身、理论和资料的讨论，参见 Franch, "Introduccion," El origien de los indios, 1-37。

[132] Rocha, Tratado, 1：xii.

[133] Ibid., 2：41-42.

[134] Ibid., 2：41-78.

[135] 原文如下："这是托尔特克人，他们是十个部落的主要分支，他们中的许多人来自阿扎罗兹，穿过亚泥俺王国和同名的海峡。"同上，1：80—81。

第六章

[1] See Goldman, Hebrew and the Bible, 15-23; Goldman, God's

Sacred Tongue, 61 – 101.

[2] Heylyn, *Cosmographie*, 8, 655 – 715; See also Heylyn, *Microcosmus*.

[3] Bar-Yosef, *Holy Land*.

[4] 有关那个时期英文《圣经》的历史，参见 Nicolson, *God's Secretaries*。关于当时英国的《圣经》和政治思想，参见 Hill, *the English Bible*, 3 – 78。

[5] Hill, *The English Bible*, 49.

[6] Defoe, *Jure Divino*, 5: 20 – 21.

[7] Great Britain, Parliament, House of Commons, *History and Proceedings*, 155.

[8] 参见 Hutton, *Charles the Second*. 关于整个时期的政治危机，参见 Harris, *Revolution*.

[9] Peyton, *Divine Catastrophe*, 37 – 38.

[10] *A Collection of State Tracts*, 1: 491.

[11] Ridpath, *Parliamentary Right Maintain'd*, 8, 18 – 19.

[12] Ridpath, ibid, 19. See also Acherley, *Britannic Constitution*, 15.

[13] Thom, *Revolt of the Ten Tribes*, 44.

[14] 参见 Erskine, *Equity and Wisdom*, 9 – 10. 很明显，这与苏格兰启蒙运动之间存在着某种联系，而这种联系仍有待探索。

[15] *Fall of Britain* 9 (January 4, 1777): 52 – 53.

[16] Keteltas, *God Arising and Pleading*, 12.

[17] American Anti-Slavery Society, *Quarterly Anti-Slavery Magazine* 2 (Jan. 1836): 122.

[18] Harper, *The Pro-Slavery Argument*, 295. See also Lowance, *A House Divided*, 83.

[19] Junkin, *Political Fallacies*, 223 – 228.

[20] Aughey, *Iron Furnace*, 35 – 36.

[21] Defoe, *Danger of the Protestant Religion*, 8.

[22] On Basnage and Jewish history, see Elukin, "Jacques Basnage."

[23] Basnage, *History of the Jews*, 66.

[24] Ibid., 161.

[25] 参见 Hamilton, *Apocryphal Apocalypse*, 11-12, 204-248; Gow, *The Red Jews*, 130-176. 对十个部落和千禧年主义最详细的调查，参见 Parfitt, *Lost Tribes of Israel*, 66-90.

[26] 参见 Hill, "Till the Conversion of the Jews," 13. See also Matar, "George Herbert, Henry Vaughan"; 有关当时犹太-基督教关系和弥赛亚主义的一般性讨论，参见 Popkin, "Jewish-Christian Relations"; 关于犹太人在世界末日思想中的不同角色，参见 Williamson, "Jewish Dimension."

[27] Scholem, *Sabbatai Sevi*, 289-290.

[28] On Serrarius during Sabbatai Zvi's times, see Goldish, *Sabbatean Prophets*, 150-153, 155.

[29] Roth, *A Life*, 186.

[30] Richard Cogley has examined most aspects of the English debate about the ten tribes.
Cogely, "Some Other Kinde of Being."

[31] 关于本·以色列和欧洲各类著名的基督教学者，参见 Roth, *A Life*, 140-175.

[32] Wall, "Amsterdam Millenarian Petrus Serrarius," 76.

[33] 参见 Roth, *A Life*, 181-184. 关于本·以色列与基督教千禧年派之间对话的详细描述，参见 Wall, "Amsterdam Millenarian Petrus Serrarius." See also Katz, "Menasseh ben Israel's Christian Connection."

[34] Cogley, "Ancestry," 1-4.

[35] Thorowgood, *Iewes in America*, 93.

[36] Cogley, "Some Other Kinde of Being," 35-55. On Eliot, see Cogley, *John Eliot's Mission*.

[37] Cogely, "Ancestry," 329-330.

[38] Thorowgood, *Iewes in America*, 25. Cited also in Cogely, "Ancestry," 330.

[39] See, for example, Katz, "Israel in America."
[40] Witsius, *Dekaphylon*, 322–330.
[41] Simon, Hope of Israel, 318.
[42] 有关克伦威尔之行的简要介绍和相关文件集，参见 Wolf, *Menasseh Ben Israel's Mission*. See also Roth, *A Life*, 225–273. 关于犹太人在英格兰的定居，参见 Katz, *Philo-Semitism*.
[43] On Vieira and Ben-Israel, see Méchoulan, "Menasseh Ben Israel"; Wall, "Amsterdam Millenarian Petrus Serrarius."
[44] See Popkin, *Isaac La Peyrère*, 94–115.
[45] Wall, "Amsterdam Millenarian Petrus Serrarius," 190.
[46] Ben-Israel, *Conciliator*.
[47] 关于本·以色列的朋友、《和解者》的译者之父福修斯和他的和平主义，参见 Rademaker, *Life and Work*.
[48] Ben-Israel, *Hope of Israel* (1650), A5.
[49] Ben-Israel, "To the Courteous Reader," *Hope of Israel* (1650), A12.
[50] See the complete list in Ben-Israel, *Orı́gen de los Americanos*, xxxxix-liii; and in the English version of *Hope of Israel*, 1–3. On Dei Rossi and ha-Kohen, see Yerushalmi, *Zakhor*, 53–76.
[51] Ben-Israel, "To the Courteous Reader," *Hope of Israel* (1650), A12.
[52] Ben-Israel, *Hope of Israel* (1650), 40.
[53] Ibid., 21.
[54] Ibid., 36.
[55] Ibid., 41.
[56] I borrow the term "irenicon" from Adam Nicolson's *God's Secretaries*, 66.
[57] Ben-Israel, *Hope of Israel* (1650), 83–84.
[58] Thorowgood et al., *Digitus Dei*, title page.
[59] David Katz exposes this best. See Katz, "Israel in America."

[60] Kidd, *Forging of Races*, 61–63.

[61] Crawford, *An Essay*, 3.

[62] 这首歌被印在弗吉尼亚州里士满三一教堂的传单上，并在1832年7月1日被唱成"东方之星的旋律"。关于利弗莫尔，参见 Brekus, "Harriet Livemore."

[63] Popkin, "Rise and Fall."

[64] See Silverberg, *Mound Builders*.

[65] Boudinot, *Star in the West*, 29–30.

[66] Ibid., 117.

[67] Simon, *Ten Tribes of Israel*.

[68] 参见 Urban, *Gentleman's Magazine*, 537–538. 本期特刊出版于1837年2月。关于金斯堡对十个部落的搜寻，参见 Wauchope, *Lost Tribes*, 50–69; Goodkind, "Lord Kingsborough."

[69] Kingsborough, *Antiquities*, 25–26.

[70] Simon, *Ten Tribes of Israel*, 366–367.

[71] 参见 Smith, *View of the Hebrews*. 关于拉菲内克，参见 Warren, *Constantine Samuel Rafinesque*。有关他对其全球旅行的描述，参见 Rafinesque, *A Life of Travels*.

[72] Rafinesque, "The American Nations."

[73] For a relevant evaluation of Mormonism, see Kidd, *Forging of Races*, 226–237.

[74] Ibid., 228.

[75] Cited in Brough, *Lost Tribes*, 65. On Pratt, see England, *Life and Thought*.

[76] Cited in Brough, *Lost Tribes*, 50.

[77] 最近的一个例子是澳大利亚遗传学家西蒙·索瑟顿，他是一名活跃了30年的摩门教徒。这一次，索瑟顿以DNA为证据，对神圣的摩门教经文进行了细致的批判，反驳摩门教中心移至美国的说法。到目前为止，他的主张似乎没有伤害到摩门教。参见 Southerton, *Losing a Lost Tribe*.

[78] See Olive, *The Lost Tribes*.
[79] Brothers, *Revealed Knowledge*; Bar-Yosef, *Holy Land*, 51 - 60; Roth, *Nephew of the Almighty*.
[80] See, for example, Festinger, *When Prophecy Fails*.
[81] On Anglo-Israelism and race, see Kidd, *Forging of Races*, 203 - 218; Reisenauer, "British-Israel."
[82] Baron, *History of the Ten "Lost" Tribes*, 7.
[83] Bar-Yosef, *Holy Land*, 54 - 55.
[84] Bar-Yosef, *Holy Land*, 45.
[85] 同上，第182—246页。考虑到盎格鲁-以色列主义文学的庞大体量，我只关注那些与十个遗失部落的重要性直接相关的讨论。
[86] 参见Brothers, "Farther Elucidation," 23. 但重要的是要记住，关于英国是"被选中的国家"的思想在17世纪就已经流行。参见Hill, *English Bible*, 264 - 270.
[87] Brothers, "Farther Elucidation," 24.
[88] Ibid., 26.
[89] Brothers, *Revealed Knowledge*, 48.
[90] Basnage, *History of the Jews*, vi.
[91] See Fletcher, *Of the Rus Commonwealth*. See also Cogely, "Some Other Kinde of Being."
[92] See the detailed history of this treatise in Cogley, "Most Vile and Barbarous Nation."
[93] Fletcher, "The Tartars," in Fletcher and Lee, *Israel Redux*, 2 - 3.
[94] Cogley, "Most Vile and Barbarous Nation," 807.
[95] Farley, *Scandinavian Influences*, 5.
[96] Hultkrantz, "Swedish Research." See also Rudbeck, *Book of Birds*.
[97] Ekman, "Gothic Patriotism," 57.
[98] Kidd, *Forging of Races*, 172.

[99] Olender, *Languages of Paradise*, 1-6.

[100] On Rudbeck Sr., see King, *Finding Atlantis*, 4.

[101] 关于老鲁德贝克和克里斯蒂娜，同上书，第12—13页，第20—21页；关于本·以色列和克里斯蒂娜，参见 Katz, "Menasheh ben Israel's Mission"；关于这位女王，参见 Buckley, *Christina*.

[102] Olender, *Languages of Paradise*, 2.

[103] Ekman, "Gothic Patriotism," 60-62.

[104] Rudbeck, *Specimen Usus Linguae Gothicae*, 83.

[105] Ibid., 83-84.

[106] Rudbeck, "Of the Origin of the Estonians, Finns, and Laplanders."

[107] Pringle, *Master Plan*.

[108] Oxonian, *Israel's Wanderings*, 3.

[109] Burr, *Anglo-Saxon Riddle*.

[110] Baron, *History of the Ten "Lost" Tribes*, 9. For an example, see Pritchett, *Enduring Empire of the British*.

[111] Hine, *Seventeen Positive Identifications*; Hine, *The English Nation Identified*; Hine, *Forty-Seven Identifications of the British Nation*.

[112] Poole, *Anglo-Israel* (1879); and Poole, *Anglo-Israel* (1889).

[113] Hine, "Preface to the New Edition," *Forty-Seven Identifications* (1878), iii.

[114] Whale, "Art of Conversation," 7.

[115] Carpenter, *Biblical Companion*.

[116] 参见 Carpenter, *Israelites Found*, 28。一个多世纪后，E. 雷蒙德·卡普特做了同类型的学术研究，他的研究基于亚述石碑。参见 Capt, *Missing Links Discovered*。

[117] 参见 Hine, *Forty-Seven Identifications* (1871), 10-11。卡彭特在《以色列人的发现》中发现了一个更具地理信息的论点，详见第40—44页。

- [118] Oxonian, *Israel's Wanderings*, 4-5.
- [119] See Olender, *Languages of Paradise*.
- [120] Oxonian, *Israel's Wanderings*, 9-24.
- [121] Ibid., 45.
- [122] Ibid., 4.
- [123] Wild, *Lost Ten Tribes*, xv.
- [124] Oxonian, *Israel's Wanderings*, 130.
- [125] 参见 Mackendrick, *Destiny of America*; Rutherford, *Anglo-Saxon Israel*. 试图在英格兰和苏格兰之间复制同样关系的内容，参见 Grimaldi, *Manaseeh in Scotland*。
- [126] Collins, "*Lost*" *Ten Tribes of Israel*.

结论

- [1] On that globality, see Nussbaum, *Global Eighteenth Century*, 1-20.
- [2] Ortelius, *An Epitome of Ortelius*.
- [3] Urban, *Gentleman's Magazine*, 671-675.
- [4] See the impressive list of their subscribers in Churchill, *Collection of Voyages*, 4-7.
- [5] 这与乔丹诺·布鲁诺（1548—1600）和巴鲁赫·斯宾诺莎（1632—1677）发展的内在哲学的兴起相似。
- [6] Milton, *Paradise Regained*, in *Poetical Works*, 610.
- [7] 佩德罗·洛扎诺（1697—1752）总结了18世纪早期的这些观点。参见 Lozano, *Historia de la Conquista*, 363-377. 关于西班牙所有的观点，参见 *Isagoge Histórico Apologético*, 16-20, 59-154; Medina, *Los Aborígenes de Chile*, 65-66; Prince, *Origen de los Indios*, 79, 114-115, 136-138.
- [8] Ballantyne, "Empire," 122-123.
- [9] Beasley, *Empire*, 136.
- [10] Heber and Heber, *Life of Reginald Heber*, 112.

[11]　伦敦犹太人基督教促进协会,"摘自伦敦犹太人基督教促进协会委员会布坎南博士关于东方犹太人境况的演讲"。关于布坎南的调查,见第144—152页。

[12]　Pakenham, *Scramble for Africa*, xxii.

[13]　On search activity in India and Indochina, see Parfitt, *Lost Tribes of Israel*, 115‑148.

[14]　Purchas, *Purchas His Pilgrimes* (1625), 1204.

[15]　Raleigh, *Works of Sir Walter Raleigh*, 216‑270, 290‑365.

[16]　Purchas, *Pvrchas his pilgrimage* (1613), 336.

[17]　参见 Purchas, *Purchas His Pilgrimes* (1625), 120‑122. 某些感兴趣的读者认为乔瓦尼·博特罗(1544—1617)的观点完全自相矛盾。乔瓦尼是一位意大利政治思想家,他认为在亚泥俺海峡附近的"鞑靼部落","来自以色列的十个部落"。参见 Botero, *Relations of the Most Famous Kingdomes*, 505.

[18]　Purchas, *Purchas His Pilgrimage* (1626), 559‑562.

[19]　Montano, *Itinerarium Beniamini Tudelensis*; Hyde, *Igeret Orhot 'Olam, id est, Itinera Mundi*.

[20]　Churchill, *Collection of Voyages*, 81.

[21]　Lockman, *Travels of the Jesuits*, 28‑34.

[22]　参见 Rennell, *Geography System of Herodotus*, 1: 512‑535. 伦内尔的处理方法是独特的,他将逻辑与《圣经》、古代和现代地理学结合起来,表明这十个部落依次以小团体的形式流放,并被亚洲众多民族同化。

[23]　该书由纽鲍尔于19世纪首次出版。我在这里使用的是令人钦佩的大卫·麦基尔的双语注释版《桑巴提安》。

[24]　1690年,拉克鲁瓦出版了他的《学习世界地理的新方法》,科尔内耶在1708年出版了他的《世界词典》。详见 Malkiel, "The Sambatyon," 176nn70‑72. 大约在兰普龙蒂的同一时期,伟大的法国哲学家德尼·狄德罗(1713—1784)在他著名的《百科全书》中收录了一篇关于桑巴提安的简短文章。在这篇文章中,狄德罗简洁地写道,"桑巴提安河"是"一些

作者声称存在于巴勒斯坦的一条河流"。很明显，狄德罗没有参考兰普龙蒂或其他消息来源。他只提到约瑟夫斯、普林尼和多姆·奥古斯丁·卡尔梅特的《天主教百科全书》。参见 Diderot, "Sabatique, Le Flueve."

[25] 这与鲁德尔曼对兰普龙蒂的讨论相一致；他指出，当科学与《塔木德》相矛盾，兰普龙蒂会毫不犹豫地认为犹太律法应当服从于当代科学。Ruderman, *Jewish Thought*, 256-272.

[26] Malkiel, "The Sambatyon," 171.

[27] 原文如下：然而，如果说上述十个部落如何能在两位最伟大的地理学家的视野中隐藏起来似乎很奇怪的话，请参考一下，位于西班牙中部莱昂王国的萨拉马卡和普拉森舍之间的拉斯巴图埃克地区，隐藏了将近9个世纪，直到腓力二世时期。(参见 Malkiel, "The Sambatyon," 170。)

[28] Münchhausen, *Münchhausen at the Pole*, 84.

[29] Southey, *Letters from England*, 145.

[30] Southey, *Selections*, 3：264.

[31] *Blackbeard*, 148.

[32] 最早的例子是文森特·勒布朗的《世界调查》第360—361页。另一个是苏格兰内科医生约翰·贝尔（1691—1780）广受欢迎的《游记》。

[33] Benjamin ben Jonah, *Travels of Rabbi Benjamin*.

[34] Pinkerton, *General Collection*, 7：4-24.

[35] Livingstone, *Narrative of an Expedition*, 84.

[36] Livingstone, *Zambezi Expedition*, 136.

[37] Cited in Newman, *Imperial Footprints*, 84.

[38] 阿罗宁的《遗失的部落》出版于1924年。参阅当代虚构冒险书籍的简介。

[39] Anderson, *Historical Account*, 196.

[40] 沃尔夫的热情很有感染力。美国传教士哈丽雅特·利弗莫尔在读了沃尔夫的一篇布道词后加入了这一事业。参见 Hoxie, "Harriet Livermore," 44.

[41] 沃尔夫最好的传记可能是帕尔默的《约瑟夫·沃尔夫》。另见沃尔夫的自传《传教士日记》第 5—52 页。

[42] 最好的例证是戈德比对沃尔夫的描述：《遗失的部落：一个神话》第 16—20 页。

[43] Wolff, *Researches*, 13.

[44] Ibid., 138

[45] Wolff, *Narrative*, 55.

[46] Hopkirk, *Great Game*, 121 - 291.

[47] 参见 Wolff, Travels, 330。这个场景在很多地方都有讲述，参见 Ripley and Dana, *Universal Library*, 516.

[48] Samuel, *Remnant Found*, 107.

[49] Ibid., 15 - 25.

[50] Haga, *Sefer Ha-Berit Ha-Hadash*.

[51] See Cohen, *History in Three Keys*; also Esherick, *Origins of the Boxer Uprising*.

[52] Haga, *Sefer Ha-Berit Ha-Hadash*, 17 - 18.

[53] Morgenstern, *Hastening Redemption*, 77 - 110.

[54] On the Taiping Rebellion, see Spence, *God's Chinese Son*.

[55] Haga, *Sefer Ha-Berit Ha-Hadash*, 10 - 11.

[56] Ibid., 17.

[57] Ibid., jacket copy.

[58] Ramaswamy, *Lost Land of Lemuria*, 1.

[59] See Parfitt and Trevisan Semi, *Judaising Movements*; Parfitt, *Operation Moses*; Parfitt, *Lost Tribes of Israel*.

[60] Trevisan Semi, *Jacques Faitlovitch*, 11.

[61] Ibid., particularly 1 - 46.

[62] Kasdoi, *Shivtei Yaakov*, 1 - 45.

[63] Ibid., 184.

[64] For an English version of his work, see Ben-Zvi, *The Exiled and the Redeemed*.

[65] Aescoly et al., *Yisrael*.

[66] On Aescoly in this regard, see Gries, "Messiah Scribe."
[67] 早在 1934 年，费特洛维奇就已经呼吁一些犹太复国主义运动的领导人将埃塞俄比亚人纳入犹太复国主义计划，这个建议当时被拒绝了，因为"埃塞俄比亚人是在公元前 6 世纪皈依犹太教的古实人（黑人）"。
[68] Emanuel, *Sefer Mewaser Weomer*, 1-9 (English section).
[69] Emanuel, "Introduction," in ibid., n. p.
[70] Hurwitz, *Sefer Kol Mevaser*.
[71] Emanuel, *Sefer Mewaser Weomer*, 6 (Hebrew section).
[72] Cited in Hurwitz, *Sefer Kol Mevaser*, 1.
[73] 移民、吸收和散居侨民委员会，以色列议会，第 36 号草案，2000 年 1 月 11 日。
[74] Halkin, *Across the Sabbath River*.
[75] 关于阿维查尔的旅行，参见 *Lost Tribes in Assyria*；Avichail, *Shivte Yisrael*；Avichail, *The Tribes of Israel*。关于印度的梅纳什部落，参见 Avichail, *Shinlung fate—Shevet Menashe*。关于库克拉比的描述，参见 Avichail, *Avne Derekh*。
[76] Vail, *Me-'Ever La-Sambatyon*；Weil, "Lost Israelites."
[77] Hason, "Shevet Avud."
[78] Livneh, "Coming Home."
[79] Ringelblum, *Ksovim fun geto*, 44.

参考文献

Abreu de Galindo, Juan de. *Historia de la Conquista de Las Siete Islas de Canaria*. Santa Cruz de Tenerife, Spain: Goya, 1977.

Abulafia, David. "Seven Types of Ambiguity, ca. 1100 – 1500," in *Medieval Frontiers: Concepts and Practices*, ed. David Abulafia and Nora Berend, 1 – 33. Aldershot, Hants, England: Ashgate, 2002.

Acherley, Roger. *The Britannic Constitution; or, The Fundamental Form of Government in Britain. Demonstrating, the Original Contract Entred into by King and People, According to the Primary Institutions Thereof, in This Nation. Wherein Is Proved, That the Placing on the Throne King William III. Was the Natural Fruit and Effect of the Original Constitution. And, That the Succession to This Crown, Establish'd in the Present Protestant Heirs Is De Jure, and Justify'd, by the Fundamental Laws of Great Britain. And Many Important Original Powers and Privileges, of Both Houses of Parliament, Are Exhibited*. London: Printed for A. Bettesworth [etc.], 1727.

Acosta, José de. *Historia Natural y Moral de las Indias: Publicada en Sevilla en* 1590. Madrid: R. Anglés, 1894.

— *Natural and Moral History of the Indies: Chronicles of the New*

World Order, trans. Jane E. Mangan, Walter Mignolo, and Frances M. López-Morillas. Durham, N. C.: Duke University Press, 2002.

Adair, James. *The History of the American Indians, Particularly Those Nations Adjoining to the Mississippi, East and West Florida, Georgia, South and North Carolina, and Virginia*. London: E. and C. Dilly, 1775.

Adler, Elkan Nathan. *Jewish Travellers*. London: Routledge, 1930.

Adler, Marcus N. *The Itinerary of Benjamin of Tudela: Critical Text, Translation and Commentary*. London: H. Frowde, 1907.

Aeścoly, A. Z. "David Reubeni in the Light of History," *The Jewish Quarterly Review*, New Series, Vol. 28, No. 1 (July, 1937): 1 – 45.

Aescoly, Aaron Zeev. Sipur David ha-Re ' uveni: ' al-pi ketav-yad Oksford. Sifriyah historyografit, 1 – 2. Yerushalayim: ha-Hevrah ha-E. Y. le-historyah ve-etnografyah, be-siyu ' a Mosad Byalik, 1940.

—— *Yisrael: Yedi ' at ' Amenu, Mahuto, Shevatav u-Leshonotav*. Jerusalem: R. Mas, 1952.

Aescoly, Aaron Zeev, Moshe Idel, and Elias Lipiner. *Sipur David ha-Re ' uveni: ' al-pi ketav-yad Oksford*. Jerusalem: Mosad Byalik, 1993.

Ahmad, S. Maqbul, ' Ubayd Allah ibn ' Abd Allah Ibn Khurradadhbih, and Sulayman al-Tajir. *Arabic Classical Accounts of India and China*. Shimla: Indian Institute of Advanced Study in association with Rddhi-India, Calcutta, 1989.

Albuquerque, Afonso de. *Comentários do Grande A. Dalboquerque Capitao Geral que foi das Indias Orientaes*, ed. Nicoláo Pagliarini. Lisboa, Portugal: n. p. , 1774.

—— *The Commentaries of the Great Afonso Dalboquerque, Second Viceroy of India*, trans. Walter de Gray Birch. London: Printed for the

Hakluyt Society, 1875.

Alcock, Susan, ed. *Empires: Perspectives from Archaeology and History*. New York: Cambridge University Press, 2001.

Alexander, A. F. O'D. *The Planet Saturn: A History of Observation, Theory, and Discovery*. London: Faber and Faber, 1962.

Allen, Lindsay. *The Persian Empire*. Chicago: University of Chicago Press, 2005.

Alvares, Francisco. *Narrative of the Portuguese Embassy to Abyssinia during the Years 1520 – 1527*, trans. Henry Edward John Stanley. London: Hakluyt Society, 1881.

—— *The Prester John of the Indies: A True Relation of the Lands of the Prester John, Being the Narrative of the Portuguese Embassy to Ethiopia in 1520*, trans. Francisco Alvares, Henry Edward John Stanley Stanley, C. F. Beckingham, and George Wynn Brereton Huntingford. Cambridge: Published for the Hakluyt Society at the University Press, 1961.

American Anti-Slavery Society. *Quarterly Anti-Slavery Magazine*. New York: American Anti-Slavery Society, 1835 – 1837.

Ames, Glenn Joseph. *Vasco da Gama: Renaissance Crusader*. New York: Pearson/Longman, 2005.

Amitai-Preiss, Reuven. *The Mamluk-Ilkhanid War*. Cambridge: Cambridge University Press, 1998.

Anderson, Alexander. *An Historical Account of the Circumnavigation of the Globe, and of the Progress of Discovery in the Pacific Ocean: From the Voyage of Magellan to the Death of Cook*. New York: Harper & Bros., 1837.

Anderson, Andrew Runni. "Alexander at the Caspian Gates." *Transactions and Proceedings of the American Philological Association* 59 (1928): 130 –163.

— *Alexander's Gate, Gog and Magog, and the Inclosed Nations*. Cambridge, Mass.: Medieval Academy of America, 1932.

— "The Arabic History of Dulcarnain and the Ethiopian History of Alexander." *Speculum* 6. 3 (July 1931): 434 - 445.

Anderson, James H. *God's Covenant Race, from Patriarchal Times to the Present: Selection of Addresses Uniting This Subject with the Divine Testimony of the Prophet Joseph Smith*. Salt Lake City, Utah: Deseret News Press, 1946.

Arkhipov, Andrei. *Po tu Storonu Sambationa: Etiudy o Russko-Evreiskikh Kul' turnykh Iazykovykh i Literaturnykh Kontaktakh, v X - XVI vekakh* (On the Other Side of the Sambation: Studies in Russo-Hebrew Linguistic and Cultural Contacts in the 10th-17th Centuries). Oakland, Calif.: Berkeley Slavic Specialties, 1995.

Armstrong, Herbert W. *The United States and Britain in Prophecy*. New York: Everest House, 1980.

Aronin, Ben. *The Lost Tribe: Being the Strange Adventures of Raphael Drale in Search of the Lost Tribes of Israel*. New York: Simons, 1924.

Asher, Adolf, and Leopold Zunz. *The Itinerary of Rabbi Benjamin of Tudela*. London: A. Asher, 1840.

Astren, Fred. *Karaite Judaism and Historical Understanding*. Columbia: University of South Carolina Press, 2004.

Aughey, John H. *The Iron Furnace; or, Slavery and Secession*. Philadelphia: W. S. & A. Martien, 1863.

Avichail, Eliyahu. *Avne Derekh: be-Mishnat Ha-Rav Kuk*. Jerusalem: Avihayil, 1978.

— *The Lost Tribes in Assyria*. Jerusalem: Amishav, 1978.

— *Shinlung fate-Shevet Menashe*. Jerusalem: n. p., 1990.

— *Shivte Yisrael: Ha-ovdim Veha-nidahim*. Jerusalem: Amishav, 1986.

— *Shivte Yisrael: Ha-ovdim Veha-nidahim*, 2nd ed. Jerusalem:

Avihayil, 1998.

— *The Tribes of Israel*. Jerusalem: Amishav, 1990.

A. Z. C. "Portugal in Quest of Prester John, Elaine Sanceau." *Geographical Journal* 103. 1 – 2 (Jan. -Feb. 1944): 82 – 83.

Bāfaqīh, Muhammad. *L' unification du Yémen antique: La Lutte entre Saba, Himyar et le Hadramawt, du Ier au IIIème Siècle de l'ère Chrétienne*. Paris: Geuthner, 1990.

Balau, Pietro, and Jacopo Sadoleto, eds. *VII Clementis Monumenta Saeculi XVI*. Innsbruck, Austria: Libraria Academica Wagneriana, 1885.

Ballantyne, Tony. "Empire, Knowledge and Culture: From Proto-globalization to Modern Globalization," in *Globalization in World History*, ed. A. G. Hopkins, 115 – 140. New York: Norton, 2002.

Bar-Ilan, Meir. "Prester John: Fiction and History." *History of European Ideas* 20. 1 – 3 (1995): 291 – 298.

Barmash, Pamela. "At the Nexus of History and Memory: The Ten Lost Tribes." *AJS Review* 29. 2 (2005): 207 – 236.

Baron, David. *The History of the Ten "Lost" Tribes: Anglo-Israelism Examined*. London: Morgan & Scott, 1915.

Barrow, John. *A Chronological History of Voyages into the Arctic Regions: Undertaken Chiefly for the Purpose of Discovering a North-East, North-West, or Polar Passage between the Atlantic and Pacific*. London: J. Murray, 1818.

Bar-Yosef, Eitan. *The Holy Land in English Culture 1799 – 1917: Palestine and the Question of Orientalism*. Oxford: Clarendon, 2005.

Basnage, Jacques. *The History of the Jews, from Jesus Christ to the Present Time: Containing Their Antiquities, Their Religion, Their Rites, the Dispersion of the Ten Tribes in the East and the Persecutions This Nation Has Suffer'd in the West. Being a*

Supplement and Continuation of the History of Josephus, trans. Thomas Taylor. London: T. Bever and B. Lintot [etc.], 1708.

Bassin, Elieser. "The Lost Ten Tribes [of] Anglo-Israel by a Jew." Lecture delivered in 1884; reprint, Hollywood, Calif.: Dr. Clem Davies' Ministry, 1940.

—— *The Modern Hebrew and the Hebrew Christian*. London: J. Nisbet, 1882.

Bataille, Georges, trans. Allan Stoekl. *Visions of Excess: Selected Writings 1927 – 1939*. Manchester: Manchester University Press, 1985.

Bauckham, Richard. *Gospel Women: Studies of the Named Women in the Gospels*. Grand Rapids, Mich.: Eerdmans, 2002.

Baumgarten, Albert. "The Jewish People in the Second Temple Period as an 'Imagined Community'?" in *Center and Diaspora: The Land of Israel and the Diaspora in the Second Temple, Mishna, and Talmud periods*, ed. Isaiah M. Gafni, 17 – 36. Jerusalem: Zalman Shazar, 2004 (in Hebrew).

Beale, Gregory K. "The Problem of the Man from the Sea in IV Ezra 13 and Its Relation to the Messianic Concept in John's Apocalypse." *Novum Testamentum* 25, fasc. 2 (Apr. 1983): 182 – 188.

Beasley, Edward. *Empire as the Triumph of Theory: Imperialism, Information, and the Colonial Society of 1868*. London: Routledge, 2005.

Beaver, Adam G. "A Holy Land for the Catholic Monarchy: Palestine in the Making of Modern Spain, 1469 – 1598." Ph. D. diss., Harvard University, 2008.

Becking, Bob. *The Fall of Samaria: An Historical and Archaeological Study*. Leiden: Brill, 1992.

Beckingham, C. F. "An Ethiopian Embassy to Europe c. 1310." *Journal of Semitic Studies* 34. 2 (Autumn 1989): 337 – 346.

—— "Some Early Travels in Arabia." *Journal of the Royal Asiatic Society* of Great Britain and Ireland 3-4 (1949): 155-176.

—— "The Travels of Pero da Covilha and Their Significance." *Congresso Internacional de Historia dos Descobrimentos: Resumo* (1960): 3-16.

—— "The Achievements of Prester John," in C. F. Beckingham & Bernard Hamilton, eds., *Prester John, the Mongols, and the Ten Lost Tribes*, 1-22. Aldershot: Ashgate, 1996.

Beckingham, C. F., and Bernard Hamilton, eds. *Prester John, the Mongols and the Ten Lost Tribes*. Aldershot, England: Variorum, 1996.

Bell, John. *Travels from St. Petersburg in Russia, to Diverse Parts of Asia... by John Bell... in Two Volumes*. Dublin: Printed for Robert Bell, 1764.

Ben-Dor, Zvi. "An Arab-Jew in Rome: A History in Three Acts." Paper presented at the Middle East Studies Association meeting, Washington, D. C., November 24, 2008.

—— " 'Even unto China': Displacement and Chinese Muslim Myths of Origin." *Bulletin of the Royal Institute for Inter-Faith Studies* (Winter 2002-2003): 93-114.

—— "A Response to Kanan Makiya's *The Rock*," in *Responses to Kanan Makiya's The Rock: A Tale of Seventh-Century Jerusalem*, ed. Daniel Terris and Sylvia Fuks Fried, 23-29. Brandeis, Mass.: Brandeis University Press, 2004.

Ben-Israel, Manasseh. *The Conciliator of R. Manasseh Ben Israel: A Reconcilement of the Apparent Contradictions in Holy Scripture, to Which Are Added Explanatory Notes, and Biographical Notices of the Quoted Authorities*. New York: Hermon, 1972.

—— *The Hope of Israel: Written by Menasseh Ben Israel, a Hebrew Divine, and Philosopher. Newly Extant, and Printed in Amsterdam, and Dedicated by the Author to the High Court, the Parliament of England, and to the Councell of State. Translated* into English, and Published by Authority. In This Treatise Is Shewed the Place Wherein the Ten Tribes at This Present Are, Proved Partly by the Strange Relation of One Anthony Montezinus, a Jew, of What Befell Him As He Travelled Over the Mountaines Cordillære, with Divers Other Particulars About the Restoration of the Jewes, and the Time When, trans. Moses Wall. London: by R. I. for Hannah Allen, at the Crown in Popes-head Alley, 1650.

— The Hope of Israel, trans. Moses Wall, ed. Henry Méchoulan and Gérard Nahon. Oxford: Oxford University Press, 1987.

— Mikveh Yisra'el, Esto es, Esperança de Israel. Amsterdam: Semuel Ben Israel Soeiro, 1650.

— OrÍgen de los Americanos . . . esto es, Esperanza de Israel. 1650; reprint, Madrid: S. Perez Junquera, 1881.

Benjamin of Tudela Sefer Masa' ot shel Rabbi Benyamin Me-Tudela, trans. Marcus Nathan Adler. Jerusalem: HaUniversitah HaIvrit HaChug Le Historiah Shel Am Yisrael, 1966.

Benjamin ben Jonah. Travels of Rabbi Benjamin, Son of Jonah, of Tudela: Through Europe, Asia, and Africa: from the Ancient Kingdom of Navarre, to the Frontiers of China. Faithfully Tr. from the Original Hebrew, and Enriched with a Dissertation, and Notes, Critical, Historical, and Geographical, trans. B. Gerans. London: Printed for the Translator and sold by Messrs. Robson [etc.], 1783.

Bentley, Jerry. "Shapes of World History in Twentieth-Century Scholarship," in Michael P. Adas, ed., Agricultural and Pastoral Societies in Ancient and Classical History, 3 – 35. Philadelphia: Temple University Press, 2001.

Bentwich, Norman. "The Graeco-Roman View of Jews and Judaism in the Second Century." Jewish Quarterly Review, new ser., 23. 4 (Apr. 1933): 337 – 348.

Ben-Zeev, Israel. ha-Yehudimba-'Arav: korot ha-Yehudim ba-hatsi ha-

i ' *Arav u-derom EretsYisrael* ' *ad hofa* ' *at ha-Islam ve-* ' *ad Gerusham me-Rov Gelilot* '*Arav*. Jerusalem: Ahi' asaf, 1957.
— *Ka* '*b al Ahbar seine Stellung im hadit und in der islamischen Legendenliteratur*. Gelnhausen: F. W. Kalbfleisch, 1933.
— *Ta*' *rikh al-Yahud fi Bilad al* ' *Arab fil-Jahiliya wa-Sadr al-Islam*. Misr (Cairo): Matba 'a al-I 'timad, 1927.
Ben-Zvi, Itzhak. *The Exiled and the Redeemed*. Philadelphia: Jewish Publication Society of America, 1963.
Berg, Johannes van den, and Ernestine G. E. van der Wall. *Jewish-Christian Relations in the Seventeenth Century: Studies and Documents*. Dordrecht: Kluwer Academic, 1988.
Bergren, Theodore A. "Christian Influence on the Transmission History of 4, 5, and 6 Ezra," in *The Jewish Apocalyptic Heritage in Early Christianity*, ed. James C. VanderKam and William Adler, 102 – 128. Assen, Netherlands: Van Gorcum, 1996.
Bergren, Theodore A. "The 'People Coming from the East' in 5 Ezra 1: 38." *Journal of Biblical Literature* 108.4 (Winter 1989): 675–683.
Bertinoro, Obadiah, *Me-Ialyah li-Yerushalayim: igrota shel R. Ovadyah mi-Barenura meErets Yiséra*' *el: mahadurah bik. ortit*, ed. Menachem Emanuele Artom, and Avraham DvidRamat Gan: Universtat Bar-Ilan, 1997.
Biswas, Atreyi. *The Political History of the Hunas in India*. New Delhi: Munshiram Manoharlal, 1973.
Blackbeard: A Page from the Colonial History of Philadelphia. New York: Harper, 1835.
Blackwell, Pam. *Michael's Fire*. Salt Lake City, Utah: Onyx, 2002.
Bloch, Chana. *The Past Keeps Changing: Poems*. Riverdale-on-Hudson, N. Y.: Sheep Meadow Press, 1992.
Boardman, John. *The Cambridge Ancient History, vol. 3, pt. 2: The Assyrian and Babylonian Empires and Other States of the Near

East, from the Eighth to the Sixth Centuries B. C. Cambridge: Cambridge University Press, 1991.

Bodian, Miriam. "'Men of the Nation': The Shaping of Converso Identity in Early Modern Europe," *Past and Present* 143 (May 1994): 48–76.

Boer, E. A. de. *John Calvin on the Visions of Ezekiel: Historical and Hermeneutical Studies in John Calvin's "Sermons Inédits," Especially on Ezek.* 36–48. Leiden: Brill, 2004.

Bonomi, Joseph. *Nineveh and Its Palaces: The Discoveries of Botta and Layard, Applied to the Elucidation of Holy Writ.* London: Office of the Illustrated London Library, 1852.

Botero, Giovanni. *Relations of the Most Famous Kingdomes and Common-Wealths Thorowout the World: Discoursing of Their Situations, Religions, Manners, Customes, Strengths, Languages, Greatnesse and Policies.* London: John Haviland, 1630.

Boudinot, Elias. *The Age of Revelation; or, The Age of Reason Shewn to Be an Age of Infidelity.* Philadelphia: Asbury Dickins, 1801.

— *A Star in the West; or, A Humble Attempt to Discover the Long Lost Ten Tribes of Israel, Preparatory to Their Return to Their Beloved City, Jerusalem.* Trenton, N. J.: D. Fenton, S. Hutchinson, and J. Dunham, 1816.

Bouwsma, William James. *Concordia Mundi: The Career and Thought of Guillaume Postel, 1510–1581.* Cambridge, Mass.: Harvard University Press, 1957.

— *John Calvin: A Sixteenth-Century Portrait.* New York: Oxford University Press, 1988.

Boyarin, Daniel. *Border Lines: The Partition of Judaeo-Christianity.* Philadelphia: University of Pennsylvania Press, 2004.

— *Dying for God: Martyrdom and the Making of Christianity and Judaism.* Stanford, Calif.: Stanford University Press, 1999.

Brading, D. A. *The First America: The Spanish Monarchy, Creole*

Patriots, and the Liberal State, 1492 – 1867. Cambridge: Cambridge University Press, 1991.

Brandão, Zephyrino Norberto Goncalves. *Pedro da Covilhan: Episodio Romantico do Seculo XV*. Lisboa, Portugal: Antiga Casa Bertrand – J. Bastos, 1897.

Braude, William G. *Pesikta Rabbati: Discourses for Feasts, Fasts, and Special Sabbaths*. New Haven, Conn.: Yale University Press, 1968.

Bredin, Mark. *Studies in the Book of Tobit: A Multidisciplinary Approach*. London: Clark, 2006.

Brekus, Catherine A. "Harriet Livermore, the Pilgrim Stranger: Female Preaching and Biblical Feminism in Early-Nineteenth-Century America." *Church History* 65.3 (1996): 389 – 404.

Broecke, M. P. R. van den. *Ortelius Atlas Maps: An Illustrated Guide*. Netherlands: HES, 1996.

Broecke, M. P. R. van den, P. C. J. van der Krogt, and Peter H. Meurer. *Abraham Ortelius and the First Atlas Essays Commemorating the Quadricentennial of His Death*, 1598 – 1998. Houten, Netherlands: HES, 1998.

Broshi, Magen, and Israel Finkelstein. "The Population of Palestine in Iron Age II." *Bulletin of the American Schools of Oriental Research* 287 (Aug. 1992): 47 – 60.

Brothers, Richard. "A Farther Elucidation of the XIIth Chapter of Daniel," in *Wrote in Confinement. An Exposition of the Trinity With a Farther Elucidation of the Twelfth Chapter of Daniel: One Letter to the King: and Two to Mr. Pitt, &c.*, 17 – 37. [London?]: n. p., 1796.

— *A Revealed Knowledge, of the Prophecies & Times. Wrote Under the Direction of the Lord God, and Published by His Sacred Command: It Being the First Sign of Warning for the Benefit of All Nations. Containing, with Other Great and Remarkable*

Things, Not Revealed to Any Other Person on Earth, the Restoration of the Hebrews to Jerusalem, by the Year 1798: *Under Their Revealed Prince and Prophet. Book the First*. London: G. Riebau's, 1794.

Brough, R. Clayton. *The Lost Tribes: History, Doctrine, Prophecies, and Theories about Israel's Lost Ten Tribes*. Bountiful, Utah: Horizon, 1979.

Broughall, M. S. "The Pattern of the Days in Ancient Rome." *Greece & Rome* 5. 15 (May 1936): 160 – 176.

Brown, Samuel Albert. *The House of Israel; or, The Anglo-Saxon*. Portland, Oreg. : S. A. Brown by Boyer Print. & Advertising, 1925.

Bruce, F. F. "Tacitus on Jewish History." *Journal of Semitic Studies* 29 (1984): 33 – 44.

Buber, Salomon. *Midrash Ekhah Rabah:* '*Al pi Ketav Yad Ha-Ganuz Be-Otsar Ha-Sefarim Be-Romi*. Tel Aviv: n. p. , 1963.

Buchanan, Claudius. *The Works of the Rev. Claudius Buchanan, L. L. D.* New York: Whiting and Watson, 1812.

Buckley, Veronica. *Christina, Queen of Sweden: The Restless Life of a European Eccentric*. New York: Fourth Estate, 2004.

Burnett, Stephen G. *From Christian Hebraism to Jewish Studies: Johannes Buxtorf* (1564 – 1629) *and Hebrew Learning in the Seventeenth Century*. Leiden: Brill, 1996.

Burr, William Henry. *The Anglo-Saxon Riddle; or, The Riddle of Our Origin, Present Grandeur, and Future Greatness. . . Also, Its Solution*. London: W. H. Guest, 1873.

Calvert, James. *Naphtali, seu, Colluctationes theologicæ cum tribus ingentibus dubiis viz De reditu decem tribuum,* [De] *conversione Judæorum,* [De] *mensuris sacris Ezekielis*. Londini: Typis Andræ Clark, impensis Ric. Lambert. . . & apud Jo. Martyn, 1672.

Calvin, Jean. *Calvin: Commentaries*, trans. Joseph Haroutunian. Grand

Rapids, Mich.: Christian Classics Ethereal Library, 1990.
— *Commentaries on the Book of the Prophet Jeremiah and the Lamentations*. Edinburgh: Calvin Translation Society, 1850.
Cameron, James, Simcha Jacobovici, Felix Golubev, Ric Esther Bienstock, Graeme Ball, and Ron White. *The Lost Tomb of Jesus*. Port Washington, N. Y.: Koch Vision, 2007.
Capt, E. Raymond. *Missing Links Discovered in Assyrian Tablets: Study of Assyrian Tables That Reveal the Fate of the Lost Tribes of Israel*. Thousand Oaks, Calif.: Artisan Sales, 1985.
"Captivity of the Tribes: Little People's Lesson," Sept. 18, 1898, *Little People's Lesson Pictures* (*LPLP*), The American Sunday-School Union, Philadelphia & NY (1896–1916).
Carew, Mairéad. *Tara and the Ark of the Covenant: A Search for the Ark of the Covenant by British-Israelites on the Hill of Tara* (1899–1902). Dublin: Discovery Programme/Royal Irish Academy, 2003.
Carmoly, Eliakim. *Mevaseret Tsiyon: Igrot Al Aseret ha-Shevatim mi-tokh Kitve Yad*. 1840; reprint, Jerusalem: Kedem, 1971.
— *Notice historique sur Benjamin de Tudele*. N. p., 1852.
— *Sipur Eldad ha-Dani: Odot Aseret ha-Shevatim u-Nehar Sambatyon*. Paris: Efrayim Hadamar, 1828.
Carmoly, Eliakim, et al. *Relation d'Eldad le Danite, voyageur du IXe siècle*. Paris: Ve Dondey-Dupré, 1838.
Carpenter, William. *The Biblical Companion; or, An Introduction to the Reading and Study of the Holy Scriptures: Comprising a Comprehensive Digest of the Principles and Details of Biblical Criticism, Interpretation, Theology, History, Natural Science, Etc*. London: Thomas Tegg, 1836.
— *The Israelites Found in the Anglo-Saxons: The Ten Tribes Supposed to Have Been Lost, Traced from the Land of Their Captivity to Their Occupation of the Isles of the Sea: with an Exhibition of*

Those Traits of Character and National Characteristics Assigned to Israel in the Books of the Hebrew Prophets. London: G. Kenning, 1874.

Cassuto, M. D. "Mi haya David ha-Re'uveni." *Tarbiz* 32 (1963): 339–358.

Castro, Daniel. *Another Face of Empire: Bartolomé de Las Casas, Indigenous Rights, and Ecclesiastical Imperialism*. Durham, N. C.: Duke University Press, 2007.

Chaudhuri, K. N. *Trade and Civilisation in the Indian Ocean: An Economic History from the Rise of Islam to 1750*. Cambridge: Cambridge University Press, 1985.

Church of Jesus Christ of Latter-day Saints. *The Book of Mormon: Another Testament of Jesus Christ; The Doctrine and Covenants of the Church of Jesus Christ of Latter-Day Saints; The Pearl of Great Price*. Salt Lake City, Utah: Church of Jesus Christ of Latter-day Saints, 1981.

Churchill, John. *A Collection of Voyages and Travels*. London: Printed for Awnsham and John Churchill, 1704–1732.

Cifola, Barbara. *Analysis of Variants in the Assyrian Royal Titulary from the Origins to Tiglath-Pileser III*. Naples, Italy: Istituto universitario orientale, 1995.

Cogan, Mordechai, and Israel Eph'al, eds. *Ah, Assyria: Studies in Assyrian History and Ancient Near Eastern Historiography Presented to Hayim Tadmor*. Jerusalem: Magnes Press, Hebrew University, 1991.

Coggins, R. J., and Michael A. Knibb. *The First and Second Books of Esdras*. Cambridge: Cambridge University Press, 1979.

Cogley, Richard W. "The Ancestry of the American Indians: Thomas Thorowgood's Iewes in America (1650) and Jews in America (1660)." *English Literary Renaissance* 35.2 (2005): 304–330.

——. *John Eliot's Mission to the Indians before King Philip's War*.

Cambridge, Mass.: Harvard University Press, 1999.

——"'The Most Vile and Barbarous Nation of All the World': Giles Fletcher the Elder's *The Tartars; or, Ten Tribes* (ca. 1610)." *Renaissance Quarterly* 58.3 (2005): 781–814.

——"'Some Other Kinde of Being and Condition': The Controversy in MidSeventeenth-Century England over the Peopling of Ancient America." *Journal of the History of Ideas* 68.1 (Jan. 2007): 35–56.

Cohen, Paul A. *History in Three Keys: The Boxers as Event, Experience, and Myth.* New York: Columbia University Press, 1997.

A Collection of State Tracts, Publish'd on the Occasion of the Late Revolution in 1688. And During the Reign of King William III... To Which Is Prefix'd, the History of the Dutch War in 1672. Translated from the French Copy Printed at Paris in 1682... With a Table... and an Alphabetical Index. London: 1705.

Collins, Steven M. *The "Lost" Ten Tribes of Israel — Found!* Boring, Oreg.: CPA Books, 1995.

Columbus, Christopher. *The Book of Prophecies Edited by Christopher Columbus*, ed. Roberto Rusconi. Berkeley: University of California Press, 1997.

——*Select Letters of Christopher Columbus With Other Original Documents, Relating to His Four Voyages to the New World*, trans. Richard Henry Major and Diego Alvarez Chanca. London: Hakluyt Society, 1870.

Committee for Immigration, Absorption, and Diaspora, Israeli Knesset. Protocol No. 36. January 11, 2000.

Commodianus. *Commodiani Carmina*, ed. Bernhard Dombart. Vienna: apvd C. Geroldi filivm, 1887.

Cook, Harold J. "Ancient Wisdom, the Golden Age, and Atlantis: The New World in Sixteenth-Century Cosmography." *Terrae Incognitae*

10 (1978): 25 - 43.
Corinaldi, Michael. *Jewish Identity: The Case of Ethiopian Jewry*. Jerusalem: Mgness, 1998.
— *Yahadut Etiopia: Zehut u-Masoret*. Jerusalem: Robin Mass, 1988.
Corneille, Thomas. *Dictionnaire Universel, Géographique et Historique*. Paris: J. B. Coignard, 1708.
Cosgrove, Denis E. *Apollo's Eye: A Cartographic Genealogy of the Earth in the Western Imagination*. Baltimore, Md. : Johns Hopkins University Press, 2001.
Coudert, Allison, and Jeffrey S. Shoulson. *Hebraica Veritas? Christian Hebraists and the Study of Judaism in Early Modern Europe*. Philadelphia: University of Pennsylvania Press, 2004.
Coulbeaux, Jean Baptiste. *Histoire Politique et Religieuse d'Abyssinie Depuis Les Temps Les Plus Reculés Jusqu'a` l'Avenement de Ménélick II*. Paris: Geuthner, 1929.
Crawford, Charles. *An Essay on the Propagation of the Gospel In Which There Are Numerous Facts and Arguments Adduced to Prove That Many of the Indians in America Are Descended from the Ten Tribes*. Philadelphia: Printed and sold by James Humphreys, 1801.
Cumings, Bruce. *North Korea: Another Country*. New York: New Press, 2003.
Cúneo, Roberto Fabregat. "Estudio de un Prejuicio acerca de los Orígenes del Hombre Americano." *Revista Mexicana de Sociología* 24. 3 (Sept. -Dec. 1962): 937 - 945.
Daston, Lorraine. "Introduction: The Coming into Being of Scientific Objects," in *Biographies of Scientific Objects*, ed. Lorraine Daston, 1 - 14. Chicago: University of Chicago Press, 2000.
Davidson, Peter. *The Idea of North: Topographics*. London: Reaktion, 2005.
Davis, Natalie Zemon. *Trickster Travels: A Sixteenth-Century Muslim between Worlds*. New York: Hill and Wang, 2006.

Defoe, Daniel. *The Danger of the Protestant Religion Consider'd, from the Present Prospect of a Religious War in Europe*. London: n. p., 1701.

— *Jure Divino: A Satyr. In twelve books. By the author of The True-Born-Englishman*. London: n. p., 1706.

dei Rossi, Azariah ben Moses. *Sefer Me' or 'Enayim*. Jerusalem: Makor, 1969.

Delaney, Carol. "Columbus's Ultimate Goal: Jerusalem." *Comparative Studies in Society and History* 48 (2006): 260 – 292.

Demaitre, Edmund, and Ann Demaitre. "The Five Avatars of the Scythian." *History of European Ideas* 2.4 (1981): 315 – 337.

de Saint-Martin, Vivien. *Les Huns Blancs; ou, Ephthalites des Historiens Byzantins*. Paris: E. Thunot, 1849.

Destombes, Marcel. "Guillaume Postel, Cartographe." In *Guillaume Postel 1581 – 1981: Actes du colloque international d'Avranches 1981*, 361 – 371. Paris: Guy Trédaniel, 1985.

Dever, William G. *What Did the Biblical Writers Know, and When Did They Know It? What Archaeology Can Tell Us about the Reality of Ancient Israel*. Grand Rapids, Mich. : Eerdmans, 2001.

Diderot, Denis. "Sabatique, Le Flueve." in Diderot, Denis, and Jean Le Rond d'Alembert. *Encyclopédie, ou, Dictionnaire Raisonnédes Sciences, des Arts et des Métiers*, 457 – 458. A Paris: Chez Briasson, 1751.

Dirlik, Arif. "Confounding Metaphors, Inventions of the World: What Is World History For?" in *Writing World History 1800 – 2000*, ed. Benedikt Stuchtey and Eckhardt Fuchs, 91 – 131. Oxford: Oxford University Press, 2003.

— "Performing the World: Reality and Representation in the Making of World Histor (ies)." *Journal of World History* 16.4 (2005): 391 – 410.

Dubois, Claude-Gilbert. *La Mythologie des Origines chez Guillaume*

Postel de la Naissance à La Nation. Orléans, France: Paradigme, 1994.

Durán, Diego. The Aztecs: *The History of the Indies of New Spain*. New York: Orion, 1964.

—— *Historia de las Indias de Nueva-España y islas de Tierra Firme*, ed. José Fernando Ramírez and Gumesindo Mendoza. Mexico: J. M. Andrade y F. Escalante, 1867.

Eco, Umberto. *Baudolino*. New York: Harcourt, 2002.

—— *Foucault's Pendulum*. San Diego, Calif. : Harcourt Brace Jovanovich, 1989.

Edelman, Diana Vikander. *The Origins of the "Second" Temple: Persian Imperial Policy and the Rebuilding of Jerusalem*. London: Equinox, 2005.

Eisenstein, Judah David. *Otsar Midrashim*. New York: n. p. , 1915.

Ekman, Ernst. "Gothic Patriotism and Olof Rudbeck." *Journal of Modern History* 34. 1 (Mar. 1962): 52–63.

Elat, M. "The Economic Relations of the Neo-Assyrian Empire with Egypt." *Journal of the American Oriental Society* 98. 1 (1977): 20–34.

—— "Phoenician Overland Trade within the Mesopotamian Empire," in *Ah, Assyria: Studies in Assyrian History and Ancient Near Eastern Historiography Presented to Hayim Tadmor*, ed. Mordechai Cogan and Israel Eph'al, 21–35. Jerusalem: Magnes, 1991.

Eliade, Mircea. *The Sacred and Profane: The Nature of Religion*. London: Harcourt Brace, 1959.

Eliav-Feldon, Miriam. "Invented Identities: Credulity in the Age of Prophecy and Exploration." *Journal of Early Modern History* 3. 3 (Aug. 1999): 203–232.

Elukin, Jonathan M. "Jacques Basnage and *The History of the Jews*: Anti-Catholic Polemic and Historical Allegory in the Republic of

Letters." *Journal of the History of Ideas* 53. 4 (1992): 603
-631.
Emanuel, Menahem Mendel. *Sefer Mewaser Weomer: Nehomas Menahem Kol be-Ito* (The Lost Tribes of Israel: A Call in Time and the Redemption of Israel). Jerusalem: Eretz-Israel Press, 1928.
England, Breck. *The Life and Thought of Orson Pratt*. Salt Lake City: University of Utah Press, 1985.
Epstein, Abraham. *Eldad ha-Dani seine berichte über die X Sta¨mme und deren Ritus in Verschiedenen Versionen nach Handschriften und Alten Drucken*. Pressburg, Germany: Druck von Adolf Alkalay, 1891.
— *Kitve R. Avraham Epshtein*. Jerusalem: Mosad Harav Kuk, 1949.
Erskine, John. *The Equity and Wisdom of Administration in Measures That Have Unhappily Occasioned the American Revolt, Tried by the Sacred Oracles*. Edinburgh: n. p. , 1776.
Esherick, Joseph. *The Origins of the Boxer Uprising*. Berkeley: University of California Press, 1987.
Esler, Philip Francis. *The First Christians in Their Social Worlds: Social-Scientific Approaches to New Testament Interpretation*. London: Routledge, 1994.
Etheridge, J. W. *The Targums of Onkelos and Jonathan Ben Uzziel on the Pentateuch: With the Fragments of the Jerusalem Targum from the Chaldee*. London: Longman, Green, Longman, and Roberts, 1862.
Faierstein, Morris M. , Hayyim Vital, and Isaac Judah Jehiel Safrin. *Jewish Mystical Autobiographies: Book of Visions and Book of Secrets*. New York: Paulist, 1999.
Fales, F. Mario, ed. *Assyrian Royal Inscriptions: New Horizons in Literary, Ideological, and Historical Analysis: Papers of Symposium Held in Cetona (Siena), June 26 - 28, 1980*. Rome: Istituto per l' Oriente, Centro per le antichitàe la storia dell' arte del

vicino Oriente, 1981.

Fall of Britain 9 (January 4, 1777).

Farissol, Abraham ben Mordecai. *Igeret Orhot 'Olam*. Venice: G. de Gara, 1586.

Farley, Frank Edgar. *Scandinavian Influences in the English Romantic Movement*. Boston: Ginn, 1903.

Faroqhi, Suraiya. *Pilgrims and Sultans: The Hajj under the Ottomans, 1517 – 1683*. London: Tauris, 1994.

Feldman, Louis H. *Jew and Gentile in the Ancient World: Attitudes and Interactions from Alexander to Justinian*. Princeton, N. J.: Princeton University Press, 1996.

—— "Josephus' Portrait of Ezra." *Vetus Testamentum* 43, fasc. 2. (Apr. 1993): 190 – 214.

Fernández-Armesto, Felipe. *Pathfinders: A Global History of Exploration*. New York: Norton, 2006.

Ficalho, Francisco Manuel de Melo. *Viagens de Pedro da Covilhan*. Lisboa, Portugal: A. M. Pereira, 1898.

Finkelstein, Israel, and Neil Asher Silberman. *The Bible Unearthed: Archaeology's New Vision of Ancient Israel and the Origin of Its Sacred Texts*. New York: Free Press, 2001.

Fitzgerald, Timothy. *Discourse on Civility and Barbarity*. New York: Oxford University Press, 2008.

Fletcher, Giles. *Of the Rus Commonwealth: Folger Documents of Tudor and Stuart Civilization*, ed. Albert J. Schmidt. Ithaca, N. Y.: Cornell University Press, 1966.

Fletcher, Giles, and Samuel Lee. *Israel Redux; or, The Restauration of Israel, Exhibited in Two Short Treatises. The First Contains an Essay Upon Some Probable Grounds, That the Present Tartars Near the Caspian Sea, Are the Posterity of the Ten Tribes of Israel*. London: S. Streater, 1677.

Flint, Valerie I. J. *The Imaginative Landscape of Christopher*

        Columbus. Princeton, N. J.: Princeton University Press, 1992.

Floyer, John. *The Prophecies of the Second Book of Esdras Amongst the Apocrypha, Explained: And Vindicated from the Objections Made against Them. To Which Are Added, a Comment on the Prophecies of Zachary and Micah: with Some Observations Concerning the Prophecies of Daniel and Malachi: Likewise the State of the Jews After the Return of the Two Tribes, Till the Resurrection of the Just... By Sir John Floyer, Knt*. London: Mich. Johnson, 1721.

—— *The Sibylline Oracles: Translated from the Best Greek Copies, and Compar'd with the Sacred Prophesies, Especially with Daniel and the Revelations and with so Much History As Plainly Shews, That Many of the Sibyls Predictions Are Exactly Fulfill'd: with Answers to the Objections Usually Made against Them*. London: R. Bruges, 1713.

Forster, Charles. *The Monuments of Assyria, Babylonia and Persia: With a New Key for the Recovery of the Ten Lost Tribes*. London: R. Bentley, 1859.

Frick, Frank S. "The Rechabites Reconsidered." *Journal of Biblical Literature* 90. 3. (Sept. 1971): 279-287.

Friedlaender, Israel. "The Jews of Arabia and the Rechabites." *Jewish Quarterly Review*, new ser., 1. 2 (Oct. 1910): 252-257.

Friedman, O. Michael. *Origins of the British Israelites: The Lost Tribes*. San Francisco, Calif.: Mellen Research University Press, 1993.

Funkenstein, Amos. *Theology and the Scientific Imagination from the Middle Ages to the Seventeenth Century*. Princeton, N. J.: Princeton University Press, 1986.

Gafni, Isaiah. *Land, Center and Diaspora: Jewish Constructs in Late Antiquity*. Sheffield, England: Sheffield Academic, 1997.

Gallagher, William R. *Sennacherib's Campaign to Judah: New Studies.*

Leiden: Brill, 1999.

Galil, Gershon. *The Chronology of the Kings of Israel and Judah*, Leiden: Brill, 1996.

— *Yisrael ve-Ashur* (Israel and Assyria). Tel Aviv: Zemorah-Bitan, 2001.

Gampel, Benjamin R. "A Letter to a Wayward Teacher: The Transformations of Sephardic Culture in Christian Iberia," in *Cultures of the Jews: A New History*, ed. David Biale, 389 - 448. New York: Schocken, 2002.

Gandz, Solomon. "The Origin of the Planetary Week; or, The Planetary Week in Hebrew Literature." *Proceedings of the American Academy for Jewish Research* 18 (1948 - 1949): 213 - 254.

Gans, David ben Solomon. *Sefer Tsemah David*, ed. Mordechai Breuer. Jerusalem: Magnes, 1982.

García, Gregorio. *Origen de los Indios del Nuevo Mundo*. 1607; segunda edicion, Madrid: n. p., 1729; facsimile edition Mexico: Fondo de Cultura Económica, 1981.

García-Arenal, Mercedes. *A Man of Three Worlds: Samuel Pallache, a Moroccan Jew in Catholic and Protestant Europe*. Baltimore, Md.: Johns Hopkins University Press, 2003.

Gelderblom, Arie-Jan, Jan L. de Jong, and M. van Vaeck, eds. *The Low Countries as a Crossroads of Religious Beliefs*. Leiden: Brill, 2004.

Génebrard, Gilbert. *Gilb. Genebrardi... Chronographiae libri quatour. Priores dvo svnt de rebvs veteris populi, &. praecipuis quatour millim annorum gestis. Posteriores, è D. Arnaldi Pontaci Vasatensis episcopi Chronographia aucti, recentes historias reliquorum annorum complectuntur... Subiuncti sunt libri Hebraeorum chronologici eodum interprete*. Paris: Apud viduam Martini iuuenem, 1585.

George, A. R. "Assyria and the Western World," in *Assyria* 1995:

Proceedings of the 10th *Anniversary Symposium of the Neo-Assyrian Text Corpus Project*, Helsinki, September 7 – 11, 1995, ed. Simo Parpola and R. M. Whiting, 69 – 76. Helsinki: The Project, 1997.

Gerber, Israel J. *The Heritage Seekers: American Blacks in Search of Jewish Identity*. Middle Village, N. Y.: Jonathan David, 1977.

Gibbon, Edward. *The Decline and Fall of the Roman Empire*. New York: Collier, 1899.

Gillis, John. *Islands of the Mind: How the Human Imagination Created the Atlantic World*. New York: Palgrave-Macmillan, 2004.

Ginzburg, Carlo. *No Island Is an Island: Four Glances at English Literature in a World Perspective*. New York: Columbia University Press, 2000.

——— "Style: Inclusion and Exclusion," in *Wooden Eyes: Nine Reflections on Distance*, 109 – 138. New York: Columbia University, Press, 2001.

Gitin, Seymour. "The Neo-Assyrian Empire and Its Western Periphery," in *Assyria* 1995: *Proceedings of the* 10*th Anniversary Symposium of the Neo-Assyrian Text Corpus Project*, Helsinki, September 7 – 11, 1995, ed. Simo Parpola and R. M. Whiting, 77 – 103. Helsinki: The Project, 1997.

Gitlitz, David M. "Hybrid Conversos in the 'Libro llamado el Alboraique.'" *Hispanic Review* 60. 1 (Winter 1992): 1 – 17.

Glacken, Clarence J. *Traces on the Rhodian Shore: Nature and Culture in Western Thought from Ancient Times to the End of the Eighteenth Century*. Berkeley: University of California Press, 1967.

Glas, George. *The History of the Discovery and Conquest of the Canary Islands: Tr. from a Spanish Manuscript Lately Found in the Island of Palma. With an Enquiry into the Origin of the Ancient Inhabitants. To Which Is Added, A Description of the Canary Islands, Including the Modern History of the Inhabitants, and an*

Account of Their Manners, Customs, Trade, &c. London: R. and J. Dodsley [etc.], 1764.

Glassner, Jean-Jacques. *Mesopotamian Chronicles*. Leiden: Brill, 2005.

Glatzer, Michael. "Pablo de Santa Maria on the Events of 1391." in Almog, S. *Antisemitism Through the Ages*, 127–137. Oxford, England: Pergamon Press, 1988.

Godbey, Allen. *The Lost Tribes a Myth: Suggestions towards Rewriting Hebrew History*. Durham, N. C.: Duke University Press, 1930.

Goldish, Matt. *The Sabbatean Prophets*. Cambridge, Mass.: Harvard University Press, 2004.

Goldman, Shalom. *God's Sacred Tongue: Hebrew & the American Imagination*. Chapel Hill: University of North Carolina Press, 2004.

—— *Hebrew and the Bible in America: The First Two Centuries*. Hanover, N. H.: University Press of New England, 1993.

Gonen, Rivka. *To the Ends of the Earth: The Quest for the Ten Lost Tribes of Israel*. Northvale, N. J.: Jason Aronson, 2002.

González, Ondina E., and Justo L. González. *Christianity in Latin America: A History*. Cambridge: Cambridge University Press, 2008.

Goodkind, Howard W. "Lord Kingsborough Lost His Fortune Trying to Prove the Maya Were Descendants of the Ten Lost Tribes." *British Archeological Review* 11.5 (1985): 54–65.

Gow, Andrew. *The Red Jews: Antisemitism in an Apocalyptic Age, 1200–1600*. Leiden: Brill, 1995.

Grant, Asahel. *The Nestorians; or, The Lost Tribes: Containing Evidence of Their Identity; an Account of Their Manners, Customs, and Ceremonies; Together with Sketches of Travel in Ancient Assyria, Armenia, Media, and Mesopotamia; and Illustrations of Scripture Prophecy*. London: J. Murray, 1841.

Grant, Asahel, and A. C. Lathrop. *Memoir of Asahel Grant, M. D.: Missionary to the Nestorians*. New York: M. W. Dodd, 1847.

Grayson, A. Kirk. "Histories and Historians in the Ancient Near East: Assyria and Babylonia." *Orientalia* 49 (1980): 140-149.

Great Britain. Parliament. House of Commons. *The History and Proceedings of the House of Commons from the Restoration to the Present Time: Containing the Most Remarkable Motions, Speeches*, vol. 2. London: n. p., 1742.

The Great Deliverance of the Whole House of Israel: What It Truly Is, by Whom It Shall Be Performed, and in What Year... In Answer to a Book Called The Hope of Israel, Written by a Learned Jew of Amsterdam Named Menasseh Ben Israel. London: Printed by M. S., 1652.

Greenblatt, Stephen. *Marvelous Possessions: The Wonder of the New World*. Chicago: University of Chicago Press, 1991.

Greenleaf, Richard E. *The Roman Catholic Church in Colonial Latin America*. New York: Knopf, 1971.

Gries, Zeev. "Messiah Scribe: A' aron Ze' ev Aescoli." *Peamim* 100 (Summer 2004): 147-157 (in Hebrew).

Grimaldi, Alexander Beaufort. *Manasseh in Scotland: A Biblical and Historical Study*. London: R. Banks & Son, 1916.

Gumilev, Lev. *Searches for an Imaginary Kingdom: The Legend of the Kingdom of Prester John*. Cambridge: Cambridge University Press, 1987.

Haga, Uziel. *Sefer Ha-Berit Ha-Hadash 'im Ha-Nahar Sambatyon bi-Medinat Hina*. Petrokov, Poland: Shlomovitz, 1906.

Haight, Sarah Rogers. *Letters from the Old World*. New York: Harpers and Brothers, 1840.

Halkin, Hillel. *Across the Sabbath River: In Search of a Lost Tribe of Israel*. Boston: Houghton Mifflin, 2002.

Hall, Stuart. "Cultural Identity and Diaspora," in *Identity: Community*,

Culture, Difference, ed. Jonathan Rutherford, 222–237. London: Lawrence & Wishart, 1990.

Hallamish, Moshe, Yosef Rivlin, and Raphael Shuchat. *Ha-Gr' a u-Veit Midrasho*. Ramat Gan, Israel: Bar-Ilan University, 2003.

Halperin, David J., and Gordon D. Newby. "Two Castrated Bulls: A Study in the Haggadah of Ka'b Al-Ahbar." *Journal of the American Oriental Society* 102.4 (1982): 631–638.

Halpern, Baruch. *The First Historians: The Hebrew Bible and History*. San Francisco, Calif.: Harper & Row, 1988.

Hamilton, Alastair. *The Apocryphal Apocalypse: The Reception of the Second Book of Esdras (4 Ezra) from the Renaissance to the Enlightenment*. Oxford: Clarendon, 1999.

Hamilton, Mark W. "The Past as Destiny: Historical Visions in Sam'al and Judah under Assyrian Hegemony." *Harvard Theological Review* 91.3 (July 1998): 215–250.

Haran, Menahem. "From Early to Classical Prophecy: Continuity and Change." *Vetus Testamentum* 27, fasc. 4 (Oct. 1977): 385–397.

Harper, William, James Henry Hammond, William Gilmore Simms, and Thomas R. Dew. *The Pro-Slavery Argument, As Maintained by the Most Distinguished Writers of the Southern States Containing the Several Essays on the Subject*. Charleston, S. C.: Walker, Richards, 1852.

Harris, Jason. "The Practice of Community: Humanist Friendship during the Dutch Revolt." *Texas Studies in Literature and Language* 47.4 (2005): 299–325.

——. "The Religious Position of Abraham Ortelius," in *The Low Countries as a Crossroads of Religious Beliefs*, ed. Arie-Jan Gelderblom, Jan L. de Jong, and M. van Vaeck, 89–141. Leiden: Brill, 2004.

Harris, Tim. *Revolution: The Great Crisis of the British Monarchy, 1685–1720*. London: Allen Lane, 2006.

Hason, Nir. "Shevet Avud Mefahed la-Lechet le' Ibud." *Haaretz* (Aug. 25, 2004).

Hayes, John Haralson. *Amos, the Eighth-Century Prophet: His Times and His Preaching*. Nashville, Tenn.; Abingdon, 1988.

Headley, John M. "The Sixteenth-Century Venetian Celebration of the Earth's Total Habitability: The Issue of the Fully Habitable World for Renaissance Europe." *Journal of World History* 8.1 (1997): 1-27.

Heber, Reginald, and Amelia Shipley Heber. *The Life of Reginald Heber*. New York: Protestant Episcopal Press, 1830.

Heylyn, Peter. *Microcosmus: A Little Description of the Great World*. Oxford: Turner u. a, 1625.

—— *Cosmographie in Four Bookes: Containing the Chorographie and Historie of the Whole Vvorld, and All the Principall Kingdomes, Provinces, Seas and Isles Thereof*. London: Henry Seile, 1652.

Higgins, Iain Macleod. "Defining the Earth's Center in a Medieval 'Multi-Text': Jerusalem in *The Book of John Mandeville*," in *Text and Territory: Geographical Imagination in the European Middle Ages*, ed. Sylvia Tomasch and Sealy Gilles, 29-53. Philadelphia: University of Pennsylvania Press, 1998.

Hill, Christopher. *The English Bible and the Seventeenth-Century Revolution*. London: Allen Lane, 1993.

—— "Till the Conversion of the Jews," in *Millenarianism and Messianism in English Literature and Thought 1650—800*, ed. Richard Henry Popkin, 12-36. Leiden: Brill, 1988.

Hillelson, S. "David Reubeni's Route in Africa." *Jewish Quarterly Review*, new ser., 28.3 (Jan. 1938): 289-291.

Hine, Edward. *The English Nation Identified with the Lost House of Israel by Twenty-Seven Identifications*. Manchester, England: J. Heywood; Birmingham, England: R. Davies, 1871.

—— *Forty-Seven Identifications of the Anglo-Saxons with the Lost Ten*

  Tribes of Israel, *Founded Upon Five Hundred Scripture Proofs*. New York: Huggins, 1878.

— *Forty-Seven Identifications of the British Nation with the Lost Ten Tribes of Israel: Founded upon Five Hundred Scripture Proofs*. London: W. H. Guest, S. W. Partridge, 1874.

— *Seventeen Positive Identifications of the English Nation with the Lost House of Israel*. London: G. J. Stevenson, 1870.

Hirschberg, H. Z. *Yisrael ba-Arav: Korot ha-Yehudim be-Himyar ve-Hig' az me-Hurban Bayit sheni ve-ad mas e ha-tselav*. Tel Aviv: Masadah, 1946.

History of Johnson County, *Iowa*, *Containing a History of the County*, *and Its Townships*, *Cities and Villages from* 1836 *to* 1882. *Together with Biographical Sketches*. N. p., 1883.

Hopkirk, Peter. *The Great Game: The Struggle for Empire in Central Asia*. New York: Kodansha International, 1992.

Hourani, George Fadlo. *Arab Seafaring in the Indian Ocean in Ancient and Early Medieval Times*. Princeton, N. J. : Princeton University Press, 1995.

Howitt, William. *The History of the Supernatural in All Ages and Nations*, *And in All Churches*, *Christian and Pagan: Demonstrating a Universal Faith*. London: Longman, Green, Longman, Roberts, & Green, 1863.

Hoxie, Elizabeth F. "Harriet Livermore: 'Vixen and Devotee.'" *New England Quarterly* 18. 1 (Mar. 1945): 39–50.

Hudson, Charles. "James Adair as Anthropologist." *Ethnohistory* 24. 4 (Autumn 1977): 311–328.

Hultkrantz, Å ke. "Swedish Research on the Religion and Folklore of the Lapps." *Journal of the Royal Anthropological Institute of Great Britain and Ireland* 85. 1–2 (1955): 81–99.

Humboldt, Alexander von. *Personal Narrative of Travels to the Equinoctial Regions of America*, *During the Years* 1799–1804, trans. Aimé Bonpland and Thomasina Ross. London: H. G. Bohn, 1852.

Hurwitz, Simon Hirsch. *Sefer Kol Mevaser: Makhil Yedi ot Nikhbadot mi-Metsi' ut ha-Iyim ha-Rhokot umi-Kol Perate Mekomot Aseret ha-Shevatim, u-Veno Mosheh.* Yerushalayim: Bi-Defus Salomon, 1922.

Hutton, Ronald. *Charles the Second, King of England, Scotland, and Ireland.* Oxford: Clarendon, 1989.

Hyamson, Albert M. "The Lost Tribes, and the Influence of the Search for Them on the Return of the Jews to England." *Jewish Quarterly Review* 15. 4 (July 1903): 640–676.

Hyde, Thomas. *Igeret Orhot 'Olam, id est, Itinera Mundi, sic Dicta Nempe Cosmographia.* Oxford: e theatro Sheldoniano, impensis Henrici Bonwick, 1691.

Ibn Hisham, 'Abd al-Malik, et al. *Kitāb al-Tijān fi mulūk Himyar.* Haydarabad al-Dakkan, India: Matba' at Majlis Da'irat al-Ma'arif al-'Uthmaniyah, 1928.

Idel, Moshe. *Messianic Mystics.* New Haven, Conn.: Yale University Press, 1998.

—— *The Mystical Experience in Abraham Abulafia.* Albany: State University of New York Press, 1988.

—— "Saturn and Sabbatai Tzevi: A New Approach to Sabbateanism," in *Toward the Millennium: Messianic Expectations from the Bible to Waco*, ed. Peter Shafer and Mark Cohen, 173–202. Leiden: Brill, 1998.

Isagoge Histórico Apologético General de Todas Las Indias y Especial de la Provincia Sn. Vicente Ferrer de Chiapa y Goathemala de el orden de Predicadores; libro inédito hasta ahora, que, con motivo de la celebración del cuarto centenario del descubrimiento de América, ha mandado publicar el gobierno de la república de Guatemala. Madrid: Tip. de T. Minuesa de los Ríos, 1892.

Israel, Jonathan I. *Conflicts of Empires: Spain, the Low Countries and the Struggle for World Supremacy*, 1585 – 1713. London: Hambledon, 1997.

—— *Diasporas within a Diaspora: Jews, Crypto-Jews, and the World of Maritime Empires* (1540 – 1740). Leiden and Boston: Brill, 2002.

—— *The Dutch Republic and the Hispanic World*, 1606 – 1661. Oxford: Clarendon, 1982.

Israel, Jonathan I., and Stuart B. Schwartz. *The Expansion of Tolerance: Religion in Dutch Brazil* (1624 – 1654). Amsterdam: Amsterdam University Press, 2007.

Jackson, Peter. "Marco Polo and His 'Travels.'" *Bulletin of the School of Oriental and African Studies, University of London* 61. 1 (1998): 82.

—— "The Mongols and Europe," in *The New Cambridge Medieval History*, vol. 5, ed. David Abulafia, 703 – 719. Cambridge: Cambridge University Press, 1999.

Jacobovici, Simcha, and Elliott Halpern. *Quest for the Lost Tribes*. New York: A&E Home Video, 1999.

Jellinek, Adolph. *Bet ha-Midrash: Midrashim Ketanim Yeshanim u-Ma' amarim Shonim*. Jerusalem: Sifre Vahrmann, 1967.

Joannès, Francis. *The Age of Empires: Mesopotamia in the First Millennium bc*. Edinburgh: Edinburgh University Press, 2000.

Jobes, Karen H., and Moisés Silva. *Invitation to the Septuagint*. Grand Rapids, Mich.: Baker Academic, 2000.

Johnson, Christopher. "'Periwigged Heralds': Epistemology and Intertextuality in Early American Cometography." *Journal of the History of Ideas* 65. 3 (July 2004): 399 – 419.

Johnson, James William. "The Scythian: His Rise and Fall." *Journal of the History of Ideas* 20. 2 (Apr. 1959): 250 – 257.

Jones, W. H. S., trans. *Pliny: Natural History*. Cambridge, Mass.: Harvard University Press, 1975.

Josephus, Flavius. *The Works of Flavius Josephus: Comprising the Antiquities of the Jews; a History of the Jewish Wars; and Life of Flavius Josephus*, trans. William Whiston. Philadelphia: Leary & Getz, 1856.

Junkin, George. *Political Fallacies: An Examination of the False Assumptions, and Refutation of the Sophistical Reasonings, Which Have Brought on This Civil War.* New York: Scribner, 1863.

Kadir, Djelal. *Columbus and the Ends of the Earth: Europe's Prophetic Rhetoric as Conquering Ideology.* Berkeley: University of California Press, 1992.

— "To World, to Globalize: Comparative Literature's Crossroads." *Comparative Literature Studies* 41.1 (2004): 1-9.

Kamen, Henry. The Mediterranean and The Expulsion of Spanish Jews in 1492 *Past and Present* 119 (1988): 30-55.

Kamen, Henry Arthur Francis. *Spain's Road to Empire: The Making of a World Power*, 1492-1763. London: Allen Lane, 2002.

Kaplan, Steven. *The Beta Israel (Falasha) in Ethiopia from Earliest Times to the Twentieth Century.* New York: New York University Press, 1992.

Kaplan, Yosef, Richard H. Popkin, and Henry Méchoulan, eds. *Menasseh ben Israel and His World.* Leiden: Brill, 1989.

Kasdoi, Zevi. *Shivtei Yaakov u-netsure Yisrael: Homer le-Hakirah 'al Odot 'Aseret haShevatim.* Haifa, Israel: N. Warhaftig, 1928.

Katz, David S. "Israel in America: The Wanderings of the Lost Ten Tribes from 'Mikveigh Yisrael' to Timothy McVeigh," in *The Jews and the Expansion of Europe to the West*, 1450-1800, ed. Paolo Bernardini and Norman Fiering, 107-122. New York: Berghahn Books, 2001.

— "Menasseh ben Israel's Christian Connection: Henry Jessey and the Jews," in *Menasseh ben Israel and His World*, ed. Yosef Kaplan, Richard H. Popkin, and Henry Méchoulan, 117-138. Leiden:

Brill, 1989.

——"Menasseh ben Israel's Mission to Queen Christina of Sweden, 1651 – 1655." *Jewish Social Studies* 45 (1983): 57-72.

——*Philo-Semitism and the Readmission of the Jews to England*, 1603 – 1655. Oxford: Clarendon, 1982.

Kelle, Brad E. "What's in a Name? Neo-Assyrian Designations for the Northern Kingdom and Their Implications for Israelite History and Biblical Interpretation." *Journal of Biblical Literature* 121. 4 (2002): 639-666.

Keteltas, Abraham. *God Arising and Pleading His People's Cause; or, The American War in Favor of Liberty against the Measures and Arms of Great Britain*. Newburyport, Mass.: John Mycall, 1777.

Khadduri, Majid. *War and Peace in the Law of Islam*. Baltimore, Md.: Johns Hopkins University Press, 1955.

Khoury, Raif Georges. "Geschichte oder Fiktion. Zur erzählerischen Gattung der ältesten Bücher über Arabien," in *Story-telling in the Framework of Nonfictional Arabic Literature*, ed. Leder Stefan, 370-387. Wiesbaden, Germany: Harrassowitz, 1999.

——*Wahb b. Munabbih*. Wiesbaden, Germany: Harrassowitz, 1972.

Kidd, Colin. *The Forging of Races: Race and Scripture in the Protestant Atlantic World*, 1600 – 2000. Cambridge: Cambridge University Press, 2006.

King, Charles. *The Black Sea: A History*. Oxford: Oxford University Press, 2004.

King, David. *Finding Atlantis: A True Story of Genius, Madness and an Extraordinary Quest for a Lost World*. New York: Harmony, 2005.

King, Philip J. "The Eighth: The Greatest of Centuries?" *Journal of Biblical Literature* 108. 1 (Spring 1989): 3-15.

Kingsborough, Edward King. *Antiquities of Mexico: Comprising Fac-Similes of Ancient Mexican Paintings and Hieroglyphics*. London:

A. Aglio, 1830 – 1848.

Kirsch, Stuart. "Lost Tribes: Indigenous People and the Social Imaginary." *Anthropological Quarterly* 70. 2 (Apr. 1997): 58 – 67.

Knights, C. H. "The History of the Rechabites: An Initial Commentary." *Journal for the Study of Judaism in the Persian, Hellenistic and Roman Period* 28. 4 (1997): 413 – 436.

— "The Nabataeans and the Rechabites." *Journal of Semitic Studies* 38. 2 (1993): 227 – 233.

— "Towards a Critical Introduction to the History of the Rechabites." *Journal for the Study of Judaism in the Persian, Hellenistic and Roman Period* 26. 3 (1995): 324 – 342.

Knoppers, Gary N. J., and Gordon McConville, eds. *Reconsidering Israel and Judah: Recent Studies on the Deuteronomistic History*. Winona Lake, Ind.: Eisenbrauns, 2000.

Knuteson, Knute. *The Ten Lost Tribes*. Spanish Fork, Utah: The Author, 1925.

Koeman, Cornelis. *The History of Abraham Ortelius and His Theatrum Orbis Terrarum*. New York: American Elsevier, 1964.

Koishi, Yutaka. *Nihonjin to Yudayajin no rengōo sekai ga osoreru riyū: ju buzoku no daiyogen*. Tokyo: Kōbunsha, 1987.

Krauss, S. "New Light on Geographical Information of Eldad Hadani and Benjamin of Tudela." *Tarbiz* 8 (1937): 208 – 232 (in Hebrew).

Kuhrt, A. "The Cyrus Cylinder and Achaemenid Imperial Policy." *Journal for the Study of the Old Testament* 25 (1983): 86 – 87.

Kuntz, Marion Leathers. *Guillaume Postel, Prophet of the Restitution of All Things: His Life and Thought*. The Hague: Nijhoff, 1981.

— "Guillaume Postel and the Universal Monarchy: The State as a Work of Art," in *Guillaume Postel 1581 – 1981: Actes du colloque international d'Avranches 1981*, 233 – 256. Paris: Guy Trédaniel, 1985.

Laato, Antti. "Assyrian Propaganda and the Falsification of History in the Royal Inscriptions of Sennacherib." *Vetus Testamentum* 45, fasc. 2 (Apr. 1995): 198-226.

La Croix, A. Phérotée de. *Nouvelle Methode pour Apprendre Facilement la Geographie Universelle: contenant le traité de la sphere, la description du globe terrestre & celeste, les parties du monde divisées en leurs etats, empires, royaumes, republiques, provinces, &c.: le tout enrichy de Cartes avec les armoiries des provinces & de figures de diverses nations.* Lyon, France: Chez Jean-Baptiste Barbier, 1690.

Lampronti, Isaac Hezekiah ben Samuel. *Pahad Yitshak*. Yerushalayim: Mosad ha-Rav kuk, 1961.

Lasswell, Harold D., Daniel Lerner, and Hans Speier, eds. *Propaganda and Communication in World History*, vol. 1: *The Symbolic Instrument in Early Times*. Honolulu: University of Hawaii Press, 1979.

Lavezzo, Kathy. *Angels on the Edge of the World: Geography, Literature, and English Community, 1000-1534*. Ithaca, N. Y.: Cornell University Press, 2006.

Leblanc, Vincent. *The World Surveyed; or, The Famous Voyages & Travailes of Vincent le Blanc, or White, of Marseilles: Who from the Age of Fourteen Years, to Threescore and Eighteen, Travelled Through Most Parts of the World... Containing a More Exact Description of Several Parts of the World, Than Hath Hitherto Been Done by Any Other Authour.* London: Printed for John Starkey, 1660.

Lee, Mark. *The Lost Tribe*. New York: Picador, 1998.

Leket Hipus 'Aseret ha-Shevatim: Osef Ma' amarim u-Mehkarim be-'Inyan Hipus Aseret haShevatim. Jerusalem: Yerid ha-sefarim, 1999.

Levine, Lee I., and Amihay Mazar. *ha-Pulmus 'al ha-Emet ha-Historit ba-Mikra* (The Controversy over the Historicity of the Bible). Jerusalem: Yad Ben Tsevi, 2001.

Lindelof, O. J. S. *A Trip to the North Pole; or, The Discovery of the Ten Tribes, as Found in the Arctic Ocean*. Salt Lake City, Utah: Tribune Printing, 1903.

Liverani, Mario. "The Fall of the Assyrian Empire: Ancient and Modern Interpretations," in *Empires: Perspectives from Archaeology and History*, ed. Susan Alcock, 374–391. New York: Cambridge University Press, 2001.

—— *Israel's History and the History of Israel*, trans. Chiara Peri and Philip R. Davies. Oakville, Conn.: Equinox, 2005.

Livermore, Harriet. *Millennial Tidings*. Philadelphia: The Author, 1831.

—— "Song Millennial." Trinity Church, Richmond, Virginia, July 1, 1832.

Livingstone, David. *Narrative of an Expedition to the Zambesi and Its Tributaries: And of the Discovery of the Lakes Shirwa and Nyassa, 1858–1864*. New York: Harper & Bros., 1866.

—— *The Zambezi Expedition of David Livingstone, 1858–1863*. London: Chatto & Windus, 1956.

Livingstone, David N. *The Preadamite Theory and the Marriage of Science and Religion*. Philadelphia: American Philosophical Society, 1992.

Livneh, Neri. "Coming Home." *Haaretz Friday* (July 19, 2002).

Lockman, John, ed. *Travels of the Jesuits, into Various Parts of the World: Particularly China and the East-Indies*. London: T. Piety, 1762.

Loew, Rabbi Juda of Prague (Maharal). *Netzah Israel*. Jerusalem: Machon Jerusalem, 2004.

Longenecker, Bruce W. *2 Esdras*, Sheffield: Sheffield Academic Press, 1995.

Lorki, Yeshosu ' a. *Igeret Yehosh ' a a-Lorki*, in *Ozar Wikuhim: A Collection of Polemics and Disputations*, ed. Judah David Eisenstein, 98–104. 1928; reprint, Tel Aviv: n. p. , 1969.

Lowance, Mason I. *A House Divided: The Antebellum Slavery Debates in America*, 1776–1865. Princeton, N. J. : Princeton University Press, 2003.

Lozano, Pedro. *Historia de la Conquista del Paraguay, Rio de la Plata y Tucuman*. Buenos Aires: Casa Editora Imprenta Popular, 1873.

Lucena, Vasco Fernandes de. *The Obedience of a King of Portugal*, trans. Francis Millet Rogers. Minneapolis: University of Minnesota Press, 1958.

Ludolf, Hiob. *New History of Ethiopia: Being a Full and Accurate Description of the Kingdom of Abessinia, Vulgarly, Though Erroneously Called the Empire of Prester John; in Four Books . . . Illustrated with Copper Plates*, trans. J. P. London: Samuel Smith, 1682.

Lyman, Stanford M. "The Lost Tribes of Israel as Problem in History and Sociology," in *Roads to Dystopia: Sociological Essays on the Postmodern Condition*, ed. Stanford M. Lyman, 159–187. Fayetteville: University of Arkansas Press, 2001.

—— "Postmodernism and Construction of Ethno-cultural Identity: The JewishIndian Theory and the Lost Tribes of Israel," in *Roads to Dystopia: Sociological Essays on the Postmodern Condition*, ed. Stanford M. Lyman, 189–203. Fayetteville: University of Arkansas Press, 2001.

Macey, Samuel L. *Patriarchs of Time: Dualism in Saturn-Cronus, Father Time, the Watchmaker God, and Father Christmas*. Athens: University of Georgia Press, 1987.

Machinist, Peter. "Assyria and Its Image in the First Isaiah. " *Journal of the American Oriental Society* 103. 4 (Oct. 1983): 719–737.

—— "The Fall of Assyria in Comparative Ancient Perspective," in *Assyria*

1995: *Proceedings of the 10th Anniversary Symposium of the Neo-Assyrian Text Corpus Project*, Helsinki, September 7 - 11, 1995, ed. Simo Parpola and R. M. Whiting, 179 - 196. Helsinki: The Project, 1997.

Mackendrick, William Gordon. *The Destiny of America, with an Appendix: Who Are the Japanese?* Boston: A. A. Beauchamp, 1921.

Malkiel, David. "The Sambatyon and the Ten Lost Tribes in *Pahad Yizhaq* by Isaac Lampronti." *Pe'amim* 94 - 95 (Winter - Spring 2003): 159 - 180.

Mandeville, John. *Mandeville's Travels*, ed. M. C. Seymour. New York: Oxford University Press, 1968.

Marcus, David. "Nineveh's 'Three Days' Walk' (Jonah 3: 3): Another Interpretation," in *On the Way of Nineveh: Studies in Honor of George M. Landes*, ed. Stephen L. Cook and S. C. Winter, 42 - 53. Atlanta, Ga.: Scholars, 1999.

Margolis, David. "Finding the Lost Tribes: Traces of the Tribes Are Popping Up All Over." Available at: http://www.davidmargolis.com (accessed August 3, 2006).

Matar, Nabil I. "George Herbert, Henry Vaughan, and the Conversion of the Jews." *Studies in English Literature*, 1500 - 1900 30.1 (Winter 1990): 79 - 92.

Matsumoto, Michihiro, and J. Eidelberg. *Yamato Minzoku Yudayajin setsu no nazo o ou*. Tokyo: Tama Shuppan, 1992.

May, John A. *Kant's Concept of Geography: And Its Relation to Recent Geographical Thought*. Toronto: University of Toronto Press, 1970.

Mayerson, Philip. "A Confusion of Indias: Asian India and African India in the Byzantine *Sources*." *Journal of the American Oriental Society* 113.2 (Apr. -June 1993): 169 - 174.

McAuliffe, Jane Dammen. "Assessing the Isra'iliyyat: An Exegetical

Conundrum," in *Story-telling in the Framework of Nonfictional Arabic Literature*, ed. Leder Stefan, 346 – 376. Wiesbaden, Germany: Harrassowitz, 1999.

McGrady, Thomas. *Beyond the Black Ocean*. Chicago: Charles H. Kerr, 1901.

McKenzie, Steven L. *How to Read the Bible: History, Prophecy, Literature-Why Modern Readers Need to Know the Difference, and What It Means for Faith Today*. New York: Oxford University Press, 2005.

McLean, Matthew. *The Cosmographia of Sebastian Münster: Describing the World in the Reformation*. Aldershot, England: Ashgate, 2007.

McLeod, N. *Epitome of the Ancient History of Japan*. Nagasaki: Printed for the Author at the Rising Sun Office, 1879.

——— *Korea and the Ten Lost Tribes of Israel with Korean, Japanese, and Israelitish Illustrations*. Yokohama: n. p. , 1879.

Méchoulan, Henry. "Menasseh Ben Israel and the World of the Non-Jew," in *Menasseh ben Israel and His World*, ed. Yosef Kaplan, Richard H. Popkin, and Henry Méchoulan, 83 – 97. Leiden: Brill, 1989.

Medina, José Toribio. *Los Aborígenes de Chile*. Santiago de Chile: Fondo Histórico y Bibliográfico José Toribio Medina, 1952.

Melion, Walter S. "Ad Ductum Itineris et Dispositionem Mansionum Ostendendam: Meditation, Vocation, and Sacred History in Abraham Ortelius's Parergon. " *Journal of the Walters Art Gallery* 57 (1999): 49 – 72.

Michael, Hugh J. "The Jewish Sabbath in the Latin Classical Writers. " *American Journal of Semitic Languages and Literatures* 40. 2 (Jan. 1924): 117 – 124.

Milton, John. *The Poetical Works of John Milton: To Which Is Prefixed the Life of the Author*, ed. Egerton Brydges and J. M. W.

Turner. London: William Tegg, 1848.

Moazami, Mahnaz. "Millennialism, Eschatology, and Messianic Figures in Iranian Tradition." *Journal of Millennial Studies* (Winter 2000): 1–16.

Moberg, Axel. *The Book of the Himyarites: Fragments of a Hitherto Unknown Syriac Work*. Lund: Gleerup, 1924.

Montano, Benito Arias. *Itinerarium Beniamini Tudelensis: in quo res memorabiles, quas ante quadrigentos annos totum ferè terrarum orbem notatis itineribus dimensus vel ipse vidit vel à fide dignis suae aetatis hominibus accepit, breuiter atque dilucide describuntur.* Antwerp: ex officina Christophori Plantini, architypographi regij, 1575.

Moore, Karl, and David Lewis. *Birth of the Multinational: 2000 Years of Ancient Business History, from Ashur to Augustus*. Herndon, Va.: Copenhagen Business School Press, 1999.

Morag, Shlomo. "Eldad Haddani's Hebrew and the Problem of His Provenance." *Tarbiz* 66 (1997): 223–246 (in Hebrew).

Moreno Toscano, Alejandra. *Fray Juan de Torquemada y su Monarquía Indiana*. Xalapa, Mexico: Universidad Veracruzana, 1963.

Morgenstern, Arie. *Hastening Redemption: Messianism and the Resettlement of the Land of Israel*. New York: Oxford University Press, 2006.

Moyn, Samuel. "Amos Funkenstein on the Theological Origins of Historicism." *Journal of the History of Ideas* 64.4 (2003): 639–657.

Muller, Richard. *After Calvin: Studies in the Development of a Theological Tradition*. Oxford: Oxford University Press, 2003.

Münchhausen, Karl Friedrich Hieronymus von. *Münchhausen at the Pole; or, The Surprising and Wonderful Adventures of a Voyage of Discovery: Consisting of Some of the Most Marvellous Exploits Ever Performed by Man; Together with a Correct List of the*

Curiosities Brought Home and Deposited in the Museum and Tower of London. London: J. Johnston, 1819.

Murphy, Frederick J. "2 Baruch and the Romans." *Journal of Biblical Literature* 104. 4 (Dec. 1985): 663–669.

Murphy, Trevor Morgan. *Pliny the Elder's Natural History: The Empire in the Encyclopedia.* Oxford: Oxford University Press, 2004.

Na'aman, Nadav. "Ahab's Chariot Force at the Battle of Qarqar," in Na'aman, *Ancient Israel and Its Neighbors*, 1–12.

— *Ancient Israel and Its Neighbors: Interaction and Counteraction.* Winona Lake, Ind. : Eisenbrauns, 2005.

— "Forced Participation in Alliances in the Course of the Assyrian Campaigns to the West," in Na'aman, *Ancient Israel and Its Neighbors*, 16–39.

— "Hezekiah and the Kings of Assyria," in Na'aman, *Ancient Israel and Its Neighbors*, 98–117.

— "The Historical Background to the Conquest of Samaria (720 bce)," in Na'aman, *Ancient Israel and Its Neighbors*, 76–93.

— "Jehu, Son of Omri: Legitimizing a Loyal Vassal by His Lord," in Na'aman, *Ancient Israel and Its Neighbors*, 13–15.

— "Population Changes in Palestine following Assyrian Deportations," in Na'aman, *Ancient Israel and Its Neighbors*, 200–219.

— "Rezin of Damascus and the Land of Gilead," in Na'aman, *Ancient Israel and Its Neighbors*, 40–55.

— "Tiglath-pileser III's Campaigns against Tyre and Israel (734–732 bce)," in Na'aman, *Ancient Israel and Its Neighbors*, 56–67.

Na'aman, Nadav, and Ran Zadok. "Sargon II's Deportations to Israel and Philistia (716–708 B. C.)." *Journal of Cuneiform Studies* 40. 1 (Spring 1988): 36–46.

Nagel, Thomas. *The View from Nowhere.* New York: Oxford University Press, 1986.

Nebot, Didier. *Les Tribus Oubliées d' Israe˜l : l' Afrique Judéo-Berbére, des Origines aux Almohades : Essai Historique.* Paris : Romillat, 1999.

Neher, André. *Jewish Thought and the Scientific Revolution of the Sixteenth Century : David Gans（1541 - 1613）and His Times.* Oxford : Oxford University Press, 1986.

Netanyahu, B. *Don Isaac Abravanel, Statesman and Philosopher.* Philadelphia : Jewish Publication Society of America, 1968.

Neubauer, Adolf. "Where Are the Ten Tribes? I. Bible, Talmud, and Midrashic Literature. " *Jewish Quarterly Review* 1. 1（Oct. 1888）: 14 - 28.

— "Where Are the Ten Tribes? II. Eldad the Danite. " *Jewish Quarterly Review* 1. 2（Jan. 1889）: 95 - 114.

— "Where Are the Ten Tribes? III. Early Translators of the Bible and Commentators : Abraham Bar Hiyya, Benjamin of Tudela, Prester John, Obadiah of Bertinoro, Abraham Levi and His Contemporaries. " *Jewish Quarterly Review* 1. 3（Apr. 1889）: 185 -201.

— "Where Are the Ten Tribes? IV（Concluded）. " *Jewish Quarterly Review* 1. 4（July 1889）: 408 - 423.

Neubauer, Adolphe. *La Géographie du Talmud.* Hildesheim, Germany : G. Olms, 1967.

Neusner, Jacob. *Invitation to Midrash : The Workings of Rabbinic Bible Interpretation : A Teaching Book.* San Francisco, Calif. : Harper & Row, 1989.

— *Lamentations Rabbah.* Atlanta, Ga. : Scholars, 1997.

— *The Midrash Compilations of the Sixth and Seventh Centuries : An Introduction to the Rhetorical, Logical, and Topical Program.* Atlanta, Ga. : Scholars, 1989.

Newman, James L. *Imperial Footprints : Henry Morton Stanley's African Journeys.* Washington, D. C. : Brassey's, 2004.

Nicolson, Adam. *God's Secretaries : The Making of the King James*

Bible. New York: HarperCollins, 2003.

Nigosian, Salomon A. *From Ancient Writings to Sacred Texts: The Old Testament and Apocrypha*. Baltimore, Md. : Johns Hopkins University Press, 2004.

Nirenberg, David. "Enmity and Assimilation: Jews, Christians, and Converts in Medieval Spain." *Common Knowledge* 9. 1 (2003): 137–151.

Noah, Mordecai M. *Discourse on the Evidences of the American Indians Being the Descendants of the Lost Tribes of Israel: Delivered before the Mercantile Library Association, Clinton Hall*. New York: James Van Norden, 1837.

Nordenskjöld, Baron A. E. "The Influence of the 'Travels of Marco Polo' on Jacobo Gastaldi's Maps of Asia." *Geographical Journal* 13. 4 (Apr. 1899): 396–406.

Northrup, David. "Vasco da Gama and Africa: An Era of Mutual Discovery, 1497–1800." *Journal of World History* 9. 2 (1998): 189–211.

Nussbaum, Felicity. *The Global Eighteenth Century*. Baltimore, Md. : Johns Hopkins University Press, 2003.

Nuti, Lucia. "The World Map as an Emblem: Abraham Ortelius and the Stoic Contemplation." *Imago Mundi* 55 (2003): 38–55.

Oded, Bustenay. "History vis-à-vis Propaganda in the Assyrian Royal Inscriptions." *Vetus Testamentum* 48, fasc. 3 (July 1998): 423–425.

—— *Mass Deportations and Deportees in the Neo-Assyrian Empire*. Wiesbaden, Germany: Reichert, 1979.

—— *War, Peace and Empire: Justifications for War in Assyrian Inscriptions*. Wiesbaden, Germany: Reichart, 1992.

Olender, Maurice. *The Languages of Paradise: Race, Religion, and Philology in the Nineteenth Century*. Cambridge, Mass. : Harvard University Press, 1992.

Olive, Phyllis Carol. *The Lost Tribes of the Book of Mormon — the Rest of the Story: A Correlation between the Nephite Nation and the Mound Builders of the Eastern United States.* Springville, Utah: Bonneville, 2001.

Olmstead, A. T. *History of Assyria.* London: Scribner's, 1923.

Oppenheim, Leo A. "Neo-Assyrian and Neo-Babylonian Empires," in *Propaganda and Communication in World History, vol. 1: The Symbolic Instrument in Early Times*, ed. Harold D. Lasswell, Daniel Lerner, and Hans Speier, 111 - 144. Honolulu: University of Hawaii Press, 1979.

Ortelius, Abraham. *An Epitome of Ortelius His Theater of the Vvorld, Vvherein the Principal Regions of the Earth Are Descrived in Smalle Mappes. VVith a Brief Declaration Annexed to Ech Mappe. And Donne in More Exact Manner, Then Lyke Declarations in Latin, French, or Other Languages. It Is Also Amplyfied with New Mappes Wanting in the Latin Editions.* At London [i. e. Antwerp]: Printed by [typis H. Swingenij [for]] Iohn Norton, 1601.

— *Theatrum Orbis Terrarum Abrahami Orteli Antverp: The Theatre of the Whole World.* London: Iohn Norton, 1606.

Owens, Robert R. "The Myth of Anian." *Journal of the History of Ideas* 36. 1 (Jan. -Mar. 1975): 135 - 138.

Oxonian. *Israel's Wanderings; or, The Scüths, the Saxons, and the Kymry: A Connected Account Tracing the Lost Tribes of Israel into the British Isles.* London: British Israel Identity, 1881.

Pagden, Anthony. *The Fall of Natural Man: The American Indian and the Origins of Comparative Ethnology.* Cambridge: Cambridge University Press, 1982.

— *Peoples and Empires: A Short History of European Migration, Exploration, and Conquest, from Greece to the Present.* New York: Modern Library, 2001.

Paine, Thomas. *The Age of Reason: Being an Investigation of True and Fabulous Theology*. Paris: Printed by Barrois, 1794.

Pakenham, Thomas. *The Scramble for Africa*, 1876 – 1912. New York: Random House, 1991.

Palmer, Hurley Pring. *Joseph Wolff: His Romantic Life and Travels*. London: Heath, Cranton, 1935.

Parfitt, Tudor. "Constructing Black Jews: Genetic Tests and the Lemba-the 'Black Jews' of South Africa." *Developing World Bioethics* 3. 2 (2003): 112 – 118.

—— "Hebrew in Colonial Discourse." *Journal of Modern Jewish Studies* 2. 2 (October 2003): 159 – 173.

—— *Journey to the Vanished City: The Search for a Lost Tribe of Israel*. New York: St. Martin's, 1993.

—— *The Lost Ark of the Covenant: Solving the 2,500 Year Old Mystery of the Fabled Biblical Ark*. New York: HarperOne, 2008.

—— *The Lost Tribes of Israel*. London: Weidenfeld & Nicolson, 2002.

—— *Operation Moses: The Untold Story of the Secret Exodus of the Falasha Jews from Ethiopia*. New York: Stein and Day, 1985.

Parfitt, Tudor, and Yulia Egorova. *Genetics, Mass Media and Identity: A Case Study of the Genetic Research on the Lemba and Bene Israel*. London: Routledge, 2006.

Parfitt, Tudor, and Emanuela Trevisan Semi. *Judaising Movements: Studies in the Margins of Judaism*. London: RoutledgeCurzon, 2002.

Paris, Matthew. *Matthew Paris's English History: From the Year 1235 to 1273*, trans. J. A. Giles and William Rishanger. London: H. G. Bohn, 1852.

Park, Chris. "Religion and Geography," in *Routledge Companion to the Study of Religion*, ed. J. Hinnells, 439 – 455. London: Routledge, 2004.

—— *Sacred Worlds: An Introduction to Geography and Religion*.

London: Routledge, 1994.

Parker, Bradley J. "Garrisoning the Empire: Aspects of the Construction and Maintenance of Forts on the Assyrian Frontier." *Iraq* 59 (1997): 77-87.

—— *The Mechanics of Empire: The Northern Frontier of Assyria as a Case Study in Imperial Dynamics*. Helsinki: Neo-Assyrian Text Corpus Project, 2000.

Parpola, Simo. "Assyrian Identity in Ancient Times and Today." *Journal of Assyrian Academic Studies* 18.2 (2004): 5-49.

Parpola, Simo, and R. M. Whiting, eds. *Assyria 1995: Proceedings of the 10th Anniversary Symposium of the Neo-Assyrian Text Corpus Project, Helsinki, September 7-11, 1995*. Helsinki: The Project, 1997.

Peckham, Brian. *History and Prophecy: The Development of Late Judean Literary Traditions*. Garden City, N.Y.: Doubleday, 1993.

Peñafiel, Antonio. *Nombres Geograficos de Mexico: Cataloga Alfabetico de Los Nombres de Lugar Pertenecientes al Idioma*. Ciudad de Mexico: Secretario de Fomento, 1885.

Perlmann, Moshe. "Another Ka'b al-Ahbar Story." *Jewish Quarterly Review*, new ser., 45.1 (July 1954): 48-58.

Petry, Yvonne. *Gender, Kabbalah, and the Reformation: The Mystical Theology of Guillaume Postel, 1510-1581*. Leiden: Brill, 2004.

Peyton, Edward. *The Divine Catastrophe of the Kingly Family of the House of Stuarts; or, A Short History of the Rise, Reigne, and Ruine Thereof. Wherein the Most Secret and Chamber Abominations of the Two Last Kings Are Discovered, Divine Justice in King Charles His Overthrow Vindicated, and the Parliaments Proceedings against Him Clearly Justified*. London: T. Warner, 1731.

Pinkerton, John. *A General Collection of the Best and Most Interesting*

  Voyages and Travels in All Parts of the World, Many of Which Are Now First Translated into English. Digested on a New Plan. London: Longman, Hurst, Rees, and Orme [etc.], 1808.

Plato. *Timaeus*, trans. Benjamin Jowett. Champaign, Ill.: Project Gutenberg, 1990.

Polliack, Meira. *Karaite Judaism: A Guide to Its History and Literary Sources.* Leiden: Brill, 2003.

Polo, Marco. *The Travels of Marco Polo*, trans. Ronald Latham. London: Penguin, 1972.

Poole, William H. *Anglo-Israel; or, The British Nation the Lost Tribes of Israel.* Toronto: Bengough Bros., 1879.

—— *Anglo-Israel; or, The Saxon Race Proved to Be the Lost Tribes of Israel.* Detroit, Mich.: Winn, 1889.

Popkin, Richard H. "The Age of Reason versus the Age of Revelation: Two Critics of Tom Paine: David Levi and Elias Boudinot: Essays Honoring Alfred Owen Aldridge," in *Deism, Masonry, and the Enlightenment*, ed. J. A. Leo Lemay, 158 – 170. Newark: University of Delaware Press, 1987.

—— "David Levi, Anglo-Jewish Theologian." *Jewish Quarterly Review*, new ser., 87. 1 – 2 (July-Oct. 1996): 79 – 101.

—— *Isaac La Peyrere (1596 – 1676): His Life, Work, and Influence.* Leiden: Brill, 1987.

—— "Jewish-Christian Relations in the Sixteenth and Seventeenth Centuries: The Conception of the Messiah." *Jewish History* 6. 1 – 2 (Mar. 1992): 163 – 177.

—— "The Rise and Fall of the Jewish Indian Theory," in *Menasseh ben Israel and His World*, ed. Yosef Kaplan, Richard H. Popkin, and Henry Méchoulan, and, 63 – 82. Leiden: Brill, 1989.

Post-angel; or, Universal Entertainment (London) 4. 4 (April 1701).

Pratt, Mary Louise. *Imperial Eyes: Travel Writing and Transculturation.* London: Routledge, 1992.

Prince, Carlos. *I. Origen de los Indios de América. II. Origen y civilization de los IndÍgenas del Perú*. Lima, Peru: Impreso en casa del autor, 1915.

Pringle, Heather Anne. *The Master Plan: Himmler's Scholars and the Holocaust*. New York: Hyperion, 2006.

Pritchett, Percy Hugh. *The Enduring Empire of the British: An Account of the Remarkable Unconscious Testimony of Several Historians Never Before Used in British-Israel Evidence, Which Is Shown to Exactly Fit in with the Picture Scripture Draws of the Scattered, Outcast, Wandering, Lost Ten-Tribed Israel Led to the British Isles, and Destined to Ultimately Become a Blessing to the Whole World*. London: Covenant, 1928.

Purchas, Samuel. *Pvrchas his pilgrimage; or, Relations of the world and the religions obserued in all ages and places discouered, from the Creation vnto this present: bin foure partes: this first containeth a theologicall and geographicall historie of Asia, Africa, and America, with the ilands adiacent: declaring the ancient religions before the floud, the heathnish, Jewish, and Saracenicall in all ages since...* London: Printed by W. Stansby for H. Fetherstone, 1613.

— *Purchas His Pilgrimes In Fiue Bookes. The First, Contayning the Voyages and Peregrinations Made by Ancient Kings, Patriarkes, Apostles, Philosophers, and Others, to and Thorow the Remoter Parts of the Knowne World: Enquiries Also of Languages and Religions, Especially of the Moderne Diuersified Professions of Christianitie. The Second, a Description of All the Circum-Nauigations of the Globe. The Third, Nauigations and Voyages of English-Men, Alongst the Coasts of Africa... The Fourth, English Voyages Beyond the East Indies, to the Ilands of Iapan, China, Cauchinchina, the Philippinæ* [32] *with Others... The Fifth, Nauigations, Voyages, Traffiques, Discoueries, of the*

  English Nation in the Easterne Parts of the World... The First Part. London: Printed by William Stansby for Henrie Fetherstone, 1625.

— *Purchas His Pilgrimage; or, Relations of the World and the Religions Observed in All Ages and Places Discovered, from the Creation Vnto This Present. Contayning a Theologicall and Geographicall Historie of Asia, Africa, and America, with the Ilands Adiacent. Declaring the Ancient Religions Before the Floud, the Heathenis, Iewish, and Saracenicall in All Ages Since*. London: Printed by William Stansby for Henrie Fetherstone, and are to be sold at his shop in Pauls Church-yard at the signe of the Rose, 1625.

Rabinowitz, Louis. "Eldad ha-Dani and China." *Jewish Quarterly Review*, new ser., 36.3 (Jan. 1946): 231 – 238.

Rademaker, C. S. M. *Life and Work of Gerardus Joannes Vossius (1577 – 1649)*. Assen, Netherlands: Van Gorcum, 1981.

Rafinesque, C. S. "The American Nations and Tribes Are Not Jews." *Atlantic Journal and Friend of Knowledge* 1.3 (Autumn 1832): 98 – 99.

— *A Life of Travels and Researches in North America and South Europe; or, Outlines of the Life, Travels and Researches of C. S. Rafinesque... Containing His Travels in North America and the South of Europe; the Atlantic Ocean, Mediterranean, Sicily, Azores, &c., from 1802 to 1835, with Sketches of His Scientific and Historical Researches &c*. Philadelphia: Printed for the Author by F. Turner, 1836.

Raleigh, Walter. *The Discovery of the Large, Rich, and Beautiful Empire of Guiana, With a Relation of the Great and Golden City of Manoa (Which the Spaniards Call El Dorado) Etc. Performed in the Year* 1595. New York: B. Franklin, 1970.

— *The Works of Sir Walter Ralegh, Kt., Now First Collected. To*

Which Are Prefixed the Lives of the Author. New York: B. Franklin, 1965.

Ramaswamy, Sumathi. *The Lost Land of Lemuria: Fabulous Geographies, Catastrophic Histories.* Berkeley: University of California Press, 2004.

Randles W. G. L. "South-East Africa as Shown on Selected Printed Maps of the Sixteenth Century." *Imago Mundi* 13 (1956): 69–88.

Raz-Krakotzkin, Amnon. *The Censor, the Editor, and the Text: The Catholic Church and the Shaping of the Jewish Canon in the Sixteenth Century.* Philadelphia: University of Pennsylvania Press, 2007.

——"Galut be-toch Ribonut: le-Bikoret Shelilat ha-Galut" (Exile within Sovereignty: Toward a Critique of the Negation of Exile in Israeli Culture), pts. 1 and 2. *Theory and Criticism* 4–5 (1993–1994): 6–23 and 113–132.

——"A National Colonial Theology: Religion, Orientalism, and Construction of the Secular in Zionist Discourse." *Tel Aviver Yahrbuch* (2000): 304–318.

Reisenauer, Eric Michael. "British-Israel: Racial Identity in Imperial Britain, 1870–1920." Ph. D. diss., Loyola University of Chicago, 1997.

Rennell, James. "Concerning the Disposal of the Ten Tribes of the Jews, which were Carried into Captivity to Nineveh: Commonly Called the First Captivity," in Rennell, James, *The Geography System of Herodotus Examined and Explained, by a Comparison with Those of Other Ancient Authors, and with Modern Geography*, 512–535. London: C. J. G. & F. Rivington, 1830.

Rey, Charles Fernand. *The Romance of the Portuguese in Abyssinia: An Account of the Adventurous Journeys of the Portuguese to the Empire of Prester John, Their Assistance to Ethiopia in Its Struggle against Islam and Their Subsequent Efforts to Impose Their*

Own Influence and Religion, 1490 – 1633. New York: Negro Universities Press, 1929.

Ridpath, George. *Parliamentary Right Maintain'd; or, The Hanover Succession Justified. Wherein the Hereditary Right to the Crown of England Asserted*, &c. *Is Consider'd, in III arts.* [London]: n. p., 1714.

Ringelblum, Emanuel. *Ksovim fun geto*. Warsaw, Poland: Idisz Buch, 1961.

Ripley, George, and Charles A. Dana. *A Universal Library: The New American Cyclopaedia*. New York: Appleton, 1863.

Robertson, Roland, and David Inglis. "Beyond the Gates of the Polis: Reconfiguring Sociology's Ancient Inheritance." *Journal of Classical Sociology* 4.2 (2004): 165 – 189.

——. "The Global Animus: In the Tracks of World Consciousness." *Globalizations* 1.1 (2004): 38 – 49.

Robinson, J. Armitage. "Introduction to the Story of Zosimus," in *Texts and Studies, Contributions to Biblical and Patristic Literature*, ed. J Armitage Robinson, 86 – 91. Cambridge: Cambridge University Press, 1891.

Rocha, Diego Andrés. *El origen de los indios*, ed. José Alcina Franch. Madrid: Historia, 1988.

——. *Tratado Único y Singular del Origen de los Indios del Perú, Méjico, Santa Fé y Chile*. 1681; reprint, Madrid: n. p., 1891.

Rodinson, Maxime. *Muhammad*. London: Penguin, 1996.

Rogers, Francis Millet. *The Quest for Eastern Christians*. Minneapolis: University of Minnesota Press, 1962.

Romm, James S. "Biblical History and the Americas: The Legend of Solomon's Ophir, 1492 – 1591," in *The Jews and the Expansion of Europe to the West*, 1450 to 1800, ed. Paolo Bernardini and Norman Fiering, 27 – 46. New York: Berghahn Books, 2001.

——. *The Edges of the Earth in Ancient Thought: Geography,*

Exploration, and Fiction. Princeton, N. J.: Princeton University Press, 1992.

Rosen, Friedrich. *Oriental Memories of a German Diplomatist.* London: Methuen, 1930.

Rosenthal, Frank. "The Rise of Christian Hebraism in the Sixteenth Century." *Historia Judaica* 7 (1945): 167-191.

Roth, Cecil. *A Life of Menasseh Ben Israel: Rabbi, Printer, and Diplomat.* New York: Arno, 1975.

—— *The Nephew of the Almighty: An Experimental Account of the Life and Aftermath of Richard Brothers.* London: E. Goldston, 1933.

Rudbeck, Olof. *Olavi Rudbeck filii Atlantica illustrata: sive illustrium, nobilium, principum atque regum insula, ubi et prisci Hesperidum horti.* Upsalis: Wernerianis, 1732.

Rudbeck, Olof. *Olof Rudbeck's Book of Birds: A Facsimile of the Original Watercolours (c. 1693 - 1710) of Olof Rudbeck the Younger in the Leufsta Collection in Uppsala University Library*, ed. Björn Lo¨wendahl. Stockholm: Björck & Börjesson, 1986.

Rudbeck, Olof [Olavi Rudbecki fil]. *Specimen Usus Linguae Gothicae, in Eruendis Atque Illustrandis Obscurissimis Quibusvis Sacrae Scripturae locis: addita analogia linguae gothicae cum sinica, nec non finnonicae cum ungarica.* Uppsala, Sweden: Joh. Henr. Werner, 1717.

Rudbeck the Younger, Olof. "Of the Origin of the Estonians, Finns, and Laplanders" (1727, *Acta Literaria Suecia*), translated in *Acta Germanica; or, The Literary Memoirs of Germany, &c.: Being a Choice Collection of What Is Most Valuable... Not Only in the Several Literary Acts, Publish'd in Different Parts of Germany, and the North... but Likewise in the Several Academical Theses... in the Several Faculties, at the Universities All Over Germany, &c. Done from the Latin and High-Dutch, by a Society of Gentlemen... Illustrated with Copper-Plates*, ed. Godfrey

Smith, 306 - 309. N. p. , 1743.

Ruderman, David B. *Jewish Thought and Scientific Discovery in Early Modern Europe*. Detroit, Mich. : Wayne State University Press, 2001.

— *The World of a Renaissance Jew : The Life and Thought of Abraham Ben Mordecai Farissol*. Cincinnati, Ohio: Hebrew Union College Press, 1981.

Ruland, Harold L. "A Survey of the Double-Page Maps in Thirty-Five Editions of the 'Cosmographia Universalis' 1544 - 1628 of Sebastian Münster and in His Editions of Ptolemy's 'Geographia' 1540 - 1552. " *Imago Mundi* 16 (1962): 84 - 97.

Russell-Wood, A. J. R. *The Portuguese Empire*, 1415 - 1808: *A World on the Move*. Baltimore, Md. : Johns Hopkins University Press, 1998.

Rutherford, Adam. *Anglo-Saxon Israel, or Israel-Britain: An Explanation of the Origin, Function and Destiny of the Norse-Anglo-Celto-Saxon Race in the British Empire, U. S. A. , Holland, Scandinavia and Iceland*. London: The Author, 1939.

— *Israel-Britain or Anglo-Saxon Israel: An Explanation of the Origin, Function and Destiny of the Anglo-Saxon Race in the British Empire and the U. S. A*. London: Rutherford, 1934.

Ryan, Michael T. "Assimilating New Worlds in the Sixteenth and Seventeenth Centuries. " *Comparative Studies in Society and History* 23. 4 (Oct. 1981): 519 - 538.

Sacchi, Paolo. *Jewish Apocalyptic and Its History*. Sheffield, England: Sheffield Academic, 1990.

Samuel, Jacob. *The Remnant Found ; or, The Place of Israel's Hiding Discovered. Being a Summary of Proofs, Showing That the Jews of Daghistan of the Caspian Sea Are the Remnant of the Ten Tribes: The Result of Personal Investigation During a Missionary Tour of Eight Months in Georgia, by Permission of the Russian*

Government in the Years 1837 and 1838. London: J. Hatchard and Son, 1841.

Sanceau, Elaine. *The Land of Prester John: A Chronicle of Portuguese Exploration.* New York: Knopf, 1944.

Sanders, Ronald. *Lost Tribes and Promised Lands: The Origins of American Racism.* New York: HarperPerennial, 1992.

Sarna, Jonathan D. *Jacksonian Jew: The Two Worlds of Mordecai Noah.* New York: Holmes & Meier, 1981.

Schäfer, Peter. *The History of the Jews in the Greco-Roman World.* London: Routledge, 2003.

Schaff, Philip, et al., trans. *Sulpitius Severus, Vincent of Lerins, John Cassian.* Peabody, Mass.: Hendrickson, 1994.

Scherb, Victor I. "Assimilating Giants: The Appropriation of Gog and Magog in Medieval and Early Modern England." *Journal of Medieval and Early Modern Studies* 32. 1 (2002): 59 – 84.

Schloessinger, Max. *The Ritual of Eldad ha-Dani Reconstructed and Ed. from Manuscripts and a Genizah Fragment.* Leipzig, Germany: R. Haupt, 1908.

Schmieder, Felicitas. "Christians, Jews, Muslims — and Mongols: Fitting a Foreign People into the Western Christian Apocalyptic Scenario." *Medieval Encounters* 12. 2 (Oct. 2006): 274 – 295.

Scholem, Gershom. *Sabbatai Sevi: The Mystical Messiah*, 1626 – 1676. Princeton, N. J.: Princeton University Press, 1973.

—. *Zohar = The Book of Splendor: Basic Readings from the Kabbalah.* New York: Schocken, 1995.

Schroeder, Christoph O. *History, Justice, and the Agency of God: A Hermeneutical and Exegetical Investigation on Isaiah and Psalms.* Leiden: Brill, 2001.

Schur, Nathan. *History of the Karaites.* Frankfurt am Main, Germany: Peter Lang, 1992.

Schwartz, Dov. *Faith at the Crossroads: A Theological Profile of*

Religious Zionism. Leiden: Brill, 2002.

Secret, François. *Bibliographie des manuscrits de Guillaume Postel*. Geneva, Switzerland: Droz, 1970.

— *Postel Revisié: Nouvelles Recherches sur Guillaume Postel et son Milieu*. Milan, Italy: Arché, 1998.

Seed, Patricia. "'Are These Not Also Men?' The Indians' Humanity and Capacity for Spanish Civilisation." *Journal of Latin American Studies* 25. 3 (Oct. 1993): 629 - 652.

— *Ceremonies of Possession in Europe's Conquest of the New World, 1492 - 1640*. Cambridge: Cambridge University Press, 1995.

Sestieri, Lea. *David Reubeni: un ebreo d' Arabia in missione segreta nell' Europa del' 500*. Genoa, Italy: Marietti, 1991.

Shahan, Avigdor. *El 'Ever ha-Sambatyon: Masa ' be- ' Ikvot 'Aseret ha-Shevatim* (Towards the Sambatyon: A Journey in the Footsteps of the Ten Tribes). Tel Aviv: HaKibbutz haMeuhad, 2003.

Shalev, Zur. "Geographia Sacra: Cartography, Religion, and Scholarship in the Sixteenth and Seventeenth Centuries." Ph. D. diss., Princeton University, 2004.

— "Sacred Geography, Antiquarianism and Visual Erudition: Benito Arias Montano and the Maps in the Antwerp Polyglot Bible." *Imago Mundi* 55 (2003): 56 - 80.

Shohat, Azriel. "Le-Farashat David ha-Re' uveni." *Zion* 35 (1970): 96 - 116.

Short, John R. *Making Space: Revisioning the World, 1475 - 1600*. Syracuse, N. Y.: Syracuse University Press, 2004.

Sicker, Martin. *Between Rome and Jerusalem: 300 Years of Roman-Judaean Relations*. Westport, Conn.: Praeger, 2001.

Silverberg, Robert. *The Golden Dream: Seekers of El Dorado*. Athens: Ohio University Press, 1996.

— *Mound Builders of Ancient America: The Archaeology of a Myth*. Greenwich, Conn.: New York Graphic Society, 1968.

—— *The Realm of Prester John*. Athens: Ohio University Press, 1996.

Silverblatt, Irene M. *Modern Inquisitions: Peru and the Colonial Origins of the Civilized World*. Durham, N. C. : Duke University Press, 2004.

Simon, Barbara Anne. *The Hope of Israel: Presumptive Evidence That the Aborigines of the Western Hemisphere Are Descended from the Ten Missing Tribes of Israel*. London: R. B. Seeley, 1829.

—— *The Ten Tribes of Israel Historically Identified with the Aborigines of the Western Hemisphere*. London: R. B. Seeley and W. Burnside, 1836.

Simon, Marcel. *Verus Israel: A Study of the Relations between Christians and Jews in the Roman Empire*, 135 – 425. New York: Oxford University Press, 1986.

Simons, Jake. *The Exiled Times of a Tibetan Jew*. Edinburgh: Polygon, 2005.

Smith, Anthony. *Explorers of the Amazon*. Chicago: University of Chicago Press, 1994.

Smith, Ethan. *View of the Hebrews; or, The Tribes of Israel in America*. Poultney, Vt. : Smith & Shute, 1823.

Smith, John Masson, Jr. " 'Ayn Jalut: Mamluk Success or Mongol Failure?" *Harvard Journal of Asiatic Studies* 44. 2 (Dec. 1984): 307 – 345.

Smith, Joseph. *The Book of Mormon: An Account Written by the Hand of Mormon upon Plates Taken from the Plates of Nephi*. Salt Lake City, Utah: Church of Jesus Christ of Latter-day Saints, 1981.

Smith, Richard. *Chinese Maps: Images of All under Heaven*. New York: Oxford University Press, 1996.

Smith, Sidney. "Events in Arabia in the 6th Century A. D. " *Bulletin of the School of Oriental and African Studies* 16. 3 (1954): 425 – 468.

Southerton, Simon G. *Losing a Lost Tribe: Native Americans, DNA, and the Mormon Church*. Salt Lake City, Utah: Signature, 2004.

Southey, Robert. *Letters from England*. London: Longman, Hurst, Rees, Orme, and Brown, 1814.

— *Selections from the Letters of Robert Southey*. London: Longman, Brown, Green, and Longmans, 1856.

Spaulding, Jay. "The Nile: Histories, Cultures, Myths." *Journal of African History* 42.1 (2001): 132–133.

Spence, Jonathan D. *God's Chinese Son: The Taiping Heavenly Kingdom of Hong Xiuquan*. New York: Norton, 1996.

Sucharitkul, Somtow. *Aquila in the New World*. New York: Wildpres, 2000.

Sweeney, Marvin A. *King Josiah of Judah: The Lost Messiah of Israel*. New York: Oxford University Press, 2001.

Tacitus, Cornelius. *The History of Tacitus*, trans. Alfred John Church and William Jackson Brodribb. London: Macmillan, 1876.

Tadmor, Hayim. "History and Ideology in the Assyrian Royal Inscriptions," in *Assyrian Royal Inscriptions: New Horizons in Literary, Ideological, and Historical Analysis: Papers of Symposium Held in Cetona (Siena), June 26–28, 1980*, ed. F. Mario Fales, 13–33. Rome: Istituto per l'Oriente, Centro per le antichita` e la storia dell'arte del vicino Oriente, 1981.

— *The Inscriptions of Tiglath-pileser III, King of Assyria: Critical Edition, with Introductions, Translations, and Commentary*. Jerusalem: Israel Academy of Sciences and Humanities, 1994.

Taylor, Edward. *Primitive Culture: Researches into the Development of Mythology, Philosophy, Religion, Language, Art, and Custom*. New York: Brentano's, 1924.

Terrar, Toby. "Catholic Socialism: The Reverend Thomas McGrady." *Dialectical Anthropology* 7.3 (Jan. 1983): 209–235.

Theodor, Julius, and Chanoch Albeck. *Midrash Bereshit Rabba*. Jerusalem: Wahrmann, 1965.

Thom, William. *The Revolt of the Ten Tribes: A Sermon Preached in the Church of Govan, on the Forenoon of the Public Fast, December 12th*, 1776. By William Thom. Glasgow: Robert Chapman and Alexander Duncan, 1778.

Thornton, John K. "The Portuguese in Africa," in *Portuguese Oceanic Expansion*, 1400 - 1800, ed. Francisco Bethencourt and Diogo Ramada Curto, 138 - 160. Cambridge: Cambridge University Press, 2007.

Thorowgood, Thomas. *Iewes in America; or, Probabilities That the Americans Are of That Race With the Removall of Some Contrary Reasonings, and Earnest Desires for Effectuall Endeavours to Make Them Christian*. London: Printed by W. H. for Tho. Slater,, 1650.

Thorowgood, Thomas, John Dury, and Manasseh ben Israel. *Digitus Dei: New Discoveryes with Sure Arguments to Prove That the Jews (a Nation) or People Lost in the World for the Space of Near 200 Years, Inhabite Now in America; How They Came Thither; Their Manners, Customs, Rites and Ceremonies; the Unparallel'd Cruelty of the Spaniard to Them; and That the Americans Are of That Race. Manifested by Reason and Scripture, Which Foretell the Calling of the Jewes; and the Restitution of Them into Their Own Land, and the Bringing Back of the Ten Tribes from All the Ends and Corners of the Earth, and That Great Battell to Be Fought. With the Removall of Some Contrary Reasonings, and an Earnest Desire for Effectuall Endeavours to Make Them Christians. Whereunto Is Added an Epistolicall Discourse of Mr. John Dury, with the History of Ant. Monterinos, Attested by Manasseh Ben Israell, a Chief Rabby*. By Tho. Thorowgood, B. D. London: Thomas Slater, 1652.

Thorowgood, Thomas, and John Eliot. *Iews in America; or, Probabilities, That Those Indians Are Judaical, Made More*

  Probable by Some Additionals to the Former Conjectures. An Accurate Discourse Is Premised of Mr. John Elliot,（*Who First Preached the Gospel to the Natives in Their Own Language*）*Touching Their Origination*, *and His Vindication of the Planters*. London：H. Brome，1660.

Trakulhun, Sven. "The Widening of the World and the Realm of History: Early European Approaches to the Beginnings of Siamese History, c. 1500 – 1700." *Renaissance Studies* 17. 3（2003）：392 – 417.

Trevisan Semi, Emanuela. *Jacques Faitlovitch and the Jews of Ethiopia*. London：Vallentine Mitchell，2007.

2 Baruch：*The Book of the Apocalypse of Baruch the Son of Neriah*, trans. R. H. Charles, in *The Apocrypha and Pseudepigrapha of the Old Testament in English*. Oxford：Oxford University Press，1913.

Ullendorff, Edward, and C. F. Beckingham. *The Hebrew Letters of Prester John*. Oxford：Oxford University Press，1982.

Urban, Sylvanus. *The Gentleman's Magazine and Historical Review*（1857 *January-June*）. London：Henry and Parker，1857.

Vail, Shalvah. *Me-' Ever La-Sambatyon：Ha-Mitos shel 'Aseret Ha-Shevatim Ha-Avudim*（Beyond the Sambatyon：The Myth of the Ten Lost Tribes）. Tel Aviv：Bet haTefutsot，1991.

Vanderhooft, David Stephen. *The Neo-Babylonian Empires and Babylon in the Latter Prophets*. Atlanta, Ga. ：Harvard Semitic Museum Monographs, Scholars Press，1999.

VanderKam, James C. , and William Adler. *The Jewish Apocalyptic Heritage in Early Christianity*. Assen, Netherlands：Van Gorcum，1996.

Vaux, W. S. W. *Nineveh and Persepolis：An Historical Sketch of Ancient Assyria and Persia*, *with an Account of the Recent Researches in Those Countries*. London：A. Hall, Virtue，1850.

Vespucci, Amerigo. *Mundus Novus: Letter to Lorenzo Pietro Di Medici*, trans. George Tyler Northrup. Princeton, N. J.: Princeton University Press, 1916.

Vickery, Paul S. *Bartolomé de Las Casas: Great Prophet of the Americas*. New York: Paulist, 2006.

Viera y Clavijo, José de. *Noticias de la historia general de las Islas de Canaria contienen la descripcion geografica de todas. Una idea del origen, caracter, usos y costumbres de sus antiguos habitantes: de los descubrimientos, y conquistas que sobre ellas hicieron los Europeos: de su gobierno eclesiastico, político y militar: del establecimiento, y succesion de su primera nobleza: de sus varones ilustres por dignidades, empleos, armas, letras, y santidad: de sus fabricas, producciones naturales, y comercio, con los principales sucesos de los ultimos siglos.* Madrid: Blas Román, 1772.

Vieira, Padre António. *Esperanças de Portugal, quinto império do mundo: primeira e segunda vida de El-Rei Dom Joā o quarto, escritas por Gonçalves Bandarra.* Lisboa: Editorial NovaÁtica, (n. d.)

Vital, Hayyim ben Joseph. *Sefer ha-Hezyonot: Darkhe Hayim.* Jerusalem: Shuvi Nafshi, 2001.

Wall, Ernestine G. E. van der. "The Amsterdam Millenarian Petrus Serrarius (1600 - 1669) and the Anglo-Dutch Circle of Philo-Judaists," in *Jewish-Christian Relations in the Seventeenth Century*, ed. J. van den Berg and E. G. E. van den der Wall, 73 - 94. Leiden: Kluwer, 1988.

—. "Petrus Serrarius and Menasseh Ben Israel: Christian Millenarianism and Jewish Messianism in Seventeenth-Century Amsterdam," in *Menasseh ben Israel and His World*, ed. Yosef Kaplan, Richard H. Popkin, and Henry Méchoulan, 164 - 190. Leiden: Brill, 1989.

Wanley, Nathaniel. *The Wonders of the Little World; or, A General*

History of Man. In Six Books. Wherin by Many Thousands of Examples Is Shewed What Man Hath Been from the First Ages of the World to These Times... Collected from the Writings of... Historians, Philosophers... and Others. London: T. Basset [etc.], 1678.

Warren, Leonard. *Constantine Samuel Rafinesque: A Voice in the American Wilderness*. Lexington: University Press of Kentucky, 2004.

Wasserstein, David. "Eldad ha-Dani and Prester John," in *Prester John, the Mongols and the Ten Lost Tribes*, ed. C. F. Beckingham and Bernard Hamilton, 213–236. Aldershot, England: Variorum, 1996.

Watts, James W. *Persia and Torah: The Theory of Imperial Authorization of the Pentateuch*. Atlanta, Ga.: Society of Biblical Literature, 2001.

Watts, John D. W. *Vision and Prophecy in Amos*. Macon, Ga.: Mercer University Press, 1997.

Watts, Pauline Moffitt. "Prophecy and Discovery: On the Spiritual Origins of Christopher Columbus's 'Enterprise of the Indies.'" *American Historical Review* 90.1 (Feb. 1985): 73–102.

Wauchope, Robert. *Lost Tribes & Sunken Continents: Myth and Method in the Study of American Indians*. Chicago: University of Chicago Press, 1962.

Weems, M. L. *The Life of William Penn, The Settler of Pennsylvania, the Founder of Philadelphia, and One of the First Lawgivers in the Colonies, Now the United States, in 1682*. Philadelphia: U. Hunt, 1829.

Weil, Shalva. "Lost Israelites from the Indo-Burmese Borderlands: Re-Traditionalisation and Conversion among the Shinlung or Bene Menasseh." *Anthropologist* 6.3 (2004): 219–233.

Westrem, Scott D. "Against Gog and Magog," in *Text and Territory: Geographical*

Imagination in the European Middle Ages, ed. Sylvia Tomasch and Sealy Gilles, 54 – 58. Philadelphia: University of Pennsylvania Press, 1998.

Whale, George. "The Art of Conversation." *Gentleman's Magazine* (Jan. 1891): 7 - 21.

Whitlocke, Bulstrode. *Annals of the Universe: Containing an Account of the Most Memorable Actions, Affairs, and Occurrences Which Have Happen'd in the World, but Especially in Europe, from the Year 1660 Where Mr. Whitlock Leaves Off, to the Year 1680: in Two Decades, with an Index to the Whole: Being a Continuation of the Said Mr. Whitlock's Memorials.* London: Printed for William Carter, 1709.

Wigen, Karen, and Martin Lewis. *The Myth of Continents: A Critique of Metageography.* Berkeley: University California Press, 1997.

Wild, Joseph. *The Lost Ten Tribes.* London: Robert Banks, 1879.

Williams, Joseph J. *Hebrewisms of West Africa: From Nile to Niger with the Jews.* New York: L. MacVeagh, Dial Press, 1930.

Williamson, Arthur H. "The Jewish Dimension of the Scottish Apocalypse," in *Menasseh ben Israel and His World*, ed. Yosef Kaplan, Richard H. Popkin, and Henry Méchoulan, 7 - 30. Leiden: Brill, 1989.

Wishnevitz, David Aharon. *Metsi' at 'aseret ha-shevatim.* N. p., 1900.

Witsius, Herman. *Dekaphylon: Sive De Decem Tribubus Israelis, in Hermanni Witsii Aegyptiaca, et Dekaphylon. Sive, de Aegyptiacorum Sacrorum Cum Hebraicis Collatione Libri Tres. et Liber Singularis. Accessit Diatribe De Legione Fulminatrice Christianorum, sub Imperatore Marco Aurelio Antonino*, 236 - 330. Amsterdam: Excudit Gerardus Borstius, 1683.

Wolf, Lucien. *Menasseh Ben Israel's Mission to Oliver Cromwell: Being a Reprint of the Pamphlets Published by Menasseh Ben Israel to*

Promote the Re-Admission of the Jews to England, 1649 – 1656. London: Macmillan, 1901.

Wolff, Joseph. *Missionary Journal and Memoir of the Rev. Joseph Wolff, Written by Himself*, ed. John Bayford. London: J. Duncan, 1824.

— *Narrative of a Mission to Bokhara*. New York: Harper & Bros., 1845.

— *Researches and Missionary Labours among the Jews, Mohammedans, and Other Sects*. London: J. Nisbet, 1835.

— *Travels and Adventures of the Rev. Joseph Wolff Late Missionary to the Jews and Muhammadans in Persia, Bokhara, Cashmeer, etc.* London: Saunders, Otley, 1860 – 1861.

Wolff, Philippe. "The 1391 Pogrom in Spain: Social Crisis or Not?" *Past and Present* 50 (1971): 4 – 18.

Worsley, Israel. *A View of the American Indians: Their General Character, Customs, Language, Public Festivals, Religious Rites, and Traditions: Shewing Them to Be the Descendants of the Ten Tribes of Israel; the Language of Prophecy Concerning Them, and the Course by Which They Travelled from Media into America.* London: Printed for the Author, 1828.

Wright, John K. "Terrae Incognitae: The Place of Imagination in Geography." *Annals of the Association of American Geographers* 37.1 (Mar. 1947): 1 – 15.

Wright, William A. "Note on the 'Arzareth' of 4 Esdr. xiii. 45." *Journal of Philology* 3 (1871): 113 – 114.

Yamauchi, Edwin M. "The Reconstruction of Jewish Communities during the Persian Empire." *Journal of the Historical Society* 4.1 (Jan. 2004): 1 – 25.

Yeager, Suzanne. "The Siege of Jerusalem and Biblical Exegesis: Writing about Romans in Fourteenth-Century England." *Chaucer Review* 39.1 (2004): 70 – 102.

Yerushalmi, Yosef Hayim. *Zakhor, Jewish History and Jewish Memory*. Seattle: University of Washington Press, 1982.

— "Messianic Impulses in Joseph ha-Kohen," in Bernard Dov Cooperman, *Jewish Thought in the Sixteenth Century*, 460 – 487. [Cambridge, Mass.]: Harvard University Center for Jewish Studies, 1983.

Younger, Lawson K., Jr. "The Deportations of the Israelites." *Journal of Biblical Literature* 117. 2 (Summer 1998): 201 – 227.

— "Israelites in Exile: Their Names Appear at All Levels of Assyrian Sources." *Biblical Archeology Review* (Nov. -Dec. 2003): 36 – 44 and 65 – 66.

Yu, Taishan. *Yanda Shi Yanjiu*. Jinan, China: Qilu shushe, 1986.

Yuval, Israel. "The Myth of the Jewish Exile from the Land of Israel: A Demonstration of Irenic Scholarship." *Common Knowledge* 12. 1 (Winter 2006): 16 – 33.

— *Shene Goyim bevitnekh: Yehudim ve-Notsrim, Dimuyim Hadadiyim* (Two Nations in Your Womb: Jews and Christians, Mutual Perceptions). Tel Aviv: Am Oved, 2000.

— *Two Nations in Your Womb: Perceptions of Jews and Christians in Late Antiquity and the Middle Ages*. Berkeley: University of California Press, 2006.

Zadok, Ran. "Notes on the Early History of the Israelites and Judeans in Mesopotamia." *Orientalia* 51 (1982): 391 – 393.

Zafran, Eric. "Saturn and the Jews." *Journal of the Warburg and Courtauld Institutes* 42 (1979): 16 – 27.

索引

阿拔斯王朝，90
唐艾萨克·阿布拉瓦内尔（1437—1508），117—119，159，177
拉比亚伯拉罕·阿布拉菲亚（1240—1290），110—111，114，131
何塞·德·阿科斯塔（1540—1600），162—163，178
詹姆斯·阿代尔（1709—1783），97
阿龙·埃斯科利，129，220
阿富汗人和阿富汗，6，73，90，204，213，219
非洲，4，5，12，39，73，82，86—87，92—93，99—100，105，107—108，115，126，129，142，163，166，189，204—205，211—212
东部，119—130，139，158
西部，98，125，157，214
利奥·阿弗里卡纳斯，127
示罗人亚希雅（先知），8—10
阿卡德，41，53，66
厄尔布尔士山脉（伊朗），73
亚历山大大帝，64—65，69，89，94，101。另请参阅左勒盖尔奈因
亚历山大，122，123
阿尔摩哈维斯，6
阿勒万德山脉（伊朗），103

385

修士弗朗西斯科·阿尔瓦雷斯，126—128
亚马孙（河流），77，139—140
美国，12，51，139—146，155—158，160—167，171—174，178—181，186—192，202，205，214，218
地球的边缘，176—177
以及"视野和可能性"，138—140，142
北方，166—167
南方，3，5，136—138
"锡安"184—185
美国内战，172，
美国革命，171—172
《阿摩司书》，32，50，53，71，79
阿姆斯特丹，135—137，174，176
安第斯山脉，136，138—139，224
安德鲁·安德森，64—65，73
盎格鲁或英国-以色列主义，187—198，219
亚泥俺海峡，160，164—166，179，201
人类学，4，12，22，94，95，97，109，219—220，224
拉比阿奇瓦（约50—135），74—75，80
末日灾难，11—12，19—20，24，61，72，102，109，111，138，146。另请参阅末世论；弥赛亚主义；千禧年主义
阿拉伯半岛，14，39，85—88，92—93，99，106。另请参阅麦加
北极圈，12，96，145，148，164，186，212
亚美尼亚和亚美尼亚人，6，57，73，100，127，128，166，191，220
阿扎罗兹，57，60—71，77，142—149，152—156，164—166，179—180，191—195，197，225
亚设（部落），1，95，104
以及埃塞俄比亚，86—88，94
亚述巴尼拔（公元前669—前627年在位），34—35，41，68
亚洲，3，4，12，58，66，70，82，89，92，93，99，100，105，

108，114，130，142—143，148—149，152，156，158，162—165，166，183，189—192，195—196，199，204，205，206，212—213，225

中部，4，66，88，90，101，103，106—108，119，145，149，152，154，189，206，213—214

东部，4，51

北部，110，145，148，153—156，162—164，195，202，205，206

东南部，144—145

小亚细亚，66，69

亚述，2，4—5，11—12，60—65

作为帝国和世界，39—45，58

图像，1—2，11，44—45，70—71，178，182

以及犹大，45，47—48

作为地点，16，29，53—55，88，92，95—96，99，100，108，185—186，189，209

另请参阅亚述巴尼拔；以撒哈顿；尼尼微；萨尔贡二世；辛那赫里布；撒缦以色；提格拉特·帕拉沙尔三世

亚述的驱逐，31—38

《圣经》的表述，47—50。另请参阅流放

大西洋，4，27，125，136，157—158，162—164，174，181

亚特兰蒂斯，21，22，146，160—166，191，201

埃利亚胡·阿维查尔，223

阿克苏姆，92

圣·奥古斯丁，18

巴比伦帝国，40，42，46—47，52，66，68。另请参阅巴比伦的流放

《贝尔福宣言》，222

大卫·巴伦（1857—1926），188

《巴录书》，59—60

雅克·巴纳热（1653—1723），173
玛拿西·本·以色列（1604—1657），137，164，167，173—174，177—184，191，207—208，226
伊扎克·本-兹维（1884—1963），220
便雅悯（部落），17，67，75，85，91，105
图德拉的便雅悯（12世纪）3，85，100—108，110，114，116，119，122，131，149，152，154，159，206，211，213
柏柏尔人，6
奥巴代亚·迪·贝尔蒂诺罗拉比（约1450—1516），120—122
大脚怪，12
黑海，145—146，192，195，197
黑胡子（爱德华·蒂奇），210—211
查纳·布洛克，14
伊莱亚斯·布迪诺特（1740—1821），19，141—142，182—183
义和团运动，4，215—216
约翰内斯·布克斯托夫（1564—1629），135
英国（英格兰），5，19，21，29，61，79，106，141，169—175，198，203，210，213—214
和"众海岛"，25
以及犹太复国主义，221—223
另请参阅盎格鲁-以色列主义
理查德·布拉泽斯（1757—1823），187—190，196。另请参阅盎格鲁-以色列主义
克劳迪厄斯·布坎南（1766—1815），204
拜占庭，93，101，145，149

开罗，120，123，126，128
加尔各答，203—204
约翰·加尔文（1509—1564），135，146—148，171—173
加那利群岛，23，157—162，186，210—202
食人族，13，87—90

好望角，123，125

乔凡尼·达·卡里尼亚诺，119

威廉·卡彭特（1797—1874），194

卡塔赫纳·德印第亚斯，136

制图学，4，21，27，119，130，142，144—145，148，153，157，164，166，209

里海，73，152，154，166，186，189

高加索，4，215，225

凯尔特人，6，193—195

休达，124

查理一世（1600—1649），170

查理二世（1630—1685），170

中国，4，26，85，87—89，107，142，145，148，164，191，206，214—219，222—223

作为地球边缘，99—100，176

另请参阅义和团运动；秦国

瑞典女王克里斯蒂娜（1626—1689），191

翁沙姆·邱吉尔，200

约翰·邱吉尔，200，206

教皇克莱门特七世（1478—1534），113—115，124

殖民主义，6，203，220

克里斯托弗·哥伦布，24，139—143，157—158

康芒迪安纳斯，71—72，131

君士坦丁堡，146

改宗，116，136，159，204

作为恢复的改宗，175—177

转向犹太教，220，224

美洲土著人皈依基督教，174，182

另请参阅，恢复

皈依，4

皈依基督教的犹太人，4，52，115，213，215

皈依伊斯兰教的犹太人，93
皈依基督教的穆斯林，127
科迪勒拉山脉，135—136。另请参阅秘鲁
埃尔南·科尔特斯（1485—1547），139
《宇宙志》，129，132—133，143—146，128，152—154，156，162，169，178，201，208
佩德罗·达·科维尔汉（约1450—1530），125—128
居鲁士大帝（约前559—前530），66—69

大马士革，33，53，122
但（部落），1，92，94，95
在《圣经》中，86—87
和不列颠群岛，195
以及埃塞俄比亚，87—88，99，122，149，224
丹尼尔，176，181，196
大卫（以色列王），8，9，46
大卫王国，47，147
丹尼尔·笛福（约1659—1731），170，172—173
《申命记》，46—47，52，54—55，62，74，96，137，141
左勒盖尔奈因，9
巴尔托洛梅乌·迪亚士，124，125
流散，47，51—54，58，60，77，223
散居，58，64
德涅斯特河（河流），2
约翰·邓顿，200
迭戈·杜兰（1537—1588），160—162
约翰·杜里（1597—1680），174—175，181

东正教，125
伊甸园，9，102
地球/世界边缘，3，38—39，44—45，66，69，74，79，89，116，

137，202，219，225

埃及，9，16，39，44，45—46，48—49，50，52，53，54，60，62，64，66，67，69—71，86，125，126，140，154，163，179，189，196，202

埃尔多拉多，22，139—140。另请参阅俄斐

埃尔达德·哈·但，86—90，100—105，107—108，122，124，132，159，195，206，207，209，224

被询问，95—99

作为骗子，90—92

作为也门犹太人，92—94

埃塞俄比亚埃莱妮王后，128

米尔恰·伊利亚德，24

梅纳赫姆·门德尔·伊曼纽尔，221—222

隐藏的犹太人，71—72，130，131，205—206

以法莲（部落），1，8—9，16，19，182

作为英国，187—198

作为王国，8—9，29

在预言中，17，50，113，147，196，208

约翰·厄斯金（1721—1803），171

以撒哈顿（公元前681—前669年在位），34—35，67—68

埃沙提埃（最遥远的地方），65，71

埃沙提埃安德隆（最遥远的人），69，71，89，119

末世论，24，27，61，102，109，111，118，140，190，196，225

《以斯得拉书》，57—58，60—65，69—75，77，79，81，83，91，131，137—138，141，148，152，153—158，160，165—166，179—180，191—192，195—196，209

及格斯·伊斯坎德尔（1471—1494），126—127

因纽特人，6

《以斯帖记》，68—69，91，103

爱沙尼亚人，6，192—193

埃塞俄比亚，81，85—88，91—95，97—102，105—108，114，

140，180，195，199，203，205—206，211，214
作为"地球边缘"68—73
作为约翰长老的领土，119—129
另请参阅埃塞俄比亚犹太人

埃塞俄比亚犹太人，119—122，219—224

人种学，4，6，12，22，25，98，158—159，166，181—182，184—185，187，189，194，201

幼发拉底河，58，60，62—64，70，77—79，99，104，156，165，186，202，209

流放，1，16—18

巴比伦，7，15—18，47，52—53，59，67，70，72，92，96

以及返回，4，18，47—48，72，75

罗马，18，59—61，70

作为一个神学范畴，58

十个部落的流放，3，4，7，16，18—19，21，22，24，27，32，43，48—55，56—59，64

隐蔽，71，75—76，78—79，131，157，189

以及放逐，7，35，38

隐藏，27，53—54，111，131，136，138，161，164，174，201—202，208，209，218

看不见和听不见，7，52—53，71，75—77，131，202

以及犹太人的流亡，91，96—99

在《米德拉什》中，76—77

在《塔木德》中，72—76

另请参阅流散

《以西结书》，16，32，42，52，76，175，204，208—209

《以斯得拉记》，17，35，47，52，57，60，66—72，118。另请参阅《以斯得拉书》

雅各布·雅克·费特洛维奇（1881—1955），219—220

幻想，11—14，23，90，95，107—108，145，149，212

拉比亚伯拉罕·法里索尔，129—133，144，178，180—181，201，206，208

芬兰人和芬兰，6，192—193

老贾尔斯·弗莱彻（1548—1611），189—190

迦得（部落），1，76，87，94，95，106

胡安·德阿布雷乌·德·加林多（生于1535?），157—160，186

拉比萨阿迪亚·加翁（约882—942），89—90

拉比祖玛·加翁（逝于895年），95—96，98—99，108，132，224

维尔纳的加翁，参见维尔纳·加翁

格雷戈里奥·加西亚，163—165，166，167

贾科莫·加斯塔尔迪（约1500—1566），164

吉尔伯特·热内布拉德（1537—1597），156—157，162，165，178，180，192，206

地理神学，22—28，54，61，83，140，158，179，182，188—189，194

地理学，5，11，21，23，25，28，83，103—105，107—108，127，141，143—145，153，157，165，205，208—209，218，220，223

亚述的概念，38，43—45

希伯来，129—130

伊斯兰-阿拉伯，89—90，99—100，179

摩门教，185—187

神圣的，25—26

《塔木德》的，71—75，208

以及神学。见地理神学

世界，5，24，26，27，58，86，129—133，148，165，166，178—181，182，183，200—201，205，208

乔治一世（1660—1727），171

乔治·里德帕思（逝于1726年），171

地理知识学，25

393

伽兹尼，104
光荣革命，169，170
艾伦·戈德比，22，245n66
歌革和玛各，64，73，94，100，102，110，145—146
哥特人，190—192，194
歌散（河流），11，37，48，49，72，90，104，206
作为恒河，23，51，154
阿萨赫尔·格兰特（1807—1844），101
格陵兰岛，156—157，160，162，165—166，180，201

哈博，11，37，48，49，72，90，104，114，202，213，218
于齐耶尔·哈加（d. ca. 1900），4，26，215—219
约瑟夫·哈科亨（1496—1575），178
所罗门·哈列维（圣玛利亚的巴勒罗），115—116
约瑟·耶霍舒亚·哈洛基，115—117，122，159，220
哈拉卡（犹太律法），95，98
希勒尔·哈尔金，223
哈马丹（伊朗），72，100，103—105
汉诺威家族，171
雷金纳德·希伯（1783—1826），203—204
希伯来主义，7，142—144，147，153，156，174
嚒哒人（白匈奴），149—152
希罗多德，65，69，71，146，196
彼得·黑林（1600—1662），169—170
希西家（前727—前698年在位），50
希木叶尔，92—94，100
爱德华·海因（1825—1891），52，193—195
圣地，9，57，73，83，89，132，187—188，205，222，223。另请参阅巴勒斯坦
荷马，65，69
翁达（哥伦比亚），136—137

约道库斯·洪第厄斯（1563—1612），145，164，205
《何西阿书》，32，50，53，64，76，81—82，135，147，191—196
以及加尔文，161
何细亚（国王，前732—前724或前722年在位），3，18
扎巴拉的雨果，100，103，105，114
胡格诺派，146，173
被比作十个部落，172
大卫·休谟，19
阿尔伯特·海姆森（1875—1954），5—6
托马斯·海德（1636—1703），206

拉比亚伯拉罕·伊本·埃兹拉（1092或1093—1167），90，179
伊博斯人，6
摩西·伊德尔，20，110—111，235n72
印加，139，142
印度，13，89，106—107，119，123—126，128，129，149，152，180，191，203—207，213—214，219，223
作为"世界边缘"，68—69
印度洋，21，89，92，123—125，127—129
宗教裁判所，135—136，138，159—160，176
和平主义，172，177—178，180—181
《以赛亚书》，11，16，25，32，42，44—45，50，52—54，61，64，67，70，75，76，83，89，140—141，175，178—179，185，194，203，209，210，219，223
群岛和岛屿，3，13，23，25，27，51，53，130—131，140，157—158，176，185—186，194—195，209
以色列（国），21，220，223

雅各（族长），8—9，17，86，137，196，202，220
詹姆斯二世（1633—1701），170
日本，3，5，148，164，206，219

托马斯·杰斐逊，142，182

《耶利米书》，16，32，42，52，59—60，66，70，78，147，175

尼八之子耶罗波安，8—10，12，15，49，50，147，171

耶路撒冷，8，9，12，16—18，35，36，45—47，49，50—54，60，66—69，73，82，83，103，116，120—122，140，147，182，185，187—189，213，221，223—224

耶稣，12，24，154—155，165，175—176，185，189，193，213，217

犹太印第安人理论，141—142，181—187，214 另见美洲原住民

吉达，124

约阿希姆·迪菲奥里（1135—1202），140，154

约翰二世国王，(1455—1495)，126

曼德维尔的约翰，109—110，149，207

约拿（先知），42—44

约瑟夫，9

弗莱维厄斯·约瑟夫斯（37—约100），4，58—59，69—70，77，79—80，91，104，116，166，178，199，207

约西亚国王（公元前639—前609年在位），46—47，96

犹大（王国），45—54，230

犹大（部落），8—9，11，15—17，19，20，51，52，67—68，75，91，135，147，170，208

犹地亚，18，29，59，79，80

另见耶胡达

朱玛拉（芬兰神），192

卡布·阿赫巴尔（逝于652年?），93—94

卡巴拉，138，143，153，155—156，221 另请参阅《佐哈尔》

伊曼努尔·康德，25—26

兹维·卡斯多伊（1862—1937），220

亚伯拉罕·凯特尔塔斯（1732—1798），171

《列王纪》，8，11，19，32，47，49，51，53—54，59，72，76，

90，139，171
爱德华·金斯堡勋爵（1795—1837），3，183—185
呼罗珊，90
拉比亚伯拉罕·艾萨克·库克（1865—1935），222—223
可拉人，74—75
朝鲜，3

弗朗西斯科·德拉·克鲁兹，138
艾萨克·拉佩尔（1596—1676），176
拉比艾萨克·兰普龙蒂（1679—1756），207—209
以色列的土地，8，17，52，62—64，70，73，86，110，179
另见圣地；巴勒斯坦
赖波斯人，6，192—193
巴托洛梅·德拉斯·卡萨斯（1484—1566），140，161
勒布纳·丹加尔（皇帝达维特二世），125
兰巴斯人，6
利莫里亚，21—23，28
教皇利奥十世（1475—1521），128
胡安·庞塞·德莱昂（1460—1521），136，212
大卫·利未（1742—1801年），19
利未人，17，78，81，92
奥特·朱利叶斯·斯旺森·林德罗夫，13，16，96，212
语言学，97，163，184，190，195，201，220
哈丽雅特·利弗莫尔，181，183
大卫·利文斯通（1813—1873），204，211
伦敦，4，106，174，183，187，200，206，211
"遗失的劳动"，21—28，32
西奥布·鲁道夫（1624—1704），81—82
斯坦福·莱曼，6，20

费迪南·麦哲伦，124

马哈拉尔（拉比朱达·利奥，约 1525—1609），26—27，209
洛伦索·费雷尔·德马尔多纳多，164，165
玛拿西（部落）1，9，106，113
作为美国，196—198，
在预言中，12，76，147
和苏格兰，3—4
曼努埃尔一世（1469—1521），128，136
马可·波罗（1254—约 1324），114，164，207
巴黎的马修（约 1200—1259），109—110，149
玛雅人，6
威廉·麦金利总统（1843—1901），4，26，215—216，218
麦加，14，106，108，114，123，214，236
麦地那，城市，11，22，37，39，48，49，69，71，74，87，90，100，103，104，199，202
地中海，29，32，39，43，92，101，103，123，125
赫尔曼·梅尔维尔，57
杰拉杜斯·麦卡托（1512—1594），145，164，245
弥赛亚主义和"自然救赎"，20，110—111，114
十个部落，12，18—20，25—102，106，，111，115，117—119，123，131—132，147，154，172—177，184，187—188，216，220，222，225
混血儿，136
另见美洲原住民移民，24，34，145，189，191，194—196，201
千禧年主义，11，172—177，187
约翰·弥尔顿（1608—1674），169，202
蒙古，164
蒙古人，108—111，114，145，189
安东尼奥·德蒙特西诺斯，161
安东尼奥·蒙特西诺斯（阿哈龙·哈列维），135—138，160—162，167，173—174，178，184，217，224
摩门教徒和摩门教，6，12—13，96，184—187，194，198，212，

219 另请参阅奥特·朱利叶斯·斯旺森·林德罗夫；尼腓；奥森·普拉特；约瑟夫·史密斯；摩西，54，67，74，78，81，92，95，109，152，154，186

摩苏尔，101，另参见尼尼微

山脉，1，2，9，13，23，26，34，39，54，63，73，76，77，83，85，87，103，104，109，110，120，127，131，136，138，152，154，174，202，217

另请参阅个别山名

黑暗的群山，1，13，23，76—77

卡尔·弗里德里希·冯·明希豪森，210

塞巴斯蒂安·明斯特尔（1488—1552），142—148，152—154

纳哈万德（伊朗），72，103

纳季兰（在阿拉伯），92，94，105

拿弗他利（部落），1，48，95，104，145

以及埃塞俄比亚，87，94

在奥特柳斯，149，152—153

美洲土著，97，141—142，160—162，165—166，174—175，181—185，201，205

另见犹太印第安人理论

纳粹，2，193，225

先知尼腓，185

聂斯脱利派，6，101。另见东方基督徒

阿道夫·纽鲍尔，2，73，74，77，90

新基督徒（皈依者），115—116，135—136，159—160，173—174，176

尼罗河，98，123—124，127

尼尼微，42—44，59，158—159，207

北欧和北方化，142—146，190—193

北极，12，14，16，20，96，148—149，154，186，212。另见北极圈

奥伊库梅内，3，28，32，64—65，99
亚述人，38—44
近代早期，130
伊斯兰，108
罗马，71—72，89，206
和世界历史，28—29，82
俄斐，22，139，144，162
亚伯拉罕·奥特柳斯（1527—1598），148—153，155—156，164—166，189，191—192，200，202，205
在本以色列，178，180 和波斯特，153—155
奥斯曼，101，123，128，173，189

托马斯·潘恩，19
巴勒斯坦，5，29，32，34，35，52，58，65，66，98，110，113，118—119，122—123，170，188，190，194—195，205，219，222—223 也参阅圣地
巴勒斯坦人，224
帕默斯顿勋爵（1784—1865），4
教皇保罗三世（1468—1549），142
威廉·佩恩（1644—1718），142
波斯，66，68，72，85，100，104—105，107，116，149，154，191—192，195，213
波斯帝国，47，65，66—69，71，73，87，91—92
波斯神话，73
秘鲁，135，136，138—139，162，165，179，224
爱德华·佩顿爵士（1587—1657），170
腓力二世，（1527—1588），164
腓尼基人，39，141，163
约翰·平克顿（1758—1826），211
弗朗西斯科·皮萨罗，（1471—1541），139
老普林尼（23—79），69，79—80，148，162，166，191

大屠杀，115—117，159，173，222

威廉·H. 普尔，193

葡萄牙，5，13，29，114，115，117，123，136，173，174，176

和帝国扩张，124—129

纪尧姆·波斯特尔（1510—1581），153—155，166，178，189，191，192，202，209

奥森·普拉特（1811—1881），185—186

约翰长老，22，89，100—105，108—115，119—122，125—129，146，149，162

预言，6，8—10，16—17，23—24，42—45，53，75，77，83，99，137，186，208，223

以及地理，23—24，140—141，157，159，175—176，178—182

和历史，6—7

托勒密（90—168），81，90，143，191

塞缪尔·珀切斯（约1575—1626），205—206

清教主义，174—175

纯洁性，十个部落，14，62，64，196，201

凯鲁万（犹太人社区）86—88，91—92，94—98，124，159，224

蒙古大汗忽必烈（1215—1294），114

基多（厄瓜多尔）136

《古兰经》4，94，184

种族，5，17，81，195，220

作为盎格鲁-撒克逊种族，193—195

作为十个部落，5，142，175，187—188

拉比大卫·本·什洛莫·伊本·阿比·齐莫罗（拉德巴兹，1479—1573），99

沃尔特·罗利（1552—1618），205

苏马提·拉马斯瓦米，21，23，28，218

詹巴蒂斯塔·赖麦锡（1485—1557），114—115

瑞卡比特人，78—79，81

累西腓（巴西东北部大西洋沿岸港口）135—136

红海，67，70，93，114，123—126，128，154—155

耶罗波安（犹大王），9，170—171

詹姆斯·伦内尔（1742—1830），206—207

流便（部落），1，76，87，106，113，114，212

大卫·卢温尼，113—115，122—125，127—129，131，137，173，219，220

伊曼纽尔·林格尔布卢姆（1900—1944），225—226

河流，1，2，9，11，14—16，23，26，35，37，44，48，49，60，62—65，67—68，70—72，75—83，86—88，90，92，99，101—102，104，109—111，113，120，122，130，131，136—137，142，152，154—155，158，165，186，202，205—206，211，213，214，216，217，218，223，225 另请参阅个别河流名称

约瑟夫·阿米蒂奇·罗宾逊（1858—1933），63

迭戈·安德烈森·罗恰（1607—1688），3，165—167，224

若昂·罗斯里格斯（1558—1633），206

罗马帝国，12，65，另见罗马人

罗马尼亚，1，2

罗马人，12，18，24，29，57—70，72，77，80，91

阿扎赖亚·代·罗西，133，178

奥洛夫·鲁贝克先生（1630—1702），190—191

小奥洛夫·鲁德贝克（1660—1740），190—193，194 另请参阅语言学

谣言，12，85—86，106，109，120，125—126，128，173，176，211，219

俄罗斯和俄罗斯人，52，145，186，189，191，214—215，226

撒玛利亚，11，31，33—37，48—49，68，116，205，225

撒玛利亚人，4—5，36—37，153

撒马尔罕，104，213

桑巴提安，1—2，14，16，23，24，26，57，88，92，95—96，99，100，108，120，122，130，154，165，180，202，214，225
创建，77—82
在百科全书中，205—207，253n24
在曼德维尔的约翰，110
和弥赛亚主义，83—84，110—111，216—218
在《塔木德》中，76—77
萨尔贡二世（前722—前705年在位），31—36，45，48—49，86，188，194
土星（作为桑巴提安），80—81
分裂，9，146—147，153，171—173
科幻小说，4，12，212
苏格兰，3，5，214
斯基泰海（海洋），142—145，148 另见黑海
斯基泰人，6，108，145—146，149，153—154，188—196 另见斯基泰海
葡萄牙国王塞巴斯提安（1557—1578），176
塞尔柱，101，103
小塞涅卡（约公元前4—公元65），65
辛那赫里布（前705-前681），34，36，45，49，93
虚构的，12
七十士译本希腊《圣经》，59，67
彼得·塞拉里斯（1600—1669），173
苏尔皮修·塞维鲁（约360—420），71，199
阿维格多·谢安，1—3，11，12，23，77，225
撒缦以色五世（公元前727—前722年在位），33，48，62，85，104，106，154，172，191，217
西缅（部落），1
暹罗，144 另见泰国
四川，217
芭芭拉·西蒙，17，22，175，183—184

秦国（《圣经》中的），89，179—180，215 另见中国
约瑟夫·史密斯（1805—1844），184，186—187
雪山（萨鲁格山）73，103
所罗门（以色列王），8，113，115，210
所罗门王朝，121—126
摩西之子（拜奈伊·摩西），78，81，92
罗伯特·索锡（1774—1843），210
西班牙，5，29，43，85，88—89，94，115—119，158—159，173，179，209
驱逐犹太人，117—118
"新西班牙"，158，160，164—165，179 另见西班牙帝国
西班牙帝国，139—140，160—167
亨利·莫顿·斯坦利（1841—1904），211—212
拉比亚伯拉罕·斯坦普尔，217
斯特雷波（公元前65—公元24），69
苏丹，124，219
苏美尔，41，53，66

塔西陀（56—117），80
鞑靼，6，105，108，145，148—149
和十个部落，109—110，154，165—166，189—190，205
鞑靼地区，145，148—152，156，164—166，180，189
提格拉特·帕拉沙尔三世（前745—前727年在位），32—35，41，48，86
神殿，7，8，9，17—18，46—47，52，57—60，62，66，70，72，78，91，96，118，192，210，222
圣殿山，120
特诺奇蒂特兰，139
神学，7，14—18，32，35，45—51，143，157，171—185
还有地理，参见地理神学
神学焦虑，20—21

泰国，223

威廉·汤姆（1710—1790），171

托尔（雷神），192

托马斯·索罗古德（1595—1669年），27，174—175，181—182，204

底格里斯（河流）41，101

图努斯·鲁弗斯（117—138年在位），80

《托比传》，43，59，143

托尔特克人，166

地形，24，73，83—84

德涅斯特河，2

特雷布林卡，225

骗子，85，90—92，94—95，100，105，217

突尼斯，13，86，106。参见凯鲁万

图帕克·阿马鲁，139

土耳其人，105，108，113—114，138，146，153，154—155，189

美国，5，21，29，142，169，171—172，184，187，196，198，213

威尼斯，115，118，123，129—130

亚美利哥·韦斯普奇，141

安东尼奥·维埃拉（1608—1697），176

乔斯·德比埃拉-克拉维霍（1731—1813），157—158

维尔纳·加翁（伊利亚胡·本·什洛莫·萨尔曼，1720—1797），216

维吉尔（70—90），81

拉比哈伊姆·维塔尔（1543—1620），113

拉丁文《圣经》，16，49，71

瓦哈比主义，214

瓦赫布·伊本·穆纳比（约654—732），93—94
赫尔曼·维吉斯（1636—1708），7—9，63，147，175
约瑟夫·沃尔夫（1795—1862），4，203，213—215
亨利·德拉蒙德·沃尔夫爵士，4，203
世界和平，61，140，153—154，173，226
以色列的希望，180，另见和平主义
威廉·奥尔迪斯·莱特（1831—1914），63

长江（河流），77
耶胡德（波斯行省），66—67，69
也门，69，92，105—107，116
也门犹太人，120—123，125，129，137，214
以萨迦（部落），1
拉比奥瓦迪亚·优素福，99
以色列·尤瓦尔，17—18，59

扎格罗斯山，39
博洛尼诺·扎尔蒂，164，165
赞比西河，211
西布伦（部落），1，104
在日本，5
犹太复国主义，219—222
《佐哈尔》，155
札拉·雅各布（皇帝），121—122，128
萨瓦塔伊·兹维，105，173

译后记

公元前722年,亚述王萨尔贡二世率军占领撒玛利亚,以色列国王及其臣民约2.7万人被押往亚述,他们被送到亚述国新征服的土地上,后来这批人从历史上消失了,被称为"遗失的以色列十个部落"。这十个部落包括流便(Reuben)、西缅(Shimon)、西布伦(Zebulun)、以萨迦(Yissachar)、但(Dan)、迦得(Gad)、亚设(Asher)、拿弗他利(Naphtali)、以法莲(Ephraim)和玛拿西(Manasseh)。自从被放逐后,这十个部落似乎从人类知识中消失了,从而使得十个部落成为传奇神话和救世主救赎的主题。十个遗失部落的信息,不时地被旅行家或冒险家所补充,他们声称在世界的某个地方看到了这些部落。

对于十个部落遗失的位置,《圣经》中的首次描述出现在《列王纪下》中。"何西阿第九年,亚述王攻取了撒玛利亚,将以色列人掳到亚述,把他们安置在哈腊和歌散的哈博河边,并米底亚人的城邑。"(《列王纪下》17:6)后来先知用更抽象、更神秘的术语描述了流放的地点。阿摩司写道"掳到大马士革以外"(《阿摩司书》5:5,27);《何西阿书》中提出"以色列被吞吃"(《何西阿书》8:8),并且"以色列人必漂流在列国中"(《何西阿书》9:17)。《以斯得拉书》又将其遗失的位置定位在"阿扎罗兹"(Arzareth)这个神秘的地方。随着地理大发现,人们对世界的认识不断扩大,未知的地方逐步减少,十个部落存在的空间不断地被压缩。因而,人们寻找的范围不断地向全世界蔓延,寻找十个遗失部落成为世界性的活动,无数的历史学家、地理学家、神学家、探险家、旅行者等通过各种方式参与其中。

关于十个遗失部落的问题是存在争议的,有人坚信十个部落必定遗失在世界上的某个地方,是可以找到的;也有人认为被驱逐的十个部落早就融入其他民族中,已经无迹可寻;还有人认为十个遗失的部落本身并不存在,是被创造出来的。纽约大学历史系教授兹维·本-多·贝尼特(Zvi Ben-Dor Benite)是研究以色列十个遗失部落问题的杰出代表,他认为十个遗失部落问题的产生来自《圣经》描述的模糊化、相关历史资料的极度匮乏,以及该问题对不同时代的现实意义。他的著作《十个遗失的部落:一部世界历史》并没有对十个遗失部落的真伪进行论证,而是客观展示了世人对十个遗失部落追寻的事实。作者通过细致的研究回答了让他自己也困惑多年的问题,即十个遗失部落的历史是如何从被放逐发展到整个民族被流放?十个部落被放逐又是如何演变成后来完全遗失的状态?贝尼特认为,人们对十个部落的寻找从时间上贯穿了从古到今的整个历史进程,从空间上跨越了世界上的各个地方,与整个世界历史的形成同步,因而可以成为理解世界历史的一条重要线索。

译后记

本书是"西北大学中东部落名著译丛"的成果之一，也是西北大学中东研究所韩志斌教授为首席专家的国家社科基金重大项目"中东部落社会通史研究"（项目号：15ZDB062）的中期成果。本人对提供帮助的同事和朋友表示感谢，尤其感谢责任编辑成华老师。成老师一丝不苟的工作作风和认真严谨的学术态度让我受益良多，正是她的帮助和辛勤工作，使得本书可以顺利呈现在读者面前。特别感谢郑州大学张倩红教授在百忙之中不辞辛劳，为本书的翻译答疑解惑，提供权威解读。还要感谢东北师范大学朱君杙副教授、对外经贸大学朱兆一博士、西安外国语大学魏澜老师、西北大学马锋副教授、王晋副教授、赵娜博士等，在拉丁语、希腊语、希伯来语、西班牙语、波斯语等翻译上提供的帮助。最后感谢西北大学中东研究所硕士研究生苗怡怡和李子京同学参与了注释与索引的部分翻译工作。由于译者能力有限，译文中仍有许多纰漏，恳请广大读者批评指正。

蒋真

2020年3月16日于西安